[원서 6판]

영역별 위기상담

A Guide To Crisis Intervention
(Sixth Edition)

Kristi Kanel 저 | 유영권 · 신수정 · 임수연 공역

학지사

∴ Cengage

Australia · Brazil · Canada · Mexico · Singapore · United Kingdom · United States

A Guide to Crisis Intervention, **Sixth Edition**

Kristi Kanel

Original edition © 2019 Wadsworth, a part of Cengage Learning.
A Guide to Crisis Intervention, 6th Edition by Kristi Kanel
ISBN: 9781337566414

This edition is translated by license from Wadsworth, a part of Cengage Learning, for sale in Korea only.

For permission to use material from this text or product, email to
asia.infokorea@cengage.com

ISBN: 978-89-997-3263-8

Cengage Learning Korea Ltd.
14F YTN Newsquare 76 Sangamsan-ro
Mapo-gu Seoul 03926 Korea

Cengage is a leading provider of customized learning solutions with employees residing in nearly 40 different countries and sales in more than 125 countries around the world. Find your local representative at: **www.cengage.com**.

To learn more about Cengage Solutions, visit **www.cengageasia.com**.

Every effort has been made to trace all sources and copyright holders of news articles, figures and information in this book before publication, but if any have been inadvertently overlooked, the publisher will ensure that full credit is given at the earliest opportunity.

Printed in Korea
Print Number: 01   Print Year: 2024

이 책은 위기상담에 대해 체계적으로 학습할 수 있도록 효과적인 지침을 제공해 주는 좋은 책입니다. 사회적 관심이 커져 가는 다양한 위기 상황에 대해 영역별로 구체적인 사례 예시와 쉽고 실용적인 조언을 제시합니다.

−한국상담심리학회 회장 박성현 교수−

위기의 현장에서 일하다 보면 다양한 위기 상황에 적절하게 개입하는 방법을 알지 못해 어려움을 느낄 때가 많았습니다. 다행히 이번에 자살, 자해 등 위기를 경험하는 사람들에게 구체적이고 실질적인 도움을 줄 수 있는 종합 안내서와 같은 책이 나오게 되었습니다. 현장에서 위기개입을 하는 전문가들뿐 아니라 다양한 위기 상황에서 개입방법에 관심 있는 분들에게 이 책을 적극 추천 드립니다.

−한국 생명의 전화 하상훈 원장−

이 책은 상담을 공부하는 학생들뿐만 아니라 위기를 다루는 개인 상담자, 사회복지사, 학교 상담사, 간호사 등 정신건강을 돌보는 모든 사람에게 위기개입에 관한 이해를 확장시키고 전문성을 증진시킬 수 있도록 도울 것입니다.

−전국대학교학생상담센터 협의회 회장 이동훈 교수−

4

    인생을 거치면서 많은 위기가 있다. 발달과정상에서 발생하는 정상적인 위기뿐만 아니라 자연재해나 예기치 못한 위기를 경험할 수 있다. 한국사회도 전쟁을 경험하였고, 세월호, 이태원 참사 등 사회적인 트라우마를 경험하였으며, 수많은 개인이 다양한 형태로 위기를 경험하고 있다. 위기의 상황에서 성숙한 사회와 개인의 특징은 이러한 위기를 예측하고 위기 발생 시 적절한 대처방법을 가지고 있다는 것이다. 이러한 의미에서 이 책은 사회와 개인이 다양한 위기에서 무엇을 준비하고 어떻게 대처해야 하는지를 제시해 주는 측면에서 시기적절한 내용을 전달하고 있다.

    이 책은 ABC 위기개입 모델을 소개하고 위기상담 시 기본적인 대처방법을 제시하고 있다. 구체적으로 중증장애로 인한 위기, 발달상 위기, 문화 적응으로 인한 위기, 상실로 인한 위기, 재난으로 인한 위기, 군복무 관련 위기, 성폭행, 아동학대, 왕따로 인한 위기, 섹슈얼리티와 관련된 위기, 약물 사용과 관련된 위기, 장애와 고령화로 인한 위기 등 삶 속에 발생할 수 있는 다양한 위기를 상세하게 다루고 있다. 이 책은 무엇보다 다양한 위기에 대한 사례를 제시하여 상담적 개입이 구체적으로 어떻게 진행되는지 예시를 보여 주고 있는 측면에서 실용적인 도움을 제공하고 있다. 또한 복습 문제와 주요 학습 용어를 제시하여 각 장마다 정리할 수 있는 기회를 제공하고 있다.

    이러한 구체적인 내용들이 상담사들에게 도움이 될 것이라 판단하여 선정하였고 번역 문장들을 재검토하고 서로 교차하여 검증하고 한 문장 한 문장 세심하게 살펴서 번역을 완성했다. 번역 작업이 시간과 싸우는 어려운 작업이지만 서로 격려하면서 진행하였고 그 결과 만족할 만한 번역본을 출간하게 되어 기쁘게 생각한다.

    위기상담사는 내담자의 다양한 위기 상황에 당황하지 않고 위기개입과 상담을 전문적으로 실시해야 하는데, 이 책은 다양한 내담자의 위기를 이해하고 효과적으로 상담적 개입을 할 수 있는 방법을 제시하고 있다. 위기를 다루는 개인, 상담사, 사회복지사, 간호사 등 정신건강을 돌보는 사람들에게 위기를 경험하는 사람들에 대한 이해도를 확장해서 공감을 더 깊게 할 수 있도록 도울 것이다.

　이 책의 출간은 연세대학교 연구처의 학술지원을 받아 이루어졌다. 연세대학교의 지원과 격려에 감사드린다. 또한 학지사의 김진환 사장님과 편집자에게 감사드린다. 지금도 위기에 처해서 힘들어하시는 분들에게 위기를 극복할 수 있는 위로와 힘이 되고, 위기에 처한 사람을 돕는 분들에게 구체적인 도움이 되기를 바란다.

역자 대표 유영권 교수
연세대학교 상담코칭학
한국상담심리학회장 역임

처음 이 책을 집필할 때, 다양한 내담자 집단과 간단한 위기개입 회기를 진행할 때 초심 상담사와 숙련된 상담사 모두에게 구체적인 절차를 안내하는 글을 작성하려는 의도가 있었다. 책 전반에 걸쳐 많은 연구와 이론을 포함했지만, 그 핵심은 여전히 구조화된 방식으로 면담을 진행하는 방법에 있다.

일반적으로 이 책은 대학생과 초보 정신건강 전문가들이 단계별 실용 가이드를 통해 다양한 환경에서 내담자와 효과적으로 작업하는 방법에 대한 도움을 받을 수 있도록 집필되었다. 본문 곳곳에 많은 사례와 실습 기회가 있다. 이 교재는 강사나 다른 정신건강 상담사의 감독하에서 학생들이 서로 또는 실제 내담자와 함께, 역할극을 통해 읽은 내용을 실습할 수 있는 수업에서 매우 효과적이다. 정신건강 상담사뿐만 아니라 경찰, 소방관, 군인과 같은 전문가에게도 유용하다.

구성 특징

본문 곳곳에 독자들을 위한 실제 사례와 예시 스크립트를 많이 포함했다. 수년 동안 나는 학생들이 상담 회기에서 다른 사람들이 실제로 어떤 말을 하는지 보는 것이 도움이 된다는 것을 알게 되었다. 학생들은 이후 역할극 회기를 진행할 때 비슷한 유형의 대화를 연습할 수 있다.

또한 위기에 대한 주요 이론과 위기개입을 수행할 때 이론이 어떻게 활용되는지도 제시했다. 이론과 실습을 연결함으로써 독자들은 이론과 실습을 더 잘 이해하고 이론적 구성이 어떻게 실제에 적용되는지 체계적으로 배울 수 있다. 먼저 이론이 제시되면, 독자들에게 ABC 위기개입 모델에 대한 자세한 설명이 제공된다. 그런 다음 이 모델을 실습하기 위해 특정 내담자 유형과 그들의 필요, 해당 유형의 내담자를 대상으로 ABC 모델을 구현하는 방법을 다루는 다양한 장(chapter)이 제공된다.

교육용 도구

홍미롭고 새로운 사례 예시와 스크립트를 강조하기 위해 책 곳곳에 BOX를 삽입했다. 표, 도표, 그림도 삽입하여 독자들이 필수 이론과 임상 자료에 집중할 수 있도록 했다.

다양한 유형의 내담자를 다루는 장에서는 실습할 수 있는 사례들이 각 장의 마지막에 배치되어 있다. 여기에는 촉발사건, 인지, 정서적 고통, 기능장애, 자살 가능성, 치료적 상호작용 진술과 같은 구체적인 아이디어가 포함되어 있어 ABC 모델을 더 쉽게 연습할 수 있다. 모든 장의 마지막에는 학습에 필요한 주요 학습 용어와 함께 복습 문제가 있다.

개정판에 새로 추가된 것

수년에 걸쳐 본문을 개정하면서 세상이 변하고 많은 사람이 다양한 트라우마를 경험함에 따라 새로운 정보를 포함했다. 예를 들어, 2판에서는 9/11 테러의 영향을 둘러싼 이슈를 포함했고, 3판에서는 카트리나 재해에 대한 정보를 포함했다. 4판에서는 이라크와 아프가니스탄에 주둔했던 군인들이 겪은 위기 경험의 유형과 관련된 자체 연구를 바탕으로 한 자료를 포함했다. 5판에서는 한 장 전체를 재향군인 문제에만 할애했다. 이번 6판에서는 총기 폭력, ISIS 테러리즘, FOMO(Fear of Missing Out), 쿼터라이프 위기, 트랜스젠더 문제, '흑인의 생명도 소중하다(Black Lives Matter)'라는 주제와 관련된 자료를 추가하고 다양한 이슈에 대한 모든 통계를 업데이트했다.

일부 장의 이름을 변경하고 남성과 여성 모두의 낙태를 둘러싼 문제를 수록한 섹슈얼리티의 위기에 관한 장을 포함했고, 여성으로 성전환한 남성의 실제 사례를 추가했다.

본문과 함께 제공되는 보조 자료

여기에 내가 지난 31년 동안 가르친 강의의 교수법, 강사가 사용할 수 있는 시험 항목(객관식 및 주관식), 각 장의 강의에 대한 설명이 포함된 강사 매뉴얼이 있다. 또한 학생들을 위한 파워포인트 슬라이드 프레젠테이션과 퀴즈 항목도 제공된다. 이러한 자료는 교수자 사이트(www.cengage.com)를 통해 접근할 수 있다. 사이트에 접속하려면 Cengage Learning 담당자에게 문의하면 된다.

6판에 새롭게 추가된 디지털 교육 및 학습 솔루션인 Mind Tap은 독자들이 이 과정을 더욱 성공적으로 이수하고 자신감을 가지고 내담자와 함께 작업할 수 있도록 도와준다. Mind Tap은 전체 교재와 대화형 멀티미디어, 활동, 평가 및 학습 도구를 결합하여 독자들의 학습 과정을 안내한다. 읽기 및 활동은 독자들이 핵심 개념을 배우고, 필요한 기술을 연습하고, 자신의 태도와 의견을 반영하고, 배운 내용을 적용하는 데 참여하도록 유도한다. 내담자 상담 회기 동영상은 기술과 개념이 실제로 작동하는 모습을 보여 주며, 사례 연구는 독자들이 업무에서 직면하게 될 상황 유형에 대해 결정을 내리고 비판적으로 생각하도록 요구한다. 헬퍼 스튜디오 활동에서는 독자가 도우미 역할을 맡아 가상 내담자에 비디오를 통해 응답함으로써 위협적이지 않은 환경에서 기술을 구축하고 연습할 수 있다. 강사는 Mind Tap 과정을 맞춤형으로 콘텐츠를 재배치하고 추가할 수 있으며, 실시간 분석을 통해 독자의 진행 상황을 쉽게 추적할 수 있다. 또한 Mind Tap은 모든 학습 관리 시스템과 원활하게 통합된다.

감사의 말

수년간 이 교재를 검토해 준 많은 분의 에너지와 노고에 진심으로 감사드린다. 이번 판을 위해서 힘써 준 Ann H. Barnes, Stephan Berry, Angela Cammarata, Lisa Corbin, Valerie L. Dripchak, Amanda Faulk, Amy Frieary, Nichelle Gause, Mary S. Jackson, Jalonta Jackson, Steven Kashdan, Naynette Kennett, Cinda Konken, Jim Levicki, Ashley Luedke, Lisa Nelligan, Bob Parr, James Ruby, Lauren Shure, Cathy Sigmund, Bonnie Smith, Matt Smith, Rodney Valandra, Jennifer Waite, Jennifer Walston, Michelle Williams에게 감사의 말을 전한다.

마지막으로, 수년 동안 교재의 어떤 부분이 도움이 되고 방해가 되는지에 대해 귀중한 피드백을 제공해 준 독자들에게 깊은 감사를 드린다. 나는 방해가 되는 부분은 없애고 도움이 되는 부분을 강화하려고 노력했다.

영역별 위기상담: 이해와 활용 ──────────────────────── **목차**

제4장 자신과 타인의 위험 또는 중증장애와 관련된 위기개입 • 109

제7장　지역사회 재난, 트라우마, 외상후 스트레스 장애 • 199

제10장 섹슈얼리티와 관련된 위기 • 299

제11장 물질 사용 관련 장애 및 위기 • 327

제1장
위기개입 개요

학습목표

이 장을 학습한 후 독자는 다음과 같은 목표를 달성할 수 있다.

목표 1. 위기 상황이 어떻게 형성되는지 요소들 이해하기

목표 2. 개인이 위기를 극복하여 기능 향상시키기

목표 3. 위기개입 시작에 관한 역사 이해하기

목표 4. 위기가 어떻게 위험과 동시에 기회가 될 수 있는지 밝히기

목표 5. 위기에 취약한 사람 인지하기

목표 6. 트라우마 이해 기반 치료 이해하기

목표 7. 스트레스와 위기의 차이점 구별하기

목표 8. 위기에 효과적으로 대처하는 사람들의 특징들 알아차리기

위기에 대한 정의

위기라는 용어는 여러 가지 측면에서 정의될 수 있다. 현대 위기개입의 아버지라고 언급되어지는 제럴드 캐플란(Gerald Caplan)은 위기를 "지금까지 사용하던 문제해결 방식으로 극복할 수 없는 장애물"이라고 설명한다. 산산이 부서지는 경험이 뒤따르면서 화가 나고 문제해결을 시도하나 실패하게 된다(1961, p. 18). 캐플란은 쉬운 용어로 위기를 "한 개인의 정상상태가 뒤집어진 것"(p. 18)이라고 설명한다. 제임스와 길리란드(James & Gilliland, 2013)는 개인의 위기 상태에 대하여 아홉 가지 정의를 제시한다. 이런 정의들은 대부분 개인이 효율적인 방식으로 대응을 하지 못하는 상황에 초점을 두고 있다. 이러한 상황들은 개인이 정서적·심리적으로 부조화를 이루는 상황에 머무르게 만든다. 이 책 전체를 통해 위기에 관한 정의는 캐플란의 정의와 엘리스의 합리정서행동주의(Ellis, 1994)와 같은 현대 인지행동치료적 접근과 벡의 인지치료(Beck, 1976)에 근거하여 네 가지 구성 요소를 포함하고 있다. 제3장에서 ABC 위기 모델 개입방법을 어떻게 수행하는지 자세하게 설명할 때 이러한 구성 요소들은 매우 중요하다. 이 책에서 말하는 위기의 네 가지 부분은 다음과 같다: ① 촉발사건이 발생한다, ② 한 사람이 사건을 위협적이고 위험하다고 자각한다, ③ 이러한 자각은 정서적 고통으로 연결된다, ④ 정서적 고통은 이전에 위기로 진행되지 않게 했던 대처방법들을 사용 못하게 하는 기능 손상을 가져오게 한다.

위기 구성 요소들은 상담사가 밝혀야 할 것들이고 내담자가 이겨 내도록 도와주는 요소들이기 때문에 알아차리고 이해해야 한다. 무엇보다 중요한 부분은 사건에 대한 지각을 분별하는 것인데, 이는 상담사에 의해서 비교적 쉽고 신속하게 수정될 수 있는 부분이기 때문이다. 이런 초점은 위기개입과 다른 상담 형태로 차별화되는 부분이다.

이러한 특별한 정의를 염두에 두고 위기 관리자는 단기간에 필요한 서비스를 수행할 수 있다. 다른 형태의 상담은 자긍심을 고양시키고 성격을 수정하고 비적응적 행동을 제거시키는 부분에 초점을 두는 반면, 위기개입에 내담자의 기능을 향상시키는 데 초점을 두고 있다. 에벌리(Everly, 2003)는 위기개입에 다음과 같은 네 가지 목적이 있다고 서술한다: 심리적 기능의 안정화, 심리적 역기능과 고통 경감, 적응적인 심리기능 회복, 필요시 전문적인 도움을 찾도록 촉진. 이 장에서는 정서적 위기를 돕는 효과가 입증된 위기개입이 역사적으로 어떻게 발전했는지 자세히 살펴볼 것이다.

현재 사용하기 좋은 두 가지 위기개입 공식을 제공하고자 한다. [그림 1.1]에서는 위기 상황이 어떻게 발생하는지 본질적인 정의를, [그림 1.2]에서는 내담자를 위기에서 벗어나도록 돕는 과정을 보여 준다.

> 촉발사건 ⟶ 지각 ⟶ 정서적 고통 ⟶ 대응방식의 실패 시 기능의 저하

[그림 1.1] **위기 상황 형성 과정 이해를 위한 공식**

> 촉발사건에 대한 지각의 변화와 새로운 대응스킬의 습득 ⟶ 정서적 고통의 감소 ⟶ 기능의 향상

[그림 1.2] **기능향상을 위한 공식**

이 장의 후반부에 캐플란의 [그림 1.2]의 공식과 일치하는, 효과적으로 대응하는 사람들의 특징에 대해 설명할 것이다.

이 방법은 촉발사건에 대한 지각의 변화를 내포한다. 촉발사건을 변화시킬 수는 없기 때문에 한 개인이 할 수 있는 최선의 길은 내담자의 사건에 대한 인지와 지각을 변화시키거나 수정하고 전문기관의 위탁 또는 다른 대응 전략을 제안하는 것이다. 이러한 개념은 이어지는 장에 더 다룰 것이다.

일반적으로 위기에 대한 한 가지 생각을 추가한다면: 위기는 공황증상, 응급 상황, 통제력을 상실한 이미지를 불러일으킨다. 때로는 자연재해, 폭파, 총기사건, 폭력사건에도 해당된다. 촉발사건이 지역공동체 전부가 경험하거나 특정한 집단에 가해지는 경우 위기 상황 스트레스 관리(critical incident stress management)와 재난 정신건강(disaster mental health)이라는 단어가 사용된다(Everly & Mitchell, 2000). 위기 상황 스트레스 관리는 이 장에서 더 자세하게 다룰 것이다.

위기 상황은 평범한 일상의 한 부분이라고 볼 수 있다. 위기는 스트레스 대처에 어려움을 가지고 있는 평범한 그리고 일반적인 개인들의 삶에 자주 나타나며, 우리 모두가 대부분 관련될 수 있는 상황을 보여 준다.

위험과 기회로서 위기

어떤 위기 상황은 한 개인의 일생 동안에 가끔씩 평범하게 발생하는 정상적인 발달과정으로 보일 수 있다(Janosik, 1986, p. 3). 한 개인이 위기 상황을 생산적으로 경험하느냐 혹은

비생산적으로 경험하느냐는 개인이 위기를 어떻게 다루느냐에 따라 달려 있다. 한자로 위기는 [그림 1.3]에서 보듯이 위험과 기회를 뜻한다. 이러한 이중적 의미는 위기 상황의 잠재적으로 위험한 측면뿐 아니라 잠재적으로 유용한 측면을 강조하여 드러낸다. 한 개인이 촉발사건을 통한 도전에 적응적으로 직면할 수도 있고 신경증적 장애, 정신증적 질환, 심지어는 죽음에 이르는 반응을 할 수도 있다.

　캐플란(1961, p.19)에 의하면 불균형의 상태로 인해 혹은 미래의 발달을 위한 토대 역할을 하는 위기에 의해 성장이 일어난다고 한다. 위기가 없다면 발달은 불가능하다. 한 개인이 위기 동안에 안정을 성취하려고 노력할 때 대처 과정 자체는 질적으로 다른 수준의 안정성을 달성하는 데 도움을 줄 수 있다. 이러한 안정상태는 이전에 위기가 발생했던 때 가졌던 기능 수준보다 더 높거나 낮을 것이다([그림 1.4] 참조).

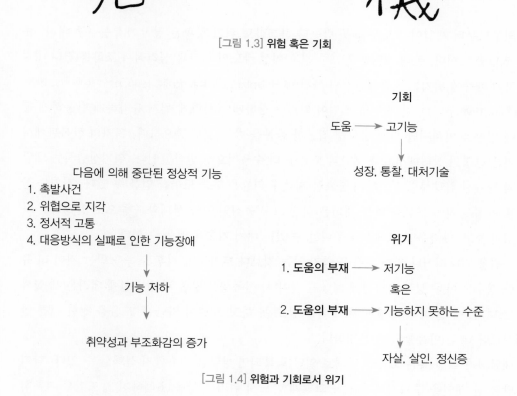

[그림 1.3] 위험 혹은 기회

[그림 1.4] **위험과 기회로서 위기**

〈BOX 1.1〉은 강간 피해자가 겪는 위기 경험에 적절한 도움을 못 받는다면 기능 수준이 어떻게 낮아지는지 보여 주고 있다. 이러한 저기능은 앞에서 언급한 잠재적 위험성의 예가 된다.

BOX 1.1 위험으로서 위기의 사례

　강간을 경험한 뒤 여성은 도움을 요청하거나 누구에게도 트라우마에 대하여 언급하지 않을 수 있다. 폭력사태 이후 한 달여 동안 부인하는 상태로 들어가서 세상과 접촉하지 않고 불신하고 물질남용이 심하게 되며 대인관계가 결핍되고 이인증을 보이기도 한다. 겉으로는 일을 계속하고 학교에 가고 가족과 친구를 우선시하는 등 제대로 기능하는 것처럼 보였다. 그러나 실제로는 강간 사건 이전에 가졌던 기능의 수준보다 더 낮은 수준에서 기능하고 있고 위기개입을 받기 전까지는 기능의 손상을 가진다. 도움 받는 시기가 늦어질수록 부인의 방어기제를 사용하느라 쏟아 낸 에너지의 양 때문에 도움받는 데 더 저항감을 가질 수 있다. 만성우울증 상태나 사람에 대해 신뢰하지 못하고 불안에 빠질 것이며, 이러한 것들은 대인관계에서 잘 기능하지 못하도록 영향을 미칠 것이다.

기회로서 위기

　외부로부터 개입이나 도움을 못 받는다 하더라도 위기 상황은 결국 대부분 4주 내지 6주 내에 멈출 것이다. 본래 개인은 2~3주 정도 이상 극도의 긴장과 심리적 부조화를 견뎌 내지 못하기 때문에 위기는 시간제한적인 사건이다(Caplan, 1964; Janosik, 1986, p. 9; Roberts, 1990; Slaikeu, 1990, p. 21). 한 개인의 성격이 위기를 강하게 극복하게 될지 유약하게 반응하게 될지에 영향을 미치지만 위기 상황에 집중한 돌봄을 받는 것도 중요하다. 위기의 한복판에서 개인은 안정된 상태에서보다 제안과 도움을 더 수용적으로 받아들인다. 위기상담사는 내담자의 높아진 취약성으로 인하여 중요한 지렛대 역할을 하는 도구를 얻을 수 있다. 저기능 상태로 안정을 찾아 도움을 받는 개인은 더 높고 적응적인 기능 상태와 수준으로 안정화될 가능성이 높고, 다가올 스트레스를 준비할 수 있는 대처 기술을 배울 수 있다.

　수년을 기다리거나 전혀 도움을 받지 않는 것보다 트라우마 직후 도움을 받는 것이 더 유익한 경우는 아동 성폭행 사건에 해당될 것이다. 성폭행을 당한 뒤 상담실에 데려온 세 살짜리 소녀가, 세 살 때 성폭행 당하고 아무 말도 못 하고 27년이 지난 후 도움을 청한 서른 살 여성보다 더 잘 반응할 것은 분명하다.

　내담자가 이전 혹은 고기능 상태로 일단 회복되면 상담을 지속할지 선택할 수 있다. 단기상담은 한 개인을 주기적이지만 꼭 그렇게 반드시 위기 상황을 초래하지 않으면서 괴롭혀

온 인생의 한 부분을 다루는데 경제적이고 효율적으로 접근하는 상담방법이다. 상담사는 6~20회기를 작업할 수 있으며 내담자의 행동과 정서의 변화에 훌륭한 결과를 가져온다. 개인이 위기개입으로부터 도움을 받으면 개인은 상담치료 과정과 상담사에 대한 신뢰도가 증가하기 때문에 개인의 심층적 이슈들에 대해서 계속 작업하는 데 더 개방적이게 된다. 물론 위기 후 상담을 계속할지 선택하는 것은 내담자의 경제적 능력과 시간에 따라 달라진다.

위험으로서 위기: 위기에 취약한 사람 되기

인생에서 스트레스를 경험하는 사람들이 모두 위기 상황으로 몰리지는 않는다. 어떤 사람은 부조화 상태로 악화되는 반면, 어떤 사람은 스트레스에 쉽게 대처하는지 그 이유가 확

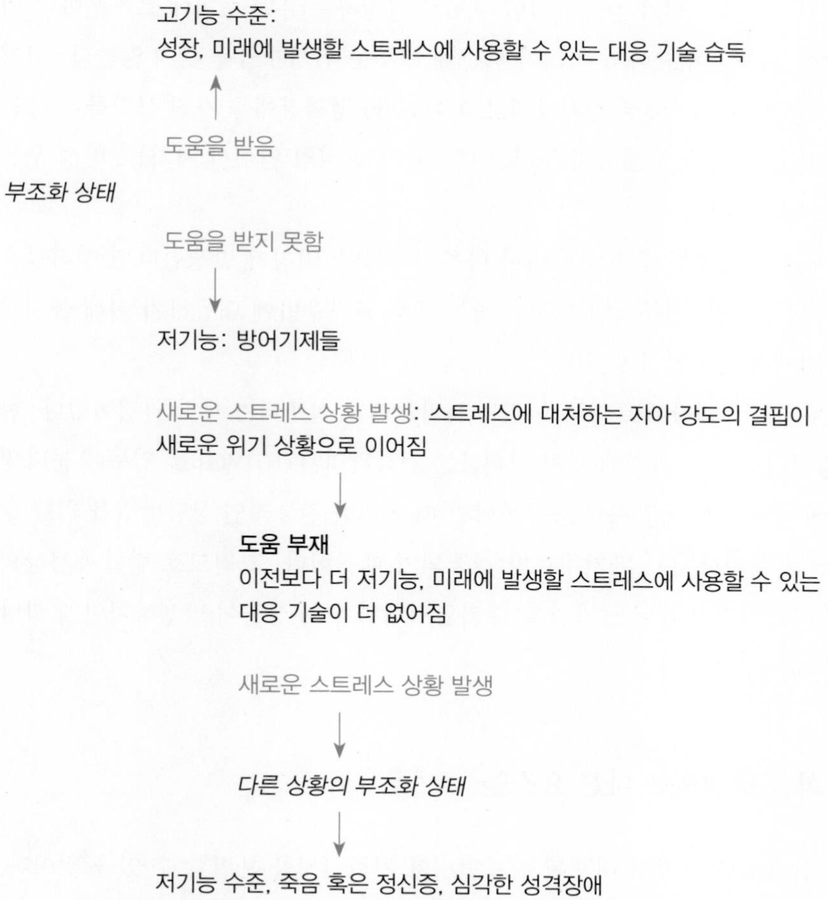

고기능 수준:
성장, 미래에 발생할 스트레스에 사용할 수 있는 대응 기술 습득

↑
도움을 받음

부조화 상태

도움을 받지 못함
↓

저기능: 방어기제들

새로운 스트레스 상황 발생: 스트레스에 대처하는 자아 강도의 결핍이
새로운 위기 상황으로 이어짐

↓

도움 부재
이전보다 더 저기능, 미래에 발생할 스트레스에 사용할 수 있는
대응 기술이 더 없어짐

새로운 스트레스 상황 발생

↓

다른 상황의 부조화 상태

↓

저기능 수준, 죽음 혹은 정신증, 심각한 성격장애

[그림 1.5] **위험으로서 위기: 위기에 매몰되기 쉬운 사람으로 발전하는 경로**

실하지 않지만, 몇 가지 설명이 타당할 수 있다. [그림 1.5]는 [그림 1.4]에 위기에 빠지기 쉬운 사람을 포함시키기 위해 확장한 것이다. 한 사람이 위기 상황에서 적절한 위기개입을 받지 못한다면 억압, 부정, 해리와 같은 자기 방어기제를 사용하여 위기로부터 나오려고 한다. 이런 경우 그 사람은 스트레스 사건 이전에 수행하였던 것보다 더 낮은 수준에서 기능하는 경우가 많다. 기능하기 위해서 현실을 조절하는 심리적 요소인 자아(Gabbard, 2014)는 그 힘을 촉발사건과 연관된 두려움과 고통을 부정하고 유지하는 데 사용한다. 이러한 노력은 앞으로 계속 닥치는 스트레스 유발 인자를 다룰 수 있는 힘을 빼앗아 감으로써 다른 스트레스 인자가 발생할 경우 다른 차원의 위기 상황을 만들 수 있다. 위기 상황 발생 몇 주 후, 더 강력한 자기 방어기제에 의해 이러한 위기 상황은 해소되고, 이때 적절한 위기개입이 없다면 이전보다 낮은 수준으로 기능할 수 있다.

이러한 패턴은 한 개인의 자아가 현실을 검증하고 다룰 수 있는 역량을 완전히 소진할 때까지 수년간 지속될 수 있다. 뇌가 신경학적인 구조를 형성하는 유년 초기에 트라우마나 억압적 양육의 경험에 노출되어도 아직 어리기 때문에 대부분 위기개입을 찾지 않는다. 이러한 발달상 위기와 상황 위기는 때로 성격장애로 이어진다. 성격장애를 가진 사람들은 불안정한 정서를 경험하고, 현실을 조절하지 못하고 대인관계와 직업 면에서 저기능, 만성 우울증을 경험한다(Gabbard, 2014).

기본적인 성격구조가 형성된 후 트라우마나 다른 스트레스 인자가 발생한다면 성격장애로 발전되지 않을 수 있지만, 전문적인 도움을 찾는 대신 트라우마에 대응하기 위해 물질남용을 하거나 방어기제를 사용할 수도 있다.

전통적인 심리치료는 성격장애로 고통을 겪는 사람들에게 실행되는 상담 과정이었다. 현재 경제 상황과 정신건강 치료 과정에 대해 지휘하는 건강관리기관(HMOs)을 염두에 둔다면 상담사들은 위기에 매몰되기 쉬운 사람들을 상담할 때 이러한 전통적인 상담방법을 취할 수 없다. 대부분의 상담 상황에서는 단기치료만 제공되기 때문이다. 그러므로 발달과정상의 기능을 못하게 하는 만성적인 패턴을 막기 위해 가급적이면 위기 상황이 발생하자마자 상담을 시작하는 것이 매우 중요하다.

위험 또는 기회를 구별하는 다른 요소들

다른 요소들을 살펴보면 위기에 내포된 위험인지와 기회인지를 분별할 수 있을 것이다. 이런 요소들은 내담자 자신의 환경에서 대부분 발견된다. 외부의 도움을 받는 것 외에 ① 물질적 자원, ② 개인적 자원, ③ 사회적 자원에 용이하게 접근할 수 있느냐에 따라 위기 후 개인이 도달할 수 있는 회복 수준이 결정된다. 물질적 자원은 돈, 거주처, 음식, 교통수단과 같은 것을 포함한다. 돈으로 사랑을 살 수는 없지만 위기 상황에서의 삶을 용이하게 만든다. 예를 들어, 돈, 음식, 집, 교통수단과 같이 물질적 자원이 부족한 매 맞는 여성은 소득이 있고 차량을 소지하고 있는 여성보다 위기 상황에서 더 많은 고통을 겪을 수 있다. 물질적 자원을 가진 여성은 호텔에 머무를 수 있고 자신 소유의 아파트로 이사할 수도 있다. 직장과 상담센터, 법원에 운전해서 갈 수 있다. 물질적 자원이 없는 여성은 상담에 오는데도 어려움을 겪을 것이고 누군가에게 의존해야 할 것이다. 어디로 가야 할지, 언제 가야 할지를 선택하는 자유가 의존하는 다른 사람에 의해 대부분 결정된다. 매슬로(Maslow, 1970)의 욕구 단계에 의하면 개인의 통합성과 사회적 접촉에 대한 욕구 이전에 물질적 욕구가 먼저 충족되어야 한다. 거주지가 있고 음식을 섭취하고 안전이 보장되어야 비로소 매 맞는 여성의 위기와 관련된 심리적 측면을 해결하기 시작한다.

재정적 그리고 다른 물질적 자원들에도 불구하고 물질적 자원을 가진 사람들이 고통에 면역을 가지고 있지 않다는 것을 기억하는 것은 중요하다. 다양한 심리적·사회적 요인, 피해 기간과 중증도, 다른 촉발사건들에 따라서 때로는 물질적 자원을 덜 가진 사람들보다 더 심한 고통을 경험할 수 있다. 여성의 물질적 필요가 충족된 이후 위기에 대한 회복작업을 시작할 수 있다. 자아 강도, 스트레스 상황에 대처했던 지난 경험들, 정신질환의 부재, 신체적 건강과 같은 개인적 자원들은 자신의 힘으로 얼마나 잘 대처하고 어떻게 위기개입을 수용하여 실행할지를 결정하는 요소들이다.

세상을 현실적으로 이해하고 그 이해를 바탕으로 자신의 필요와 욕구를 충족시키는 능력을 수행하는 심리적 구조의 한 부분을 자아라고 한다면, 자아 강도는 평상시와 스트레스 상황에서 이런 작업을 얼마나 잘할 수 있느냐를 지칭하는 것이다. 위기개입자는 때로 심한 우울증을 경험하거나 정신증적 증상을 보일 때 그리고 자아 강도를 회복할 때까지 내담자의 자아 강도를 강화시키는 역할을 할 수 있다. 현실을 명확히 보지 않고 현실적인 대응 행동을 하지 않는 내담자는 위기를 성공적으로 관리할 때까지 자신의 행동을 구조화하는 약물치료, 가족치료, 개인상담과 같은 도움이 필요하다. 과거 다양한 스트레스 원인에 대해 잘 대응하였다면 자아 강도는 대부분 강하다고 볼 수 있다. 그러나 스트레스를 성공적으로 대처하지 못했을 때 개인의 자아 강도는 낮아진다([그림 1.5] 참조). 위기개입자는 현실적인 목표와 문제해결 전략을 설정하기 위해 내담자의 현실 검증 능력을 잘 파악하여 '조율'해야 한다.

어떤 성격유형은 대응과 위기개입 수용에 방해가 될 수 있다. 어떤 사람은 도움을 받거나 다시 건강해지는 데 어려움을 겪는다. 때로는 편집적으로 되거나 갈등을 회피하며, 이런 유형의 내담자는 수용적이고 신뢰하는 내담자와 달리 상담사에게 도전한다.

　내담자의 신체적 건강 상태 또한 위기를 어떻게 다루는지에 영향을 준다. 신체적으로 건강한 사람들은 에너지를 더 많이 가지고 있으며, 개인적이고 사회적인 자원들을 활용할 수 있는 능력을 더 가지고 있다. 장애를 가지고 있고 질병을 앓고 있는 내담자는 끊임없이 자신의 상태에 대처해야 하므로, 스트레스가 발생할 때 신체적으로 건강한 개인이 대응할 때 가지는 만큼의 심리적 에너지를 가질 수가 없다.

　지적인 능력과 교육의 수준 또한 위기 결과에 영향을 미친다. 교육을 잘 받은 사람은 트라우마를 심리적으로 잘 통합하는 데 도움이 되는 인지 재구조화와 논리적 논증을 더 잘 활용할 수 있다. 지능이 낮은 사람은 사건을 이해하고 반응하는 데 어려움을 경험하고 문제를 해결하려고 할 때 경직될 수 있다.

　한 사람의 사회적 자원 또한 위기의 결과에 영향을 미칠 수 있다. 가족, 친구, 교회, 직장, 학교 등에서 지지를 강하게 받는 사람은 지지체계가 건강하다는 전제하에 자연스럽게 도움을 받을 수 있다. 고립된 개인은 위기 동안 더 힘들어할 수 있고 상담전문가, 위기 전화, 응급실, 의사와 같은 외부 지지체계에 의존한다. 위기개입자의 책임 중 하나는 내담자를 내담자의 자연적인 지지체계와 연결하여서 정신건강 종사자에게 의존하는 정도를 줄이는 것이다. 상담사가 효과적으로 개입하기 위해 12단계 자조 집단과 같은 지지 집단을 아는 것은 매우 중요하다. 자연적인 지지체계가 결여된 내담자는 무제한으로 이런 집단에 참석할 수 있다. 그래서 12단계 지지 집단이 자연적인 지지 기반이 될 수 있다. 12단계 자조 집단에 대해서는 제3장에서 더 다룰 것이다.

촉발사건

　개인의 위기는 알아볼 수 있는 시작점 혹은 촉발사건이 있다. 가족에서의 새로운 적응, 사랑하는 사람을 상실하거나, 건강을 잃거나 문화 적응 과정 중 발생하는 모순과 스트레스, 심리사회적 발달과정에서 발생하는 스트레스, 예상치 못한 상황에서 벌어지는 스트레스 등이다. 어떤 위기에서도 개인이 상황을 어떻게 인지하는가는 가장 중요한 부분이 된다. 사건에 부여된 의미와 적응은 그 사람이 정서적 고통을 경험할지 아닐지 중대한 영향을 미친다. 이러한 의미는 인지 열쇠라고 명명되었다(Slaikeu, 1990, p. 18). 상담사가 위기 상황에서 내담자의 문을 열 수 있는 중요한 개념이다. 촉발사건에 내담자가 부여하는 인지적 의미를 밝혔다면, 도움을 주는 자는 이러한 인지를 적극적으로 바꿀 수 있는 작업을 할 수 있다. 사건에 대해 인식하는 새로운 방식은 내담자가 정서적 고통을 줄이고 대처 능력을 증진시키며 궁극적으로는 기능을 향상시키는 데 도움이 된다.

촉발사건과 한 사람의 인생관이 서로 상호작용하는 방식이 상황을 위기로 만들 수 있다. 평상시 사용하던 기제들을 사용하지 못하여 새로운 상황에 대처를 못하면 불균형의 상태가 일어난다. 그러나 잠재적 위험 혹은 촉발사건에 대한 인지적 관점이 스트레스를 효과적으로 경감시키고 문제를 해결한다면 위기는 우선 발생하지 않는다.

종종 혼동되지만 스트레스와 위기는 다른 개념이다. 한 사람이 부정적 촉발사건을 경험하고 부정적 감정으로 고통을 겪을 때에도 대처할 수 있는 능력 때문에 기능의 손상을 경험하지 않는다면 개인은 일상적 혹은 정상적인 스트레스를 경험하고 있을 것이다. 스트레스는 현대인의 삶과 일상의 일부이지만, 위기는 그렇지 않다. 사람들은 감정적으로 파탄 나지 않으면서도 스트레스에 잘 대처하기 때문에, 스트레스를 경험하는 사람이 어느 정도의 정서적 고통을 경험한다 할지라도 스트레스를 극복하는 대처 기술을 소유하고 있다면 기능 수준이 훼손되지 않을 것이고 그럼으로써 스트레스는 위기로까지 이어지지 않을 것이다.

이 개념을 이해하기 위해 우리는 발달 위기와 상황 위기 두 종류의 위기를 설명할 것이다.

발달 위기

발달 위기는 한 사람이 삶의 한 단계에서 다른 단계로 움직이는 데 기대되는 정상적인 전환 과정에서 일어난다. 수년에 걸쳐 발전되며 가족구성원이 새로운 역할을 맡게 됨에 따라 적응을 필요로 한다. 제임스와 길리란드(2013)는 발달 위기는 변화가 일어나고 비정상적으로 반응하기도 하는 인간 성장의 자연스러운 흐름 중 한 부분이라고 말한다. 발달 위기는 제5장에서 문화적 이슈와 관련된 주제와 함께 더 살펴볼 것이다. 가족구성원 중 1명 혹은 그 이상이 발달과정 위기에 대처하는 능력이 없다는 이유로 상담을 요청하는 내담자가 있다. 효과적인 위기상담사는 이러한 촉발사건을 둘러싼 특별한 주제들에 민감할 필요가 있다.

상황 위기

상황 위기는 "한 개인이 예측하거나 통제할 수 없는 흔하지 않은 비상사건이 생겼을 때 일어난다"(James & Gilliland, 2013, p. 16). 상황 위기의 예는 범죄, 강간, 사망, 이혼, 질환, 지역재난 등이다. 발달 위기와 구별 짓게 하는 주요 특징은, ① 갑자기 발생하고, ② 기대하지 못하고, ③ 비상 상황이며, ④ 공동체에 잠재적인 영향이 있다는 것이다(Slaikeu, 1990, pp. 64-65).

정서적 고통

불안이 올라오는 것은 위험한 사건의 초기에 발생하는 충격에 대한 전형적인 반응이다. 퀴블러 로스(Elisabeth Kübler-Ross)의 죽음과 사별의 첫 번째 단계처럼 충격, 불신감, 공포감을 경험할 수 있다. 이러한 초기의 불안이 해소되지 않으면 파편화되는 느낌을 경험한다. 파편화되는 동안에 죄책감, 분노, 무력감, 무망감, 해리, 혼돈감, 피로감을 경험하고 직장, 학교, 가정에서 이전의 기능 수준으로 기능하지 못한다. 모순적이게도 어떤 상황에서는 불안이 에너지를 생성하고 대처 능력을 향상시키기도 한다. 마치 아이가 위험에 처해 있을 때 부모가 아드레날린이 급증하여서 아이를 구출하는 데 도움을 주는 것 혹은 자연재앙이 닥쳤을 때 신체적으로 갑자기 강해져서 시신이나 모래주머니를 쉽게 옮기는 것과 마찬가지이다.

중간 정도의 불안
(최고의 기능 수준)
(이상적 동기)

불안이 적거나/불안이 아주 적은   최고의 불안
(무력감/낮은 동기)   (압도되어서 마비됨)

[그림 1.6] **변화의 동기 부여자로서 곡선형 불안 모델**

그러나 불안이 너무 많거나 너무 적으면 무기력 상태에 빠지게 하거나 방향성을 잃어버리고 에너지가 고갈된 상태에 처하게 한다는 점에서 [그림 1.6]의 곡선형 불안 모델과 잘 맞는다(Janosik, 1986, p. 30).

불안 수준이 적절하거나 통제할 수 있으면 위기상담사는 오히려 그 불안을 활용하여 내담자가 변화를 이끌 수 있도록 동기를 강화시킬 수 있다. 요약하자면 불안은 항상 나쁜 것만은 아니다. 적당한 수준에서 삶의 변화를 촉진하는 데 필요한 것이다.

불안은 내면적 경험으로서 이에 대한 개입의 목표는 우선 스트레스의 내적 요소를 덜어내는 것이다. 대개 위기의 외적 요소들, 즉 스트레스 촉발 요인은 돌이킬 수 없는 경우가 많기 때문에 이렇게 하는 것이 의미가 있다. 정서적 고통에 대한 유일한 해결책은 내적 경험을 변화시키는 것이다.

고통에 대한 해결책으로 내적 경험을 변화시키는 것은 몇 가지 방식으로 이루어질 수 있다. 한 가지 방법은 불안 혹은 슬픔을 줄이기 위해 진정제를 투여하는 것과 같이 약물치료를 하는 것이다. 이 개입방법의 이점은 정서적 고통이 즉각적으로 감소되는 것이다. 내담자가 때로는 불안 혹은 슬픔이 너무 커서 인지적 위기개입을 통해서 도움을 받을 수 없을 때 약물치료는 인지가 변화되기 전까지 임시적으로 안정감을 제공할 수 있다. 위기상담사는 약물치료가 필요한 경우 정신과 의사와 같이 협동치료를 할 수 있고, 내담자가 이전에 치료 받았던 정신과 의사 혹은 가정의에게 전화를 걸어서 내담자의 정신과 의사와 연결고리를 만들 수도 있다. 또한 위기상담사는 가정의에게 전화로 자문을 구할 수 있고 정신과 의사와 위기상담사가 둘 다 내담자와 상담하고 있는 동안 계속 의사소통하는 데 편안한 관계를 형성할 수 있다. 어떤 기관에서는 상담사와 정신과 의사를 같이 고용하기도 한다. 이런 경우 정기적으로 모이는 스태프 미팅에서 둘 다 모이기 때문에 위기상담사와 정신과 의사가 협동치료를 하는 것이 용이하다. 치료 과정에 대해 자연스러운 대화를 나누기 위해서 서로의 사무실에 잠깐씩 자주 들리기 쉽다. 위기상담사가 정신과 의사 혹은 내담자의 주치의와 어떤 방식으로 연결하더라도 처방된 약물에 대해서 인지하고 있고 약물을 관리하는 데 주치의가 주도권을 가지게 하는 것이 현명하다.

그러나 위기상담사는 촉발사건에 대한 인식을 변화하거나 대처 행동을 개발하도록 돕는 과정 없이 내담자의 모든 정서적 고통이 너무 빨리 없어지는 것을 원치 않는다. 내담자는 불편함이 없으면 변화에 대한 동기를 가지지 못한다. 위기상담사가 내담자의 인지 및 행동 변화를 원한다면 내담자가 불균형 상태와 상처받기 쉬운 상태에 있는 것을 인정하고 신뢰해야 한다. 자아 강도가 있거나 정신 병력이 없는 내담자는 약물치료 없이도 위기를 잘 극복한다. 어떤 사람들은 확실히 약물치료가 필요하다. 상담치료만이 아니라 그 이상의 개입이 필요한 상황이 언제인지 알 수 있는 것은 위기상담사가 갖추어야 할 유용한 기술이다.

정서적 고통을 경감하기 위해 약물치료가 필요할 것 같지 않은 내담자에게는 다음 장에서 설명하겠지만 인지 재구조화를 통해 내적 경험을 잘 변화시킬 수 있다. 어떤 내담자는 여러 방식으로 추천받은 행동 변화를 잘 실천한다.

　기억해야 할 중요한 것은 촉발사건을 변화시키는 데 초점을 두지 말고 내담자가 그것을 어떻게 경험하는 방식에 초점을 두는 것이다. 인식 변화는 내담자의 정서적 고통을 낮출 것이고 기능 수준을 향상시킬 것이다. 또한 대처 전략을 제공하는 것은 정서적 고통을 줄이고 기능 수준을 향상시킬 것이다.

대처방법 개발의 실패와 기능 손상

　위기 상태의 마지막 요소는 기능수준을 감소시키는 정서적 고통에 내담자가 대처하지 못하는 것이다. 위기에 처한 사람은 당황, 혼돈, 갈등을 경험할 때 무너지기 쉬운 상태에 놓이게 되고 자신의 상황을 개선하는 기술이 부족할 수 있다. 직장, 학교, 사회에서 수행 능력이 손상을 입게 될 수 있다. 마찬가지로, 식습관, 수면과 같은 일상 과제 수행에 변화가 있을 수 있다. 때로는 자신 혼자 이런 손상들을 고치려고 노력하지만 불가능한 때는 도움을 요청할 수도 있고 자기 방어라는 기제를 사용하여 우울에 빠지기도 하고 혹은 불행하게도 자살을 시도하거나 성공하기도 한다. 따라서 위기 상황에 들어가면 가능한 한 빨리 신속하게 위기개입이 이루어져야 한다.

웰레슬리 프로젝트: 위기개입의 발달

　에릭 린더만(Eric Lindermann, 1944)은 지역사회 정신건강이라는 개념을 최초로 소개했다. 1942년 11월 28일 보스턴에서 발생한 코코넛 그로브 화재 사건(Cocoanut Grove fire)[1]에서 부상당하거나 희생된 피해자들의 친척들이 경험한 애도 반응을 연구했다. 493명이 코코넛 그로브 클럽에서 그날 밤 희생되었다. 미국 역사상 단일 건물 화재로서는 가장 큰 사건이다. 린더만은 매사추세츠 종합병원 팀이 합류해서 생존자를 돕는 과정 중에 성직자와 다른 지역

---

1) 역자주해: 1942년에 일어난 나이트클럽 화재 사건. 400명의 사망자, 위기에 처한 생존자들이 생겼음. 정신건강치료의 형태로 위기개입이 발전되게 한 가장 큰 사건 중 하나로 간주됨.

사회 봉사자들이 애도 작업을 도울 수 있을 것이라 확신했다. 이전에는 정신과 의사와 심리학자들만이 성격장애 혹은 생화학적 질병 때문에 생기는 증상이라고 여겨진 불안, 우울에 대한 조치를 제공했다.

린더만은 후속 연구로 제럴드 캐플란과 같이 매사추세츠 캠브리지에서 지역사회 전반에 걸친 정신건강 프로그램을 만들었다. 이 프로젝트가 웰레슬리 프로젝트(Wellesley Project)로 알려졌다. 우선, 화재 생존자, 화재에서 사랑하는 사람을 상실한 자, 갑작스러운 사별이나 유산 경험과 같은 갑작스러운 트라우마를 경험한 사람들과 작업했다. 유산을 하거나 장애를 가진 아이를 낳는 여성들과 작업하는 것에 초점을 두게 된 것은 제2차 세계대전 종식 후 1940년대 후반에 시작된 베이비붐의 영향을 받은 것이다. 수백만의 여성이 임신하고 어떤 여성은 임신 합병 증상이 있었다. 가정의는 입덧을 줄이는 신약인 탈리도마이드를 처방했다. 불행하게도 이 약은 기형아를 낳게 하고 합병증을 유발했다. 이 약의 부작용으로 인해 기형아를 낳은 여성들은 트라우마를 다룰 방법이 필요했다.

캐플란의 예방정신치료는 초기 개입을 실시하여 긍정적 성장을 촉진시키고 심리적 장애로 가는 비율을 최소화하는 것에 초점을 두고 있다. 이 초점은 정신건강 자문에 강조점을 두게 만들었다(Slaikeu, 1990, p. 7). 위기개입이라는 용어가 그때 당시 생각도 못했던 단어라고는 믿기 어려울 것이다. 캐플란은 접근방법은 단기, 지시적, 초점화된 위기개입으로 변화를 주도했다. 흥미롭게도 현재의 위기개입 이론은 웰레슬리 프로젝트로부터 왔다.

웰레슬리 프로젝트의 연구에서 캐플란(1964, p. 18)은 어떤 사람은 다른 사람보다 상황에 더 잘 대처한다는 것을 발견했다. 위기 상황을 잘 극복하고 위기에 빠지지 않고 이겨 낸 사람들이 보여 주는 일곱 가지 효과적인 대처 행동을 설명한다(〈표 1.1〉 참조).

〈표 1.1〉 **캐플란의 일곱 가지 효과적인 대처 행동**

---

1. 적극적으로 현실적인 이슈들을 탐구하고 정보를 탐색한다.
2. 긍정적 · 부정적 감정 둘 다 자유롭게 표현하고 좌절을 참아 낸다.
3. 다른 사람으로부터 도움을 적극적으로 요청한다.
4. 문제를 다룰 만한 수준으로 세분화하여 한번에 한 가지씩 해결해 나간다.
5. 피곤함을 잘 알아차리고 다양한 영역의 기능에서 통제력을 유지하면서 대응하는 노력의 완급을 잘 조정한다.
6. 가능한 지점에서 감정을 조절할 줄 알고 유연하며 기꺼이 변화한다.
7. 자신과 타인을 신뢰하고 결과가 잘 나올 것이라는 긍정적 마인드를 기본적으로 소유하고 있다.

출처: Caplan(1964). *Principles of preventive psychiatry*. New York, NY: Basic Books.

내담자의 정서적 고통이 관리할 만한 수준으로 낮아지면 위기상담사는 대처 전략들을 제안할 수 있다. 전문기관, 단체, 의사, 변호사에게 의뢰하는 것부터 일기쓰기, 운동하기까지 다양한 영역에 걸친 제안을 할 수 있다. 캐플란의 일곱 가지 효과적인 대처 행동은 상담사로 하여금 인지를 변화시키고 정서적 고통을 낮추고 기능 수준을 높이는 치료계획을 창조적으로 구축하도록 알려 준다. 위기개입이라는 이름은, 예를 들어 트라우마 반응, 위기 사건과 사후 보고, 위기사건 스트레스 상황 관리 등과 같이 변화가 있었지만 캐플란이 1940년 후반과 1960년대 사이에 제안한 개념이 아직도 적절하고 효과적이다.

래포포트(Rapoport)가 1965년에 지적하였듯이, "전략적으로 적절한 시기에 목적과 초점을 가지고 합리적인 방향으로 진행된 작은 도움이 정서적으로 단절되는 기간 동안에 주어진 광범위한 도움보다 더 효과적이다"(Everly, 2003, p. 30에서 인용).

1989년경 미국 정신의학회 정신장애 치료에 관한 태스크포스 보고서는 "위기개입은 정서적 위기의 고통을 돕는 입증된 접근방법이다."라고 언급했다(Seanson & Carbon, p. 2520: Everly, 2003에서 인용).

시간을 거치면서 위기개입을 수용했다는 점이 현재 지역사회에서 어떻게 정신건강이 수행되고 있는지 이해하는 데 매우 중요하다. 약물치료 그리고 장기적인 정신분석에 초점을 두는 접근방법에서 단기 위기관리, 결국에는 트라우마 반응과 위기 상황 스트레스 관리로 연결되는 접근방법으로 발전되었다.

위기개입과 자살 예방의 전국적 강화

1960년대 초에 위기개입 경향은 자살 예방 운동을 일으켰다. 이 운동은 빠르게 성장해서 지역사회 센터들에서 24시간 긴급전화 서비스를 제공했다. 이런 센터들은 1960년대의 사회 운동가들의 정신과 캐플란의 이론으로부터 발전되었다. 전화상담 프로그램을 위해 비전문가 자원봉사자에게 의존했다. 캐플란의 중요한 삶의 위기에 초점을 맞춘 것이 의료모델과 정신분석치료에 만족하지 않는 비전통주의자들의 관심을 끌었다. 현재 개인적인 위기들을 치료해 주는 데 전문화된 비영리 조직들은 원치 않는 임신으로 인한 낙태를 위한 무료 클리닉, 매 맞는 여성을 위한 보호소, 강간 피해자 센터, 에이즈 센터 등과 같은 비전통적인 풀뿌리 프로그램으로부터 발전되었다. 비영리 기관들은 현재도 이렇게 같은 이슈들 혹은 더 많은 이슈를 다루면서 존재하고 있다.

자살 예방 운동과 병행하여 지역사회 정신건강 운동이 미국에서 일어났다. 1955년 50만 명이 넘는 환자가 정신병원에 수용되었는데 미국 역사상 최고조였다. 1950년대에 토라진과 리티움과 같은 정신치료 약물이 소개되고 널리 사용되면서 만성 정신질환을 겪는 환자들은 지역사회에서 관리할 수 있게 되었다. 그래서 그 뒤로 20년 넘게 정신질환의 탈시설화를 증진시켰다. 결과적으로, 정신질환 환자 숫자가 십 년 뒤 20만으로 감소했다(Cutler, Bevilaqua, & McFarland, 2003). 1955년에 의회는 정신질환 및 건강 합동위원회를 설립하였는데 정신질환을 치료받기 위해서 4명 중 3명이 공공 정신병원에서 치료받았다는 것을 발견했다. 1969년대에는 합동위원회에서 정신질환이 지역사회에서 다루어지고 성공하면 연방 재정지원을 받을 것이라고 제안했다(Library Congress, 1989-1990). 케네디 대통령은 자신 가족 중에 지적장애를 겪고 있는 구성원이 있었기 때문에 이러한 지역사회 정신건강에 대하여 많은 관심을 가졌다. 그래서 1963년에는 국가적인 정신건강 프로그램을 제안했다.

1963년 「지역사회 정신건강복지법」

1963년 「지역사회 정신건강복지법(Community Mental Health Act)」의 목적은 1980년까지 만 명당 한 곳에 지역사회 정신건강 증진 센터를 설치하고 혹은 전국적으로 2000개 이상의 센터를 세우는 것이다. 1967년에 의회는 2000개의 지역사회 정신건강 증진 센터 설립 목표를 재확인하였지만 1980년경에 768개의 센터만 세워졌다. 이런 현상은 정신질환자 가운데 노숙자가 되는 비율이 많아지는 원인이 되었을 수 있다(Cutler et al., 2003). 연방 법률에 이어서 많은 주에서 각자 지역사회 정신건강 프로그램을 실행하기 위한 법령과 윤리적 기준을 만들었다. 어떤 지역에서는 논란이 있었다. 강제 감금 그리고 '위험성'에 대해 어떻게 정의하는가 등과 같이 이러한 논쟁의 구체적 부분은 윤리, 법과 정신질환을 다루는 제2장에서 더 다루어질 것이다.

지역사회 정신건강 프로그램의 한 측면은 24시간 정신과 응급치료(Psychiatric Emergency Treatment: PET)로 알려진 응급서비스를 개발시키는 것이다. 대부분의 지역사회 정신건강 증진 서비스는 1963년의 법에 기반하고 있다. 이러한 서비스의 원래 의도는 과거에는 정신병원에서 다루었던 정신증적 증상, 자살, 살해 위기들을 다루는 것이다. 이러한 기관에서 많은 변화가 일어났지만 이런 유형의 위기를 다루고 평가하는 목적은 여전히 현재에도 적절하다. 이런 위기를 겪고 있는 사람들과 관련한 현재의 위기개입 방법은 제4장에서 다루어질 것이다.

위기라는 주제를 구체적으로 다루면서 1960년대 후반과 1970년대 초반에 『Crisis Intervention』과 『Journal of Life-Threatening Behavior』라는 학술지가 출판되었다. 경제적 여건들이 지역사회 자원들을 더 많이 활용하게 되는 상황이 되면서 1970년대에는 위기개입이 더욱 가치 있게 평가되었다(Slaiku, 1990, p. 8). 1970년대에는 정신건강 증진 센터에서 반의료적인 정서가 늘어났다. 정신건강 증진을 위해 종사하는 심리학자, 간호사, 석사학위 수준의 상담사들의 숫자가 늘어났다. 정신과 의사들이 센터를 떠난 자리에 정신과 의사들보다 월급을 덜 지급하면서도 위기관리와 사례 관리를 효과적으로 수행하는 다른 유형의 정신건강 종사자로 대체되었다(Cutler et al., 2003).

이 기간 동안 교과 내용을 심리학과 상담학에 초점을 맞춘 종합대학과 전문대학의 숫자가 늘어난 것을 볼 수 있다. 지역사회 정신건강 증진 센터에서 이전에 일했던 많은 준전문가(paraprofessional)가 전문적 치료자가 되기 위해 학위 과정에 들어갔다. 자격증을 가지고 치료하는 직업이 각광을 받게 되었다. 보험회사들은 석사학위를 가진 개인들에 의해 제공된 상담 서비스에 대하여 비용을 지불하였고 정신건강 상담을 찾는 사람들이 증가하게 만들었을 뿐만 아니라 보험회사의 재정적 부담에 대한 불만이 생겨났다.

관리의료의 부상

이러한 불만으로 인해 손해보험회사는 관리의료 시스템을 만들었다. 보험회사들은 전문가들이 원하는 대로 내담자들의 치료 횟수를 보상하지 않는다.

현재 정신건강 치료 기관에서 단기 위기개입 모델은 비용적인 면에서 효율적이어서 대부분의 건강관리기관(HMOs), 선호 의료 진단 체계(preferred provider organization: PPO), 보험회사들이 이 시스템을 채택하고 있다. 주 정부가 운영하는 메디케이드(Medicaid) 프로그램이 시작되면서 이러한 지불 형태는 혼란을 겪기 시작한다. 공적자금과 사적자금이 통합되며 빈곤에 처한 사람들이 공공복지 수혜자가 되고 4천만 명이 보험이 전혀 없어서 의료 서비스에 대한 제3자 지불제 혜택을 받지 못하는 상태로 내몰렸다. 1990년경 정부는 지역사회 정신건강 프로그램을 면밀히 조사했다. 클린턴 대통령이 주도한 단일 보험자 시스템이 실패하면서 정신건강 서비스를 다루는 데 사기 행위가 없는지 찾아내는 것이 연방정부의 주된 목적이었다. 1969년에 제랄드 캐플란은 "민주 자본주의 국가에서 정신과 의사 개개인은 어떻게 자신의 기술을 사용하여 생계를 유지할지 결정할 자유가 있다. 그러나 전문가 단체로서는 공식적으로 승인된 인구층의 필요를 충족시키기 위해 조직화된 지역사회의 요구에 반응해야 한다. 그렇지 않으면 재제받을 것이다. 그렇게 되면 결국에는 다른 직종으로 대체되어 밀려나게 된다. 방치되었던 문제를 다루기 위해서 한 단계 발전이 이루어졌다.''라고 언급했다(Caplan & Caplan, 1969, p. 30). 현재는 대부분의 관리의료 시설, 보험회사, 비영리 기관, 공공 정신건강 증진 기관(나중에는 행동건강기관이라고 명칭이 바뀌었음)들은 단기, 위기 그리고 응급 서비스를 제공하는 데 초점을 두었다. 위기개입을 어떻게 실행하는가를 이해하는 것이 현대의 상담사에게 모든 교육 수준에서 매우 필수적이다.

준전문가에 대한 필요성. 위기개입 센터 영역에서 내담자에게 서비스를 제공하는 데 준전문가를 활용하는 것에 대한 여부는 논쟁이 지속되어 왔다. 자격증을 가진 전문가들은 이러한 사람들이 전통적으로 위기개입 서비스를 제공하지만 개입하는 데 충분한 훈련을 받지 않았다고 생각한다. 어떤 전문가들은 석사학위를 소유한 자만이 위기에 처한 사람들에게 상담 서비스를 제공할 수 있게 해야 한다고 제안했다. 비겔(Beigel, 1984)은 지역 정신건강 증진 센터들을 다시 의료화해야 한다고 제안한다. 지속되는 정신과 치료를 제공하기보다는 약물 처방하는 것이 비용적인 측면에서 효율적이기 때문에 최근에 이런 일들이 실제로 일어나고 있다. '치료하다, 거리를 두다' 혹은 '평가하다, 투약하다, 후송시키다'라는 용어를 자주 들을 것이다. 이는 냉정하고, 무관심하고, 부정적인 소리처럼 들린다.

준전문가들이 위기관리를 제공하는 것을 못하게 한다면 석사학위 혹은 그 이상의 자격을 가진 상담사에 의해 제공되는 서비스 비용을 감당할 수 없는 취약한 지역사회에 부정적인 영향을 줄 것이다. 또한 위기에 있는 모든 사람이 낫기 위해서 약물치료가 필요한 것은 아니다. 준전문가를 활용하는 것은 경제적으로 효율적이다. 적절한 훈련과 수퍼비전을 제공받으면 이런 수준의 종사자들이 지난 60년 동안 보여 주었듯이 효율적인 위기관리를 제공해 줄 수 있다. 정치계와 전문가들은 질투와 두려움 때문에 준전문가들이 하는 상담에 대해 반대했다. 그러나 위기개입 종사자들에게 위기개입을 못하게 금지한다면 이것이 필요한 내담자들이 치료받지 못한 채 지낼 수도 있다는 것은 의심의 여지가 없다.

많은 전문 치료자는 웰레슬리 프로젝트 기간 동안에 실시된 준전문가 서비스에 기반한 위기개입의 역사적 기초를 알지 못하고 있다. 대부분의 정신건강 시설에서 위기개입이 활용되고 있지만 모든 정신건강 종사자가 이 영역에서 구체적인 훈련을 받은 것은 아니다. 대학원 수업 과정 중 혹은 예비대학 수업 과정에 포함될 수 있다. 이런 이유 때문에 학생들은 각자 전통적인 치료 과정을 어떻게 단축할지에 대한 해석에 기반하여 위기개입을 제공해야 했다. 전통적인 상담 영역과 심리대학원 그리고 비영리 기관들은 비전문적 자원봉사자들이 내담자와 효과적으로 작업하도록 위기개입에 대한 세부 훈련 과정을 제공했다.

전통적인 모델들이 위기 작업에 영향을 주지 않았다고 말할 수는 없다. 사실, 각각의 전통적인 상담 접근방법들은 위기개입 영역에 공헌을 해 왔다. 위기개입의 창시자들이 이러한 모델로 훈련받은 사람들이라는 것을 고려할 때 맞는 말인 것 같다. 〈표 1.2〉는 현대 위기개입에 이르기까지의 일련의 사건들에 대한 역사적 개괄을 보여 주고 있다.

〈표 1.2〉 위기개입 발전 연표

시기	발전
1942년	코코넛 그로브 화재 사건: 상담 서비스에 비전문가를 활용함
1946~1964년	베이비붐: 탈리도마이드로 인한 사산, 출생기형, 유산; 제2차 세계대전 쉘쇼크 증후군 (Shell Shock Syndrome)[2]
1963년	「지역사회 정신건강복지법」
1960년대	자살 예방과 위기개입 관련 전문학술지 출간; 심리학과 상담학 분야에서 전문적 연구들이 증가함
1960~1970년대	시민사회 운동; 풀뿌리 운동; 비영리 기관의 탄생; 준전문가들의 활용
1970~1980년대	심리학과 상담학 과목을 개설하는 대학 프로그램의 증가; 정신건강의 전문화, 자격증을 소유한 상담사의 급격한 증가; 위기개입을 지양하고 전통적이고 장기적인 정신건강 상담을 지향하는 움직임
1980~1990년대	정신건강 분야를 포함하여 의료 영역에서 관리의료 시스템으로의 전환; 개인 상담 기관이나 지역사회 정신건강 센터들에서 위기개입으로의 회귀

다양한 이론의 공헌

어떤 한 영역이나 한 학파가 위기 이론을 자신의 것이라고 주장할 수 없다. 왜냐하면 이 이론은 다양한 분야로부터 이끌어 냈기 때문이다. 그 결과물은 정신분석, 실존주의, 인간중심, 인지행동 이론으로부터 절충하여 혼합한 것이다.

---

2) 역자주해: 융단폭격이나 전투를 경험하고 수면을 취하거나 정상적인 활동을 하지 못하는 무력한 상태.

정신분석이론

정신분석이론은 위기에 처한 사람들을 치료하는 데 공헌했다. 지그문트 프로이트(Sigmund Freud)는 심리적 에너지가 유한하고 각자에게 제한된 양만큼 존재한다는 가정을 만들었다. 이 가정은 위기개입과 위기 이론에 적용될 수 있는 개념이다. 이 개념은 지금까지 사용한 대처 기술이 실패하고 심리적 에너지가 고갈되었을 때 형성되는 불균형에 대해 설명할 때 도움이 된다. 또한 성격장애, 신경증, 정신증을 경험하는 사람들이 위기 상황에서 왜 잘 대응하지 못하는지 설명하는 데 도움이 된다. 심리적 에너지의 대부분이 자신의 장애를 버텨내는 데 사용되기 때문에 예상치 못한 위기 상황에 사용할 여분의 에너지가 없다(Brenner, 1974, pp. 31-80).

위기이론에서 상담사는 내담자의 자아 강도를 평가하고 때로는 자아의 기능을 대신하도록 권장받는다. 자아 강도는 직접적으로는 심리적 에너지와 관련 있다. 성격장애 혹은 정신증 장애를 겪고 있는 사람들은 심리적 에너지를 과거 발생한 스트레스, 상실, 트라우마를 다루는 데 사용하고 있기 때문에 대부분의 촉발사건을 효과적으로 대처할 수 없다.

실존주의 이론

실존주의 이론은 위기치료에 공헌했다. 원래 실존주의 심리치료는 삶에 관한 관점을 근본적으로 수정하는 것을 목표로 하는 장기치료이지만(Bugental, 1978, p. 13) 어떤 개념들은 단기 적응 모델에 유용하다. 자기 발전과 성장을 위한 촉매제 역할을 하는 불안이 실존의 정상적인 부분이라는 실존주의 입장은 위기에 처한 사람들과 작업할 때 유용한 개념이다. 이 개념은 중국의 위험과 기회라는 개념과 일치한다. 새로운 삶의 정황에 의해 발생된 불안 없이 사람들은 성장할 수 없을 것이다. 위험을 감수할 수 있고 성장할 수 있도록 동기를 촉진하는 불안에 대한 개념은 최근 위기 이론에 많은 공헌을 했다. 모든 사람이 일생에 한 번 언젠가는 고통을 겪고 고통이 사람을 강하게 만든다는 신념은 고통을 경험하는 사람들이 위기에 대한 생각을 재구조화하는 데 사용될 수 있다.

실존주의 이론에서 채택할 수 있는 다른 유용한 개념은 개인의 책임성을 수용하는 개념과 많은 문제가 자신으로부터 유발된 것이라는 개념과 관련이 있다. 이렇게 생각한다면 위기에 처한 사람에게 선택이 가장 중요한 초점이 된다. 내담자가 선택할 수 있도록 힘을 실어주고 책임성을 수용하도록 용기를 주는 것이 위기 상황에서 유용한 전략이다. 예를 들어, 코카인 남용을 최근에 경험한 사람이 자신의 중독에 대하여 책임성을 수용하도록 도움을 받을 수 있다. 위기상담사는 다른 대안 선택을 제안할 수 있고 내담자가 코카인을 중단하는 것에 대한 두려움과 싸우고 있는 동안에 지지해 줄 수 있다.

인간중심 접근

인간중심 접근 그리고 내담자 중심 치료는 위기개입에 많은 공헌을 한다. 인간중심치료 법은 치료관계에서 자신의 잠재력을 실현할 수 있도록 내담자를 신뢰하는 것이 중요하다 는 것을 강조하고 있다. 내담자가 성장을 방해하는 장애물을 인지하고 극복할 것이라는 긍정적 생각과 희망을 가지는 것은 어려운 상황을 헤쳐 나가도록 돕는 과정의 기본이다 (Bugental, 1978, pp. 35-36). 위기개입하는 사람이 자신의 내담자가 문제를 헤쳐 나갈 수 있 다고 진심으로 믿지 않는다면 내담자들에게 왜 시간을 들여 헛수고를 하겠는가? 맞다. 내 담자가 자신의 어려움을 상담사의 방식으로 해결하거나 정확히 말하면 상담사가 원하는 회 기 안에 해결하지 못할지라도 상담사는 내담자의 수준을 존중하고 그 수준에 머물면서 작 업할 필요가 있다.

인본주의 치료라 불리는 내담자 중심 상담의 창시자 칼 로저스(Carl Rogers)는 성찰 그리고 공감 기술에 초점을 두고 있는데 이 초점이 위기개입 영역에 공헌했다. 치료 결과에 효과적 이라고 보이는 이런 기술들은 내담자로 하여금 자신의 감정을 수용하고 자유롭게 표현하도 록 돕는다(Corsini & Wedding, 1989, pp. 175-179). 이러한 결과 외에 내담자 중심 치료 기법은 내담자에게 특별한 환경을 조성한다.

인간중심 상담사는 사람이 진정한 수용, 진솔성과 공감적 이해를 받는 관계를 경험하면 긍정적인 방향으로 성장할 수 있다고 믿는다. 위기는 성장과 성장을 향한 잠재력을 방해하 는 것으로 본다. 상담사와 함께하면서 내담자가 자신을 수용하고, 자신을 신뢰하며 이러한 자기 수용과 신뢰를 바탕으로 새로운 선택을 하도록 돕는다.

인지행동이론

대부분의 위기 모델은 다음과 같은 단계를 추구하는 행동 및 문제해결 모델에 기반을 두고 있다.

1. 문제를 정의하시오.

2. 문제를 고치기 위해 이미 시도했던 방식들을 검토하시오.

3. 문제가 해결될 때 무엇을 원하는지 결정하시오.

4. 대안들을 찾기 위한 브레인스토밍을 하시오.

5. 대안들을 선택하고 실천하여 마무리하시오.

6. 사후 점검을 하시오.

　1970년대 1980년대에 번창하였던 인지적 접근방법은 위기 작업에 중요하다. 이전에도 언급했듯이 한 사람의 촉발사건에 대한 인지, 의미 부여, 시각은 상담사가 위기 상황에서 해결의 열쇠를 찾아내는 데 중요하다. 인지적 접근방법은 앨버트 엘리스(Albert Ellis, 1994)의 합리적 정서행동치료, 벡(Beck, 1976)의 인지치료와 마이헨바움(Meichenbaum, 1985)의 자기교습 훈련과 스트레스 면역 훈련에 기반하고 있다. 이러한 접근방법들은 문제에 대한 시각을 이해하고 비합리적인 사고를 재구조화하고 재구성하는 것에 관심을 가지고 있다(Peake, Borduin, & Archer, 1988, pp. 69-71). 인지적 접근은 과제 부여와 사후 점검을 강조한다.

　〈표 1.3〉은 위기개입에 공헌한 모델들에 대한 요약이다.

〈표 1.3〉 ABC 위기 모델에 공헌한 상담 모델

개입	
이론적 공헌	
정신분석	한정된 심리적 에너지와 자아 강도
실존주의	책임성; 힘 실어 주기; 선택; 위기를 위험과 성장을 위한 기회로 보기; 불안을 동기로 보기
인간중심	라포; 안정한 환경; 희망과 긍정주의; 기초 경청 기술
인지행동	인지에 초점; 재구성; 목표 설정; 문제해결; 사후 점검

단기치료

　단기치료는 위기개입과 혼동될 수 있다. 단기간에 실행할 수 있지만 기능 향상에만 초점을 둔 것은 아니다. 이 접근방법에서는 내담자가 과거의 행동 양식과 이러한 양식들이 자신이 원하는 방식대로 삶의 성공을 이루지 못하게 어떤 방식으로 방해를 해 왔는지 탐색한다. 대인관계, 자기 개념과 가족 간의 상호작용을 탐색할 수 있다. 창조적인 변화와 세상과 관련하는 새로운 양식을 통합하는 것에 초점을 두고 있다. 촉발사건이 상담실에 오게끔 인도하였고 오랫동안 나약하게 만들었던 패턴이 무엇인지 밝히는 곳으로 인도했기 때문에 때로는 촉발사건이 한 개인에게 일어날 수 있는 일 중에 가장 좋은 일이 될 수도 있다. 과거의 비효율적 패턴이 인지되었다면 제거될 수 있고 내담자는 현재의 스트레스뿐만 아니라 미래에 발생할 수 있는 스트레스까지 다룰 수 있는 효율적인 행동을 학습할 수 있다.

단기치료는 장기치료만큼 효과적으로 보인다. 가필드(Garfield, 1980, p.282)는 "지금까지의 근거들을 보면 시간이 제한된 부부가족치료는 개방형 치료에 버금가는 효과가 있다."고 말한다. 그의 연구에서 보고한 평균 회기 수는 7회기이다. 이 회기 수는 위기개입의 철학과 아주 잘 맞는 횟수이다.

주요 사건 스트레스 디브리핑

외상후 스트레스 장애가 미국 정신의학회에 의해 1980년 정신과적 질병으로 분류된 이후 위기개입, 주요 사건 스트레스 디브리핑, EMDR(안구운동 민감 소실 및 재처리 요법), 트라우마 반응, 재난 정신건강 등과 같은 여러 개입방법이 트라우마를 경험하는 사람들에게 초점을 두고 관심을 가져 왔다. 1980년대와 1990년대에 걸쳐 일어난 재난 사건들로 인해 적십자사와 다른 기관들이 이러한 접근 방식으로 훈련을 받은 사람들이 제공하는 서비스를 찾도록 만들었다.

1994년에는 『정신장애 진단 통계 편람(Diagnostic and Statistical Manual of Mental Disorders)』에 트라우마에 대한 노출에 관심을 가지고 급성 스트레스 장애라는 새로운 범주를 추가했다(Everly, 1999). 오클라호마 폭발사건, 우체국에서 발생한 직장 폭력과 다른 다양한 상황에서 발생한 트라우마를 경험한 사람들을 돕기 위해 위기개입자들이 투입되었다. 물론 21세기에 발생한 2001년 9월 11일 테러 공격 사건, 허리케인 카타리나, 총기사건, ISIS 테러 단체의 위협 사건들 이후에 전 세계 사람들에게 위기 사건과 관련된 디브리핑과 위기에 대한 다양한 치료 작업을 실시하는 것이 필수적으로 되었다.

주요 사건 스트레스를 관리하는 것은 통합되고 여러 요소가 혼합된 위기개입 체계를 일컫는 것이다. 이 체계에서는 보통 위기 사건 이후 1~14일 내에 제공되고, 급성 증상을 완화시키고, 추수 면접을 해야 할 필요가 있을지 평가하고, 위기 이후 심리적 마무리를 가져올 수 있게 설계된 7단계로 구조화된 집단 토론으로 구성되어 있다(Everly & Mitchell, 2000). 이 접근방법은 제7장에서 지역사회 재난에 대해 다룰 때 다시 언급할 것이다.

트라우마 이해 기반 치료

연방과 주 정부 기관에서 연구되고 활용되는 가장 최근의 발전은 트라우마 이해 기반 치료일 것이다. 이 모델은 다음과 같은 세 가지 중요 요소에 초점을 맞추고 있다;

1. 트라우마가 만연하다는 것을 인지하기
2. 트라우마가 개인에게 어떻게 영향을 미치는지 인지하기
3. 이러한 지식을 현장에 실시하여 반응하기

이 모델은 현재 트라우마를 경험하고 있는, 또한 과거 트라우마를 경험한 역사가 있는 내담자와 작업하는 위기개입자에게 높은 평가를 받는다. 이러한 접근방법은 내담자가 트라우마의 과정을 살펴보고 트라우마가 그들의 삶에 어떤 역할을 했는지 보도록 한다. 위스콘신 보건국(Wisconsin Department of Health Services, 2017)에 따르면 트라우마는 한 사람의 대처 능력을 압도하는 극도의 스트레스 상황이라고 언급한다. 그것은 단회 사건, 일련의 사건, 만성적인 상황일 수 있다. 이 새 모델은 위기 상황에 대해 우리가 내린 정의와 ABC 위기개입 모델을 보완해 준다. 이 부분은 제7장에서 더 다룰 것이다.

ABC 위기개입 모델

ABC 위기개입 모델은 대부분의 비영리 기관, 카운티 기관, HMO 그리고 보험 정책에도 유용하다. 면대면 혹은 전화를 통해 사용할 수 있는 편리한 위기 면접 기술이 있다. 전화로 10분 만의 대화로 끝날 수 있고 1회기 혹은 6회기에 걸쳐서 마칠 수 있다.

ABC 위기 모델은 카넬(Kanel)에 의해 1995년 개발되었고 계속 수정되었다. 이 모델은 위기개입이 대학원 과정에 정규과목으로 편성되기 이전인 1980년대 풀러턴 캘리포니아 주립대학교의 메리 몰린(Mary Moline)과의 토론 그리고 강의 노트와 함께 존스(Jones, 1968)의 ABC 위기관리 방법에 어느 정도 기반하고 있다. 제3장에서는 이 모델의 다른 면들을 자세히 살펴보겠다. 전반적으로 도움을 주는 자와 응급 상황에서 충격을 받은 사람 사이의 위기개입은 행동 지향적이며 목표는 임시적이지만 즉각적인 완화이다. 이 치료는 전문적 치료자와 내담자 사이에 더 집중적이며 심리내적 성찰을 통한 심리치료를 실시하는 것과 다르

다. 심리치료의 목적은 자기 이해를 제공해서 오래 지속되어 왔던 성격적 특성과 행동을 재구조화하는 것이다(Cormier, Cormier, & Weisser, 1986, p. 19).

반면, ABC 위기개입 모델의 초점은 촉발사건, 촉발사건에 대한 내담자의 인지·정서적 고통, 실패했던 대처 방식과 손상된 기능이 무엇인지 밝히는 데 있다. 이런 면들이 위기의 모습들이라는 것을 기억해야 한다. 목표는 내담자가 촉발사건을 자신의 일상생활과 잘 통합하여 위기 전에 가졌던 정서적 기능, 직업적 기능, 대인관계 기능의 수준을 되찾도록 돕는 것이다.

복습 문제

1. 위기 상황을 구성하는 요소들은 무엇인가?
2. 개인의 지각은 위기를 만들고 극복하는 데 어떤 역할을 하는가?
3. 위기개입의 목적은 무엇인가?
4. 어떻게 위기가 위험인 동시에 기회가 될 수 있는가?
5. 효과적인 대처 행동의 특징은 무엇인가?
6. 웰레슬리 프로젝트를 누가 시작하였고, 1940년대에는 어떤 형태의 위기를 다루었는가?
7. 1963년의 「지역사회 정신건강복지법」의 초점은 무엇이었나?
8. 상담의 전통적인 접근방법들이 위기개입 영역에 공헌한 부분은 무엇인가?
9. 주요 사건과 디브리핑은 무엇인가?
10. 스트레스는 위기 상황과 어떻게 다른가?

주요 학습 용어

ABC 위기개입 모델: (A) 접촉을 시작하고 유지하기, (B) 문제를 규명하기, (C) 대처하기로 구분하여 위기개입을 구조화하는 방식

행동 문제해결 모델: 목적 설정, 문제해결, 대안 모색에 초점을 두는 접근방법

단기치료: 위기개입과 혼동될 수 있지만 현재 촉발사건에만 초점을 두기보다 오랫동안 지속된 행동 양식을 변화시키는 데 초점을 둔다.

제럴드 캐플란: 현대 위기개입의 아버지라 알려져 있다. 코코넛 그로브 화재 사건 이후 진행된 웰레슬리 프로젝트에서 에릭 린더만과 같이 작업했다.

캐플란의 일곱 가지 효과적인 대처 행동: 제럴드 캐플란(1964)에 의해 위기 상황을 견뎌 내기 위해 꼭 필요한 것으로 제안했다. 공식적인 위기개입, 경험을 통해 혹은 성장하면서 학습될 수 있는 것이다. 위기개입자는 이런 특징을 잘 알고 가능한 상황에서 내담자에게 전수해야 한다.

코코넛 그로브 화재 사건: 1942년에 일어난 나이트클럽 화재 사건으로 400명의 사망자가 생겼고 위기에 처한 생존자들이 생겼다. 정신건강치료의 형태로 위기개입이 발전되게 한 가장 큰 사건 중 하나로 간주된다.

인지적 접근: 사람의 인지와 사고 과정이 어떻게 위기 상황에 영향을 주는가에 초점을 가진다.

인지 열쇠: 정서적 고통에 이르게 하는 촉발사건에 대한 인지. 위기개입자는 내담자가 변화하고 기능 향상 촉진을 돕기 위해 이를 밝힌다.

1963년의 「지역사회 정신건강복지법」: 케네디 대통령 행정부에 의해 실시된 법령으로 모든 주에서 위기에 처한 사람에게 정신건강치료를 제공하도록 명령했다.

대처방법: 한 사람이 스트레스를 다루면서 기능할 수 있는 행동, 사고, 정서 과정

위기: 스트레스 원인(촉발사건) 이후 생기는 불균형의 상태. 지금까지 사용한 대처방법이 더 이상 작동하지 않기 때문에 자신의 삶의 한 영역 혹은 그 이상에서 기능할 수 없다.

곡선형 불안 모델: 불안이 위기에 처한 사람에게 긍정적인 혹은 부정적인 영향을 줄 수 있는 잠재력이 있다는 것을 보여 준다. 과도한 불안은 한 사람을 압도하거나 기능하지 못하게 만든다. 그러나 적절한 불안은 인생의 한 단계에서 다른 단계로 전환하게 하고 트라우마 경험으로부터 성장하도록 동기를 줄 수도 있다. 불안이 없는 사람들은 변화를 가져오는 동기 부여가 안 될 수도 있다.

위기와 기회: 위기와 관련된 상반된 정의. 한 사람이 새로운 대처 기술을 개발하고 인지를 수정함으로써 성장할 때 위기는 기회가 될 수 있다. 한 사람이 도움을 요청하지 않고 대신 방어기제들을 사용할 때 결과적으로는 기능이 저하되고 정신증, 심지어 죽음에 이르게 한다면 위기는 위험이 될 수 있다.

발달 위기: 위기를 유발하는 정상적인 전환 단계, 많은 사람이 생의 주기를 통과하면서 이 위기를 통과하고 성장한다.

풀뿌리 프로그램: 1960년대와 1970년대 발생하였으며, 전통적인 정부 기관에서 도움을

못 받는 다양한 사람의 필요를 충족시키기 위해 지역단체들로부터 다양한 기관이 만들어진 상향 운동

애도 작업: 코코넛 그로브 화재 사건의 희생자 유가족과 생존자와 작업하는 데 기반이 된 위기개입

건강관리기관(HMOs): 건강보험의 최신 경향. 이 기관들은 질병을 치료하는 것보다는 건강을 잘 유지하는 데 초점을 둔다. 이러한 관리 체계 안에서 정신건강의 목표는 위기개입이다.

인간중심 접근: 내담자와 라포 형성에서 인간중심 접근방법을 사용하는 모델; 상담사는 내담자 안에 내재된 성장 가능성에 초점을 두는 경청 기술을 사용한다.

에릭 린더만: 웰레슬리 프로젝트에서 제랄드 캐플란과 같이 작업하였고 현재 알려진 위기개입을 개발하는 데 도움을 주었다. 그리고 애도 작업에 대한 공헌으로도 인정받았다.

물질적 자원: 돈, 교통수단, 옷, 식품과 같은 유형의 것들이다. 이런 것들이 한 개인이 위기를 얼마나 잘 다룰 수 있는가를 결정하는 요소가 된다.

준전문가: 지역사회 자원봉사자. 코코넛 그로브 화재 사건 이후 도움이 필요한 내담자들 수가 너무 한꺼번에 많아져서 전문적인 훈련을 받지 않았지만 위기개입을 수행할 수 있는 지역사회 자원봉사자를 고용해야 할 필요가 있었다. 이 준전문가들이 그 뒤로 수십 년 동안 여러 기관에서 역할을 하게 되었다.

개인적 자원: 한 개인이 위기를 얼마나 잘 다룰 수 있는지 결정하는 요소. 지식, 자아 강도, 신체적 건강과 같은 것들이다.

촉발사건: 한 개인의 삶 속에서 상황상 혹은 발달상 발생할 수 있는 위기를 촉발하는 사건.

예방정신치료: 캐플란이 코코넛 그로브 화재 사건 생존자와 위기를 극복하고 있는 사람들과 작업한 내용을 설명하기 위해 사용한 용어이다.

정신과 응급치료팀(Psychiatric Emergency Team: PET): 정신장애로 인하여 강제 입원을 해야 할지를 평가하기 위해 카운티 혹은 병원에 의해 지명된 전문가

정신분석 이론: 위기개입에 대해서 반대한다고 간주된 접근방법이지만 위기 작업자에게 유용한 개념들이 있다. 삶의 스트레스 원인들을 다루는 데 사용하는 심리적 에너지의 양은 한정되어 있다는 개념은 내담자가 에너지를 고갈하지 않도록 상담을 너무 급하지 않게 진행하도록 돕는 역할을 한다. 또한 자아 강도 개념도 유용하다.

칼 로저스: 인간중심치료의 창시자이고 인본주의 상담 접근방법에 공헌했다.

상황 위기: 한 개인의 기능 수준을 손상시키는 갑작스럽게 발생하는 예기치 못한 트라우마

사회적 자원: 한 사람의 친구, 가족, 동료. 이런 자원을 더 많이 가질수록 위기를 더 잘 헤쳐 나갈 수 있다.

스트레스: 좌절하게 만들지만 자연스러운 현상. 불안감을 동반하는 힘든 사건에 대한 반응. 스트레스에 대처할 수 있고 기능이 손상되지 않으면 스트레스 사건이 위기로 변하지 않는다.

트라우마 이해 기반 치료: 트라우마 증상이 존재한다는 것을 인정하고 그 트라우마가 삶에서 어떻게 작용했는지를 인식하여 과거 트라우마 경험에 참여케 하는 접근방법

웰레슬리 프로젝트: 캐플란과 린더만에 의해 개발되었고, 지역사회에 위기개입을 조직적으로 도입한 첫 번째 시도이다.

🎓 참고문헌

Beck, A. T. (1976). *Cognitive therapy and emotional disorders*. New York, NY: International Universities Press.

Beigel, A. (1984). The re-medicalization of community mental health. *Hospital and Community Psychiatry, 35*, 1114-1117.

Brenner, C. (1974). *An elementary textbook of psychoanalysis*. Garden City, NY: Anchor Books.

Bugental, J. F. T. (1978). *Psychotherapy and process: The fundamentals of an existential-humanistic approach*. New York, NY: Random House.

Caplan, G. (1961). *An approach to community mental health*. New York, NY: Grune & Stratton.

Caplan, G. (1964). *Principles of preventive psychiatry*. New York, NY: Basic Books.

Caplan, R., & Caplan, G. (1969). *History of psychiatry in the 19th century*. New York, NY: Basic Books.

Cormier, L. S., Cormier, W. H., & Weisser, R. J., Jr. (1986). *Interviewing and helping skills for health professionals*. Portola Valley, CA: Jones and Bartlett.

Corsini, R. J., & Wedding, D. (1989). *Current psychotherapies*. Itasca, IL: F. E. Peacock.

Cutler, D., Bevilacqua, J., & McFarland, B. (2003). Four decades of community mental health: A symphony in four movements. *Community Mental Health Journal, 39*(5), 381-398.

Ellis, A. (1994). *Reason and emotion in psychotherapy revised*. New York, NY: Kensington.

Everly, G. S. (2003). Early psychological intervention: A word of caution. *International Journal of Emergency Mental Health, 5*(4), 179-184.

Everly, G. S. (1999). Emergency mental health: An overview. *International Journal of Emergency Mental Health*, *1*, 3-7.

Everly, G. S., & Mitchell, J. T. (2000). The debriefing "controversy" and crisis intervention: A review of lexical and substantive issues. *International Journal of Emergency Mental Health*, *2*(4), 211-225.

Gabbard, G. O. (2014). *Psychodynamic psychiatry in clinical practice* (3rd ed.). Washington, DC: American Psychiatric Press, Inc.

Garfield, S. L. (1980). *Psychotherapy: An eclectic approach*. New York, NY: John Wiley.

James, R. K., & Gilliland, B. E. (2013). *Crisis intervention strategies* (7th ed.). Pacific Grove, CA: Brooks/Cole.

Janosik, E. H. (1986). *Crisis counseling: A contemporary approach*. Monterey, CA: Jones and Bartlett.

Jones, W. (1968). The A-B-C method of crisis management. *Mental Hygiene*, *52*, 87-89.

Library of Congress. (1989-1990). *Community mental health centers construction act of 1989*. Author.

Lindemann, E. (1944). Symptomatology and management of acute grief. *American Journal of Psychiatry*, *101*, 141-148.

Maslow, H. A. (1970). *Motivation and personality* (rev. ed.). New York, NY: Harper & Row.

Meichenbaum, D. (1985). *Stress inoculation training*. New York, NY: Pergamon Press.

Obusnsha's Handy English-Japanese Dictionary. (1983).

Peake, T. H., Borduin, C. M., & Archer, R. P. (1988). *Brief psychotherapies: Changing frames of mind*. Newbury Park, CA: Sage.

Roberts, A. R. (1990). *Crisis intervention handbook: Assessment, treatment, and research*. Belmont, CA: Wadsworth.

Slaikeu, K. A. (1990). *Crisis intervention: A handbook for practice and research* (2nd ed.). Boston, MA: Allyn & Bacon.

Wisconsin Department of Health Services. (2017). *Trauma-informed care—Principles*. Retrieved February 6, 2017, from www.dhs.wisconsin.gov/tic/principles.htm

제2장
윤리 및 전문성 이슈

학습목표

이 장을 학습한 후 독자는 다음과 같은 목표를 달성할 수 있다.

목표 1. 정신건강 분야의 주요 윤리적 기준 이해하기

목표 2. 위기개입에 있어 윤리의 필요성 인식하기

목표 3. 윤리와 관련된 다양한 논쟁 파악하기

소개

기본적으로 윤리는 사람들에게 상담사가 내담자의 최선의 이익을 위해 그리고 해를 끼치지 않는 마음가짐으로 상담한다는 신뢰를 준다(이러한 생각의 뿌리는 고대 그리스 히포크라테스와 그의 '선서'로 거슬러 올라간다). 무해성(nonmaleficence)의 개념은 이 장에서 제시하는 대부분의 윤리적 기준의 근간이 된다.

히포크라테스 선서 이전에도, 실무 기준과 책임에 대한 개념은 기원전 2000년경 고대 이집트의 함무라비 법전에서 볼 수 있었다(American College of Physicians, 1984). 이 강령에는 의사의 책임에 대한 설명과 환자의 건강이 향상되지 않는 경우 의사에게 가해지는 결과 및 처벌에 대한 설명이 포함되어 있다.

윤리의 필요성

위기개입 분야에서는 강력한 윤리적 실천이 특히 중요하다. 위기에 처한 내담자는 불균형과 불안정성의 취약한 상태에서 상담사를 찾아오기 때문이다. 불안정한 상태에 놓여 있는 사람을 착취하기는 쉽다고 할 수 있다. 상담을 시작할 때 내담자는 절망감과 두려움을 느끼는 경우가 많고, 그들은 도움의 손길로 다가오는 상담사를 모든 해답을 가지고 있는 영웅이나 구세주로 여길 수 있다. 위기개입 상담사는 강력한 윤리적 행동을 준수하여 내담자가 자신과 자신의 능력을 현실적인 시각으로 바라볼 수 있도록 도와야 한다.

윤리란 무엇인가

윤리라는 용어는 인격을 뜻하는 그리스어 에토스(ethos)와 관습을 뜻하는 라틴어 모레스(mores)에서 유래했다. 윤리는 사회와 개인에게 유익한 것으로 간주되는 행동을 안내한다(Elite CME, 2012). 자신을 정신건강 전문가라고 밝히는 사람이라면 해당 직업에서 제시하는 윤리 기준을 준수해야 한다. 1947년 사회복지 전문직은 윤리 강령을 채택했으며, 그 후 1960년에 결성된 전미 사회사업협회에 의해 많은 개정이 이루어졌다(Elite CME, 2012). 이러한 표준 개정 과정은 미국 정신의학회(American Psychiatric Association), 미국 심리학회(American Psychological Association), 미국 부부 및 가족치료 학회(American Association of Marital and Family Therapists), 미국 상담학회(American Counseling Association) 등 대부분의 정신건강협회에 공통적으로 적용된다. 각 학회의 구체적인 윤리 기준을 설명하는 많은 웹사이트를 방문해 볼 수 있다. 이 모든 집단에서 유사점을 발견하는 것은 놀라운 일이 아니다.

법적 정의

법과 윤리는 때때로 중복되기도 하지만 정확히 같은 것은 아니다. 살츠만과 퍼먼(Saltzman & Furman, 1999)은 법을 "행동을 규제하는 정부 당국에 의해 채택, 관리 및 시행되는 규범, 원칙, 절차, 규칙"이라고 정의한다. 일부 법률은 전문가로서 정부 자격을 얻기 위한 특정 교육, 수련과 시험 이수를 요구함으로써 정신건강 실무를 규제한다. 아동 학대 신고와 같은 의무적인 신고 관행을 부과하는 다른 법률도 있다(Elite CME, 2012). 평등고용기회위원회(Equal Employment Opportunity Commission)에서 만든 「성희롱법」과 「미국 장애인법(Americans with Disability Act)」에서 제시하는 일부 법률은 정신건강 진료에도 적용된다. 「건강보험 용이성 및 책임에 관한 법률(Health Insurance Portability and Accountability Act: HIPAA)」은 정신건강 서비스 제공자를 포함하여 개인의 건강 정보를 사용, 열람, 수신할 수 있는 사람을 규정한다. 2009년에 미국 보건복지부(Department of Health and Human Services)는 이 개인정보 보호 규정을 위반할 경우 벌금을 부과하여 모든 정신의료 서비스 제공자는 HIPAA 법을 준수하도록 했다. 「지역사회 정신건강복지법(Community Mental Health Act)」이 제정된 이후 여러 주에서 정신건강 센터를 이용하는 내담자의 권리에 관한 법률과 규정을 시행하고 있고, 이로 인해 현장에서 논란이 발생했다.

논란

지역사회에 정신건강 서비스 센터가 세워지면서 정신과 전문 기관이 되었다. 「지역사회 정신건강복지법」은 원래 만성 정신질환을 앓고 있는 사람들을 위한 것이었지만, 곧 정신보건 종사자들은 일반적으로 개인 정신과 진료실에서 치료받던 정서장애로 고통받는 더 건강하고 기능장애가 적은 환자들을 보기 시작했다. 그 결과, 만성 정신질환자들은 의도했던 것보다 치료를 덜 받게 되었다. 1968년 캘리포니아에서 통과된 「랜터만-페트리스-쇼트법 (Lanterman-Petris-Short Act)」은 지역사회에서 정신건강 서비스를 제공하기 위해 보다 구체적인 요건을 정립했다. 이 법은 경찰관 또는 법으로 지정된 개인에 의한 비자발적 구금 조건을 설정했다. 정신장애로 인해 중증장애가 있거나 자신 또는 타인에게 위험하다고 판단되는 경우, 해당 개인은 72시간 동안 구금될 수 있다. 이러한 조건에 대한 검토가 이루어졌지만 논란이 없는 것은 아니다. 일부에서는 이 법이 모호한데다 빈곤층과 소수자에게 불공정한 결과를 초래할 수 있다고 보고 있다. 무어(Moore, 2000)는 캘리포니아의 여러 시설에서 정신과 치료를 받는 흑인 중 최소 1/3이 다른 인종에 비해 2배의 항정신병 약물을 투여받았다는 사실을 발견했다. 그는 현재 캘리포니아 주의회에 계류 중인 법안[톰슨(Thomson)과 페랄타(Peralta)가 발의한 법안 1800]이 강제 치료를 확대할 경우 인종적 편견이 심화되고 유색인종의 정신건강 시스템에 대한 불신이 강화될 수 있다며 우려를 표명했다. 그의 연구에 따르면 많은 정신건강 서비스 제공자가 아프리카계 미국인을 조현병 환자로 오진하거나 과잉 진단하는 것으로 나타났다.

흥미롭게도 "이 법(Lanterman-Petris-Short Act)의 주요 동기는 불확정 약정의 폐지와 정신장애 판정을 받은 개인이 겪는 법적 장애의 제거였다"(Lenell, 2010, p. 733).

르넬(Lenell, 2010)은 예방적 구금의 개념이 헌법적 문제를 제기할 수 있다고 말한다. 구금이 허용되려면 구금 중인 내담자가 심각한 해를 끼칠 위험이 있다고 정신과 의사가 평가해야 한다. 그녀는 정신과 의사들이 폭력에 대한 예측에서 계속 오류를 범하고, 종종 비자발적으로 구금된 사람들은 「수정헌법」제14조 적법 절차에 대한 권리를 상실했을 수 있다는 특정 연구 결과에 대해 보고한다. 대법원은 잭슨 대 인디애나 판결에서 "적어도 적법 절차는 구금의 성격과 기간이 개인이 구금되는 목적과 어느 정도 합리적인 관련이 있어야 한다."고 명시했다(p. 751). 이는 환자가 구금될 경우 효과적인 치료를 받을 권리가 있다는 것을 의미한다. 또 다른 대법원 법원 판결인 오코너 대 도널드슨 판결에 따르면 주 정부는 스스로 또는 다른 사람의 도움을 받아 안전하게 생존할 수 있는 위험하지 않은 사람을 구금해서는 안 된다고 명시한다. 정신질환을 앓고 있는 사람이 적당히 살아갈 수 있는 경우에는 아무리 다른 사람들이 그의 옷차림과 식습관이 적절하지 않다고 생각하더라도 '중증장애' 조건이 적용되지 않는다. 마지막으로, 주목할 만한 논란은 험프리 대 캐디 사건으로, 대법원은 구금 전에 개인이 타인에게 해를 끼친다는 증거가 뚜렷해야 하고 위험 가능성이 존재해야 한다고 판결했다. 이와 같은 논란은 정신질환과 그 외 형태의 위기를 겪고 있는 사람들이 그들에게 필요한 효과적인 치료를 받고, 정신건강 전문가는 최대한 성실하고 윤리적인 방식으로 활동할 수 있도록 보장하는 데 있어 중요하다.

준전문가의 활용

또 다른 논란은 위기개입을 제공할 때 비전문가를 활용하는 것과 관련이 있다. 일부 정신 건강 전문가들은 위기개입을 석사 이상의 학위나 면허를 가진 상담사만 제공해야 한다고 생각할 수 있다. 그러나 제1장에서 설명한 것처럼 위기개입은 비전문가 또는 준전문가라고도 불리는 지역사회 종사자들을 활용하면서 시작되었다. 이러한 종사자들은 종종 카운티 기관이나 풀뿌리 비영리 단체와 같은 다양한 영역 환경에서 활동하는 경우가 많았다. 효과적인 위기개입은 적절한 교육과 감독을 받는다면, 대학원생과 전문 상담사뿐만 아니라 학부 수련생이나 지역사회 자원봉사자도 수행할 수 있다.

21세기로 접어들면서 준전문 위기 종사자의 활용은 특히 중요해졌다. 1990년대 초의 경기 침체와 21세기 초의 정부 정책의 급격한 변화 그리고 최근에는 이라크와 아프가니스탄 전쟁 직후 시작된 정부 부채 증가와 월스트리트 붕괴로 인해 인적 서비스 프로그램에 대한 정부 지출이 삭감되었다. 이로써 정신건강 종사자에게 지급할 돈이 줄어들거나 아예 없어졌다. 대부분의 전문 치료사는 준전문가에게 지급되는 낮은 비용으로는 지속해서 위기개입을 제공하기 어렵기 때문에, 이러한 상황에서는 자원봉사자나 준전문가를 활용하는 것이 경제적으로 매우 합리적이다. 또한 이라크와 아프가니스탄 전쟁, 테러, 지속적인 가족관계 악화 경험, 자녀와 배우자 학대, 불가피한 상실과 그에 따른 위기 상태 등 다양한 상황으로 인해 위기개입 서비스가 지속적으로 필요하게 되었다. 즉각적인 저비용 지원이 필요한 경우, 준전문가를 활용하면 사람들이 제 기능을 발휘하고 스트레스에 대처할 수 있도록 함으로써 지역사회를 더욱 강하게 만들 수 있다.

에벌리(Everly, 2002)는 정신건강 개입에 익숙하지 않거나 저항하는 특정 개인에게는 또래들이 제공하는 심리적 지지를 활용해서 적절한 서비스를 제공할 수 있다고 제안한다. 그는 치료관계의 발전에서 라포가 위기 종사자에게 중요한 과제이며, 적절한 훈련과 수퍼비전을 받는다면 또래 상담사도 가치 있는 자원이라는 ABC 모델의 원칙에 동의한다.

윤리적 쟁점

대부분의 전문가 협회는 유사한 문제에 대한 윤리 기준을 제정해 왔다. 여기에는 일반적으로 경계 위반, 부적절하고 부당한 진료 및 기록의 보관, 정직성 부족, 비밀보장 위반, 재정적 사기, 타인의 부적절한 위반을 보고하지 않는 것과 관련된 문제가 포함된다. 키치너(Kitchener, 1984)는 윤리적 의사결정을 구성하는 다섯 가지 도덕적 원칙을 제시했다: ① 자율성(autonomy)—내담자를 위한 선택의 자유, ② 무해성(nonmaleficence)—해를 끼치지 않음, ③ 선행(beneficenc)—내담자의 복지에 기여하고 내담자에게 이익을 주기 위해 노력하는 것, ④ 정의(justice)—모든 내담자에게 동등한 대우를 제공하는 것, ⑤ 성실성(fidelity)—약속을 존중하고 신뢰를 지키는 것.

우리는 자기 인식을 유지하고 적극적으로 자신을 점검함으로써, 언제나 윤리 기준을 준수하고 윤리 및 법률 규범 위반을 최소화하는 데 성공할 것이다.

자기 인식과 자기 점검

"정신건강 전문가는 외적 윤리 지침 외에도 개인적 성격을 통한 내적 단서에 의존해야 한다."(Elite CME, 2012, p. 1) 치료적 자기 인식이란 자신의 감정, 가치, 의견, 행동을 의식하는 것을 의미한다. 자신의 심리내적 과정과 역동을 이해하면 다른 사람의 과정을 이끄는 데 도움이 될 수 있다(Corey, Corey, & Callanan, 2010). 학생들은 위기개입 수업에서 치료적 자기 인식을 배울 수 있으며, 이러한 훈련은 학생들이 관심 있는 위기와 관련하여 자신을 정직하고 심층적으로 살펴보는 데 도움이 될 수 있다. 이는 내담자를 돕는 위기상담사의 기술을 향상시키는 귀중한 학습 경험이 될 수 있다. 예를 들어, 상담사가 죽음과 관련된 가장 일상적이고 긴급한 문제를 다루는 방법을 배운다면, 내담자가 사별을 겪을 때 더 잘 도울 수 있다. 또한 상담사가 부적절한 반응을 유발하고 비윤리적인 행동으로 이어질 수 있는 상황에 대한 반응을 주의 깊게 살피는 데 도움이 된다. 또한 상담사가 지속적인 자기 성찰과 인식을 하지 않는다면 내담자와 역전이(countertransference)를 일으키기 쉽다. 이러한 상황에서 상담사가 내담자에게 부적절하게 개입하는 것은 내담자가 상담사의 중요한 타자와의 역사를 바탕으로 상담사 내면의 감정적 문제를 유발했기 때문이다.

역전이는 종종 남을 돕는 직업에서 다루어져야 하며, 공식적으로 "치료사가 자신의 작업을 방해하는 무의식적으로 결정된 태도 방식"으로 정의되었다(Singer, 1970, p. 290). 이는 개인 치료나 실습 회기 그리고 적극적인 자기 탐색을 통해 효과적으로 해결할 수 있다. 위기개입을 처음 접하는 학생은 종종 코칭 회기에서 연습한 상황적 위기 중 하나 이상을 경험하게 된다. 학생들이 위기를 완전히 해결하지 못한 경우, 침착하고 객관적이며 내담자 중심적인 태도를 유지하는 데 감정적으로 동요할 수 있다. 그러나 미해결 문제가 발견되고 처리된다면, 개인 상담과 실습 집단 모두에서 학생들은 같은 유형의 위기를 겪고 있는 내담자들에게 매우 효과적으로 도움을 줄 수 있다. 역전이는 훈련 중인 학생에게만 국한되지 않는다. 실제로 이 개념은 칼 융(Carl Jung)이 분석가들을 교육할 때 처음 개발했다. 고도로 훈련된 전문가도 때때로 역전이를 경험할 수 있고, 바로 이것이 정신분석학이 처음 시작될 때부터 정신분석가에게 개인 분석을 권장한 주된 이유이다.

이중 관계

또 다른 윤리적 문제는 상담사가 내담자와 두 가지 이상의 관계를 맺을 때 발생하는 이중 관계(dual relationship)와 관련이 있다. 상담사가 내담자에게 위기개입을 제공할 때는 어떤 종류의 사적인 관계든 그 내담자와 연관되는 것이 금지된다. 여기에는 위기개입 제공과 직접 관련이 없는 모든 관계(성적, 사회적, 고용 또는 금전적 관계)가 포함된다. 이러한 분리가 필요한 이유는 위기에 처한 사람은 취약한 상태에 있는 경우가 많은 데 반해, 전문가인 상담사가 이를 쉽게 이용할 수 있기 때문이다. 이중 관계를 피해야 하는 또 다른 이유는 내담자가 상담사의 다른 역할을 경험하고 환멸이나 실망을 느낀다면, 내담자에게 정서적 피해가 발생할 수 있기 때문이다. 또한 상담사와 내담자 간의 힘의 차이는 매우 크다. 상담사는 내담자에 대해 많은 것을 알고 있으며, 이러한 지식은 내담자가 더 이상 치료받지 않을 때 어색함의 원인이 될 수 있다. 이 주제에 대한 가장 강력한 조언은 이것이다: 내담자를 친구나 연인으로 만들지 말라. 이는 비윤리적이고 경우에 따라 불법이 될 수 있다.

비밀보장

비밀보장(confidentiality)은 모든 신뢰관계의 특징 중 하나이고, 정신건강 서비스 제공자를 위한 윤리 강령의 중요한 부분이기도 하다. 치료관계에서 이루어진 정보의 무단 공개로부터 내담자를 보호하는 광범위한 개념인 비밀보장은 내담자가 동의하지 않는 한 아무것도 공개하지 않겠다는 상담사의 명시적인 약속이다. 때때로 비밀보장과 혼동되는 면책 특권이 있는 의사소통(privileged communication)은 내담자가 자신의 비밀을 공개하지 않도록 보호하는 법적 권리이다(Corey et al., 2010).

컬라리(Cullari, 2001)는 내담자에게 치료관계에서 가장 중요한 측면을 알아보는 연구를 수행했는데, 가장 중요한 두 가지 측면으로 안전하고 안정감을 느끼는 것과 후에 닥칠 어떤 영향에 대한 두려움 없이 안전한 환경에서 치료사에게 이야기할 수 있는 것이 꼽혔다. 이는 비밀보장이 가장 중요하다는 생각을 강력히 지지한다.

그러나 위기개입과 관련해서 몇 가지 면책 특권 및 비밀보장에 대한 예외가 존재한다. 내담자가 조력자에게 내담자와 상담사 간의 대화 내용을 공개할 수 있는 권한을 부여하는 문서에 서명하면 특권은 면제된다. 정신건강 전문가들이 치료의 연속성을 보장하기 위해서나, 적절한 수퍼비전을 받기 위해서, 또는 법정 증언을 위해서 기록에 대한 접근이 필요한 경우, 건강보험 청구서 제출을 위해 정보가 필요한 경우, 상담사는 내담자의 비밀보장 특권을 보류하도록 요청할 수 있다.

아동 학대 또는 노인 학대의 경우, 내담자가 타인에 대한 위험이 되거나, 내담자 자신의 생명을 위협하거나 중증장애가 있는 경우 비밀보장은 지켜지지 않는다. 때로는 내담자의 정신 상태가 소송의 초점이 될 수 있는데, 이런 경우 윤리적·법적으로 비밀보장은 지켜지지 않는다. 예를 들어, 어떤 내담자가 과실을 이유로 치료사를 고소하고, 치료사가 무능력해서 정신적 피해를 입었다고 주장한다면, 내담자는 치료 회기에서 비밀보장을 포기하는 것이다. 치료사는 치료 과실 혐의를 방어하기 위해 사례 노트를 사용할 수 있다. 이처럼 내담자가 면책 특권 보호를 상실하게 되는 유사한 예로는 내담자가 산재 보상에서 정서적 손상을 입증하려고 하는 경우가 있다.

비밀보장에 대한 이러한 예외 사항을 기억하기 위해 다음과 같은 철학이 필요하다. 타라소프 대 캘리포니아 대학교 리전트 사건을 심리하고 '경고의 의무(duty to warn mandate)'를 창안한 캘리포니아 대법원의 매튜 오 토브라이너(Mathew O. Tobriner) 판사가 제시한 원칙

이 종종 적용된다: "면책 특권이 있는 의사소통은 공공의 위험이 시작되는 곳에서 끝난다." (Buckner & Firestone, 2000) 여기에는 내담자가 정신장애로 스스로 위험에 빠질 경우도 포함된다. 내담자가 자살을 시도하거나 심각한 장애가 있어 스스로 돌볼 수 없다고 간주되는 경우, 조력자는 내담자를 보호하기 위해 비밀보장을 위반할 수 있다. 이를 허용하는 것은 정보 공유가 경솔한 목적이 아닌 전문가, 가족, 친구들 사이에서만 이루어져야 한다는 정신을 보여 준다. 중중장애인은 정신장애로 인해 음식, 주거, 의료, 의복 등 일상적인 필요를 스스로 해결할 수 없는 사람을 말한다. 집에 음식이 있다는 망상 때문에 굶어 죽어 가는 알츠하이머병 환자를 구하기 위해서라면 확실히 비밀보장을 깨는 것이 더 중요하다.

면책 특권이 있는 의사소통을 중단해야 하는 다른 상황으로는 내담자가 다른 사람에게 해를 끼치는 것을 방지하려는 노력이 포함된다. 이러한 조건에는 노인 학대, 아동 학대, 내담자가 다른 사람에게 다양한 종류의 피해를 줄 가능성이 포함된다. 의무 보고의 구체적 내용은 다음과 같다.

노인 학대 신고법

일부 주의 사회복지부에서는 노인(즉, 65세 이상 성인) 학대 신고에 대응하는 성인 보호 서비스 프로그램을 운영하고 있다. 노인 학대는 타인이 우발적이지 않은 방법으로 노인에게 가하는 다음 행위 중 하나를 말한다: 신체적 학대, 신탁 학대(신탁 및 금전), 방임 또는 유기. 많은 주에서 이러한 학대를 알게 되면 사회복지 서비스, 경찰 또는 요양원 옴부즈맨(정부 조사관)에게 신고해야 한다. 일부 기관에서는 장애인 학대 신고도 받기 시작했다. 여기에는 지적장애나 실명과 같은 정신적 또는 신체적 장애를 겪는 모든 성인이 포함될 수 있다.

아동 학대 신고법

1974년 「전국 아동 학대 예방 및 치료법(National Child Abuse Prevention and Treatment Act)」이 의회에서 통과된 이후 많은 주에서 전문가에게 의무적으로 아동 학대를 신고하도록 법률을 제정했다. 이 법은 아동 학대를 예방, 평가, 조사, 기소하고 학대 피해자들의 치료 활동을 지원하기 위해 주 정부에 연방 기금을 제공했다. 이 법은 여러 차례 개정되었으며, 가장 최근에는 2003년에 「아동 및 가족 안전 유지법(Keeping Children and Families Safe Act, P.L. 108-36)」에 의해 개정 및 재승인되었다(U.S. Department of Health and Human Services, 2010).

신고 지표와 신고하지 않은 개인을 제재할 것인지 여부는 각 주마다 다르다. 아동 학대 신고는 아동 및 가족과 함께 일하는 특정 전문가가 아동이 신체적 학대, 성적 학대, 일반적 방임, 정서적 학대의 피해자라고 의심할 때 의무화되어 있다.

많은 주에서 아동 학대는 발견 후 36시간 이내에 사회복지부 또는 경찰에 신고해야 한다. 그러면 아동 보호 서비스 프로그램에서 의혹을 조사하게 된다. 아동 학대를 신고하기 전에 반드시 증거가 있어야 하는 것은 아니며, 의심만으로도 충분한 증거가 된다는 점을 기억해야 한다. 학대가 의심되지만, 나중에 증명되었음에도 신고하지 않는다면 신고 의무자에게 주 정부에서 벌금을 부과할 수 있다. 반면에 허위 신고에 대한 소송 면책을 보장하는 주들이 점점 더 많아지고 있다. 따라서 각 위기 대응 상담사는 해당 주의 신고 요건을 숙지하는 것이 필요하다. 아동 학대 문제는 제9장에서, 노인 학대 문제와 장애인 학대 문제는 제12장에서 다룬다.

타라소프 사건. 다른 사람이 가할 수 있는 위험에 대해 경고하지 않았을 때의 결과는 앞에서 언급한 타라소프(Tarasoff) 사건에서 극적으로 드러난다. 1969년, 프로센짓 포다르(Prosenjit Poddar)는 버클리 캘리포니아 대학교의 캠퍼스 상담 센터에서 상담사를 만나고 있었다. 포다르는 브라질에서 돌아온 타라소프를 죽이겠다고 상담사에게 털어놓았다. 상담사는 포다르가 위험하다고 판단하고 캠퍼스 경찰에 신고하여 그를 감금해 달라고 요청했지만 그는 감금되지 않았고, 설상가상으로 상담사의 수퍼바이저는 모든 상담 기록을 파기하라고 명령했다. 이후 타라소프는 포다르에 의해 살해당했다. 그녀의 부모는 캘리포니아 대학교 이사회를 상대로 소송을 제기했다. 이 사건의 판결에 따르면 상담사는 내담자가 타인에게 위험하다는 합리적인 믿음이 있는 경우 경찰과 피해자에게 가능한 한 이를 알려야 한다(경고 의무)(California State Case Law, 2010).

사전 동의. 사전동의는 내담자에게 치료관계에 적극적으로 참여하기 위해 필요한 정보를 제공하는 방법이다(Corey et al., 2010). 상담사가 얼마나 많은 정보를 제공해야 하는지에 대한 구체적인 규칙은 없지만, 사전 동의에 대한 세 가지 법적 요소가 존재한다. 첫째, 상담사는 내담자가 합리적인 결정을 내릴 능력이 있는지 확인해야 하며, 그렇지 않다면 부모 또는 보호자가 동의에 대한 책임을 지도록 해야 한다. 둘째, 상담사는 내담자에게 명확한 방식으로 정보를 제공하고 치료의 위험과 이득, 이용할 수 있는 대체 절차에 대해 내담자가 충분히 이해하고 있는지 확인해야 한다. 셋째, 내담자는 치료에 자발적으로 동의해야 한다. 이러한 사전 동의의 요소는 내담자가 자신과 타인에게 위협이 되거나 중증장애가 있는 경우에 예외가 적용된다. 전기경련 충격 치료 및 정신 수술(뇌엽 절제술)은 동의 없이 시행할 수 없지만, 내담자 동의 없이 약물 투여가 필요한 경우가 있다.

전문성

내담자들이 가능한 가장 탁월하고 효과적인 서비스를 받을 수 있도록 보장하는 모델이 점점 더 성장하고 있는데, 이를 근거 기반 치료라 한다. 근거 기반 치료는 다양한 임상적 요구 사항에 대해 현재 얼마나 알고 있는지를 참고하여 실행한다.

상담사의 역량을 높이고 점검하는 또 다른 방법은 상담사가 적절한 수퍼비전과 교육을 받도록 의무화하는 것이다. 준전문가가 면허를 소지한 전문가의 감독을 받지 않는 한, 대부분의 카운티, 주, 비영리 기관에서는 그들이 위기개입과 상담을 제공하도록 허용하지 않는다. 숙련된 상담사조차도 교육이나 경험이 부족한 사례에 대해 동료에게 자문하는 경우가 많다. 위기개입 상담사는 때때로 내담자를 다른 조력자에게 의뢰하기도 하는데, 이는 위기개입 상담사의 업무가 주로 다양한 문제에 대해 지역사회 자원에 대한 충분한 지식이 필요한 평가와 중개를 포함하기 때문이다.

자신의 한계를 아는 것은 윤리적 실천을 위해 필수적이다. 상담사가 위기 면담을 진행할 때 특히 기질적 질병과 심각한 정신질환에 대한 평가할 수 있는 것이 중요하다. 심각한 정신질환이나 신경장애처럼 의사와 함께 다학제적 팀 접근이 요구될 때도 있다. 기술적인 진단을 내리는 것이 일반적으로 준전문가에게 적합한 것으로 간주되지는 않지만, 『정신질환의 진단 및 통계 편람 제5판(Diagnostic and Statistical Manual of Mental Disorders, Fifth Ed.)』(DSM-5; APA, 2013)에 대한 지식은 내담자가 자신의 필요에 적합한 유형의 전문가로부터 서비스를 받을 수 있도록 보장할 수 있다는 점에서 도움이 될 수 있다. 이 매뉴얼은 의사의 개입이 필요한 매우 심각한 정신장애에 대한 정보를 제공하는데, 위기상담사는 가능하면 이 매뉴얼을 검토해서 일반적으로 의사의 개입이 필요한 증상 유형을 이해해야 한다. 〈BOX 2.1〉은 기질적 질환을 앓고 있는 내담자로 인해 의사의 개입이 필요한 사례를 제공한다.

BOX 2.1   의사의 개입이 필수적인 기질적 질병의 사례

45세 여성은 어머니가 이상하게 행동하여 지역 센터에 방문하였는데, 70세 어머니가 가족을 알아보지 못하고, 하루 종일 가스 버너를 켜 두었다고 가정해 보자. 이러한 증상이 알츠하이머병이나 기타 기질적 뇌 질환의 징후라는 것을 알면 위기상담사가 치료 전략을 개발하는 데 도움이 된다. 가장 중요한 것은 어머니의 비정상적인 행동이 의학적 원인에 의한 것은 아닌지를 확인하기 위해 신경학적 검사를 시행하는 것이다.

내담자의 권리

개인정보 보호에 대한 권리 외에도 내담자는 거부할 능력이 없는 것으로 간주되지 않는 한 치료에 동의할 권리가 있다. 또한 내담자는 서비스에 대한 정보를 제공받아야 하며, 이를 통해 치료의 이점과 위험을 평가할 수 있다. 요금 체계, 상담사의 자격 및 상담 종료 권리 등도 제공받아야 한다.

가상 또는 전자 상담

스카이프(Skype) 및 페이스타임(Face Time)과 같은 특정 기술의 발전 이후 많은 상담사가 전자 상담 서비스를 제공하기 시작했다. 이메일, 인터넷, 원격 회의 또는 화상 회의를 통해 상담이 이루어질 수 있다. 일부에서는 이러한 방식이 거주 지역이나 질병과 상담으로 인한 낙인에 대한 두려움, 광장공포증과 같은 질환으로 인해 상담 서비스를 받을 수 없는 사람들에게 도움을 줄 수 있다고 주장한다(Kanani & Regehr, 2003). 또한 보안 및 비밀보장의 위험이나 과실에 대한 법적 구제 수단의 부재, 표현 관찰 부족으로 인한 불충분한 상담 등의 몇 가지 우려 사항도 있다. 이러한 관행은 '모든 것을 온라인화'하는 세계적인 추세로 인해 앞으로 더욱 면밀한 조사가 이루어질 것이다.

다문화 역량

상담사가 내담자가 위기를 극복하도록 도울 때 다양한 문화적 규범과 행동에 민감해야 한다는 생각은 거의 보편적으로 받아들여지고 있다. 위기 종사자는 주류 문화와 다를 수 있는 하위 집단에 대해 개방적이고 지식이 풍부해야 한다. 상담사는 내담자에게 개인적인 가치를 강요해서는 안 되며, 대신에 내담자의 가치관이 현재 문제의 일부가 될 수 있음을 인식해야 한다. 물론 때때로 자신의 가치관을 다른 사람들에게 노출하는 것은 불가피하지만 모든 사람이 상담사가 생각하는 방식으로 믿고 행동해야 한다고 가정하는 것은 비윤리적이라고 간주된다.

문화적으로 다양한 내담자에 대한 상담사와 치료사의 감수성에 대한 관심은 지난 수십 년 동안 증가해 왔다. 1960년대 민권 운동과 차별 철폐 운동의 등장으로 시작되어 1980년대 후반과 1990년대에는 공식 교육의 일부가 되었다. 아레돈도(Arredondo)와 동료들(1996,

p. 43)은 문화를 인지하는 상담사의 구체적인 행동과 태도를 다음과 같이 설명한다: "다문화 상담은 다문화 및 문화 고유의 인식, 지식, 기술을 상담의 상호작용에 통합하는 준비와 실천을 말한다." 그들은 다문화를 미국의 다섯 가지 주요 문화 집단을 의미한다고 제안한다: 아프리카계 미국인, 아시아계 미국인, 백인, 라틴계 미국인, 아메리카 원주민. 독자들은 이 기사의 사본을 구하여 참고용으로 보관하는 것이 좋을 것이다. 이러한 집단이 다문화 연구의 주요 초점이 되어 왔지만 특별한 요구가 있는 장애인, 게이, 레즈비언, 양성애자, 트랜스젠더 등 다른 하위 집단도 연구 대상이 될 수 있다.

2005년에 미국 상담협회 윤리 강령은 다문화 다양성 역량에 중점을 두어 개정되었고 (Converse & Brohl, 2015), 다른 협회들도 21세기 내내 다문화 역량에 초점을 맞추고 있다. 문화적 감수성은 윤리적 의무로서 임상 치료를 강화하는 데 도움이 되며, 제5장에서는 다양한 하위 집단과 함께 문화적 겸손과 인식을 실천하는 방법에 대해 자세히 설명한다.

복습 문제

1. 윤리란 무엇인가?
2. 상담에서 비밀보장이 중요한 이유는 무엇인가?
3. 상담사는 언제 비밀보장을 파기할 수 있는가?
4. 이중 관계의 세 가지 예는 무엇인가?
5. 상담사가 자신의 개인적 감정을 점검하는 것이 중요한 이유는 무엇인가?

주요 학습 용어

아동 학대 신고: 1974년 「아동 학대 예방 및 치료법(Child Abuse Prevention and Treatment Act)」이 의회를 통과한 이후 상담사, 의사, 교사 또는 기타 역할로 아동과 함께 일하는 모든 사람의 신고가 의무화되었다. 이러한 사람들은 아동 학대가 의심되는 경우 해당 주의 아동 보호 서비스 기관에 신고해야 한다. 이 요건은 의무 사항이며 많은 주에서 내담자의 비밀보장 권리보다 우선한다.

비밀보장: 내담자가 상담에서 노출한 이야기들에 대한 비밀보장을 제공하는 윤리적 기준

역전이: 상담사가 내담자와의 상담에서 경험한 미해결된 감정에서 비롯되는 상담관계의 상황. 이러한 감정은 상담사의 개인적인 삶에서 비롯되어 발생하는 것으로 상담사가 감정을 표현하거나 내담자에게 정서적 해를 끼칠 수 있는 행동으로 이어진다.

타인에 대한 위험: 내담자가 타인에게 위협이 될 수 있다고 판단되는 상태. 이때 상담사는 비밀보장을 파기하고 자신의 우려를 경찰 또는 피해 대상자, 또는 둘 다에 보고하여야 하며, 이를 '경고 의무'라고 한다.

이중 관계: 상담사가 내담자와 전문적인 관계 밖에서 맺는 관계(예를 들어, 사회적·성적·사업적 관계)

노인 학대: 신체적 학대, 수탁 남용, 방임 또는 65세 이상의 사람에 대한 유기 행위. 많은 주에서 65세 이상의 내담자와 함께 일하는 모든 사람은 주의 성인 보호 서비스 기관에 노인 학대 의심 사례를 보고해야 한다. 이러한 보고는 종종 의무 사항이고, 비밀보장 파기의 근거가 된다.

면책 특권 및 비밀보장에 대한 예외: 상담사와 내담자 간의 대화가 법적·윤리적으로 다른 사람과 공유할 수 있는 상황. 비밀보장의 경우, 노인 학대 및 아동 학대, 내담자의 중증장애, 내담자가 자신 또는 타인에게 가하는 위험이 포함된다. 특권의 경우, 제한된 포럼에서 정보를 공유하기 위해 내담자가 자발적으로 포기한 경우와 특정 법정 소송에서와 같이 일부 비자발적 공개가 포함된다.

중증장애: 내담자가 정신병을 앓고 있거나 심각한 기질적 뇌장애가 있는 경우. 이러한 장애가 있는 사람들은 종종 음식이나 거처를 구하고 재정을 관리하는 것과 같은 기본적인 필요를 충족할 수 없다. 중증장애는 종종 비자발적 입원의 원인이 된다.

사전 동의: 치료의 모든 측면에 대해 충분히 설명을 들은 후 내담자가 상담사에게 제공하는 치료에 대한 허가. 상담관계에 들어가는 누구나 치료의 본질을 이해하고, 이에 대해 동의할 권리가 있으며, 이것이 자발적임을 이해하고, 비밀보장의 한계를 들을 권리가 있다.

랜터만-페트리스 쇼트법(Lanterman-Petris-Short Act): 이 법안은 캘리포니아에서 정신 질환자의 비자발적 입원을 위한 조건을 설정하고 환자의 권리를 규정하기 위해 제정되었다.

무해성: 히포크라테스 선서를 바탕으로 내담자에게 해를 끼치지 않는 것에 초점을 맞춘 윤리적 지침

면책 특권이 있는 의사소통: 비밀보장에 대한 법적 대응. 내담자는 상담사가 법정 또는 기

타 제한된 장소에서 특정 정보를 공유하기를 원하는 경우 면책 특권을 유보할 수 있다.

🎓 참고문헌

American College of Physicians, Ad Hoc Committee on Medical Ethics. (1984). Part 1: History of Medical Ethics, the physician and the patient, the physician's relationship to other physicians, the physician and society. *Annals of Internal Medicine*, *101*, 129-137.

American Psychiatric Association. (2013). *Diagnostic and statistical manual of mental disorders* (5th ed.). Washington, DC: Author.

Arredondo, P., Toporek, R., Brown, S. P., Jones, J., Locke, D. C., Sanchez, J., & Stadler, H. (1996). Operationalization of the multicultural counseling competencies. *Journal of Multicultural Counseling and Development*, *24*, 42-78.

Buckner, F., & Firestone, M. (2000). Where the public peril begins. *The Journal of Legal Medicine*, *21*, 2.

California State Case Law. (2010). *Tarasoff v. Regents of the University of California*. Retrieved May 21, 2010, from http://en.wikipedia.org/wiki /Tarasoff_v._Regents_of_the_University_of_California

Converse, D., & Brohl, K. (2015). Ethics in social work and counseling and HIPAA privacy rules. *Social Work*, EliteCME.com, 46-74.

Corey, G., Corey, M. S., & Callanan, P. (2010). *Issues and ethics in the helping professions* (3rd ed.). Pacific Grove, CA: Brooks/Cole.

Cullari, S. (2001). The client's perspective in psychotherapy. In S. Cullari (Ed.), *Counseling and psychotherapy* (pp. 92-116). Boston, MA: Allyn & Bacon.

Elite Continuing Education (2012). Telephone: 1-866-653-2119. Retrieved from www.elitecme. com

Everly, G. S. (2002). Thoughts on peer (paraprofessional) support in the provision of mental health services. *International Journal of Emergency Mental Health*, *4*(2), 89-90.

Kanani, K., & Regehr, C. (2003). Clinical, ethical, and legal issues in e-therapy. *Families in Society: The Journal of Contemporary Human Services*, *84*, 155.

Kitchener, K. S. (1984). Intuition, critical evaluation, and ethical principles. *Counseling Psychologist*, *12*(3), 43-55.

Lenell, M. (2010). The Lanterman-Petris-Short Act: A review after ten years. *Golden Gate University Law Review*, *7*(3), 733-764.

Moore, L. F. (2000). The color of trust: The impact of AB1800 on African American mental health consumers. *Poor Magazine*. Retrieved December 13, 2012, from http://poormagazine.org/node/2895

Saltzman, A., & Furman, D. M. (1999). *Law in social work practice*. Belmont, CA: Wadsworth Group.

Singer, E. (1970). *Key concepts in psychotherapy*. New York, NY: Basic Books.

U.S. Department of Health and Human Services. Administration for Children and Families. (2010). *Child Abuse Prevention and Treatment Act*. Retrieved May 21, 2010, from http://en.wikipedia.org/wiki/Child_Abuse_Prevention _and_Treatment_Act

제3장

ABC 위기개입 모델

학습목표

이 장을 학습한 후 독자는 다음과 같은 목표를 달성할 수 있다.

목표 1. ABC 위기개입 모델 연습하기

목표 2. 기본적 주의 기울이기 기술의 목적을 이해하고 실제 사례에 적용하는 방법 학습하기

목표 3. 대처 전략을 제시하고 내담자에게 적절한 기관 소개하기

목표 4. 내담자의 사고를 함께 탐색하고 사건에 대한 새로운 관점 제시하기

목표 5. 상담 회기에서 살펴볼 윤리적 쟁점 이해하기

소개

ABC 위기개입 모델은 심리사회적 스트레스 요인으로 기능 수준이 저하된 내담자와 단기 정신건강 면담을 진행하는 도구를 제공한다. 이 모델은 제1장에서 제시된 위기 형성 및 기능 향상 과정에 대한 두 가지 공식을 따르고 있고 문제 중심적 접근 방식을 취하는데, 스트레스 요인이 발생한 지 4~6주 이내에 적용하면 가장 효과적이다. 이 방법의 초점은 내담자의 촉발사건에 대한 사고를 파악하여 이를 변화시키고, 통제할 수 없는 감정은 줄일 수 있도록 돕는 것이다. 또한 지역사회에서 도움받을 수 있는 기관을 소개하거나 읽을 수 있는 자료와 같은 기타 자원들을 제공하는 것이 이 모델을 적용하는 데 있어 중요한 부분이다. ABC 모델은 문화적 겸손함과 트라우마에 기반한 돌봄을 강조하며, 이에 대해서는 각각 제5장과 제7장에서 상세하게 논의할 예정이다.

캐플란(Caplan)과 린데만(Lindemann)은 1940년대에 최초로 위기개입 접근법을 개념화했고(Caplan, 1964; Lindemann, 1944), 이후 많은 학자가 두 창시자의 원칙과 기법을 활용한 모델을 개발했다. 이 책에서 제시된 ABC 위기개입 모델은 다양한 출처에서 그 기원을 찾을 수 있다. 이 모델은 존스(Jones, 1968)의 ABC 위기관리 방법에 부분적으로 기반하고 있는데, 존스의 위기관리에 관한 ABC 모델은 다음과 같이 3단계 과정으로 구성되어 있다. A는 라포 형성하기(achieving rapport), B는 문제의 핵심을 드러내기(boiling the problem down to basics), C는 대처하기(coping)이다. 풀러턴 캘리포니아 주립대학교의 전 교수였던 몰린(Moline, 1986)은 이 존스의 모델을 수정하여 '위기개입'이라는 강의안을 개발했다. 몰린의 강의 노트와 강의를 어떻게 구성해야 할지 토론한 내용에 기반하여 크리스티 카넬(Kristi Kanel)은 이 책에서 제시하는 ABC 위기개입 모델을 개발했다. 또한 지난 30년 동안 이 ABC 모델을 확장시키고 수정해 왔다. 개정판은 그 지역에서 다양한 사람들에게 위기개입을 제공하는 전문가들에게 취득한 최신 정보, 학술 논문에 게재된 최신 연구, 학생과 그 지역에서 활동하는 상담사에게 이 모델을 가르쳤던 저자의 경험, 이 학생들의 피드백 그리고 공공, 민간 및 비영리 기관에서 상담사로 일한 저자의 경험을 바탕으로 만들어졌다.

ABC 위기개입 모델은 3단계 접근 방식으로 구성되어 있으나, 실제 면담에서는 어느 한 단계의 구성 요소를 언제든지 활용할 수 있다. 독자는 각 단계를 논하는 동안 이 점을 염두에 두면 좋을 것이다. 위기상담사는 연습과 경험을 통해 각 단계를 통합하는 방법을 배우게 된다. 위기개입은 유연하고 내담자 중심이어야 하며 반드시 단계별로 접근하지 않아도 된다. 이 면담이 정형화된 순서에 따라 설문조사를 실시하는 것처럼 느껴지지 않아야 하며, 면담을 마치 다양한 실과 색상을 활용하여 태피스트리를 짜는 것처럼 생각하고 내담자와 함께 고유한 대화를 구성해 나가면 좋을 것이다.

A: 라포 형성 및 유지: 내담자 따르기

위기개입의 기본은 내담자와 상담사가 서로 이해하고 편안한 상태인 라포를 형성하는 것이다. 내담자가 라포를 느끼기 시작하면 신뢰와 개방성이 뒤따르고 면담이 잘 진행될 수 있다. 상담사는 내담자의 개인적 세계를 파고들기 전에 먼저 이러한 라포를 형성해야 한다. 이러한 견지에서 상담관계는 독특하다고 할 수 있는데, 내담자는 상담이 진행되기 전에 먼저 상담사가 자신을 이해해 주며 판단하지 않는다고 느껴야 한다. 저자의 학생 중 1명이 이러한 필요성을 다음과 같이 적절하게 요약했다: "사람들은 상담사가 자신에게 관심을 가진다는 것을 알기 전까지는 상담사가 무엇을 알고 있는지 신경 쓰지 않는다." 상담사가 내담자에게 묻거나 말하는 모든 것은 내담자가 직전에 말한 내용과 관련 있어야 하며 그래야만 내담자는 상담사가 정해진 절차에 따라 상담을 진행하는 것이 아니라 자신의 말을 경청하고 있다고 믿게 된다.

초보 위기상담사는 몇 가지 기본적 주의 기울이기 기술을 배움으로써 위기에 처한 사람들과 관계를 구축하는 데 필요한 자신감을 키울 수 있다. 이러한 기본적인 관계 형성 의사소통 기술을 사용하면, 내담자가 대화를 시작하도록 장려하고 상황을 침착하게 통제하며 내담자가 상황적 사실을 말할 수 있게 하고 상담사가 내담자의 감정을 경청하고 공감하도록 도울 수 있으며, 나아가 내담자는 상담사가 자신을 아끼고 존중한다는 사실을 알게 된다. 면담 과정은 선형적이지 않으며 다양한 면담 기법을 조합하여 사용할 수 있다. 예를 들어, 상담사는 반영하기 전에 질문하거나 질문하기 전에 반영할 수도 있다.

위기개입 상담에서는 다른 상담 접근 방식과는 달리 일반적으로 해석이나 직접적 조언과 같은 기법을 사용하지 않는다. 이러한 기법이 효과가 있으려면 오랜 기간에 걸쳐 형성된 치료적 관계가 필요한데, 위기개입 상담에서 이러한 관계를 발전시키는 것이 실용적이지 않기 때문이다. 내담자에게 무엇이 잘못되었고 어떻게 해야 하는지를 알려 주고 싶은 유혹이 있을 수 있지만, 위기개입 상담사는 그렇게 하지 않기를 조언한다. 기본적 주의 기울이기 기술을 사용하는 것은 때로는 일상적 질문을 하고 조언과 해석을 제공하는 암기식 관행에 대한 유용한 대안이 될 수 있다.

　기본적 주의 기울이기 기술을 사용하는 주요 목적은 위기와 관련된 내담자의 내적 경험을 명확하게 이해하는 것이다. 내담자가 경험한 상황에 대한 내담자의 감정과 사고에 초점을 맞추어야 하고, 내담자와 관련된 다른 사람이나 실제의 촉발사건에 대해 지나치게 탐색하면 내담자가 자신에게서 멀어지고 면담의 흐름이 방해될 수 있다. 상담사가 진정으로 이해할 때만 내담자의 정서적 고통에 변화를 줄 수 있으며 내담자가 적응적으로 기능하도록 도울 수 있다. 위기상담사는 정서적·인지적 정비사라고 생각될 수 있다. 자동차 정비사가 이상한 소음이 어디에서 발생하는지 제대로 파악하지 않거나 엔진의 이상 징후를 직접 듣지 않고 단순히 자동차 정비를 시작하는 것은 현명하지 못하다. 마찬가지로, 상담사가 촉발사건에 대한 내담자의 생각과 그와 관련된 고통의 징후를 먼저 듣지 않고 단순히 조언만 하는 것은 현명하지 않다.

　예를 들면, 누군가는 기름 누출(촉발사건) 사건을 경험하고 있을 수 있다. 정비사가 자동차를 제대로 고치기 전에 원인(예: 변속기, 개스킷)을 파악해야 하는 것처럼, 상담사도 고통의 원인을 파악해야 한다(인지). 정비사가 기름 누출의 원인을 알게 되면(내담자의 사고 이해) 엔진을 손보기 시작할 수 있다(인지를 변화시키는 상담사). 정비사가 적절한 평가 없이 기름 누출의 원인을 추정해서는 안 되는 것처럼, 상담사도 모든 측면, 특히 사건에 관한 필수적 생각을 제대로 평가하지 않고 위기 상황을 이해한다고 가정해서는 안 된다.

〈표 3.1〉 **기본적 주의 기울이기**

질문하기
개방형(내담자가 방금 말한 내용 살피기)
폐쇄형(사실관계 확인)
재진술하기
자신의 말로 다시 말하기
명료화하기
내담자가 방금 말한 내용을 명료화하는 데 도움이 되는 종결형 질문
반영
고통스러운 감정
긍정적 감정
양가감정
요약
촉발사건, 정서적 고통, 인지적 요소를 함께 묶기

출처: Ivey, A. E., Gluckstern, N. B., & Ivey, M. B. (1997). *Basic attending skills* (3rd ed.). North Amherst, MA: Mictrotraining Associates. © 1997 Microtraining Associates. 허락하에 재인쇄.

〈표 3.1〉은 초보 상담사를 위한 지침으로 사용할 수 있다. 이 표는 일률적인 각본을 따르기 위한 것이 아니고, 상담사가 면담 과정 동안 사용해야 할 기술을 상기시키기 위한 용도이다.

주의 기울이기 행동

상담사가 배워야 하는 기술 중 경청은 위기의 본질을 효과적으로 파악하는 데 가장 필수적인 기술이라 할 수 있다. 적절한 언어적·비언어적 행동인 주의 기울이기 행동은 면담에 도움이 되는 특징이다. 좋은 눈맞춤, 세심한 보디랭귀지, 표현력 있는 발성 스타일과 말투는 귀중한 경청의 도구이지만 일상적인 대화에서 항상 나타나는 것은 아니다. 친구와 대화를 나눌 기회가 있다면 이러한 행동이 나타나고 있는지 관찰해 보라. 부드럽고 차분한 목소리 사용, 관심 있는 표정, 편안한 자세, 내담자 쪽으로 몸을 기울이고 눈을 직접 마주치기, 신체적으로 가까운 거리를 유지하기(Cormier, Cormier, & Weisser, 1986, p. 30)는 모두 따뜻함을 전달하는 방법이며 적극적 경청의 일환이다. 이러한 주의 기울이기 행동은 "당신이 내담자와 함께하고 있으며 실제로 경청하고 있다는 것을 보여 줌으로써" 내담자가 더 자유롭게 이야기할 수 있도록 도와준다(Ivey, Gluckstern, & Ivey, 1997, p.19).

적극적 경청을 위해서는 내담자를 관찰하는 능력과 주의를 기울이는 능력이 모두 필요하다. 〈BOX 3.1〉에 제시된 내용을 통해 연습해 보자.

BOX 3.1 **기본적 주의 기울이기 연습**

서너 명씩 집단으로 나누고 〈표 3.1〉에서 소개된 기본적 관심 기울이기 기술을 사용하여 주의 기울이기 행동에 대해 서로 평가한다. 1명은 내담자 역할을 하고 다른 1명은 위기상담사 역할을 한다. 세 번째 사람은 평가자 역할을 할 수 있다. 평가자는 상담사에게 피드백을 주는 연습을 하면서 자신의 관찰 기술을 향상시킬 수 있다. 이 연습을 마친 후에는 위기상담사 역할을 맡은 사람이 이러한 행동(예: 눈을 잘 맞추지 않고, 차갑고, 팔짱을 끼고, 언어적으로 집중하지 않는 행동)을 하는 면담 상황을 과장하여 재미있게 표현해 보라. 이러한 연습을 통해 '하지 말아야 할 행동'을 모두에게 각인시켜 줄 수 있다!

위기상담사는 주의 기울이기 행동이 여러 문화 및 인종 집단에서 서로 다른 양식을 보일 수 있음을 염두에 두고 다양한 하위 집단과 일할 때는 다른 양식에도 적응해야 한다. 이비 (Ivey)와 동료들(1997, pp. 20-21)은 주의 기울이기 행동의 서로 다른 특징을 다음과 같이 요약했다.

- 눈맞춤: 아프리카계 미국인, 라틴계 미국인, 아메리카 원주민은 다음과 같은 경우 존경의 표시로 눈을 마주치는 것을 피할 수 있다. 라틴계의 경우, 직접적이며 지속적인 눈맞춤과 접촉은 권위에 대한 도전으로 간주될 수 있다. 고개를 숙이는 것은 아메리카 원주민에게 존경의 표시일 수 있다.
- 보디랭귀지: 아프리카계 미국인의 공공장소에서의 행동은 유럽계 미국인에게는 감정적으로 격렬하고 과시적으로 보일 수 있다. 아시아계 미국인이나 라틴계 미국인에게는 등을 때리는 것이 모욕적으로 보일 수 있다.
- 발화 스타일: 라틴계 미국인은 때때로 긴 인사말로 회의를 시작하고 유쾌한 이야기로 회의를 시작하는 경우가 많다. 유럽계 미국인은 조용하고 절제된 말투를 중요시하는 경향이 있지만 다른 집단에서는 이를 교묘하거나 차갑게 볼 수 있다.
- 언어적 추론: 아시아계 미국인은 보다 간접적이고 미묘한 의사소통을 선호할 수 있고, 아프리카계 미국인이나 유럽계 미국인의 의사소통 스타일은 너무 직접적이고 대립적이라 생각할 수 있다. 개인적 질문은 아메리카 원주민에게는 특히 불쾌감을 줄 수 있다.

출처: Ivey, A. E., Gluckstern, N. B., & Ivey, M. B. *Basic Attending Skills*, 3rd ed. (pp. 19, 20-21, 35, 56, and 92.) © 1997 byMicrotrainingAssociates. 허락하에 재인쇄.

질문하기

내담자에게 적절한 질문을 하면 이들이 즉흥적으로 공유한 내용을 더 많이 탐색하도록 유도할 수 있다. 개방형 질문은 면접자에 의해 부여된 범주의 한계 없이 내담자가 자신의 진짜 모습을 표현할 수 있는 공간을 제공한다. 개방형 질문은 면접자가 심문한다는 느낌 없이 내담자가 자신의 생각과 감정을 탐색할 수 있는 기회를 제공한다. 폐쇄형 질문은 면접자가 나이나 결혼 여부와 같은 사실적인 정보를 수집하는 데 도움이 될 수 있다. 그러나 내담자는 특정 종결형 질문('왜' '당신은' '당신은' '당신은' '당신은' '당신은' 질문 등)에 대해 공격당하거나 방어적인 느낌을 받는 경우가 많으므로, 이러한 질문은 되도록 적게 사용해야 한다(Ivey et al., 1997, p. 35).

상담을 시작하는 학생들은 '당신은(이)'으로 시작하는 질문을 하는 경향이 있다. 이러한 유형의 폐쇄형 질문은 내담자가 '예' 또는 '아니요'로만 대답하도록 이끌게 되고 결과적으로는 상담 전체가 어려움에 빠질 수 있다. 상담사는 이러한 유형의 폐쇄형 질문을 피하는 대신 구체적인 개방형 질문을 할 수도 있다. 우리는 내담자가 심문이나 취조를 받는다고 느끼지 않기를 바라고 있음을 명심하라. 확실하지 않은 경우 '무엇' 혹은 '어떻게'라는 말로 질문을 시작하는 것도 좋다.

당신의 개방형 질문을 내담자가 방금 말한 내용과 연결되도록 하는 것도 좋다. '무엇'과 '어떻게'로 시작하는 질문은 내담자가 자신의 생각과 감정을 탐색하는 데 매우 효과적이다. 질문이 효과적으로 제시되면 면담을 진행하는 데 도움이 되고 위기의 본질에 대한 필수 정보를 수집할 수 있다. 내담자가 방금 말한 내용과 관련된 개방형 질문을 하는 것이 효과적이고 적절하며, 따라서 적절한 질문을 하려면 언어로 따라가 주는 것이 매우 중요하다는 점을 기억해야 한다. 상담사는 내담자가 새로운 단어를 제시하거나 말 뒤에 숨겨진 에너지를 표현할 때마다, 그 단어나 에너지의 의미를 더 잘 이해할 수 있도록 도와주는 질문을 할 수 있다. 절대로 내담자가 의미한 바를 다 안다고 가정하지 말라. 물어보아야 한다!

내담자와 위기상담사 사이의 다음 대화는 질문의 적절한 사용을 보여 주고 있다.

> 내담자: 남편에게 너무 화가 나요. 남편은 더 이상 대화를 하지 않고 전혀 소통도 하려고 하지 않아요.
>
> 위기상담사: 소통이 안 된다는 게 무슨 뜻이죠? (모범 질문)
>
> 내담자: 그는 앉아서 제 말을 듣기를 거부해요. 그의 문제가 무엇인지 전혀 모르겠어요. 그가 저에게 뭐든 말을 하게 할 수가 없어요. 그는 분명히 제 곁에 있기를 원하지 않는데, 그 이유를 모르겠어요.
>
> 위기상담사: 왜 그가 곁에 있고 싶어 하지 않는다고 생각하시나요? (인지를 드러내는 질문)
>
> 내담자: 그는 집에 오지 않아요. 직장에서 늦게까지 일하고, 매일 밤 친구들과 놀러 다니고, 주말에는 집을 비워요. 얼마나 오래 견딜 수 있을지 모르겠어요.
>
> 위기상담사: 얼마나 견딜 수 있을지 모르겠다니 무슨 뜻인가요?
>
> 내담자: 글쎄요, 저는 매일 밤 울고 아이들은 아빠가 어디 있는지 궁금해하고, 비참한 느낌이고 이렇게 살고 싶지 않아요.

(이때 아이들의 나이에 대한 종결형 질문이나 감정을 반영해 주는 것도 도움이 된다.)

물론 이러한 질문만 할 수 있는 것은 아니다. 하지만 각 질문은 내담자가 방금 말한 내용과 관련이 있으며, 이는 내담자의 인지적·정서적 경험을 펼쳐 주는 효과가 있다. 유용한 비유는 내담자의 인지 도식을 나무로 생각하는 것이다. 내담자는 처음에 상담사에게 나무 기둥을 제시한다. 면담이 진행되면서 나무 기둥을 따라서 가지로 이동한다. 각 질문은 전체 나무를 탐색하고 전체를 볼 때까지 작은 가지와 잔가지로 이동할 수 있도록 한다. 모든 가지, 나뭇가지, 잎은 직간접적으로 줄기에 연결되어 있다. 상담사가 나무 전체를 볼 수 있을 때 위기의 본질을 완전히 이해할 수 있으며, 대처 전략을 제시하고 인지를 변화시키는 방향으로 나아갈 수 있다. 상담사와 내담자는 나무 꼭대기의 나뭇잎과 나뭇가지에서 춤을 추며 함께 인지와 감정을 탐색한 다음, 함께 흔들리다가 안정적으로 땅에 착지하여 걸어가는 것으로 생각할 수 있다. 내담자가 자신의 잘못된 인지를 테이블 위에 올려놓고 마음을 비우도록 안내할 수 있어야 상담사는 새로운 인지를 주입할 수 있다. 이러한 새로운 사고는 내담자의 정서적 고통을 줄이는 데 필수적이다.

잘못된 질문과 적절한 질문의 몇 가지 예시는 다음과 같다.

적절하지 않게 표현된 상담사 질문	적절하게 표현된 상담사 질문
남편을 잃은 것에 대해 슬픔을 느끼십니까?	남편을 잃은 것에 대해 어떻게 느끼시나요?
아버지와 대화를 시도해 보셨나요?	무엇을 하셨나요?
슬픔에 대해 더 자세히 말씀해 주시겠어요?	슬픔은 당신에게 어떤 느낌인가요?

일반적으로 내담자에게는 개방형 질문에 대한 답변으로 정보를 제공하는 것이 20개의 폐쇄형 질문에 답하는 것보다 편안하다. 사실 확인이 필요할 때나 자살위기 평가와 같이 폐쇄형 질문이 필요한 시기와 상황이 있다. 많은 상담사가 소속 기관에 제출할 양식을 작성해야 하는 것은 사실이지만, 그렇다고 면담이 폐쇄형 질문의 연속이어야 한다는 의미는 아니다. 폐쇄형 질문과 개방형 질문, 반영 그리고 재진술을 통해 대부분의 기관에서 상담사가 접수 양식을 작성할 수 있다. 연습이 필요하지만, 내담자들은 이러한 형식을 통해 도움을 받을 수 있다.

다음은 효과적인 개방형과 폐쇄형 질문의 몇 가지 예이다. '왜'라는 질문을 개방형 질문으로 바꾸기 위한 제안도 포함되어 있다. 친구들과 함께 이러한 질문들로 역할극을 해 보라.

효과적인 개방적 질문	적절한 폐쇄형 질문
기분이 어떠세요? 강간을 당했을 때 어떤 점이 가장 힘들었나요? 에이즈 진단을 받으면 어떤 기분이 드나요? 요즘은 직장에서 어떻게 지내세요? 죽음에 대해 어떻게 생각하시나요?	결혼한 지 얼마나 되셨나요? 의사의 진찰을 받은 적이 있나요? 약을 복용하고 있나요? 자녀는 몇 살인가요? 남편이 자녀를 학대한 적이 있나요? 자해할 생각이 있으신가요?
'왜' 질문	'왜' 질문을 대체하는 개방형 질문
왜 그를 집으로 초대했나요? 왜 대마초를 피웠나요? 왜 자살을 시도했나요?	어떻게 당신의 아파트가 통제 불능 상태가 되었나요? 대마초를 피우기로 결심했을 때 어떤 기분이었나요? 약을 복용했을 때 어떤 생각이 들었나요?

ABC 모델을 구현하기 시작할 때 자주 사용하는 몇 가지 질문을 기억하라. 이러한 질문은 인지 및 감정에 초점을 맞추어 회기를 이끌게 돕는다.

"당신이 _____ (정서적 고통)을 느끼게 하는 _____(촉발사건)에 대해 어떻게 생각하세요?"

"_____(새로운 단어 또는 구문)을 말씀하셨는데, 무슨 뜻인가요?"

"_____ (정서적 고통)을 느끼게 하는 것은 무엇인가요?"

"이 상황은 어떤 점에서 _____(정서적 고통)을 느끼게 하나요?"

종종 초보 상담사들은 직접적인 질문을 하는 것을 꺼린다. 나의 학생들은 내담자가 방금 말한 내용과 직접적으로 관련된 개방형 질문을 하면 내담자가 방어적으로 되거나 곤란한 상황에 놓일까 봐 걱정하는 경우가 많다. 비유를 들어 설명해 보자면, 보통 정신건강 상담사를 만나기 위해 예약을 하는 내담자는 치과 의사나 내과 의사를 만나기 위해 예약하는 경우와 마찬가지로 고통을 겪고 있으며, 진정으로 도움을 원한다. 간호사가 환자의 기분이 상할까 봐 환자의 증상에 관한 날카로운 질문을 피하는 것은 말도 안 되는 일이다. 나는 체온, 혈압, 체중과 같은 활력 징후를 수집하는 것을 촉발사건, 지각, 정서적 고통과 같은 위기 상태 구성 요소(활력 징후와는 다른 유형)를 수집하는 것에 비유한다. 의사가 의학적 활력 징후가 없으면 질병을 제대로 진단하거나 적절한 약물 제공을 할 수 없는 것처럼, 위기상담사가 내담자 문제의 이러한 부분을 정확하게 파악하지 못한다면 효과적인 위기개입이 이루어지기 어렵다. 내담자가 정신건강 관련 서비스를 찾을 때, 누군가 자신 있게 정보를 찾을 수 있고 체계적인 방법을 갖추고 있다는 사실에 내담자들은 안도하게 된다.

질문과 인지 및 감정에 대해 몇 가지 다른 점을 짚고 넘어가야 한다. 영어에서는 '~같은 느낌(feel like)'과 '~에 관한 느낌(feel that)'이라는 용어가 인지를 표현하는 데도 자주 사용된다. 위기상담사는 내담자가 이러한 표현을 사용할 때 실제 감정을 표현했다고 생각하지 않는 것이 좋다. 대신 상담사는 내담자가 "남편과 함께 지낸 내가 너무 바보 같다는 생각이 들어요."라고 말할 때 "자신이 바보 같다고 생각할 때 기분이 어떠세요?"와 같이 질문해야 한다. 마찬가지로, 내담자가 "그녀에게 책임이 있는 것 같아요."라고 말하면 상담사는 "그녀에게 책임이 있다고 생각할 때 어떤 감정을 느끼나요?"라고 물어볼 수 있다. 감정을 생각과 구분할 수 있을 때, 상담사의 업무가 더 쉬워지고 면담이 더 명확하게 진행된다. 이는 또한 내담자가 자신의 생각과 감정을 정리하는 데도 도움이 된다. 특정 단어는 생각이나 감정으로 식별하기 어려운 경우가 많다. 정말 바보 같다고 느끼는가, 아니면 자신을 바보라 생각하면서 슬프다고 느끼는가? 책임감을 느낄 수 있을까, 아니면 책임이 있다고 생각할 때 불안하고 화가 날까? 이러한 질문들은 종종 까다롭지만 탐구할 가치가 있다.

어떤 사람들은 감정을 슬프고, 화나고, 기쁘고, 무섭고, 실망스럽고, 스트레스를 받고, 불안하고, 혼란스러운 것이라고 생각한다.

명료화하기

명료화하기 질문은 부드러운 폐쇄형 질문의 한 형태이다. 상담사는 내담자가 방금 무슨 말을 했는지 잘 모를 때 이 기본적인 경청 기술을 사용한다. 내담자가 너무 빨리 말해서 정보를 놓쳤거나, 한번에 너무 많은 정보를 제시해서 위기상담사가 모든 정보를 파악할 수 없을 수도 있다. 명료화하기 작업에서 상담사는 내담자가 질문하는 방식으로 말했다고 생각한 내용을 자신의 말로 다시 말하면서 "이렇게 말씀하시는 건가요?" 또는 "그런 뜻이었나요?"로 시작한다. 명료화하기 기법은 혼동이나 모호함을 해소하여 오해를 피하고 상담사가 들은 내용의 정확성을 확인하는 데 사용된다. 그런 다음, 내담자에게 이전 메시지를 다시 말하도록 요청할 수 있다. 이 질문은 내담자가 말한 내용을 더 자세히 살펴보도록 유도하기 위한 것이 아니라 상담사가 내담자가 말한 내용을 이해했는지 확인하기 위한 것이다. 때로 내담자가 너무 단편적인 방식으로 혹은 너무 빠르게 이야기하여 중요한 사실과 생각을 정확하게 듣지 못할 수도 있으므로, 명료화하기 질문은 상담사가 내담자가 말한 내용을 명확하게 이해하는 데 도움이 된다.

재진술하기

재진술하기는 상담사가 내담자의 말을 들었다고 생각한 내용을 자신의 말로 다시 표현하는 것을 의미한다. 위기상담사는 앵무새처럼 내담자가 말한 내용을 되풀이하는 것이 아니라 상담사가 들은 내용을 내담자와 공유하는 것을 목표로 한다. 내담자의 메시지에서 인지적이고 사실적인 부분에 초점을 맞춘다. 이 방법의 의도는 내담자에게 상담사가 메시지를 이해했거나 들었음을 알리기 위해, 내담자가 특정 상황, 생각 또는 행동에 집중하도록 돕기 위해 그리고 정서에 대한 관심이 시기상조이거나 부적절할 때 내용을 강조하기 위해 진술의 정교화를 장려하는 데 있다(Slaikeu, 1990, p. 38). 〈BOX 3.2〉에 제시된 재진술하기/명료화하기 연습을 시도해 보라.

BOX 3.2 재진술하기와 명료화하기 연습

파트너를 선택하고 제3자에게 관찰자가 되어 달라고 요청한다. 한 사람은 위기상담사 역할을 하고, 한 사람은 위기에 처한 내담자 역할을 한다. 내담자가 상담사에게 위기에 대해 이야기하면 상담사는 들은 내용을 자신의 말로 다시 이야기한다. 앵무새처럼 내담자가 말한 내용을 그대로 반복하지 말라. 때로는 상담사가 자신의 역할에서 벗어나 관찰자에게 내담자가 말한 내용을 3인칭으로 말하는 것이 도움이 될 수 있다. 그런 다음 상담사는 다시 자신의 역할로 돌아가 내담자가 말한 내용을 재진술하여 내담자에게 직접 이야기할 수 있다. 다음의 대화는 이 방법이 어떻게 진행되는지 보여 준다.

내담자: 지난주에 반려견이 무지개다리를 건넌 이후로 계속 우울한 기분이 들어요. 잠을 자거나 직장에서도 집중할 수 없고 모두들 제가 큰 아기라고 생각해요.

위기상담사: 반려견이 죽은 후 기분이 매우 나빴고 동료들로부터 어떤 지원도 받지 못하고 있다는 말씀인가요? (명료화하기)

위기상담사: 지난주에 반려견을 보낸 이후 잠을 잘 수 없고 우울한 기분이 들며, 직장 동료 누구도 당신의 감정을 이해하지 못하는 것 같다고 말씀하시는 것 같습니다. (재진술하기)

감정의 반영

공감은 내담자와의 관계를 형성하고 유지하는 데 필수적 요소이다. 즉, 내담자에게 그들의 감정을 이해하고 있음을 알릴 수 있어야 한다. 언어적이든 비언어적이든 내담자의 메시지에서 정서적 부분이나 감정적 어조를 반영하는 표현인 반영 기술은 공감하는 환경을 조성하는 데 강력한 도구가 된다. 특정 상황에서 내담자의 감정을 명확히 하는 데 도움이 될 뿐만 아니라 내담자가 이해받고 있다고 느끼는 데도 도움이 된다. 내담자는 상황에 대한 자신의 감정을 표현하고, 자신의 감정 중 특히 부정적인 감정을 관리하는 방법을 배우며, 정신건강 서비스 제공자 및 기관에 대한 자신의 감정을 표현할 수 있다. 제1장에서 살펴본 바와 같이, 캐플란은 효과적으로 대처하는 사람들의 특징 중 하나는 감정을 자유롭게 표현하고 관리하는 능력이라고 했다. 감정의 반영은 그러한 과정을 가능하게 한다. 감정을 반영하는 것은 초보 상담사에게는 어려울 수 있다. 진정으로 공감하려면 상담사는 내담자가 느끼는 감정을 스스로 느낄 수 있어야 한다. 상담사는 내담자가 감정을 다스릴 수 있을 때까지 내담자에 대한 많은 감정을 품고 있는 경우가 많다. 내담자와 진정으로 하나가 되어 내담자의 감정을 이해하는 상담사는 내담자와 강한 유대감을 형성할 수 있지만 감정적 소진을 경험할 수도 있다. 트라우마를 겪고 있는 사람들과 오랫동안 함께 일해 온 위기상담사들이 종종 스스로 상담을 받기도 하는 이유도 바로 이 때문이다. 〈BOX 3.3〉은 반영 연습에 대한 가이드라인을 제공한다. 반영하기에서는 단순성이 가장 강력하다는 것을 명심하고 KISS(keep it super simple) 방법을 사용해 보자. 감정을 반영하고 명백한 비언어적 표현을 인정하며 다른 내용을 추가하지 말아야 한다.

BOX 3.3 감정 반영하기 연습

짝을 이루거나 조별로 위기에 처한 내담자의 역할극을 하고 다른 사람들에게 자신의 문제와 감정을 이야기하게 한다. 그런 다음 상담교육생들은 내담자에게 감정을 반영한다. 감정적 어조에 귀를 기울이고 눈물을 흘리거나 주먹을 두드리는 등의 비언어적 단서를 찾는다. 다음과 같이 시작해 보라. "당신은 ……를 느끼는 것 같습니다……." "……를 느끼는 것처럼 들리네요……." "나는 당신이 ……이라고 느낍니다." 긍정적 감정뿐만 아니라 양가적이고 모순적인 감정도 찾아보라.

위기상담사가 감정을 반영한 후 인지적 또는 사실적 정보를 추가하면 내담자는 감정 이외의 다른 것에 집중할 수 있다. 단순함을 유지하도록 해야 한다. 다음은 단순 반영과 복합 반영의 몇 가지 예이다.

단순 반영	복합 반영
당신의 눈에서 눈물이 보입니다.	아버지에 대해 말할 때 눈물을 흘리는 것을 보았는데 이에 대해 말하고 싶지 않은 것 같습니다.
화가 난 것처럼 들리네요.	네, 당신 부인이 잔소리를 할 때, 얼마나 당신을 화나게 만드는지 잘 알겠습니다.
불안감이 많이 느껴집니다.	그래서 당신은 대학원에 진학하지 못할까 봐 두려워하네요.

단순 반영에서는 내담자가 실제로 자신의 감정에만 집중할 수 있는 반면, 복합 반영에서는 경우에 따라 아버지, 아내, 대학원에 초점을 두게 된다.

프로이트(Freud)부터 로저스(Rogers)에 이르는 상담사들은 감정정화와 감정에 대한 경험적 인식이 상담의 치료적 요소라고 믿었다. 위기 면담은 내담자가 자신의 감정이 타당하다고 느낀 유일한 시간일 수 있으며, 보통 그 자체로 좋은 경험이다! 〈BOX 3.3〉에 제시된 반영 연습을 시도해 보라.

요약

요약의 주요 목적은 다른 사람이 자신의 생각을 정리할 수 있도록 돕는 것이다. 두 번째 목적은 도우미인 당신이 내담자의 준거틀을 왜곡하지는 않았는지 확인하는 것이다. 요약은 이전에 내담자를 만난 적이 있는 경우 면담을 시작할 때 도움이 될 수 있으며, 여러 번의 면담에 걸친 데이터를 모으거나 현재 면담에서 진행된 내용을 명확히 하는 데도 도움이 될 수 있다(Ivey et al., 1997, p. 92). 촉발사건, 인지, 감정을 포함하는 요약의 예는 다음과 같다: "남편이 어젯밤에 당신을 때렸고 이번에는 딸도 때렸습니다. 그래서 당신은 이제 남편이 너무 통제 불능이라 남편을 떠나야 한다고 생각하고 있습니다. 당신은 무섭고 외롭고 어디로 가야 할지 모릅니다." 요약은 내담자가 가장 최근에 제공한 정보뿐만 아니라 면담 중에 논의된 거의 모든 정보를 포함하므로 재진술과는 다르다. 때때로 면담이 막힐 때 요약이 진행에 도움이 될 수 있다. 요약은 내담자가 위기 상태의 어느 부분을 계속 탐색하고 싶은지 결정할 수 있다.

다음 B단계에서 설명하겠지만, 요약은 문제 파악에서 대처 전략 찾기로 원활하게 전환하는 데에도 도움이 될 수 있다. 일반적으로 인지적 · 정서적 내용뿐만 아니라 촉발사건과 대처 노력도 다시 서술한다. 위기의 세 가지 측면, 즉 ① 촉발사건, ② 정서적 고통을 유발하는 내담자 사건에 대한 지각, ③ 내담자가 고통에 성공적으로 대처하는 데 실패함을 염두에 두면 이러한 측면을 쉽게 기억할 수 있다.

이제 기본적 주의 기울이기 기술을 배웠으므로, 〈표 3.1〉을 참고하여 7~10분 분량의 역할극을 통해 연습해 보라. 이러한 기술을 숙지했다면 고급 의사소통 기술로 넘어갈 준비가 된 것이다. 기본적 주의 기울이기 기술은 모든 회기에 걸쳐 사용된다. 이러한 기술은 상담사가 친밀감을 유지하면서 내담자에 대한 섬세한 정보에 접근할 수 있도록 도와준다. 상담사는 이러한 기본적 주의 기울이기 기술을 ABC 모델의 B단계와 C단계 모두에서 사용한다. ABC 모델은 세 단계로 제시되나, A는 B와 C를 모두 포함한다는 점에 유의하라. A는 B와 C를 덮는 우산이고, 기본적 주의 기울이기 기술은 비로 인해 회기가 범람하여 함께 걷는 것을 망치지 않도록 하는 기계라고 생각하면 된다. 물론 다른 치료적 상호작용 과정도 사용될 수 있으며 이에 대해서는 나중에 논의하도록 하겠다.

B: 문제 파악하기: 모델 따르기

인구통계학적 정보가 수집되고 라포가 형성되면 위기상담사는 내담자의 현재 위기에 집중하기 시작한다. 문제 파악하기는 ABC 모델의 두 번째 단계로 가장 중요한 단계이기도 하다. 면담 과정을 살펴보기 위해 〈표 3.2〉에서 제시된 ABC 위기개입 모델 개요를 참고하라.

이 모델의 세부적 측면은 다음 절에서 개별적으로 살펴볼 예정이다. 그러나 실제로는 위기와 치료적 상호작용의 모든 측면은 함께 연결되어 있기 때문에 상담사는 보통 상담을 선형적 방식으로만 진행하기는 어렵다. 훌륭한 상담사는 이 모델의 다양한 측면에 매우 정통하여 내담자에게 기계적으로 보이지 않는다. 위기의 정의를 염두에 두면 상담사는 촉발사건, 지각, 정서적 고통, 기능 등 무엇을 식별해야 하는지 기억하는 데 도움이 된다. 다른 모든 방법이 실패할 때도 ABC 모델을 따르면 상담사가 내담자와의 관계를 유지하면서 체계적인 방식으로 상담을 진전시키는 데 도움이 된다. 나는 상담사가 기본적 주의 기울이기 기술을 배울 때는 내담자를 따라야 한다고 제안한다. ABC 모델을 수행하는 방법을 배울 때는 이 모델을 따르기를 권장한다.

이 장의 마지막에는 상담사가 ABC 모델을 수행할 때 사용할 수 있는 다양한 질문과 예문이 나와 있다. 하지만 각 상담사는 내담자에게 적절하게 응답하기 위해 자신의 직관과 경청 기술을 사용해야 한다. 다음 장에서는 상담사가 특정 유형의 문제에서 사용할 수 있는 다양한 진술과 질문에 대한 아이디어를 제공하고 있지만, 연습과 경험이야말로 최고의 스승이다. 이어지는 각 장에서는 역할극 연습을 위한 예시를 제공한다. 주어진 아이디어만 사용해야 한다는 제한을 두지 말라. 가능하면 자신만의 아이디어를 만들어 보아라. ABC 위기개입 모델은 10분 전화 통화, 몇 분 회기 또는 6주(또는 그 이상)의 위기개입 회기 시리즈에 사용할 수 있다. 매주 새로운 문제를 해결하고 새로운 대처 전략을 모색하는 동시에 매주 기능의 변화를 평가할 수 있다.

〈표 3.2〉 **위기개입의 ABC 모델**

A: 기본적 주의 기울이기 기술을 사용하여 라포 형성 및 유지
주의 기울이기 행동
개방형 및 적절한 폐쇄형 질문
재진술하기 및 명료화하기
감정의 반영

요약
B: 위기의 본질 파악 및 치료적 상호작용
　촉발사건 파악하기
　인지 파악 및 탐색
　정서적 고통 파악하기
　기능 손상 파악: 행동적 · 사회적 · 학업적 · 직업적 손상 파악
　이러한 영역에서 위기 전 수준의 기능 파악
윤리적 점검
　자살, 살인, 유기적 문제, 정신병, 약물 오남용, 아동 학대, 노인 학대
치료적 상호작용 진술서
　교육, 권한 부여, 검증, 재구성
C: 대처하기
　내담자가 대처하기 위해 지금 무엇을 하고 싶은지 탐색하기
　내담자가 과거에 대처하기 위해 어떻게 노력했는지 살펴보기
　내담자가 대처하기 위해 할 수 있는 다른 일 탐색하기
대처를 위한 대안 전략 제공
　지원 집단
　12단계 집단
　부부 또는 가족치료
　변호사
　의사
　독서치료
　릴 요법
　자기 주장 훈련
　스트레스 관리
　쉼터 또는 기타 기관
　다짐하기 및 후속 조치

이 모델에는 평가를 위한 여러 영역이 있다. 그렇다고 해서 상담사가 매 회기마다 각 영역에 대해 평가해야 한다는 의미는 아니다. 오히려 각 영역은 적어도 첫 번째 또는 두 번째 회기에서 다루고, 그 이후에는 내담자의 진행 상황을 평가하기 위해 필요에 따라 재평가해야 한다. 대부분의 미국 의료보험 회사는 상담사가 첫 공식 회기 때 자살과 같은 응급 상황을 다루어야 해서 보험 접수 양식에서 보통 요구되는 일부 정보를 확인할 수 없는 경우, 추가 회기를 허용하는 데 유연하다. 예를 들면, 나의 경우 자살 충동을 느낀다고 보고한 내담자와 첫 번째 회기를 진행했다. 이 내담자에게 할당된 50분 전체는 내담자의 위험 수준을 평가하

고 자살하지 않도록 계획을 세우는 데 사용되었다. 내담자는 다음 날 다시 방문하여 기분이 나아지면 접수 회기를 계속 진행하는 데 동의했다. 나는 의료보험 사례 담당자에게 전화하여 상황을 설명한 후 쉽게 다른 회기를 받을 수 있었다. 내담자는 다음 날 다시 방문하여 기분이 나아지면 접수 회기를 계속 진행하기로 동의했다. 이 특정 보험회사는 추가 회기를 승인하기 전에 전체 접수 양식을 작성해야만 한 회기를 할당하지만, 나는 의료보험 사례 담당자에게 전화를 걸어 상황을 설명한 후 쉽게 다른 회기를 배정받아 상담을 계속할 수 있었다. 물론 정책은 정책이고 규칙은 규칙이지만, 특정 정보가 수집되지 않았다는 이유만으로 내담자가 제대로 된 서비스를 받지 못해 자살할 수도 있는 상황에서 정책을 따르는 것은 말이 되지 않는다.

위기개입과 단기치료에서 특히 중요한 것은 내담자의 인식을 탐색하는 능력이다. 상담 회기의 많은 시간을 이 과정에 투자하며, 이러한 탐색을 통해 내담자는 고통의 근원에 대해 알게 된다. 다양한 상황에 대한 내담자의 인식과 기준이 이해되면 위기상담사는 내담자가 자신과 세상을 새로운 방식으로 사고하고 경험하도록 안내할 수 있는 위치에 서게 된다. 또한 내담자의 인식이 바뀌면 정서적 고통이 줄어들고 대처 기술을 실행할 수 있으며 기능이 향상되는데, 이것이 바로 위기개입의 목표이다. 제1장에서는 위기 상태를 구성하는 측면과 기능을 향상시키는 과정을 이해하는 데 도움이 되는 두 가지 공식을 제시했다. ABC 모델에 대해 배울 때 이 공식을 참고하면 좋을 것이다.

면담 과정은 내담자와 함께 나무를 오르는 것이라 생각할 수 있다([그림 3.1] 참조). 내담자는 일반적으로 촉발사건 및 정서적 고통, 기능 손상과 같은 정서적 스트레스를 나타낸다. B단계의 목표는 모든 구성 요소가 인지와 어떻게 관련되어 있는지 탐색하기 위해 '나무를 오르는 것'이다.

상담사는 내담자가 나무 기둥에 대해 어떻게 생각하는지 물어보면서 내담자와 함께 기둥을 올라간다. 이러한 생각은 내담자가 의미하는 바를 추가로 설명하도록 요청하여 탐색한다. 개방형 질문은 내담자가 나뭇잎을 이해할 때까지 관련된 모든 생각과 인식을 탐색하도록 돕기 위해 사용되며, 이는 인지 열쇠이다. 상담사는 치료적이며 상호적인 언어를 통해 나뭇잎을 갈색에서 녹색으로 바꾸도록 도울 수 있다.

치료적이며 상호적인 언어의 예는 이 장에서 여러 부분에 나누어 제시되며 이 장의 후반부에서 명확하게 정의된다. 여러 차례에 걸쳐 몇 가지 중요한 인지가 제시되며, 각각의 인지를 탐색하고 새로운 치료적 언어를 제공해야 한다. 인지를 파악하고 상황에 대한 새로운 사고방식을 제공하는 것이 ABC 모델을 사용한 위기개입 회기의 주요 초점이다.

인지 1은 가지이다
　[나뭇가지와 잎은 이것을 탐구한다
　인지–나뭇잎은 갈색이다
　(인지 열쇠)]

인지 2는 가지이다
　[나뭇가지와 나뭇잎은 이것을 탐구한다
　인지–나뭇잎은 갈색이다
　(인지 열쇠)]

인지 3은 가지이다
　[나뭇가지와 나뭇잎은 이것을 탐구한다
　인지–나뭇잎은 갈색이다
　(인지 열쇠)]

내담자가 나무 기둥을 제시한다: 촉발사건,
감정, 또는 기능 손상

[그림 3.1] **인지 나무**

　상담사와 내담자는 처음에 제시된 인식의 여러 나뭇가지 및 잔가지를 탐색함으로써 촉발사건에 대해 내담자가 실제로 가장 괴로워하는 것이 무엇인지 심층적으로 이해할 수 있다. 인지 열쇠가 확립되고 치료적 진술이 제공되기까지 보통 6개의 질문이 필요하다. 상담사가 교육적 진술, 재구성, 지지 진술 또는 힘 실어 주는 진술을 너무 빨리 제공하려고 하면 내담자가 저항하는 경우가 많다. 내담자는 아마 자신의 인지 나무를 설명할 시간이 더 필요했을 것이다. 다음은 상담사와 내담자가 나무를 오르는 대화의 예시이다:

내담자: 남편이 저를 떠났어요. (촉발사건 제시)

상담사: 그게 당신에게 어떤 의미인가요? (개방형 질문을 통해 인식 탐색)

내담자: 저는 영원히 혼자가 될 거예요. (첫 번째 인지가 제시됨; 내담자는 자신이 영원히 혼자가 될 것이라 생각함)

상담사: 어떤 면에서 혼자인가요? (상담사는 내담자가 '혼자'의 의미를 정확히 이해하려고 노력함)

내담자: 아무도 다시는 나를 사랑하지 않을 거예요. (새로운 인지 진술)

상담사: 왜 그렇게 생각하세요?

내담자: 그는 내가 너무 못생기고 멍청해서 나를 사랑할 수 있는 사람은 자기밖에 없다고 말했어요. (원래 인지에 대한 새로운 정보 추가)

상담사: 자신이 못생기고 멍청하다는 생각에 대해 어떻게 생각하세요?

내담자: 글쎄요, 전 제가 그렇게 멍청하다고 생각하지 않아요.

상담사: 어떻게 생각하세요?

내담자: 혼자가 되어서 다시 시작하는 게 두렵습니다.

상담사: 어떤 점이 가장 무섭나요?

내담자: 다른 사람과 가까워져서 상처받는 것이 두렵습니다.

상담사: 다시 시작한다는 것은 종종 두려운 일입니다. (내담자의 감정과 생각을 타당화하기 위한 타당화 진술하기) 이 무서운 감정은 어느 순간 더 보람 있는 관계를 만드는 기회에 대한 설렘으로 바뀔 수 있습니다. (두려움을 설렘으로 짧게 재구성하기)

이 시점에서 내담자는 약간의 희망을 느끼면서 인식이 어느 정도 변화할 수 있다. 내담자의 초기 인식 뒤에 숨겨진 더 깊은 의미에 도달하기 위해 얼마나 많은 질문이 필요했는지 주목하라.

내담자의 내적 참조 프레임을 탐색하는 가장 중요한 이유는 외부 상황을 바꾸는 것보다 인지를 바꾸는 것이 아마도 더 쉽기 때문일 것이다. 위기상담사가 내담자의 중요한 타자와 상황의 세부적 요소(일반적으로 변경할 수 없는 요소)에 너무 많은 시간을 할애하면 내담자는 더 큰 좌절감을 경험할 수 있다.

촉발사건 파악하기

면담이 시작된 직후 상담사는 촉발사건을 파악하고자 한다. "어떤 일이 있었기에 상담을 신청하게 되었습니까?"라고 묻는 것이 적절하다. 이는 내담자가 자신에게 무슨 일이 일어나고 있는지 말할 수 있는 기회이다. 내담자가 상담에 오게 된 특정 사건을 떠올릴 수 없는 경우, 위기상담사는 내담자가 위기 유발 요인을 이해하는 것이 위기 상태를 완화시키는 데 도움이 된다고 설명하면서 더 자세히 탐색해 보기를 권유한다.

촉발사건이 어제 또는 6주 전에 일어났을 수도 있다. 내담자가 언제부터 기분이 나빠지기 시작했는지 알아내면 촉발사건을 정확하게 파악하는 데 도움이 될 수 있다. '낙타의 등을 부러뜨린 지푸라기'는 내담자가 위기의 시작에 집중하는 데 도움이 될 수 있는 일반적인 표현이다.

촉발사건을 명시하는 또 다른 이유는 나중에 그 사건이 발생한 이후 내담자가 어떻게 대처하려고 노력했는지 살펴볼 수 있기 때문이다. 내담자의 부정 방어기제가 강하게 나타날 경우, 위기상담사는 내담자가 상담을 받기로 결정한 이유에 대해 내담자와 직면하면서 대화할 수 있다. 그 이유는 대개 촉발사건에 대처하는 데 어려움을 겪었기 때문이다. 사건이 명확히 정의되지 않으면 상담사는 사건에 대처할 수 있는 대안적 대처 전략을 제시하는 데 어려움을 겪을 것이다. 마지막으로, 위기상담사는 해당 사건에 대한 내담자의 인식을 파악해야 하므로 촉발사건을 파악하는 것이 매우 중요하다. 이러한 인지를 제대로 파악하지 못하면 이와 관련된 치료적이며 상호적인 언어로 이루어지지 않을 수 있다. 사건을 인식하는 방식의 변화는 내담자의 기능 수준을 높이는 데 필수적이라는 점을 기억하라.

내담자가 '정말 아무 일도 없었다'고 아무리 말해도 무언가 도움을 요청하게 된다. 내담자로부터 그것을 짜내라! 내담자는 자신의 현재 정서적 고통의 상태가 실제 사건이나 사실과 관련이 있다는 것을 알아야 한다.

촉발사건의 의미 및 인식 알아차리기

상담사가 촉발사건을 파악하는 데 성공했다면, 내담자는 이러한 사건에 부여하는 의미를 적극적으로 탐색해야 한다. 스트레스 상황에 대한 내담자의 지각이 내담자를 위기 상태에 빠지게 하고 스트레스에 대처할 수 없게 만든다.

예를 들어, 한 여성이 강간을 당했다고 가정해 보자. 실제 강간 사건이 스트레스를 유발할 뿐만 아니라, 그녀가 인식하는 남편과의 새로운 역할에 대해 혼란스러워 하면서 스트레스를 가중시킨다.

위기상담사가 위기 상황에 대한 내담자의 준거틀을 이끌어 내기 위해 물어볼 수 있는 몇 가지 질문은 다음과 같다:

- "어떻게 머릿속에 정리할 수 있나요?"
- "이건 어떻게 생각하세요?"
- "당신에게 어떤 의미가 있나요……?"
- "자신에게 무슨 말을 하고 있나요……?"
- "어떤 가정을 하고 있나요……?"

상담 과정에서 인지 재구조화 또는 재구성은 상담사에게 유용한 도구이지만 내담자의 현재 인지를 알고 있을 때만 수행할 수 있다. 인지 및 지각 경험을 조사하지 않고 내담자를 위한 대처 계획을 개발하는 것은 불가능하다. 정비사는 엔진을 땜질하기 전에 문제를 직접 분석하고 경험해야 한다는 점을 기억하라. 위기상담사는 내담자의 인지를 이해하기 전까지는 이 부분을 어설프게 다루지 말아야 한다.

정서적 고통 및 기능 수준 파악하기

상담사는 스트레스 요인과 그에 대한 내담자의 인식을 탐색하는 것 외에도 내담자의 정서적 고통과 기능 수준, 그리고 촉발사건이 내담자에게 어떤 영향을 미치는지 물어본다. 내담자가 고통스러운 감정을 표현하고 다른 증상(내담자의 직업적, 학업적, 행동적, 사회적, 대인관계적 또는 가족적 기능을 손상시킬 수 있는 증상)을 공유하면 도움이 되는 것으로 보인다. 정서적 고통을 많이 경험할수록 기능이 손상될 가능성도 높기에 감정과 기능 사이의 연계성도 살펴봐야 한다.

위기상담사는 위기 상황에서 영향을 받는 각 영역을 가능한 한 자세하게 조사하는 것이 좋다. 이러한 탐색을 통해 상담사는 내담자가 겪고 있는 장애의 정도를 파악할 수 있으며, 이후 대처 전략을 선택하는 데에도 도움이 될 수 있다. 위기상담사는 내담자의 현재 기능 수준을 파악하는 것 외에도, 위기 전 기능 수준을 평가하여 이 둘을 비교할 수 있다. 이는 상담사가 현실적으로 달성할 수 있는 내담자의 대처 수준을 결정하는 데 도움이 되며 위기개입의 결과를 평가하는 데 기초가 될 수 있다. 위기개입의 목표는 내담자를 위기 전 기능 수준 또는 더 높은 수준의 기능으로 회복시키는 것임을 기억하라.

윤리적 점검하기

일반적으로 초기 면담에서 몇 가지 다른 영역이 확인된다. 이러한 영역은 윤리적 영향을 미치며 모든 내담자와 직간접적으로 평가된다.

자살 확인. 위기에 처한 사람들은 취약하고 혼란스럽고 압도당하는 경우가 많아서, 위기 상황에서 벗어나기 위한 해결 방법으로 자살이 실행 가능한 계획이 될 수 있다. 모든 위기상담사는 내담자가 특히 우울하거나 충동적인 경우라면 자살 가능성을 평가해야 한다. 자살 평가 및 예방에 대해서는 제4장에서 자세히 설명할 예정이다.

살인 또는 학대 문제. 제2장에서 설명한 바와 같이, 많은 주에서 정신건강 전문가는 아동 및 노인 학대, 내담자가 다른 사람을 해칠 가능성이 의심되는 경우 신고해야 한다. 이러한 문제에 대한 평가는 면담 과정에서 이루어져야 한다. 상담사의 직감이 자세한 조사의 기초가 되는 경우가 많다. 아동 학대와 노인 학대는 각각 제9장 및 제12장에서 다루고 있으며, 타인에게 위험이 될 수 있는 내담자와의 상담은 제4장에서 살펴볼 것이다. 적절한 윤리적 점검의 두 가지 예는 〈BOX 3.4〉에 나와 있다.

내담자를 신고 절차의 일부로 참여시키면 덜 두려운 방식으로 대처하는 데 도움이 된다. 상담사는 내담자가 원하지 않더라도 신고할 수밖에 없다.

BOX 3.4 **살인/학대 문제의 예**

예 1: 43세 남성은 어머니를 구타한 아버지가 미워서 아버지의 얼굴을 때리고 싶다고 말할 수 있다. 이 진술만으로 내담자를 구금시킬 수는 없다. 그가 특히 아내와 자녀에 대한 분노를 어떻게 처리하는지 물어야 한다. 상담사는 아동 학대의 의심이 드는 모든 사례의 경우 반드시 확인 절차를 거쳐야 한다는 사실을 알아야 한다. 때로는 학대하는 가족을 외면하거나 부정하고 협력하는 것이 문제를 직면하는 것보다 쉬울 수 있지만 이는 결코 아동에게 최선의 이익이 되지는 않는다. 이러한 행동은 비윤리적이며 해당 행위가 발생한 주의 법률에 따라 불법일 수 있다.

예 2: 15세 소년과 16세 소녀의 어머니가 위기 상황에서 상담사에게 도움을 요청한다. 2주 전, 남편은 소년을 벨트로 때려서 등에 상처를 남겼다. 이후 아빠는 소녀의 얼굴을 때렸다. 위기상담사로부터 아동 학대 신고를 해야 한다고 연락받은 어머니는 매우 언짢아하면서 상담사에게 신고하지 말아 달라고 간청했다. 그녀는 그것이 자신이 보안이 높은 직장을 구하는 데 영향을 미칠 것이고, 남편을 화나게 할 것이며, 아빠에게 차를 빼앗길까 걱정하는 아들에게 불안감을 줄 것이라 생각했다. 상담사는 이런 상황에서는 신고가 필수라고 설명했고, 어머니의 우려를 완화시키기 위해 어머니와 자녀가 있는 자리에서 신고를 진행하여 전화를 받는 사회복지사에 따라 어떤 일이 벌어질지 알 수 있도록 했다.

기질적 또는 기타 우려 사항. 내담자가 우울증, 양극성장애, 강박장애, 조현병 등 심각한 정신질환을 앓고 있다고 진술하는 경우, 이미 약물을 복용하고 있어야 한다. 위기상담사는 이런 경우 약물 복용 여부를 평가하고 비순응적 내담자가 의사와 진료 일정을 잡을 때까지 처방된 약물을 계속 복용하도록 권장할 수 있다. 이러한 상황에서 위기상담사는 내담자가 가장 효과적인 치료를 받을 수 있도록 의사와 전화로 상담할 수 있다. 내담자가 알츠하이머나 주의력결핍 과잉행동장애(ADHD) 또는 기타 기질적 뇌장애와 같은 생물학적 요인으로 인한 행동, 증상 또는 불만을 설명하거나 나타내고 있으나 아직 심각한 장애로 공식 진단을 받지 않은 경우, 윤리 기준에 따라 위기관리 담당자는 추가 평가를 위해 의사나 정신과 전문의에

게 의뢰해야 한다. 제4장에서는 이러한 심각한 의학적 장애를 평가하기 위해 정신 상태 검사를 사용하는 방법에 대해서 간략하게 설명할 것이다.

약물 오용/남용 문제

정기적으로 약물 남용 및 오용 여부를 확인하는 것이 좋으며 대부분의 기관에서는 접수 양식에 이 내용이 포함된다. 약물 오용 및 남용 문제와 관련된 내담자는 종종 약물 복용을 부인하거나 최소화하려 하기 때문에, 위기상담사는 약물 사용에 대한 정보를 수집하는 데 좀 더 적극적으로 임할 수 있다. 다음은 내담자의 기분을 상하게 하지 않고 이러한 정보를 수집하는 방법들에 대한 예이다.

"과거와 현재의 약물 및 알코올 사용에 대해 말씀해 주세요." 이 질문은 현재 사용 중이거나 과거에 사용했음을 전제로 하며, 당신이 들었을 때 충격을 받지 않을 것처럼 사실 그대로 진술된다. 약물을 사용하지 않은 사람은 "전혀 사용하지 않았습니다."라고 간단히 대답할 수 있다.

"일주일에 술을 얼마나 드시나요?"

"코카인 외에 어떤 다른 약물을 사용하거나 사용한 적이 있습니까?" 이러한 질문은 다음과 같은 질문만큼 비판적이거나 심문하는 것 같지는 않다:

"술을 사용하십니까? 코카인을 사용합니까? 대마초를 피우나요? 매일 술을 마시나요?"

일반적인 개방형 질문을 사용하면 시간을 절약하고 내담자의 방어적 태도를 줄일 수 있다.

치료적 상호작용

상담의 주요 부분이자 가장 치료적인 부분은 내담자의 신념과 감정을 파악한 다음, 내담자가 상황에 대해 다르게 생각하고 대처하는 데 도움이 되는 타당화 진술, 교육적 진술, 힘 실어 주기 진술, 재구조화하기 진술을 제공하는 것이다. 물론 적극적 경청의 기술도 여전히 중요하지만, 이러한 기술을 사용하여 위기의 본질을 파악했다면 상담사는 다음에서 설명하는 심화 기술을 사용하여 내담자의 대처 능력 향상을 돕기 위한 준비가 된 것이다.

타당화 진술. 상담사는 때때로 내담자에게 자신의 감정이 정상이고 이러한 유형의 상황을 경험하는 사람이라면 누구나 겪는 일반적인 감정이라고 말할 수 있다. 남편이 딸을 성추행한 사실을 막 알게 되어 세상이 끝장난 것처럼 느끼는 여성에게 위기상담사는 "지금 당장은 모든 것이 무너지는 것처럼 느껴지겠지만 많은 사람이 같은 상황을 겪었고 살아남았습니다. 당신도 살아남을 수 있다고 믿을 만한 이유가 충분합니다."라고 말한다. 기타 유용한 타당화 진술로는 "그렇게 느끼는 것은 이해할 수 있습니다." "당신의 고통은 당신의 상황이 얼마나 어려운지 고려하면 이해할 수 있습니다." 또는 "많은 이가 경험하고 있습니다. 이런 일을 겪는 사람들도 이런 식으로 느끼고 생각할 것입니다." 등이 있다.

타당화 진술은 "괜찮아질 거야." "걱정하지 마." "잊어버려."와 같은 거짓 희망이나 말이 아니다. 이러한 말은 가족과 친구들이 좋은 뜻으로 하는 말이지만 그리 유용하지는 않다. 위기상담사는 다른 사람들이 하지 않는 말을 사람들에게 해야 한다. 상담사는 다른 사람들과 함께 일한 경험과 훈련을 통해 다양한 트라우마 상황에 대한 지식을 가지고 있기에 내담자가 겪고 있는 일이 다른 사람들도 겪은 일이며 내담자의 반응이 특별한 것이 아님을 확인시켜 줄 수 있다. 또한 내담자는 상담사를 위기 상황의 전문가로 여기기 때문에 상담사의 타당화를 통해 위안을 얻고 보다 낙관적인 태도를 취하는 경향이 있다. 상담사로부터 자신의 감정에 대한 타당화를 인정받으면 내담자는 자기 자신을 아프거나 약하거나 나쁜 사람으로 보지 않을 수 있게 된다.

교육적 진술. 모든 위기 상황에서는 발달단계나 상황과 관계없이 사실에 입각한 정보를 제공하는 것이 중요하다. 종종 내담자들은 위기 상황이나 이와 관련된 지식이 부족하거나 부정확하여 고통을 경험한다. 따라서 위기상담사는 각 위기 상황에 대해 가능한 한 많은 정보를 수집하는 것이 필수적이다. 공식적 교육 과정, 서적, 경험, 수퍼비전을 통해 정보를 수집하는 것은 상담사가 내담자의 문제해결을 돕는 데 도움을 준다. 위기 상태를 유발하는 다양한 트라우마의 통계적 유병률에 대한 일반적 지식은 효과적인 위기개입에서 필수적인 요소이다.

교육적 진술에는 심리적, 사회적, 대인관계의 역동 또는 문제의 통계나 빈도가 포함될 수 있다. 어떤 경우든 상담사가 위기 상태에 있는 사람들이 사실에 대한 지식을 늘리도록 도와주면 내담자는 현재와 미래의 위기 상황에서 더 좋은 대처 기술을 가지게 된다. 제1장에서 언급했듯이, 현실과 정보를 찾는 것이 효과적인 대처 행동의 특징 중 하나라는 점을 기억할 것이다. 〈BOX 3.5〉에서 이러한 교육적 진술의 사용 예시를 살펴볼 수 있다.

BOX 3.5　　교육적 진술의 예

　　지속되는 폭력적 관계로 인해 다른 사람들로부터 완전히 고립된 여성을 상상해 보라. 그녀는 자신을 비정상적이고 기괴한 사람으로 인식할 가능성이 높다. 여성의 약 30%가 이러한 관계를 맺고 있다는 사실을 알게 되면 그녀는 자신과 상황의 비정상성에 대해 다르게 느낄 수 있다. 이 문제를 해결하지 않아도 상담사는 이제 다른 문제를 처리할 수 있다.

힘 실어 주는 진술.　　침해당했거나 희생당했다는 느낌 또는 무력감을 느끼는 위기 상황의 내담자는 힘을 실어 주는 말에 잘 반응한다. 내담자에게 선택권을 제시하고 도움이 되는 선택을 함으로써 개인의 힘을 되찾을 수 있도록 격려한다. 구타당한 여성, 강간 생존자, 아동학대 생존자는 학대로 인한 학습된 무력감으로 고통받는 경우가 많다. 이들은 과거에 신체적으로 더 강한 (또는 다른 방식으로 더 강한) 가해자의 학대를 막을 수 없었기 때문에 나쁜 일이 일어나는 것도 막을 수 없다고 생각한다. 이러한 인식은 학대로부터 벗어나려고 노력하기보다 학대에서 살아남으려는 동기를 부여한다. 유용한 전략으로는 내담자가 과거에는 학대를 막을 수 있는 선택권이 없었을지 모르나, 이제는 학대에 대해 무언가를 선택(예: 고발, 가해자와의 대면, 대화)할 수 있다는 사실을 알리는 것이다. 또한 위기상담사는 피해자가 특정 행동은 선택할 필요가 없음을 알려 줄 수 있다. 피해자가 무력감을 느끼는 상황에서 벗어나, 이제는 자신의 삶에 대해 어느 정도 통제권과 선택권이 있다는 느낌을 가질 수 있도록 하는 것이 중요하다. 힘을 실어 주는 진술의 예는 〈BOX 3.6〉을 참조하라.

BOX 3.6　　힘 실어 주는 진술의 예

　　강간 피해자에게 "당신이 강간을 당할 때는 선택의 여지가 없었지만 이제는 어떻게 해야 할지 선택할 수 있습니다. 경찰에 신고하거나, 상담을 받거나, 친구에게 말할 수도 있고, 아무것도 하지 않을 수도 있습니다. 각 선택에 대한 여러분의 감정과 생각에 대해 이야기해 보세요."라고 말할 수 있다.

재구조화하기 진술.　　가장 간단한 형태의 재구조화는 내담자가 상황을 정의하는 방식과 다르게 정의하는 것이다. 이는 위기를 위험에서 기회로 바꾸는 것을 목표로 하는 인지적 재구성 전략이다. "모든 구름에는 은빛 안감이 있다." "인생이 레몬을 주면 레모네이드를 만들라."와 같은 미국식의 진부한 표현이 이러한 방법을 명확하게 설명한다.

　　재구조화하기는 어떤 사람들에게는 문제에 대한 합리화처럼 여겨질 수 있다. 하지만 위기상담사는 물론 일반인에게도 가장 강력한 치료 기술 중 하나일 것이다. 재구성하기를 통해 우리는 삶은 투쟁이고, 우리는 완벽하지 않으며, 실패에 집착하는 것이 필요하거나 도움이 되지 않는다는 사실을 인정할 수 있다. 그 대신 문제의 결과 또는 성과가 긍정적이거나 유익할 것이라고 믿을 수 있다면 일반적으로 어려운 이야기들을 더 쉽게 통합할 수 있다. 위기 상담사의 책임은 창의력을 발휘하여 올바른 재구성법을 찾는 것, 즉 긍정적인 면을 적극적으로 찾는 것이다. 재구조화하기는 문제를 해결할 수 있는 형태로 전환하는 고급 기법으로서 행동과 상황의 의미를 바꾸고 변화의 새로운 가능성을 열어 주는 새로운 관점을 제공한다. 〈BOX 3.7〉은 재구조화하기의 예를 보여 주고 있다.

재구조화하기는 상담사가 먼저 내담자의 현재 참조 프레임을 완전히 이해한 경우에만 가능하다. 그렇지 않으면 상담사는 무엇을 재구조화해야 하는지 알 수 없다. 앞서 설명한 대로 상담사는 다음과 같이 인지를 파악하기 위한 직접적 질문을 통해 내담자의 참조 프레임을 파악할 수 있다: "상황을 어떻게 인식하고 있나요?" "이 상황이 여러분에게 어떤 의미인가요?" "이 상황에 대해 어떤 생각이 드시나요?" 재구조화하기란 가벼운 기술이 아니므로 효과적인 사용법을 배우려면 세심한 수퍼비전이 필요하다. 때때로 재구조화하기는 냉정하고 전략적인 접근 방식과 관련 있지만 진정성 있고 배려하는 방식으로 이루어질 수 있다. 상담사는 문제의 심각성을 부정하지 않고, 대신 당사자가 자신과 종종 가족 단위의 완전성을 보존할 수 있는 문제에서 벗어날 수 있는 방법을 제시한다. 재구조화하기는 일반적으로 개인의 자아 정체성을 염두에 두고 제공되기 때문에 수치심을 줄이고 자아의 무결성을 보존할 수 있다. 재구조화하기 기술은 초보 상담사에게 어렵기 때문에 다음 장에서 잠재적인 재구조화하기의 예를 제공해 보려고 한다. 상담사가 재구조화하기 기술을 배우는 데는 몇 년이 걸릴 수 있다. 다른 사람들과 함께 브레인스토밍을 하는 것도 재구조화하기 방법을 배우는 데 유용한 방법이 될 것이다.

BOX 3.7 재구조화하기 진술의 예

저자는 1년 동안 강간 사건이 법정으로 갈 수 있기를 바랐으나 지방 검사로부터 기각된 경험을 했던 여성과 함께 일한 적이 있다. 강간범은 자유의 몸이 되었고, 피해자는 법적인 문제로 인해 피해 사실을 인정받지 못했다. 상담사와 내담자 모두 손을 내저으며 사법 시스템의 부조리에 울분을 토할 수도 있었을 것이다. 대신 상담사는 내담자에게 강간으로 인해 강간 이슈를 해결할 수 있을 뿐만 아니라 자신의 상호의존성과 그것이 관계에 미치는 영향을 파악할 수 있는 상담을 받으라고 조언했다. 이러한 지식은 가족관계와 남자 친구와의 친밀감을 개선하는 길로 이어졌다.

강간은 끔찍했으나 내담자는 살아남았고 간접적으로는 자기 이해와 성장의 기회를 얻게 되었다는 재구조화가 이루어졌다. 이 내담자는 1년간 집중 치료를 받았고, 내담자의 관점을 진정으로 이해해 준 상담사와 강한 유대감을 가지고 있었기 때문에 이러한 재구조화하기 과정을 견딜 수 있었다.

요약하면, ABC 모델의 B단계는 한번에 하나씩 문제를 파악하고 내담자가 대처를 실행 가능한 행동으로 받아들일 수 있는 단계로 나아가는 과정에서 다양한 형태의 피드백을 제공하는 것이다. 주기적으로 위기상담사는 촉발사건, 그에 대한 내담자의 인식, 삶의 여러 영역에서 내담자의 기능, 우려되는 주요 증상을 요약한다.

C: 대처하기

ABC 모델의 마지막 단계는 내담자의 과거, 현재, 미래의 대처 행동에 관한 것이다. 과거의 성공적인 대처를 바탕으로 현재와 미래의 어려움을 극복하는 데 도움이 될 수 있다.

내담자 자신의 대처 시도 살펴보기

면담이 끝나갈 무렵 상담사는 문제를 요약하고 내담자를 대처 모드로 전환하기 시작한다. 이 단계는 내담자가 지금까지 대처를 위해 무엇을 했는지에 대해 간단한 목록 작성으로 시작할 수 있다. 상담사는 긍정적인 대처 시도를 강화하고 내담자가 이러한 행동을 계속하도록 격려해야 한다. 대처 전략이 효과적이지 않았거나 해로운 경우(예: 음주, 약물 복용, 자해), 상담사는 내담자에게 그러한 시도가 위기 해결에 도움이 되지 않은 이유에 대해서도 말하도록 격려해야 한다. 때로는 내담자가 B단계에서 이러한 대처 시도에 대해 이미 이야기했을 수 있다. 이 경우 상담사는 이러한 대처 시도를 요약해 줄 수 있다. 어떤 경우든 위기상담사가 내담자가 어떻게 대처하려고 노력했는지 이해했다면, 내담자에게 문제에 대처하기 위해 지금 무엇을 하고 싶은지 생각해 보도록 요청해야 한다. 상담사는 강간 생존자를 위한 지원 집단이 존재하거나 중독자가 장기적으로 금주하는 데 도움이 되는 유일한 방법은 12단계 자조 집단이라는 사실을 알려 주는 등 교육적 조언을 하는 동안 잠재적인 자원에 대한 씨앗을 뿌리는 경우가 종종 있다. B단계에서 이러한 내용이 내담자에게 공감을 불러일으켰다면, 내담자가 도움이 될 만한 내용이라고 언급할 가능성이 높다. 내담자가 아무것도 생각나지 않는다면 과거에 위기를 어떻게 관리했는지 물어볼 수 있다. 도움이 되든 안 되든 모든 대처방법을 검토해야 한다. 이런 식으로 내담자는 무엇이 효과가 있고 무엇이 효과가 없는지 정신적으로 목록을 작성할 수 있다.

내담자가 과거의 대처 행동을 떠올리지 못하는 경우 위기상담사는 적극적으로 격려할 수 있다. 상담사는 "뭐라도 했었을 것이고 그렇지 않았으면 여기까지 오지 못했을 것"이라고 말할 수 있다. 잠을 자거나 사회적으로 위축되는 것도 대처 전략이며, 상담사와 내담자는 그 것이 도움이 되거나 도움이 되지 않는 점에 대하여 대화할 수 있다. 건강하지 않은 대처 시 도에 대해 말하도록 이끄는 것은 내담자가 과거에 무엇이 효과가 없었는지 알 수 있도록 도 와주므로 특히 유용하다. 내담자는 일반적으로 현재 행동의 비효율성이 분명해지면 대안에 더 개방적일 수 있다.

새로운 대처 행동의 개발 장려하기

내담자가 지금 대처하기 위해 무엇을 하고 싶은지에 대한 아이디어, 현재와 과거에 시도 한 대처 행동에 대해 논의한 후, 상담사는 내담자가 다른 가능한 대처방법을 생각해 보도록 유도할 수 있다. 내담자에게 이미 제시된 교육적 정보, 재구조화, 지지적 발언, 권한 부여를 받은 적이 있다는 것을 기억하라. 이제 내담자가 스스로 생각해야 할 때이다. 내담자는 상담 사가 제안한 계획보다 스스로 생각해 낸 계획을 실행에 옮길 가능성이 더 높다. 상담사는 내 담자가 더 나은 대처를 시작하는 방법을 스스로 생각하도록 끈기 있게 유도하는 것이 적절 하다. 이 접근 방식은 내담자가 자신의 문제해결 능력을 알아 가는 데 도움이 된다.

대안적 대처 행동 제시하기

내담자는 먼저 자신의 문제에 대한 대처방법을 스스로 제안할 수 있다. 그러나 내담자가 알고 있는 모든 방법을 다 사용했을 때 상담사는 다른 옵션을 제안할 수 있다. 이 중 상당수 는 내담자에게 완전히 새로운 방법일 수 있고 새로운 통찰력을 제공할 수 있다. 상담사가 제 공하는 제안은 내담자와의 이전 논의를 바탕으로 한 것이 가장 좋다. 내담자는 종종 상담사 에게 특정 고객에게 가장 적합한 대안을 제시하기도 한다. 예를 들어, 내담자가 동성 친구들 에게 이혼에 관한 이야기를 털어놓았을 때 기분이 나아졌다고 말한 적이 있을 수 있다. 그러 나 지금은 그들이 자신의 이야기를 들어 주는 데 지쳤다고 말할 경우, 상담사는 이 내담자가 자신의 문제에 대해 여성 집단과 이야기하는 것이 좋을 것이라는 생각을 할 수 있다. 내담자 스스로 이런 일을 하면서 이미 기분이 나아졌다고 말했기 때문에, 내담자가 지지 집단에 대 한 추천을 받아들이도록 하는 것은 어렵지 않다! 유용한 진행방법은 먼저 내담자에게 한두 가지 제안을 받아들일 의향이 있는지 물어보는 것이다. 내담자가 구두로 제안에 동의하면 제안이 받아들여질 가능성이 높아진다. 내담자가 위기의 결과를 스스로 통제할 수 있다고 믿게 하는 것이 중요하다. 이 단계를 "제안을 들어 보시겠습니까? 당신에게 도움이 될 만한 몇 가지 아이디어가 있습니다."로 시작할 수도 있다.

지지 집단과 12단계 집단.　지지체계에 대해 아직 논의하지 않았다면 지금이 바로 동료, 상사, 친척, 친구, 학교 친구, 교회 신자 등 기존의 자연스러운 지원군을 파악할 수 있는 좋은 시기이다. 내담자는 이러한 사람들을 위기 극복의 조력자로 생각하지 않았을 수 있고, 약간의 격려만 있으면 다른 사람들에게 도움을 요청하도록 설득할 수 있다. 그렇다고 위기상담사가 내담자에게 도움을 주는 것을 피해야 한다는 뜻은 아니다. 그러나 위기 상황에서 정신건강 전문가에게 의존하는 것보다 자연스러운 지지체계의 도움을 받는 것이 내담자에게 더 편할 때가 많다. 앞서 캐플란(1964)이 제안했듯이, 상황에 효과적으로 대처하는 사람들은 정신건강 전문가가 아니더라도 타인에게 적극적으로 도움을 요청한다. 내담자가 스스로를 돕도록 격려하는 아이디어는 물고기를 주는 것보다 물고기 잡는 법을 가르치는 것이 더 효과적이라는 격언과 유사하다. 장기적으로는 스스로 하는 것이 더 경제적이기도 하다. 저자는 내담자가 다른 사람들의 도움을 받아 스스로 기능하도록 격려함으로써 자신은 마치 아무 일도 하지 않는 것처럼 하는 것이 위기상담사의 역할이라고 종종 느낀다. 위기상담사는 내담자의 자원에 빛을 비추는 등대일 뿐이다.

　어떤 내담자는 알코올 중독자 자조 집단(AA), 공동 의존자 자조 집단, 코카인 자조 집단 등 12단계 집단에 의뢰해야 할 수도 있다. 이러한 상호 자조 집단은 무료이며 참석 시간이 정해져 있지 않고, 하루 중 다양한 시간대에 모든 도시에서 찾을 수 있다. 현재 보험 회사에서 6~12회 치료 회기에 대한 비용을 지불하는 추세이므로, 12단계 집단은 자비로 치료비를 감당할 수 없는 많은 사람에게 희망이 되고 있다.

　장기치료, 부부치료, 가족치료.　일부 내담자의 문제는 너무 오래 지속되어 위기개입으로 해결할 수 없는 경우도 있다. 성격장애 또는 기타 만성적 정서장애로 인해 내담자에게 필요한 경우 훈련된 전문가와의 지속적인 치료가 필요하며, 개인치료나 부부 또는 가족치료일 수 있다. 종종 위기는 내담자에게 수년 동안 숨겨져 있었던 장기적 문제를 해결할 기회가 되기도 한다.

　쉼터 및 기타 기관.　다른 문제들을 해결하려면 위기상담사가 지역사회 기관과 자원에 대해 잘 알고 있어야 한다. 불안하고 중압감을 느끼는 경향이 있는 내담자는 선택권이 주어지거나, 주소, 전화번호, 수수료 등이 서면으로 제공될 때 의뢰를 따를 가능성이 더 높다. 서면으로 정보를 제공하는 것이 내담자에게 전화번호부나 웹사이트에서 특정 정보를 찾으라고 하는 것보다 훨씬 효과적이다. 전화 면담을 진행하는 경우에도 위기 유형별로 이러한 자료를 준비해 두면 의뢰를 신속하게 처리하는 데 도움이 된다. 또한 위기상담사는 최근 기관에 대한 정보를 업데이트한 경우 해당 기관이 실제로 적정한 비용으로 내담자를 도울 수 있는지 여부를 알 수 있다.

대부분의 지역사회에는 다양한 기관이 나열된 지역사회 자원 안내 정보가 있으며 지역 도서관에도 목록이 있다. 기관의 이름을 알기 위한 가장 좋은 방법은 유사한 서비스를 제공하는 기관에 연락하는 것이다. 대부분의 정신건강 및 사회 서비스 기관은 지역사회의 기관들에 대해 잘 알고 있다.

위기개입을 시작하는 학생들에게 유용한 과제는 위기 상황에 정기적으로 개입하는 다양한 지역사회 기관과 자원에 대해 조사하는 것이다. 대부분의 지역사회에서 거의 모든 위기 상황에 대해 얼마나 많은 자원을 이용할 수 있는지 알게 되면 놀라울 것이다. 지역사회 자원은 1960년대 풀뿌리 시대에 개발되었으며, 수년에 걸쳐 다양한 기관의 정교한 네트워킹 시스템으로 발전해 왔다. 대규모 조직은 직원들이 여러 기관에 대한 정보를 얻기 위해 연락할 수 있는 전국 무료 전화번호를 운영하는 경우가 많다. 이러한 조직은 다양한 자원을 제공하는 중개소 역할을 한다. 지역사회 자원의 예로는 지역 교회, 지역 커뮤니티 칼리지, 카운티 정신건강 기관, 지역 알코올 중독자 모임, 시에라 클럽과 같은 민간 클럽이 있다.

어떤 자원은 다른 자원보다 특정 위기 상황에서 더 적합하다. 자살을 시도하는 내담자에게는 필요시 상담 회기 사이에 전화할 수 있는 핫라인 목록을 제공해야 한다. 이혼으로 상실감을 겪고 있는 사람은 교회나 지원 단체를 통해 이혼 회복 워크숍을 소개받을 수 있다. 에이즈 또는 에이즈와 관련된 문제를 다루는 내담자는 지역 에이즈 서비스 재단을 통해 지지 집단에 의뢰해야 한다. 약물 중독자나 그들의 중요 관련인들이 AA[1]나 알-아논(Al-Anon)과 같은 12단계 집단에서 도움을 받는다는 것은 널리 알려져 있다. 성폭행 피해자와 폭행당한 여성은 쉼터나 전문 지원 단체에 의뢰하면 도움이 된다.

때때로 위기상담사는 기관에 연락하여 의뢰에 대해 알리고 싶을 수 있다. 내담자의 자원 이용 여부에 대한 후속 전화나 메모를 요청하는 것은 매우 합리적이다. 또한 다른 경우 내담자가 다른 개별 상담을 위해 위기상담사를 다시 방문할 수 있으며, 이때 위기상담사는 내담자가 지원 모임에 참석했는지 혹은 추천받은 서비스를 이용했는지 물어볼 수 있다.

---

1) 역자주해: 알코올 중독자 지인 자조 집단.

의료 및 법률 의뢰. 의료 또는 법률 의뢰가 때에 따라 필요한 경우도 있다. 준전문가로 간주되는 위기 대응 담당관이라도 법률, 정치, 의료 시스템을 이해하고 다양한 유형의 위기에 어떤 영향을 미칠 수 있는지 파악하고 있어야 한다. 예를 들어, 상담사는 경찰관이 구타하는 배우자를 체포할 수 있는 조건에 대해 알고 있어야 한다. 또한 학대 피해자에게 유용할 수 있는 접근 금지 명령에 대한 지식이 있어야 한다. 법원 시스템이 일반적으로 강간이나 아동 학대를 어떻게 처리하는지도 유용한 정보이다. 위기상담사는 변호사가 될 필요는 없지만, 위기에 처한 고객에게 영향을 미치는 최근 법률을 숙지하고 있어야 한다. 마찬가지로 위기상담사가 의사가 될 필요는 없지만 약물이나 기타 치료가 도움이 될 수 있는 경우 의사에게 의뢰하여 평가를 받을 수 있어야 한다. 의사와 상담하고 협력하는 방법을 배우는 것은 개발할 가치가 있는 기술이며, 언제 의사에게 의뢰해야 하는지를 아는 것은 매우 중요하다.

독서치료, 저널링 및 릴 요법. 모든 위기상담사는 다양한 위기 상황에 놓인 내담자를 위한 문헌 자료에 대한 지식을 어느 정도 갖추고 있는 것이 가장 좋다. 이러한 자료를 내담자와 함께 사용하는 것을 독서치료(bibliotherapy)라고 한다. 독서는 여러 이점이 있는데, 위기를 바라보는 새로운 시각(재구조화하기)을 제공하고 내담자에게 정보를 제공한다. 특히 비슷한 위기를 겪은 사람이 쓴 책을 읽으면 도움이 된다. 예를 들어, 강간당한 여성이 쓴 책을 읽으면 최근 강간을 당한 내담자는 자신의 감정이 정상이라는 것을 알게 되고 이러한 지식은 마음을 진정시키는 데 효과가 있다. 또한 독서는 감정보다는 사고력을 길러 주어 보다 생산적인 문제해결 활동을 장려한다. 내담자가 자신의 생각을 일기로 쓰게 하는 것도 매우 도움이 되는데, 자신의 생각을 일기장에 적으면서 새로운 감정과 생각을 발견할 수 있기 때문이다. 일기는 상담사와 공유할 수도 있고 비공개로 유지할 수도 있다.

많은 치료사는 내담자가 빨리 돌파구를 찾도록 돕기 위해 영화를 활용하기도 한다. 영화를 보면서 내담자는 자신의 '자유 시간'에 '성장'할 수 있다. 예를 들어, 닐슨(Nielsen: Hesley, 2000, pp. 55-57에서 인용)은 외상후 스트레스 장애(PTSD)를 겪고 있는 내담자를 위해 〈Distant Thunder〉라는 영화를 이용했다. 그는 많은 내담자가 이 영화를 본 후 자신의 '플래시백'과 '사회 공포증'을 설명하기 더 쉬워졌다고 말한다. 영화치료라고 불리는 영화의 사용은 미래의 치료사들이 대학원 과정에서 영화를 보기 때문에 더욱 보편화될 것이다. 그러나 영화에는 한계가 있으므로 상담사와의 개인적인 대화를 대신해서는 안 되며 신중하게 선택해야 한다(pp. 55-57). 위기상담사가 이라크 전쟁 참전 용사에게 외상후 스트레스 장애를 치료하기 위해 영화 〈아메리칸 스나이퍼(American Sniper)〉를 보라고만 말하는 것은 무책임한 행동이며 오히려 증상을 악화시킬 수 있을 것이다.

행동치료 요법. 일부 내담자는 상담사가 내담자에게 원하는 것을 요구하고, 다른 사람에게 감정과 필요를 표현하고, 다른 사람과 경계를 설정하는 방법을 가르치는 자기 주장 훈련을 통해 도움을 받을 수 있다. 다른 작업으로는 내담자가 운동을 하거나, 가족이나 친구를 방문하거나, 해변에 가는 것과 같은 레크리에이션 활동에 참여하도록 하는 것이 있다. 스트레스 관리 수업은 내담자가 시간과 일상 활동을 체계적으로 관리하도록 돕는 데 유용할 수도 있다.

이러한 모든 유형의 대처방법은 내담자가 사건에 대처하고 다르게 생각할 수 있는 방법을 제공한다.

다짐하기 및 후속 조치

의뢰나 제안을 할 때 중요한 것은 약속과 후속 조치이다. 즉, 상담사는 내담자로부터 실제로 추천을 따르겠다는 약속을 받아야 한다. 내담자가 스스로 대처 계획을 세우는 것이 좋은 이유는 바로 스스로 세운 계획을 실행에 옮길 가능성이 높기 때문이다. 자살 위험이 높은 내담자의 경우는 서면으로 서약서를 받는 것이 현명하다. 자살 방지 서약서는 제4장에서 설명하는 유용한 개입방법이다. 서면 계약은 충동을 조절해야 하는 내담자나 행동장애가 있는 청소년에게 자주 사용된다. 치료사와 내담자 모두 계약서 사본을 보관하고 다음 회기에서 이에 대해 논의한다.

요약하면, ABC 모델의 C단계에서는 우선 내담자에게 당면한 위기에 대처할 수 있는 현재, 과거 그리고 새로운 대처 전략을 탐색하도록 요청한다. 그런 다음 위기상담사는 대안을 제시하고 추천하며 내담자에게 계획을 실행하겠다는 약속을 청한다. 위기상담사가 바라는 것은 내담자가 역기능 상태에서 더 고기능 상태가 되며, 촉발사건에 대한 통제력을 인식하는 것이다. 위기상담사는 상담 회기 때마다 이러한 다양한 대처방법을 확인하고 내담자와 연계시켜서 집으로 가져갈 수 있게 하는 구체적인 도움을 줄 수 있다.

사례 예시: 군대 내 성적 외상 생존자를 위한 위기개입 ABC 모델 활용하기

ABC 모델을 요약하기 위해 〈표 3.3〉에 예시 대본이 제시되어 있다. 이 표는 독자들에게

ABC 모델을 사용할 때 질문할 유형과 진술할 내용에 대한 아이디어를 제공한다. 이를 통해 ABC 모델을 사용할 때 어떤 유형의 질문과 진술이 필요한지 알 수 있다.

요약하자면, 다른 모든 방법이 실패할 경우, 내담자를 따르고 이 모델을 추천한다.

〈표 3.3〉 ABC 위기개입 모델(예문)

---

*CW: 위기상담사, C: 내담자

A: 기본적 주의 기울이기 기술

　CW: 오늘 무슨 일로 오셨나요? (개방형 질문)

　C: 요즘 기분이 우울하고 저답지 않은 것 같아요.

　CW: 그렇게 말하니 좀 피곤하고 슬퍼 보이네요. (반영)

　C: 네, 집으로 돌아오는 게 힘들었어요.

　CW: 이제 막 집으로 돌아오셨다고요? (명료화)

　C: 1년 동안 이라크에 있다가 지난달에 귀국했습니다.

　CW: 이라크에서 1년간 복무하고 최근에 돌아오셨군요. (재진술)

B: 문제 및 치료적 상호작용 파악하기

촉발사건 파악하기

　CW: 지금 당장 이 예약을 해야겠다고 결심하게 된 계기는 무엇인가요?

　C: 엄마가 제가 이상하게 행동한다고 하셨어요.

　CW: 어떤 면에서 이상하다는 걸까요? (개방형 질문, 의미 이해)

　C: 지난주에 저는 한밤중에 일어나서 소리를 지르며 집안을 뛰어다녔어요. (촉발사건 파악하기)

의미, 인지, 인식 탐색하기

　CW: 이런 상황에 대해 어떻게 생각하시나요? (인지 탐색을 위한 첫 번째 개방형 질문)

　C: 저는 완전히 이상한 사람이에요.

　CW: 어떤 의미에서 이상하다는 건가요? (새로운 용어 탐색)

　C: 알다시피, 미친 거죠. 정상적인 사람들은 그렇게 하지 않지요.

　CW: 어떻게 당신이 미쳤다고 생각하는 일을 하게 되었다고 이해하시나요? (인지 탐색 계속)

　C: 저는 제가 이라크에 있고 누군가 저를 공격하고 있다고 생각하며 깨어난 것 같아요.

　CW: 그것에 대해 어떻게 생각하세요?

　C: 아마도 그곳에서 저에게 일어났던 성폭행을 다시 경험하고 있는 것 같아요.

　CW: 그러니까 한밤중에 소리를 지르며 깨어났고, 자신이 미쳤다고 생각했지만 지금은 이라크에서 겪은 트라우마와 관련이 있다고 생각하시는 걸까요? (요약하며 명료화하기)

　C: 그 얘기는 하고 싶지 않아요.

　CW: 어떤 이유로 그 얘기를 하고 싶지 않은 건가요?

　C: 제 잘못인 것 같아 죄책감이 들어요. 제가 막았어야 했는데.

정서적 고통 파악하기

CW: 무섭게 들리네요. (반영)

C: 당신은 그 반도 모를 거예요.

CW: 알고 싶어요. 특히 그것이 당신이 완전히 기능하는 것을 방해한다면. 아까 당신도 기분이 우울하다고 했잖아요. 두려움과 슬픔을 느끼는 사람들 곁에 있는 게 힘들었겠어요. 슬프고. (정서적 고통의 반영)

C: 네, 더 이상 친구들과 어울리고 싶지도 않아요.

다음 영역에서 기능장애 식별하기

1. 사회성

CW: 그래서 친구들을 만나지 못하고 있군요. (재진술) 최근에 사회활동을 한 적이 있습니까? 가족들과는 어떻게 지내나요?

C: 거의 같이 복무했던 여학생과만 이야기하고 가끔 엄마와 이야기해요. 학교를 다니기 시작했는데 반 친구들과 대화하기가 힘들어요. 소외감과 불안감을 많이 느껴요. 아무도 저를 이해해 주지 않는 것 같아요.

2. 학업

CW: 아, 학교에 다니고 있으시군요. 수업은 어때요? 집중은 잘 되나요? 때로는 전쟁 지역에서 돌아온 후 집중하기가 어려운 경우들이 있어서요.

C: 네, 힘들어요. 저는 강렬한 폭발에 노출되어 외상성 뇌손상(TBI)을 입었기 때문에 가끔 주의력이 흐트러지기도 해요. 가끔은 수업 중에 시끄러운 소리가 들려서 깜짝깜짝 놀라요. 당황스러워요.

3. 직업

CW: 지금 직장도 다니고 있나요? 아니면 대학 공부에만 집중하고 있나요?

C: 대학 공부만 하고 있어요.

4. 행동

CW: 피곤하고 우울하다고 말씀하셨는데요. 이것이 수면 패턴에 영향을 미치고 있습니까?

C: 네, 거의 매일 밤잠을 못 자서 의사가 수면제를 줬어요.

CW: 식욕은 어때요? 식사는 잘 하시나요?

C: 가끔 무감각해지려고 과식하는 경우가 있어요.

윤리적 우려 사항 파악

1. 자살 평가

CW: 우울한 기분이 들고 계속 무감각해지고 싶다고 말씀하셨습니다. 슬픔을 느끼고 있고 자살에 대한 생각을 한 적이 있는지 걱정이 되네요. 자신을 해치거나 삶을 끝내는 것에 대해 생각해 본 적이 있나요? (사고 평가)

C: 사실, 네. 그냥 잠들어 버려서 모든 것을 잊는 것이 쉬울 것 같아요.

CW: 언제, 어떻게 할 것인지에 대한 계획이 있나요? (계획 평가)

C: 수면제를 보드카와 함께 먹을 수도 있겠죠.

CW: 수면제와 보드카가 있으세요? (수단 평가)

C: 네, 물론이죠.

CW: 무엇이 그 계획을 멈추게 했을까요?

C: 엄마는 제가 파병되는 것만으로도 충분히 힘들어하셨어요. 제가 그런 행동을 하면 엄마가 견디지 못하셨을 거예요.

CW: 네, 어머니께 큰 상처가 되겠죠. 당신은 아마 군사 훈련을 받으면서 고통을 견딜 수 있는 내면의 힘을 기르셨을 겁니다. 하지만 혼자서 견디지 않도록 저와 이야기하러 오셔서 다행입니다.

2. 아동 학대, 노인 학대, 살인

CW: 아까 이야기하고 싶지 않은 일들이 있었다고 말씀하셨어요. 꽤 충격적인 상황인 것 같은데 어떻게 대처하고 계신지 걱정됩니다.

C: 좋지 않아요. 저는 군이 일처리하는 방식에 대해 정말 싫어하는 법을 배웠습니다.

CW: 꽤 화가 난 것 같네요.

C: 그들은 엉뚱한 사람에게 책임을 돌렸어요. 늘 그렇듯이 문제를 일으킨 얼간이는 도망가겠죠. 제 방식대로라면 제가 직접 처리했을 거예요.

CW: 직접 처리한다니 무슨 말씀이실까요?

C: 그놈이 저를 괴롭혔던 것처럼, 그놈도 제 고통을 느끼게 하고 싶어요.

CW: 그에게 물리적인 행동을 취할 생각이 있나요?

C: 아니요. 하지만 그놈의 얼굴을 박살 내는 공상을 하긴 해요.

CW: 매우 화가 나서 그를 해치고 싶지만, 행동으로 옮기지는 않을 것 같네요.

C: 네, 아직 법정에서 이 문제를 다루고 있기에 행동으로 옮기지는 않겠지만, 그래서 선생님을 만나러 왔어요.

3. 기질적 또는 기타 의학적 문제

CW: 자해하려는 감정과 이 남자를 해치고 싶은 마음은 현재로서는 통제되고 있는 것 같습니다. 하지만 수면과 식사는 어떻게 하시는지 궁금하네요. 필요할 때 침대에서 일어나고, 준비하고, 활동할 수 있나요? 때때로 사람들은 우울증에 걸리면 의사의 진찰을 받고 약물치료를 받기도 합니다.

C: 재향군인청 의사는 이미 항우울제 복용을 제안했지만, 지금은 수면 보조제만 복용하고 싶다고 말했습니다. 제 기능은 괜찮아요.

CW: 그럼 저희가 모니터링하고 있다가 마음이 바뀌셨을 때 알려 주시면 의사를 소개해 드리겠습니다. 필요한 경우 내과 의사나 정신과 의사를 소개해 드리겠습니다.

4. 약물 오남용 확인

CW: 아까 약과 함께 보드카를 마실 계획이라고 말씀하셨잖아요. 저는 스트레스를 해소하기 위해 술을 조금 더 드시는 건 아닌지 궁금합니다. 그리고 다른 종류의 약물도 사용하고 있나요?

C: 네, 저는 밤에 칵테일을 마시는 것을 좋아합니다. 그리고 가끔 저와 친구들은 함께 대마초를 피우기도 해요.

CW: 도움이 필요하다고 생각되는 부분이 있나요?

C: 아마도 문제인지는 모르겠지만 가끔 필름이 끊어질 때가 있어요.

CW: 음주 문제로 어려움을 겪는 사람들을 위한 12단계 집단이 있는데, 원하신다면 장소 목록을 알려 줄게요.

C: 생각해 볼게요.

치료적 상호작용 사용

1. 교육적 진술

CW: 성폭행을 당했을 때 불안과 불쾌한 감정을 무마하기 위해 음주와 약물에 의존하는 경우가 드물지 않아요. 정신이 그런 트라우마를 통합하는 데는 시간이 걸립니다. 또한 전쟁, 죽음 및 기타 말로 표현할 수 없는 충격적인 상황에 노출된 트라우마도 경험하셨죠. 말씀하신 증상 중 많은 부분이 외상후 스트레스 장애의 증상입니다. 연구자들은 이러한 특정 전쟁이 외상후 스트레스 장애의 인큐베이터 역할을 한다고 말하는데, 그 이유는 참전 군인들은 언제 총격전이 벌어질지, 적이 누구인지 전혀 알 수 없기 때문이죠. 무력감을 느끼고 놀라는 것은 당연한 일입니다. 마음은 이러한 경험을 통합하는 방법을 천천히 배워야 합니다. 여기에 더해 성폭행 트라우마도 통합해야 합니다.

C: 네, 외상후 스트레스 장애에 대해 들어 봤지만, 저는 제 자신을 미쳤다고 생각하고 싶지 않아요. 저는 강하고 보통 무엇이든 할 수 있어요.

CW: 물론 그러실 거라 생각합니다. 군 복무 당시에는 그러한 마음가짐이 팀과 생존을 위한 힘이었을 겁니다. 하지만 이제 당신은 안전하고, 복무할 때처럼 행동하는 것이 필요하지 않습니다. 또한 성폭행을 당하면 자신의 잘못이라 생각하는 경우가 많은데, 중범죄가 당신에게 저질러졌고 성폭행은 권력과 통제의 문제라는 점을 생각해 주셨으면 좋겠습니다. 그것은 전적으로 가해자의 잘못입니다.

2. 힘 실어 주는 진술

CW: 전투 중에는 감정에 집중하지 않고 강해지면 힘이 생깁니다. 하지만 지금은 온전한 삶을 살지 못하기 때문에, 개인의 힘을 빼앗기고 있습니다. 외상후 스트레스 장애와 트라우마를 공개적으로 다루는 법을 배움으로써 삶의 힘과 통제력을 되찾을 수 있습니다. 감정을 되찾고 감정을 다스리는 법을 배우면 보통 통제력이 높아집니다. 비록 성폭행의 피해자였다고 해도, 성폭행에 대해 이야기하고 고통을 느끼면 생존자가 될 수 있습니다.

3. 지지 진술

CW: 이것은 매우 어려운 상황이며, 저는 이 상황을 가볍게 생각하지 않습니다. 저는 당신이 겪고 있는 고통을 상상만 할 수 있을 뿐입니다. 이런 일이 발생해서 정말 유감입니다.

CW: 제가 곁에 있어 줄게요, 걱정이 되네요. 자해하고 싶은 생각이 든다면 기분이 매우 나쁠 거예요. 이런 종류의 트라우마는 종종 사람들을 포기하고 싶게 만듭니다. 내가 겪지 않은 일을 다른 사람들이 겪었기 때문에 소외감을 느끼는 것은 이해할 수 있습니다. 하지만 성폭행을 당한 경험이 있고 그것을 이해하는 사람들이 있습니다. 성폭행이 워낙 만연해 있기 때문에 성폭행을 다루는 지원 단체가 많이 있습니다.

4. 재구조화하기

CW: 이런 종류의 고통을 느끼려면 많은 힘이 필요합니다. 따라서 고통을 무감각하게 만드는 데 사용했던 그 모든 힘을 고통을 느끼고 삶에 통합하는 데 활용할 수 있어요. 파괴적인 영향을 미치는 대신 끔찍한 트라우마에서 살아남은 더 강한 사람으로 만들 수 있습니다.

C. 내담자의 현재 대처 전략과 시도 파악하기

CW: 이 시점에서 어떤 일을 하고 싶다고 생각하시나요?

C: 글쎄요, 그것에 대해 조금 더 이야기해 주세요.

CW: 좋아요. 어디서 또는 누구와 이야기하고 싶은지 생각나는 사람이 있나요?

C: 잘 모르겠는데 계속 더 얘기해도 될까요?

CW: 그럼요, 저도 그러고 싶네요. 다른 도움이 될 만한 것이 생각나나요?

C: 제 재향군인 친구 중 1명이 재향군인 모임에 참석했어요. 어떻게 생각하세요?

CW: 큰 도움이 될 것 같아요. 캠퍼스에는 여러 모임이 있습니다. 그곳의 재향군인 센터에 가 보는 건 어때요?

C: 네, 그럴게요.

대안적 대처 아이디어 제시

1. 지원 모임, 12단계 집단 참조하기

CW: 성폭행 생존자를 위한 지원 모임에 가는 것에 대해 어떻게 생각하세요?

C: 제 사례에 영향을 미칠까 두렵습니다.

CW: 어떻게요?

C: 제 변호사가 사람들에게 말하지 말라고 했어요.

CW: 물론 저에겐 당신이 말하는 모든 것이 기밀입니다. 변호사와 상의할 때까지 집단에 참석하는 것을 미룰 수도 있겠네요. 알코올 중독자 익명 모임과 같은 12단계 집단이 도움이 될 수 있으리라 생각하시나요?

C: 그럴 수도 있지만 저는 제가 알코올 중독자라고 생각하지 않아요. 정말 불안할 때만 술을 마실 뿐이에요.

CW: 좋아요, 음주에 대해 계속 지켜보고 더 큰 문제가 될 것 같으면 알코올 중독자 모임에 다시 가 보도록 하죠.

2. 장기치료, 가족치료 참조하기

CW: 저와 상담을 계속할 의향이 있으신 것 같네요. 당분간 상담을 계속하면서 보훈 센터를 방문하여 어떤 서비스가 가장 적합하다고 생각하는지 알아볼 수 있습니다. 제가 아는 치료사 중에 외상후 스트레스 장애와 재향군인에게 매우 도움이 되는 모래놀이치료를 하는 치료사가 있어요.

C: 그거 좋네요, 제가 가서 얘기해 볼게요.

3. 내과 의사 또는 정신과 의사와 상담하기

　CW: 의사를 만나는 것에 대해 열린 마음을 갖고 싶어요. 만약 증상이 더 심각해지면 다른 평가를 고려할 수 있습니다.

4. 법적 의뢰하기

　CW: 변호사와 상담하기를 원하신다면 그렇게 하겠습니다. 변호사는 당신이 고통을 극복하는 데 도움을 주기 위해 당신에게 일어난 일에 대해 공개적으로 이야기해야 한다는 점을 아서야 합니다. 또한 당신이 치료를 받고 있다는 사실을 변호사에게 알리고 변호사의 의견을 들어 볼 수도 있습니다.

5. 쉼터 및 기타 기관에 의뢰하기

　CW: 다른 기관에 의뢰하고 싶다면 지역 재향군인 센터를 알아보는 것이 좋습니다. 재향군인 센터에는 여러분의 경험을 진정으로 이해할 수 있는 재향군인들이 제공하는 많은 서비스가 있습니다.

6. 독서와 저널링 권장하기

　CW: 독서를 좋아하시나요? 당신이 겪고 있는 일에 대해 자세히 설명하는 데 도움이 되는 정말 좋은 책들을 알고 있습니다. 다음은 제가 추천하는 책 목록입니다. 또한 많은 내담자가 어려운 시기를 겪으면서 일기를 쓰면 자신을 더 잘 통제할 수 있다고 느낍니다.

다짐하기 및 후속 조치 취하기

　CW: 언제 저와 다시 약속을 잡을 수 있으실까요? 학교의 재향군인 센터를 방문하셨을 때 알려 주시면 좋겠습니다.

복습 문제

1. 기본적 주의 기울이기 기술에는 어떤 것이 있는가?
2. ABC 모델의 A, B, C 단계에서는 어떤 일이 발생하는가?
3. 위기의 본질을 이해하려고 할 때 직접적으로 파악해야 하는 것은 무엇인가?

주요 학습 용어

주의 기울이기: 내담자의 리드를 따르고, 적극적으로 경청하며, 존재감을 드러내는 것과 관련된 행동

독서치료: 대안적 대처 전략으로 책을 사용하는 것

양극성장애: 조증 상태(즉, 통제 불능, 과잉, 웅장한 행동)가 극심한 우울증 상태와 번갈아 가며 나타남. 조울증이라고도 함

폐쇄형 질문: '예' 또는 '아니요' 또는 기타 한 단어로 대답할 수 있는 질문 유형. 나이, 자녀 수 또는 결혼 기간과 같은 사실을 파악하는 데 가장 적합함. 강제 선택형 질문, 즉 "당신은 ~을 하나요?" "당신은 ~을 가지고 있습니까?"와 같은 질문은 일반적으로 효과적이지 않음. 이러한 유형의 질문은 인터뷰를 막다른 골목으로 몰거나 심문처럼 들릴 수 있음

우울증: 내담자가 슬프고 기운이 없으며 자살 충동을 느끼는 상태; 자신이 무가치하고 무력하며 절망감을 느끼는 상태, 욕구가 부족하고 사회적으로 위축되어 있으며 사고와 집중력 등의 과정이 느려지는 상태임. 이러한 사람은 의사에게 의뢰하여 평가를 받아야 함

의료 또는 법적 의뢰: 내담자가 체포되거나, 접근 금지 명령을 원하거나, 심각한 정신질환 또는 기타 질병이 있는 경우와 같이 다른 전문가의 서비스가 필요한 경우 위기상담사에 의해 의뢰됨

강박장애: 이 임상 증후군은 주로 화학적 불균형에 기인하는 것으로 알려져 있음. 이 장애를 앓고 있는 사람은 원치 않는 행동을 하며, 종종 자신이 통제할 수 없는 의식을 행함. 행동 의식과 함께 통제할 수 없다고 느껴지는 생각도 자주 하게 됨. 예를 들면, 강박적으로 손을 씻거나, 불빛을 확인하거나, 어린이를 치고 지나갈 생각을 계속하는 것 등이 있음

개방형 질문: 일반적으로 '무엇'과 '어떻게'로 시작하는 질문으로, 내담자가 스스로 제기한 내용을 확장할 수 있도록 함

기질적 뇌장애: 신경학적 장애, 유전적 이상 또는 종양으로 인한 상태

재진술하기: 상담사가 내담자가 방금 말한 내용을 자신의 말로 다시 말하는, 기본적 주의 기울이기 기술 혹은 명료화하기 기술임

라포: 상담사가 내담자와 추구하는 특별한 유형의 유대감. 내담자와 상담사 사이에 라포
　　가 많을수록 내담자의 신뢰와 안정감이 커짐

영화치료: 내담자가 자신의 문제를 이해하고 해결하도록 돕기 위해 영화를 사용하는 것

반영: 내담자에게 정서적 공감을 표현하는 가장 좋은 방법으로, 상담사가 내담자의 감정
　　을 보거나 들은 대로 말함으로써 내담자의 감정을 드러냄

자원: 지역사회의 도움의 원천. 위기상담사는 위기에 처한 고객을 적절한 지원 모임이나
　　기타 서비스에 연결할 수 있도록 지역사회 자원에 대해 잘 알고 있어야 함

조현병: 일반적으로 정신과 의사의 진료가 필요한 질환으로 환각, 망상, 느슨한 연상, 무
　　뚝뚝한 정동, 그리고 불량한 외모 등의 증상이 특징임

지지체계: 개인과 기관을 돕는 네트워크. 위기상담사는 가족, 친구 등 내담자의 자연스러
　　운 지지체계를 활용하고 내담자가 새로운 지지체계를 구축하도록 도와줌

요약: 아이디어를 하나로 묶거나, 회기를 마무리하거나, ABC 모델의 B단계에서 C단계로
　　넘어갈 때 유용한 기술로, 상담사가 다음에 어디로 가야 할지 모를 때 유용함. 회기에
　　서 논의된 다양한 사실과 감정을 한데 모으는 진술임

🎓 참고문헌

Caplan, G. (1964). *Principles of preventive psychiatry*. New York, NY: Basic Books.

Cormier, L. S., Cormier, W. H., & Weisser, R. J., Jr. (1986). *Interviewing and helping skills for
　　health professionals*. Portola Valley, CA: Jones and Barlett.

Hesley, J. W. (2000, February). Reel therapy. *Psychology Today, 33*, 55-57.

Ivey, A. E., Gluckstern, N. B., & Ivey, M. B. (1997). *Basic attending skills* (3rd ed.). North
　　Amherst, MA: Mictrotraining Associates.

Jones, W. (1968). The A-B-C method of crisis management. *Mental Hygiene, 52*, 87-89.

Lindemann, E. (1944). Symptomatology and management of acute grief. *American Journal of
　　Psychiatry, 101*, 141-148.

Moline, M. (1986). Lecture notes. California State University, Fullerton.

Slaikeu, K. A. (1990). *Crisis intervention: A handbook for practice and research* (2nd ed.). Boston:
　　Allyn & Bacon.

제4장

자신과 타인의 위험 또는 중증장애와 관련된 위기개입

학습목표

이 장을 학습한 후 독자는 다음과 같은 목표를 달성할 수 있다.

목표 1. 자살 예방과 개입의 역사에 대한 지식 습득하기

목표 2. 자살의 징후 이해하기

목표 3. 자살 저위험군, 중위험군, 고위험군의 징후 이해하기

목표 4. 다양한 위험 수준을 위한 개입 전략 파악하기

목표 5. 비자살적 자해 행동을 시도하는 사람의 문제 인식하기

목표 6. 정신 상태검사 이해하기

목표 7. 타인에게 위험한 사람인지 평가하는 방법 배우기

소개

　일부 정신장애가 있는 사람들이 저지르는 위험으로부터 사회와 개인을 보호하는 책임은 정신건강 커뮤니티에 위임되어 왔다. 경찰과 보안관 등 법 집행 기관에서 위기상담사를 지원하도록 요청하는 경우가 있지만, 생명을 위협하는 행동을 관리하기 위해 일반적으로 개입하는 사람은 정신건강 전문가이다. 품행장애가 있는 사람은 빈번하게 자신이나 타인에게 위험을 초래할 수 있다. 실제로 자살 위협, 타인에 대한 위험, 심각한 장애(종종 심각한 정신증적 장애로 인한 결과)는 비자발적 입원의 근거가 되는 경우가 많다. 각 주에서는 내담자와 잠재적 피해자를 보호해야 할 의무의 기준을 법으로 규정하고 있다. 일반적으로 치료사에게 위험한 내담자를 관리하는 방법을 알리기 위해 지침을 만든다. 자살이나 살인을 예방하지 못한 치료사를 상대로 민사 소송이 제기되기도 한다. 위기상담사는 자신이 근무하는 주의 법률을 숙지하는 것이 필수적이다. 그러나 자살, 정신병, 살인범이라고 해서 모두 병원에 구급되는 것은 아니다. 이러한 상태를 관리하는 데 비용은 적게 들면서도 효과는 같은 다른 개입방법이 있을 수 있다.

　병원과 같은 응급 환경에서 심각한 자살 시도, 생명을 위협하는 약물 남용 상태, 식물인간 상태와 유사한 우울증, 정신병, 폭력 또는 기타 급격한 행동 변화가 있는 사람에게 서비스를 제공해야 하는 경우, 응급 정신과에 의뢰된다(Allen & Currier, 2004). 이러한 응급 정신과의 서비스는 의학, 간호학, 심리학, 사회사업 분야의 전문가들이 제공한다. 먼저 자살, 자살 평가 및 자살 예방과 관련된 문제를 살펴보겠다. 과거에는 누군가가 의도적으로 스스로 죽고자 했을 때 자살을 기도한다(commit suicide)라는 표현을 자주 사용했지만, 최근에는 자살을 완료한다(complete suicide)라는 표현이 더 민감성 높은 용어로 간주되며, 죄를 짓거나 범죄를 저지르는 등의 상황에서 사용되는 기도한다(commit)라는 단어에서 연상되는 의미를 내포하지 않는다.

자살의 간략한 역사

　현대 자살학의 창시자 중 1명인 노먼 L. 파베로 박사(Dr. Norman L. Farberow)는 미국에서 지난 50년간 자살 연구, 치료 및 예방에 선구적인 공헌을 한 인물이다(Litman & Farberow,

1961). 그의 연구는 제2차 세계대전 이후 전쟁으로 인하여 사회에서 연대감과 공동의 목적의식이 사라지게 되어 자살률이 증가하면서 시작되었다(Shneidman, Farberow, & Leonard, 1961). 참전 용사들이 집으로 돌아왔을 때 사회적·개인적 재적응이 필요한 경우가 많았고 내면의 혼란을 건강한 방식으로 관리할 수 없는 경우 자살 행위와 충동을 통해 표출되었다. 1958년 파베로(Farberow)와 슈나이만(Shneidman)은 로스앤젤레스 자살 예방 센터를 설립하여 자살 잠재력 평가를 위한 LA 척도(Litman & Farberow 1961; Litman, Farberow, Wold, & Brown, 1974)와 위기 핫라인(Litman, Farberow, Shneidman, Heilig, & Kramer, 1965)을 개발했다. 이들의 연구에서 정신과적 응급 상황에 대처하기 위해서는 새로 개발된 기적의 항우울제와 항정신병 약품보다 더 많은 것이 필요하다는 사실이 밝혀졌다.

자살에 대한 소개

자살 사고(즉, 자살하고 싶다는 생각)는 종종 내담자가 다양한 촉발사건을 지각하면서 완전히 압도당했다고 느낄 때 발생한다. 자살 사고와 개입 전략을 이해하는 것은 다음 장에서 소개할 상황적·발달적 위기를 다루는 상담사에게 필수적이다. 위기상담사는 자살 사고가 현재의 문제가 아니더라도 자살 평가가 모든 위기개입 면담의 일부가 되어야 함을 알고 있어야 한다. 자살을 생각하는 사람이 스스로 목숨을 끊을 가능성은 매우 높기 때문에 그 위협을 심각하게 받아들여야 한다. 미디어는 종종 살인 사건에 더 많은 관심을 기울이지만, 실제로는 살인보다 자살로 사망하는 사람이 더 많다. 자살 위험과 관련이 있는 요인으로는 실직, 질병, 충동성, 경직된 사고(흑백논리, 전부 아니면 무), 다양한 스트레스 사건, 입원 후 퇴원 등이 있다.

자살 및 자살 위협으로 인한 부담은 자살자와 자살자 주변의 가까운 인물들뿐만 아니라 위기상담사에게도 영향을 미친다. 플래빈과 래드클리프(Flavin & Radcliff, 2009)는 자살이 전 세계적으로 100만 명 이상, 캐나다에서는 10만 명당 약 11.5명, 미국에서는 10만 명당 약 12.9명의 사람에게 영향을 미친다고 보고한다. 케슬러, 보르제와 월터스(Kessler, Borges, & Walters, 1999)는 "평생 동안 자살을 생각하는 사람(lifetime suicide ideators)"의 34%가 자살 계획을 세우고, 계획을 세운 사람의 72%가 자살을 시도한다고 보고했다. 위기상담사에게도 이러한 영향이 파급된다. 자살을 시도하는 내담자를 응대하는 것은 상담사에게도 위협이 될 수 있고 자주 개인적 스트레스의 원인이 되기도 한다. 위기상담사는 이러한 사람들을 다룰 때 동료, 상사, 가족으로부터 정서적 지원을 구하고 받아들여야 한다. 241명의 상담사를 대상으로 한 설문조사에서 71%는 자살을 시도한 사람과 함께 일한 적이 있다고 답했고, 28%는 실제로 자살한 내담자 1명 이상과 함께 일한 적이 있다고 답했다(Rogers, Gueulette, Abby-Hines, Carney, & Werth, 2001).

군인과 응급 구조대원의 자살률은 매우 높으며 제7장과 제8장에서 다룰 것이다.

최근 자살 통계

미국 질병통제예방센터(Centers for Disease Control and Prevention)의 2014년 치명상 정보 통계 보고서(American Foundation for Suicide Prevention, 2016)에 따르면 자살은 미국 내 사망 원인에서 열 번째로 큰 비중을 차지하고 있다. 그러나 자살을 둘러싼 낙인 때문에 자살이 과소 보고될 수 있다는 점을 고려해야 한다. 자살 예방에서 중요한 정보 수집 방법은 개선될 수 있다. 매년 약 42,000명의 미국인이 자살로 사망하며, 이로 인해 미국에서 소요되는 비용은 연간 약 440억 달러에 달한다. 미국에서의 자살에 관한 추가적 정보는 다음과 같다:

- 연간 연령표준화 자살률은 인구 10만 명당 12.93명이다.
- 하루 평균 117건의 자살이 발생하고 있다.
- 총기로 인한 자살은 전체 자살의 거의 50%를 차지한다.
- 남성은 여성보다 3.5배 더 자주 자살로 사망한다.
- 2014년 자살자 중 백인 남성은 7~10명을 차지했다.
- 중년의 자살 비율이 높으며, 특히 백인 남성의 경우 그러하다.
- 2014년에는 85세 이상의 자살률이 가장 높았다(10만 명당 19.3명).
- 두 번째로 높은 비율(10만 명당 19.2명)은 45세에서 64세 사이의 연령대에서 발생했다.
- 젊은 층의 자살률은 지속적으로 낮아지고 있으며, 2014년 15~24세의 자살률은 10만 명당 11.6명이었다.
- 백인의 자살률(10만 명당 14.7명)이 가장 높았다.
- 두 번째로 높은 비율(10만 명당 10.9명)은 아메리카 원주민과 알래스카 원주민이다.
- 히스패닉의 자살률은 10만 명당 6.3명, 아시아계는 10만 명당 5.9명, 흑인은 10만 명당 5.5명이었다.

징후 및 단서

자살은 보통 경고 징후가 선행된다. 대부분의 경우 자살을 생각하는 사람은 자살 징후를 보이거나 자살 의도에 대한 단서를 제공한다.

자살시도자가 항상 위기상담사에게 자신의 의도를 직접적으로 말하는 것은 아니다. 신중한 전문가들은 내담자의 자살 위험 가능성을 다룰 때 행간을 읽는 법을 배운다. 아길레라(Aguilera, 1990)는 자살을 고민하는 사람의 전형적인 징후를 제시한다:

- 물건 나눠 주기
- 물건 정리하기
- 유언장 작성
- 일상적인 활동에서 물러남
- 죽음에 대한 집착
- 친구 또는 친척의 최근 사망
- 절망감, 무력감, 무가치한 느낌
- 약물 및 알코올 사용 증가
- 정신병적 행동을 보이는 경우
- "나는 더 이상 누구에게도 쓸모가 없다."와 같은 언어적 힌트를 주기도 함
- 불안한 우울 증세를 보이는 경우
- 혼자 살면서 고립된 상태

물론 이러한 징후 중 몇 가지를 보인다고 해서 반드시 자살 위험이 높다고 단정할 수는 없다. 그러나 정신건강 전문의가 초기 면담에서 일상적으로 몇 가지 유형의 자살 평가 질문을 하는 것은 드문 일이 아니다. 일부 자살 핫라인에서 전화를 한 사람에게 가장 먼저 하는 질문은 "스스로를 해치고 싶은 생각이 있나요?"이다. 내담자의 대부분은 이러한 질문에 대답하는 것이 단순히 상담의 일부라고 생각할 것이다. 내담자가 자살 충동을 느끼지 않는다면 그냥 넘어가면 되고, 내담자가 자해할 생각이 있다면 공개적으로 드러난 것이므로 상담사는 심층적으로 자살 평가를 시작할 수 있다. 초보 상담사는 이 부분을 숙지하고 있어야 한다. 누군가에게 자살 충동이 있는지 물어보는 것은 두려울 수 있는데, 이 질문을 함으로써 내담자가 자살을 생각하게 될까 두려워하는 경우가 흔하다. 그러나 일반적으로는 그렇지 않으

며, 대부분의 경우 자살 충동을 느끼는 내담자는 상담사가 질문하면 안도감을 느낀다. 이러한 질문을 통해 내담자는 자신의 감정과 생각에 대해 당황하지 않고 부드럽게 안내해 줄 수 있는 사람과 이야기할 기회를 얻기 때문이다. 내담자가 이 질문에 응답하면 위기상담사는 적어도 개입을 더 효과적으로 조직화할 수 있기에 더 안도감을 느낄 수도 있다. 이 장의 뒷부분에서는 자살 사고의 강도와 자살 실행 계획에 따라 개입이 어떻게 결정되는지에 대해 설명할 것이다.

자살 평가

자살 징후를 평가하는 목적은 위험 수준을 파악하기 위한 것이다. 내담자의 위험 수준이 결정되면 적절한 개입을 하기가 더 쉬워진다. 내담자가 제시하는 징후, 증상, 단서가 많을수록 실제로 자살을 시도하거나 완료할 위험 요소가 높다. 내담자의 자살 시도 또는 자살 완료 가능성을 판단하는 데 유용한 다양한 질문지 및 척도가 있다. 벡 우울척도는 우울증 측정에 널리 사용되는 21개의 복수 문항으로 구성된 자기 보고식 검사 도구이다(Beck, Ward, Mendelson, Mock, & Erbaugh, 1961). 자살은 우울증과 밀접한 관련이 있기에 이 도구는 자살 위험을 파악하고 자살 충동 기저에 있는 생각을 이해하는 데 유용하다. 이 모델은 세상, 미래, 자기 자신에 대한 부정적 인지 등 우울증에 중요한 역할을 하는 부정적 인지에 초점을 맞추고 있어서 이러한 인지에 초점을 맞춘 ABC 위기개입 모델을 수행할 때도 유용하다. 실제로 벡의 인지치료는 기본적인 위기개입과 매우 밀접한 관련이 있으며, 인지치료 분야 전반에 큰 영향을 미쳤다.

넬슨, 존스턴과 쉬리바스타바(Nelson, Johnston, & Shrivastava, 2010)는 객관적 평가 도구의 효과와 중요성을 이해하기 위해 다양한 평가 도구를 조사했다. 이들은 심리적 고통, 스트레스, 동요, 절망감, 자기 혐오에 관한 질문에 내담자가 응답하도록 하는 자살 위험 평가 척도인 자살 위험 평가 양식(Suicide Status Form: SSF)을 대표적인 자살 위험 평가 도구로 소개한다. SSF는 성격장애자 및 약물 남용자의 자살 의도, 잠재력, 자살 시도 예측을 측정하는 데 중점을 둔다(Jobes, Eyman, & Yufit, 1995). SSF는 신뢰성과 타당성이 입증되었지만, 다섯 가지 구성 요소에만 초점을 맞추기 때문에 한계가 있다. 벡 척도와 마찬가지로, 자살과 관련된 여러 가지 복잡한 요인을 고려하지 않을 수 있다.

넬슨 등(Nelson et al., 2010)은 임상전문의가 객관적 자살 평가 도구의 유용성이 제한적이거나 자살 위험을 예측하는 데 부정확할 수 있다고 생각하여 사용을 꺼릴 수 있다고 말한다

(Jobes et al., 1995). 비스코너와 그로스(Bisconer & Gross, 2007)는 오차 없이 자살 위험을 정확하게 예측할 수 있는 단일한 도구는 없다는 사실을 발견했다.

자살 위험을 평가하기 위한 새로운 척도는 쉬리바스타바와 넬슨(Nelson et al., 2010)이 개발한 자살 위기 관리, 평가 및 치료 계획 영향 척도(Scale for Impact of Suicidality-Management, Assessment and Planning of Care: SIS-MAP)이다. 이 척도는 위험 요인과 회복탄력성 요인의 균형을 맞추기 위해 만들어졌으며, 다양한 영역에서 자살에 기여하는 요인을 탐색한다. 전국 자살 예방 생명의 전화(the National Suicide Prevention Life-line)에서 사용하는 평가 기준은 SIS-MAP의 영역과 일치한다. 다음은 일반적 자살 평가 도구에는 없는 보호 요인 등의 항목이 포함된 이 평가에 사용된 질문 유형이다:

1. 인구 통계: 연령, 성별, 결혼 여부
2. 사고: 스스로를 해치는 것, 삶의 무가치함에 대한 생각
3. 자살 사고 관리: 이런 생각에 대처할 수 있나요? 자제력을 잃고 자살을 시도하는 것이 두렵나요? 자살 충동에 대해 도움을 구해야 한다고 생각하시나요?
4. 현재의 자살 충동 상태: 현재 자살 충동을 느끼십니까? 삶이 무가치하다고 느끼시나요? 자살을 시도한 적이 있나요?
5. 후속 시도 계획: 앞으로도 자살 충동을 느낄 것 같은가요? 이러한 생각에 대처할 수 있을까요? 치료와 도움이 필요하다고 생각하시나요?
6. 동반 질환: 알코올 또는 약물 남용, 성적 학대, 정서적 학대
7. 가족력: 타인에 의한 시도, 정신질환, 중독 등
8. 생물학적 원인: 정신질환, 만성 질환, 기분 변화
9. 보호 요인: 가족이 여러분의 문제를 지지해 주나요? 인생의 어려움에 직면했을 때 성공적이었나요? 집은 안전하고 안정적인가요?
10. 임상 등급: 성격장애, 정신병, 충동성
11. 심리사회적 환경 문제: 주요 지원 모임, 경제적 문제, 의료 서비스 접근성 문제

이 척도가 자살 위험성을 평가하기에 완전한 도구라는 보장은 없으나 자살 평가를 수행할 때 이러한 모든 요소를 고려하는 것이 적절할 것이다.

자살 위험을 판단하는 데는 특정한 척도와 설문지가 도움이 되지만, 많은 임상가는 임상적 판단과 면담 질문에 의존하여 자살 평가를 실시하는 경우가 많다. 이 문제의 긴급함으로

인해 검사를 실시할 시간이 없는 경우가 많기 때문이다. 또한 내담자는 종이와 연필로 하는 검사를 위해 자신의 대화 시간을 포기하지 않을 수도 있다. 다행히 위기상담사가 자살 평가를 할 때 사용할 수 있는 확실하고 효과적인 질문이 많다.

스타이너(Steiner, 1990; 30년간 정신건강 치료사로 활동)는 개인의 자살 가능성을 평가하기 위한 문항을 개발했는데, 이는 위기상담사가 자살을 평가하는 데 유용할 수 있다.

1. 그(그녀)가 자살을 생각하고 있는지 물어보기
   - 얼마나 자주 생각하는가?
   - 자살을 얼마나 간절히 원하는가?(1부터 3까지의 척도)
   - 자살을 좋은 해결책으로 보는가, 아니면 나쁜 해결책으로 보는가?
   - 자살하는 것이 약하다고 생각하는가, 아니면 강하다고 생각하는가? (자살에 대해 자주 생각하고, 점수가 3점이며, 자살을 좋은 해결책으로 여기고, 자살을 강력한 행위로 인식하는 사람은 고위험군에 속한다)
2. 그(그녀)가 자살할 것을 우려하는지 가족에게 물어보기
   [가족들이 그런 일이 일어날 것이라고 믿지 않으며 그 사람이 그냥 하는 행동이라고 믿는다면 그(그녀)는 고위험군에 속함]
3. 그(그녀)의 자살 계획 확인하기
   - 내용이 자세한가? 일반적인가?
   - 그(그녀)가 이를 수행할 수 있는 도구가 있는가?
   - 그 사람이 곧 자살을 저지를 의향이 있는가?
   - 그 사람이 소유물을 나눠 주거나 작별 인사를 했는가, 아니면 둘 다 했는가?
4. 그(그녀)의 정신 상태를 확인하기
   - 상대가 혼란스러워하는가? 술에 취했는가? 약물을 했는가? 환각 상태인가?
   - 상대가 자신의 능력을 통제할 수 있는가? 충동적인가? 임상적으로 우울한가? 임상적 우울증에서 벗어나고 있는가?
5. 그(그녀)의 과거 자살 시도 이력 확인하기
   - 그(그녀)가 다른 시도를 했는가?
   - 자살한 친구나 가족이 있는가?
6. 다음 질문을 통해 개인의 지지체계를 알아보기
   - 주변 친구나 친지에게 자신의 의도에 대해 이야기한 적 있는가?

- 우울할 때 누구와 대화하는가?
- 가족은 여러분의 우려에 어떻게 반응하는가?

7. 다음 질문을 통해 상대방이 얼마나 많은 통제권을 가지고 있는지 알아보기
- 그 누구도, 그 무엇도 당신을 막을 수 없는가?
- 무엇이 당신을 방해하고 있는가?
- 어떤 이유로 도움을 요청하러 왔는가?

8. 그(그녀)가 당신과 대화하거나, 이틀 안에 만나거나, 일정 기간 동안에는 자살에 대한 모든 권리를 포기하게 하기. 그(그녀)가 그렇게 약속하게 하기

〈표 4.1〉은 짧고 간단하게 자살 위험 평가 내용을 보여 준다. 이 평가는 자살 위험에 대한 상호적이고 대표적인 모델을 반영하는 분류 트리 접근방법을 기반으로 한다. 평가를 위한 질문은 과거에 물어봤던 질문의 답변에 따라 달라질 수 있다. 이러한 유형의 모델은 타인에 대한 폭력성을 평가하는 데에도 효과적이다(Steadman et al., 2000). 기본적으로 상담사는 내담자가 우울하거나, 절망감, 무력감, 무가치함을 느끼거나 삶이 살아갈 가치가 없다고 느낀다는 말을 들었을 때 자살 충동을 느꼈는지 물어보는 것이 중요하다. 내담자가 "네, 생각해 본 적이 있습니다."라고 대답하면 다음 단계는 내담자에게 자살 계획이 있는지 물어보는 것이다. 내담자가 "아니요."라고 대답하면 평가를 계속할 필요는 없지만 과거에 자살을 시도했거나 자살에 대해 생각해 본 적이 있었는지 물어보는 것은 좋다. 이렇게 하면 상담사가 향후 회기에서 자살 사고를 평가할 때 경각심을 가질 수 있다. 이 내담자가 저위험군으로 평가되더라도 위기 상태가 지속되거나 충격적인 일이 발생하면 자살 충동이 발생할 가능성은 항상 존재한다. 자살 충동을 지속적으로 모니터링하는 것은 정신건강 관리에서 필수적 요소이다.

내담자가 "네, 자살 계획이 있습니다."라고 대답하면, 다음은 내담자가 계획을 실행할 수단이 있는지 물어야 한다. 내담자가 "아니요, 계획은 없고 죽고 싶다는 생각만 있어요."라고 대답한다면, 이 내담자도 이전 자살 시도 경험, 자살을 강력한 행위로 생각하는지, 최근 상실감 등 다른 요인들도 고려하여 위험도가 낮은 것으로 평가할 수 있다. 내담자가 "네, 약, 총, 밧줄 등을 가지고 있습니다."라고 대답한다면 이 내담자는 확실히 중위험군으로 올라간다. 고위험군에 속하는지를 판단하기 위한 질문으로는 무엇이 내담자의 자살을 막았는지, 혹은 자살을 멈출 수 있었던 요인이 있는지 여부이다. 내담자가 "네, 손자, 자녀, 직장 등입니다."라고 대답한다면 여전히 중위험군에 속한다. 내담자가 "아니요, 아무도 나를 막을 수 없어요. 내가 떠나려고 할 때 시도할 거예요, 오늘 밤이라도."라고 응답한다면 고위험군이

라고 간주할 수 있다. 또한 내담자가 자살 방지 서약서에 서명하기를 거부하거나 스타이너의 질문에 대부분 고위험 수준으로 응답하면 고위험으로 평가된다. 내담자가 매우 우울하고 극심한 정서적 고통에 시달리는 경우도 고위험군으로 평가해야 하는 경우가 많다.

〈표 4.1〉 **자살 평가와 개입**

요인	내담자 응답	단계	개입
자살 사고	무	저위험	지원적 위기개입 (결정을 위해 다음 요인으로 이동하기)
	유		
자살 계획	무	저위험	위기개입, 구두로 자살 방지 약속받기 (결정을 위해 다음 요인으로 이동하기)
	유		
자살 수단	무	저위험	위기개입 내내 매 회기마다 서면으로 자살 방지 서약, 자살 계획 및 수단을 작성하고 정기적으로 연락하기
	유	중위험	서면 자살 방지 서약서 작성하기, 자주 연락하고 가족의 관찰 요함, 상담사에게 자살 수단을 주며, 의사에게 약물 평가 의뢰하기. 매우 우울한 경우, 단기 자발적 입원 가능
현재 어떤 것도 당신을 막을 수 없나요? 무엇이 당신을 막을 수 있을까요?	네	중위험	무엇이 그들을 멈추게 했는지 알아보고 그 이유 및 다른 사람들을 위해 살도록 격려하고, 재구성하고, 지원하고, 앞서 언급한 것과 동일하게 개입하기
	아니요	고위험 (분노를 보이면 매우 위험)	비자발적 입원이나 자발적 입원, 가능한 약물치료하기

개입

내담자가 자살 충동이 있는 것으로 평가되면 위기상담사는 내담자가 실제로 자살할 가능성을 판단해야 한다. 어떤 내담자는 활성화된 자살 충동을 다루는 동안 외래 환자로 치료할 수 있지만, 일부 내담자는 위험 수준이 낮아질 때까지 입원해야 할 수도 있다. 그리고 어떤 위험 수준에 있든 간에 위기상담사는 자살 충동을 느끼는 내담자에게 평소보다 더 많은 에너지와 시간을 할애하게 된다. 자살을 시도하는 내담자는 절망감 속에 있는 경우가 많고, 상담사가 조금만 더 주의를 기울여 주어도 누군가 진심으로 자신에게 관심을 준다고 느낄 수 있다. 이는 내담자에게 그를 살리는 것이 상담사의 진정한 우선순위라는 생각을 심어 줄 수 있다.

중요한 점은 자살 위기 상황에서 신속하고 단호하게 행동하는 것이다. 내담자는 때로 잠재적으로 치명적일 수 있는 도구나 약물을 모두 폐기해야 한다.

제1장에서 언급된 캐플란의 대처 행동 특징을 기억하라. 그는 희망과 낙관주의를 심어 주는 것이 내담자에게 매우 도움이 된다는 사실을 발견했다. 자살 충동을 느끼는 내담자는 대개 우울증을 앓고 있으며, 이로 인해 절망감을 느끼며 비관적인 생각을 하는 경우가 많다. 내담자의 우울증을 치료하면 자살 충동을 줄이거나 없앨 수 있으므로, 상담사가 내담자의 우울증 여부를 더 빨리 평가할수록, 더 효과적으로 자살을 예방할 수 있다(Harvard Mental Health Letter, 1996).

지금까지 자살 평가를 수행하는 데는 한 가지 방법만 있는 것은 아니라는 점을 살펴보았다. 각 상담사는 객관적 평가와 함께 자신의 재량 및 임상적 직관을 활용해야 한다.

위험 수준 및 개입 전략에 대한 논의

자살 저위험군 내담자

자살 저위험군 내담자는 자살을 시도한 적이 없고, 적절한 지원 체계를 갖추고 있으며, "자살을 생각해 보긴 했지만 잘 모르겠어요. 이런 감정을 느끼는 것이 무섭고, 이야기할 사람이 필요해요."와 같은 말을 하는 경우이다. 이러한 내담자는 보통 외래 환자로 치료할 수 있으며, 위기상담사가 계속 상담할 수 없는 경우는 치료사와 약속을 잡도록 권장해야 한다(Wyman, 1982). 이들은 자살을 시도했던 다른 사람의 책을 읽어 주는 등의 교육적 개입에도 잘 반응할 수 있으며 상황을 재구조화해 보는 것도 도움이 된다. 위기상담사는 "당신이 여기 있다는 사실이 당신이 진정으로 자살을 원하지는 않는다는 증거입니다. 정말 죽고 싶은 사람은 우리가 자살을 예방해야 할 의무가 있다는 것을 알기 때문에 정신건강 전문가를 찾지 않습니다."라고 말할 수도 있다.

힘을 북돋아 줄 수 있는 말들은 다음과 같다: "도움을 요청하는 당신의 내면은 분명히 매우 강하며, 당신이 문제에 적극적으로 대처하는 데 도움이 된 내면의 힘이 있다는 사실이 위안이 될 것입니다."

내담자는 상황이 암울하거나 스트레스를 받을 때 자살을 생각하는 것은 인간의 보편적인 경험이며, 고대부터 현대에 이르기까지 위대한 소설가나 철학자들도 자살에 대해 언급했다는 사실을 알고 위로를 받을 수 있다. 위기개입가는 자신의 죽음에 대해 생각하는 것이 실제로 자살 행동을 하는 것과는 다르며 내담자가 이를 잘 통제하고 있는 것처럼 보인다고 말해줄 수 있다. 이러한 생각은 일반적으로 자살 위험이 낮은 내담자에게 안도감을 줄 수 있다.

콜(Cole, 1993)은 저위험군 자살 사례의 또 다른 유형을 언급하면서, 노인들은 종종 배우자가 사망한 후 자살을 고려한다고 했다. 콜은 이것이 슬픈 상황이라는 점을 부정하지는 않았지만, 내담자를 병원으로 데려와 약물치료를 통해 안정시키거나 다른 자원을 동원할 수 있다면 입원이 아닌 외래 치료를 통해서도 이러한 내담자를 지원할 수 있다고 했다. 그녀의 목표는 내담자들을 의료 서비스 및 대부분의 지역 정부에서 제공하는 양로원이나 재가 지원 서비스와 같은 자원들과 연결하여 내담자의 역량을 강화하고 존엄성을 보존하는 것이다. 상담사는 내담자로부터 위기개입가에게 먼저 말하지 않고는 스스로를 해치지 않을 것이라는 구두 서약을 최소한 받아 내야 한다. 이러한 비공식적 자살 방지 서약서는 자살 위험이 낮은 내담자에게는 심리적으로 매우 효과적일 수 있다.

자살 중위험군 내담자

위기상담사가 가장 많이 만나는 자살 위기 내담자는 아마도 자살 중위험군 내담자일 것이다. 이들은 직장에서 여전히 기능을 수행하고 있으나 기분이 좋지 않아 평가하기 어려운 경우가 많다. 이들은 자신의 현재 상황에서 벗어날 방법이 없다고 생각할 수 있다. 이 유형의 내담자 가족은 종종 내담자로부터 자살하겠다는 위협을 받았다고 보고한다. 안타깝게도 때때로 이러한 위협은 무시되거나 심각하게 받아들여지지 않는데, 이 경우 내담자는 가족의 반응을 확인하기 위해 위협을 실행에 옮길 수 있으므로 매일 면담을 하거나 입원이 필요할 수도 있다. 자살 중위험군 내담자에게 일반적으로 사용되는 개입은 자살 방지 서약서이며(〈BOX 4.1〉 참조), 이들은 위기상담사를 만나는 동안 자살할 권리를 포기하겠다는 데 동의하게 된다.

BOX 4.1　자살 방지 서약서의 예

나 _____(내담자 이름)는 다음 주까지 자살을 시도하지 않는 것에 동의합니다. 자살 충동이 강해져서 통제할 수 없을 때는 _____(위기상담사 이름)에게 연락할 것을 약속합니다.

_____ (내담자 서명) _____ (날짜) _____ (위기상담사 서명)

악수하면서 계약에 대한 협정을 맺는 것도 좋다. 혼자 살고 있고 지지체계가 없는 내담자는 자살 방지 서약을 지키지 않을 수 있으므로, 이러한 유형의 내담자에게는 자살 방지 서약서를 쓰기보다는 매일 전화로 모니터링하는 것이 적절하다. 내담자 대부분은 이러한 관심에 고마움을 느낄 것이다. 가능하면 자살 보호관찰 가족구성원의 명단을 확보하라. 가족구성원은 자살시도자를 모니터링하는 데 어느 정도 책임을 지고 자살 위험군 내담자와 가까이 지내기로 약속할 수 있다. 이러한 방식은 가족이 내담자의 안녕에 대한 책임의 일부를 지는 것에 도움을 주며, 내담자에게 가족들이 자신이 파괴적 감정을 극복하는 것을 돕기 위해 에너지를 투자할 만큼 자신에게 충분히 신경을 쓰고 있음을 보여 줄 수 있다.

중위험군 내담자의 입원은 최후의 수단으로만 이루어진다. 가족 체계 이론에 따르면 내담자를 가족 전체의 문제를 드러내어 아파하는 환자(identified, sick person)로 규정하여 가족 신화를 강화하는 것보다 가족구성원을 계속 참여시키는 것이 더 합리적인 방법이다. 자살은 가족에 대해 많은 것을 말해 주며, 가장 효과적인 치료법은 가족 전체를 포함하는 것이다. 가족 중 1명이 입원하게 되면 그 사람은 가족에 대한 신뢰를 잃게 되고 가족구성원들은 그 사람을 다르게 대하기 시작한다.

위기개입 회기에서 위기상담사가 중위험군 내담자를 돕기 위한 몇 가지 선택지가 있다. 자살 방지 서약서 및 자살 보호관찰 외에도 상담사는 때로 내담자에게 자살에 사용할 계획이 있는 도구들을 가져와 상담사에게 전달해 달라고 요청할 수 있다. 상담사는 이러한 물건으로 인해 다른 사람이 다치지 않도록 폐기하거나 잠금장치를 통해 보관하는 경우가 대부분이다.

상담사가 내담자의 양가감정에 대해 말하도록 하고 자신의 살고 싶은 부분에 초점을 맞추는 것이 도움이 된다. 내담자로부터 향후 계획에 대한 생각을 이끌어 내고 더 이상 삶을 살 가치가 없게 만드는 일들을 탐색한다.

자살 고위험군 내담자

자살 고위험군 내담자는 "나는 자살할 거고 당신은 나를 막을 수 없을 거야."와 같은 말을 한다. 이들은 대개 매우 우울하고 화가 나 있으며, 과거 자살을 시도한 적이 있고, 사랑하는 사람들의 지지가 부족하다. 이들은 압박감을 경험하면 자살을 실행할 수 있는 계획과 수단이 있으며 아무도 이들을 막을 수 없을 것이다. 위기상담사는 자살을 시도하는 내담자의 입원에 관한 해당 주의 법률을 숙지하고 있어야 한다. 내담자가 입원하는 경우, 위기상담사는 정신과 병동의 직원들이 다른 훈련을 받았기 때문에 일반 응급실 병동이 아닌 정신과 병동에 입원한다는 것을 알아야 한다(Wyman, 1982).

가능하다면 위기상담사는 내담자가 자발적으로 병원에 입원하도록 설득해야 한다. 이렇게 하면 내담자에게 힘을 실어 주고 갈등을 줄일 수 있다. 하지만 때로는 지역 경찰이나 정신과 응급치료팀(Psychiatric Emergency Team: PET)에 연락하여 비자발적 입원을 요청해야 하는 경우도 있다. 이 경우 종종 불쾌한 장면이 연출되고 당황스러울 수 있지만, 정신건강 윤리에 따르면 주법에 명시되어 있을 경우 반드시 그렇게 해야 한다. 자살 고위험군 내담자의 입원을 고려할 때 정신건강 전문가는 장점과 단점을 살피게 된다. 현재의 경제 추세에서는 환자를 병원에 입원시키지 않는 것이 가능하다면 입원을 권장하지 않는다. 부분적 입원은 내담자의 안전을 보장하며 24시간 입원보다 비용이 적게 들기 때문에 인기를 얻고 있다. 〈BOX 4.2〉에 제시된 예시에서 즉각적이고 과감한 개입이 필요한 상황을 명확하게 알 수 있다.

입원이 필요한 또 다른 사례는 조현병 내담자가 자살하라는 환청을 적극적으로 듣는 경우이다. 이 경우에는 환청을 조절하기 위한 약물을 투여해야 하며 이러한 조치는 자살 경향을 제거하는 효과가 있다.

이제 위험 수준 평가와 그에 따른 개입에 대해 읽었으니, 위험 수준과 이에 따른 적절한 개입을 결정하기 위해 신속한 자살 평가를 위한 기본적 질문 및 관찰을 제공하고 있는 〈표 4.1〉을 검토해 보자.

BOX 4.2	즉각적이고 과감한 개입이 필요한 상황의 예

콜(1993)은 자신의 몸에 휘발유를 뿌리고 성냥을 찾고 있다는 22세 남성의 여동생으로부터 전화를 받았다. 그는 대학에서 좋은 성적을 거두지 못했고, 직장을 얻지 못했으며, 최근에는 약혼녀와 헤어졌다고 했다. 이 경우 경찰과 구급차가 즉시 출동하였고, 그가 병원에서 치료받을 수 있도록 72시간 동안 비자발적인 구금 조치가 취해졌다.

자살에 대한 현상학적 관점

자살 위험에 대한 객관적 평가가 어느 정도 완료되면 위기상담사는 내담자의 과거와 현재 자살 생각과 행동에 대한 현상학적 측면(즉, 주관적이고 독특한 관점)을 이해해야 한다. 물론 이는 ABC 위기개입 모델의 B단계에 해당한다. 이러한 평가가 반드시 선형적인 순서로 진행되는 것은 아니라는 점을 기억하라. 상담사는 일반적으로 객관적 정보를 수집하는 동시에 내담자의 주관적 인식도 탐색한다. 이러한 접근법은 B단계에서 어떤 정보를 추출해야 하는지 명확히 하기 위해 대략적으로 제시되었다.

전략 체계 모델(strategic systems model) 안에서 주로 현상학적 방식으로 상담하는 스타이너(Steiner, 1990)는 이러한 입장을 취하는 것의 가치를 명확하게 보여 주는 사례와 몇 가지 아이디어를 제시한다. 그녀는 특정 통계를 검토하여 청소년 자살률이 증가한 이유가 과거 청소년의 자살이 잘못 분류되었기 때문일 수 있다고 주장한다. 부모는 자녀가 자살했다는 사실을 인정하는 것이 너무 고통스러웠을 수도 있다. 그녀는 오늘날 고통과 가족 문제를 다루는 것에 대한 금기가 줄어들었기 때문에 더 많은 청소년 자살 사례가 올바르게 분류되고 있다고 본다.

스타이너는 성인 자살시도자와의 면담을 바탕으로, 경제 상황이 어려워지고 일자리를 구하기 힘들어지며 가족과 사회에서 역할에 혼란을 겪는 상황에서 자살이 더 현실적인 대안으로 보일 수 있다고 말한다. 그녀의 말처럼 사람들은 더 이상 아메리칸 드림을 이루는 것이 어렵게 되었다.

스타이너가 제시한 두 사례는 청소년의 가족에 대한 인식이 자살 사고로 이어졌을 때 체계 모델(system model)을 사용하는 방법을 보여 준다. 스타이너는 청소년들이 만성적인 가족 간 갈등이 있을 때 자살을 생각하게 된다는 사실을 발견했다. 청소년들은 종종 다툼과 긴장에 대한 책임감을 느낀다. 가정에서 10대 자녀와의 갈등은 피할 수 없고 이러한 갈등을 잘 해결하지 못하면 가족은 5~8년 동안 위기 상태가 될 수 있다. 가족 갈등의 책임이 자신에게만 있다고 생각하는 청소년은 지속적인 스트레스에 압도되어 자신이 자살하는 것이 모든 사람을 위한 최선의 해결책이라고 생각할 수 있다. 특히 부모가 청소년에게 가족의 문제가 전적으로 청소년 잘못이라고 노골적으로 말했을 때 발생할 가능성이 높다. 물론 부모가 청소년의 자살을 부추기기 위해 이런 말을 한 것은 아니지만, 부모가 위기 상황에 있고 가정에 청소년이 있다는 상황에 대처하는 방법에 무지한 상태이기에 발생하게 된다.

이러한 상황을 재구성하면 가족을 다르게 바라보고 긴장을 완화하는 데 도움이 된다. 어떤 이들에게는 가족 간의 정상적 갈등에 대해 교육하고 이것이 특정인의 잘못이 아니며, 오히려 이러한 갈등은 가족이 성장하고 커 가는 자녀에게 적응하는 데 도움이 된다는 사실을 알려 줄 필요가 있다. 〈BOX 4.3〉에서는 자살 충동이 있는 청소년을 위한 재구조화하기의 두 가지 예를 살펴볼 수 있다.

예 1: 16세 소녀가 영어 수업 과제로 자살에 대한 자신의 생각을 담은 시를 썼다. 이 시를 읽은 후, 영어 교사는 그녀를 스타이너에게 상담받으러 보냈다. 스타이너는 소녀와 단둘이 면담한 후 소녀의 어머니에게 상담 회기에 참석할 것을 요청했다. 어머니는 딸의 순종적이지 않은 반항적 행동에 대해 불평했다. 부모는 이혼했는데, 어머니는 딸이 행동을 바꾸지 않으면 아버지와 함께 살도록 보내겠다고 협박했다. 딸은 아버지를 무서워했고 이 위협을 어머니의 완전한 거부로 해석했다. 그녀는 자살 생각을 품는 것으로 대응했다. 스타이너는 딸의 반대 행동을 부모 사이의 지속적인 갈등을 상징하는 것으로 보았다.

스타이너는 자살 행동이 어머니에 대한 딸의 사랑과 아버지에 대한 두려움의 증거라고 말함으로써 상황을 재구조화했다. 그가 사용한 중재안은 어머니가 딸을 아버지에게 보낼 수 있는 권리를 포기하는 것에 대한 합의였다.

스타이너는 내담자가 자살이 자신의 권리라는 관점을 유지할 수 있게 해야 한다고 믿는다. 그녀는 내담자에게 "당신은 자살할 권리가 없습니다."라고 말할 때 발생할 수 있는 갈등을 피한다. 그러나 스타이너와 저자는 자살을 시도하는 내담자들에게 "나는 사람들이 죽는 것이 아니라 살 수 있도록 돕는 일을 하고 있으며, 당신이 살고 싶은 마음을 가질 수 있도록 최선을 다할 것입니다."라고 단호하게 말한다. 저자는 종종 자살을 시도하는 내담자들에게 그들이 살아 있어야만 그들을 도울 수 있다고 말하면서 자살은 일시적인 문제에 대한 영구적인 해결책이라고 말한다.

예 2: 한 10대 소년이 외로움을 느꼈다. 사람들은 그를 잘 알지 못했고 그는 자신의 감정을 자주 표현하지 않았다. 그의 부모는 그가 충족시켜 주기 어려운 높은 열망을 지니고 있었다. 부모님은 그가 느낀 실패감은 아랑곳하지 않고, 그가 할 수 있는 일에 대한 비현실적 기대를 가지고 있었다. 이 소년은 자신의 삶이 매우 암울하고 절망적이라고 인식했기 때문에 자살 위험이 높았다.

부모를 치료에 참여시키는 것이 필수적이었다. 부모가 기대하는 바를 소년이 아닌 그들 자신에게 초점을 맞추어 부모 자신들에게 투사된 바대로 재구성해야 한다. 이러한 관심의 전환은 10대의 긴장을 풀어 주는 데 도움이 될 것이다. 소년의 실패감은 부모의 실패감과 무의식적으로 동일시되는 것으로 재구성될 수 있다. 가족치료는 투사되고 내사된 기대 대신, 각 구성원이 자신에 대해 갖는 현실적인 희망에 초점을 맞출 수 있다.

비자살적 자해(NSSI) 및 자해 행동(SMB)

위기 관련 문제로 상담사를 찾는 사람들 중 일부는 자살할 의도 없이 자해 행동을 한다. 자살할 의도 없이 자신의 신체 조직을 고의적으로 손상시키는 행동을 자해 행동(self-mutilative behavior: SMB; Nock & Prinstein, 2004)이라고 하며, 최근에는 비자살적 자해(non-suicidal self-injury: NSSI; Goldman, 2010; Whitlock, Purington, & Gershkovich, 2009)라고도 한

다. 이러한 행동에 관여하는 사람들은 별도의 진단명이 없지만, 미국 정신의학회(APA, 2013)에서 발간한 『정신질환의 진단 및 통계 편람 제5판(DSM-5)』의 개정안에서는 비자살적 자해를 추가 연구가 필요한 진단적 상태임을 명시하고 여섯 가지 기준을 제시하고 있다: ① 지난 1년간 5일 이상 자살 의도가 없는 고의적인 자해 행위를 하는 경우; ② 부정적인 느낌 또는 인지 상태로부터 안도감을 얻거나, 대인관계 문제를 해결하거나, 긍정적인 기분 상태를 유도하기 위해 자해 행동을 하는 경우; ③ 부정적인 생각이나 감정, 통제하기 어려운 집착 기간과 관련이 있거나 자해 행동을 하지 않을 때도 자해에 대한 생각이 빈번하게 일어나는 경우; ④ 사회적으로 제재되는 것이 아니며 딱지를 뜯거나 손톱을 물어뜯는 행동으로 제한되지 않는 경우; ⑤ 자해 행동이 심각한 고통을 유발하거나 중요한 기능 영역을 방해하는 경우; ⑥ 자해 행동이 정신병적 삽화나 기타 약물로 인해 유발된 기간에만 발생하는 것이 아니며, 다른 증후군으로 더 잘 설명되지 않는 경우이다(p. 803).

일반적으로 NSSI는 불안, 우울증, 경계성 성격장애, 섭식장애와 같은 정서 및 성격장애에서 흔히 나타나는 충동장애이며 학대, 트라우마, 나쁜 자아상, 급격한 기분 변화, 유기 불안의 결과인 경우가 많다(Brohl & Ledford, 2012). 역사적으로 볼 때 고통을 가하고 자해하는 것은 새로운 현상이 아니며 어떤 종교에서는 고통을 가하거나 인간을 고통받게 하는 것이 신을 달래는 길이라는 믿음을 가지고 있다. 중세 유럽을 떠돌던 종교인들이 사회의 죄를 속죄하고 전염병을 막기 위해 자신을 채찍질하며 자해하는 것은 흔한 일이었다(Conterio & Lader, 2008).

NSSI는 일반 성인 인구의 약 4%, 성인 정신과 입원 환자 인구의 21%에서 나타난다(Briere & Gil, 1998). 청소년은 NSSI의 위험이 높을 수 있는데, 정신과 입원 환경에 있는 청소년의 40~61%(Darche, 1990; DiClemente, Ponton, & Hartley, 1991), 지역사회 청소년의 14~39%(Lloyd, 1998; Ross & Heath, 2002)에서 자해 행동이 나타났다. NSSI는 청소년에게 매우 널리 퍼져 있기 때문에 부모에게 반항하는 형태이거나 부모의 관심을 끌기 위한 방법일 수도 있다는 의견이 제시되었다(Conterio & Lader, 2008).

청소년 정신과 입원 환자를 대상으로 한 최근 연구에서 녹과 프린스타인(Nock & Prinstein, 2004)은 가장 흔한 NSSI 방법 및 이들이 스스로 보고한 NSSI를 하게 된 이유를 조사했다. NSSI의 상위 다섯 가지 방법은 피부를 긋거나 잘라 내기, 상처를 뜯어내기, 자신을 때리기, 피부를 긁어서 피를 내기, 자신을 물어뜯기였다. 나쁜 감정을 멈추기 위해, 고통스럽더라도 무언가를 느끼기 위해, 자신을 처벌하기 위해, 무감각하거나 공허한 감정을 해소하기 위해, 편안함을 느끼기 위해, 혼자 있을 때 할 일을 주기 위해 등의 여섯 가지가 비자살적 자해의 가장 큰 이유였다. 이러한 결과는 청소년이 비자살적 자해를 하는 주된 목적이 정서적 또는 생리적 경험의 조절임을 의미한다.

NSSI 평가

시먼과 홀란더(Simeon & Hollander, 2001)는 자신의 몸을 훼손하거나 다른 형태로 자해하는 것에 대한 심각성을 파악하고 평가하는 데 사용하기 위한 몇 가지 질문을 제시한다:

1. 어떤 식으로든 고의로 자신을 다치게 한 적이 있나요?
2. 자해할 때 자살하려고 했나요?
3. 처음 자해를 했을 때 몇 살이었나요?
4. 얼마나 자주 자해를 했나요?
5. 자해로 인해 의학적 치료를 받아야 했던 적이 있나요?
6. 자해한 후 기분이 어떤가요?
7. 자해하고 싶은 충동을 느낀 적이 있나요?
8. 자해 행동을 멈추고 싶은가요?
9. 자해 행동을 하기 전에 멈출 수 있었던 적이 있나요?
10. 자해하기 전에 약물이나 술을 사용했나요?
11. 하루 중 자해하고 싶다는 생각이 드는 특정 시간이 있나요?
12. 자해하고 싶다는 생각이 들게 하는 특정 상황이나 장소가 있나요?
13. 자해하고 싶다는 생각이 들게 하는 특정 사람이 있나요?
14. 가족 중에 자해한 사람이 있나요?
15. 친구나 지인 중에 자해하는 사람이 있나요?

NSSI에 대한 개입

내담자가 실제로 비자살적 자해를 하고 있다는 사실이 확인되면 상담사는 다양한 개입을 할 수 있다. 이러한 개입은 안전하고 위협적이지 않으며 구조화된 환경을 조성하고 인지행동적 요소를 구현하는 것(Walsh, 2005)부터 정신역동적 심리치료(Veague, 2008), 건강한 변화를 촉진하고 치유에 초점을 맞추기 위해 기본 규칙을 만드는 집단치료(Clark & Henslin, 2007)

에 이르기까지 다양하다. 콘테리오와 레이더(Conterio & Lader, 2008)가 1985년에 만든 자기 학대 종료(The Self-Abuse Finally Ends: S.A.F.E.) 프로그램은 25년 이상 청소년을 대상으로 성공적으로 시행되어 왔다. 이 프로그램은 청소년들이 문제에 직면하고 감정에 대해 타인과 소통하는 방법을 배우도록 돕는다. 이 프로그램은 지지적 · 인지행동적 · 심리치료적 접근법을 사용하며, 자해 금지 서약서, 충동 조절 일지 쓰기, 자해에 대한 다섯 가지 안전한 대안 목록 쓰기, 글쓰기 과제 등 네 가지 방식을 사용하여 내담자가 자해에 대해 스스로 인식하게 하고, 생각과 감정을 정리하며 건설적 방식으로 에너지를 집중할 수 있게 돕는다.

타인에게 위험한 내담자 관리하기

위기상담사는 살인을 저지르거나 타인에게 위협이 되는 사람을 주기적으로 만나게 된다. 제2장에서 설명한 바와 같이, 위기상담사는 가능한 경우 의도된 대상에게 미리 경고하고 경찰에 연락해야 할 의무가 있다. 때때로 어떤 사람은 정신증으로 인해 공공에 위협이 될 수 있다(예: 마을의 상수도에 독극물을 부으라는 신의 음성을 듣는 경우). 화를 잘 내고 충동 조절 능력이 부족한 개인도 위협이 될 수 있다. 살인 사고(homicidal ideation)는 복수에 대한 막연한 생각부터 행동 자체는 없지만 구체적이고 완전한 계획에 이르기까지의 살인에 대한 생각을 나타내는 일반적인 정신과 용어이다. 살인 사고는 미국 정신과 시설에 내원하는 환자의 약 10~17%에서 나타난다(Thienhaus & Piasecki, 1998). 이는 종종 정신증이나 섬망, 심지어 성격장애나 약물로 인한 정신증과 같은 다른 질병으로 인해 발생하기도 한다(Stern, Schwartz, Cremens, & Mulley, 2005). 살인 사고는 타인에 대한 폭력의 위험성을 평가할 때 중요한 위험 요인이며, 응급 정신과 서비스에 내원하는 사람들에게 일상적으로 나타나는 증상이다. 테러리즘은 제7장에서 다룰 예정이며, 여기서는 정신장애로 인해 타인에게 위험이 되는 이들에 대해 논의하도록 하겠다.

타인에 대한 폭력의 위험 요인

타인에 대한 잠재적 폭력과 관련된 몇 가지 위험 요인은 다음과 같다:

• 폭력의 과거력

- 타인을 해치려는 생각
- 충동 조절 능력이 떨어지고 만족감을 지연시키지 못할 경우
- 현실 검증의 손상 또는 손실
- 망상 또는 명령 환청
- 외부의 힘에 의해 통제되고 있다는 느낌
- 타인이 자신을 해치려 한다는 믿음
- 타인에 의해 거부당하거나 굴욕감을 느낀다는 인식
- 물질의 영향을 받고 있는 경우
- 반사회성 성격장애의 과거력
- 전두엽 기능장애 또는 두부 손상(Thienhaus & Piasecki, 1998)

다음 여섯 가지 질문을 통해 타인에게 해를 끼칠 가능성이 있는 사람을 평가할 수 있다:

1. 대상자가 폭력적이거나 위험한 행동에 적극적 또는 소극적으로 관여하는가?
2. 대상자가 폭력적이거나 위험한 행동을 할 것이라고 진술하는가?
3. 대상자가 이 행동을 실행할 계획이 있는가?
4. 대상자가 이 계획을 실행할 수 있는 수단을 가지고 있는가?
5. 대상자가 폭력적이거나 위험한 행동을 한 배경이 있는가?
6. 대상자가 과거에 폭력 계획에 따라 행동한 적이 있는가?

이러한 질문에 대한 답변은 내담자 또는 내담자 주변인과의 면담을 통해 얻을 수 있다. 내담자나 주변인들이 해당 인물의 말과 행동, 피해자가 누구인지에 관해 가능한 한 구체적으로 진술하도록 유도하라.

상담사가 내담자를 위협적이라고 판단하여 편안하게 상담을 끝낼 수 없는 경우는 도움을 요청해야 한다. 주법에 따라 허용되는 경우, 내담자의 폭력적 충동이 약물이나 다른 형태의 치료로 통제될 수 있을 때까지 내담자를 비자발적으로 입원시켜야 한다.

덜 불안정한 상황에서는 위기상담사가 내담자에게 분노를 관리하는 방법을 가르치거나 일상 지지 집단에 의뢰하여 내담자의 폭력적 충동을 억제하도록 도울 수 있다. 내담자가 행동 자제에 동의하고 의도된 피해자에게도 미리 경고가 된 경우, 내담자의 정신증적 증상이 통제되는 한 외래 치료를 받을 수 있다.

특정 정신증적 상태(예: 조증 또는 편집증)의 경우 위험한 행동을 유발하는 망상을 조절하기 위해 며칠 동안 병원에서 약물치료를 받아야 할 수도 있다. 약물치료를 받고 안정된 상태라면 몇 차례의 상담 회기만으로 병원에서 외래 생활로 전환하는 데 도움이 되는 적절한 기능을 하는 경우가 많다.

조증이나 정신증은 아니지만 충동 조절에 문제가 있는 일부 내담자(예: 배우자 구타자 및 아동 학대자)의 경우도 타인에게 위험할 수 있다. 이러한 사람들은 사회에서는 정상적으로 기능하는 것처럼 보이지만 폭력적 행동을 통해 가까운 개인의 관계를 통제한다. 대부분의 주에서 위기상담사는 아동 학대 의심 사례를 관계 당국에 신고해야 할 법적 의무가 있다. 내담자가 아동을 학대하지는 않았으나 위기상담사에게 아동 학대 직전이라고 말하는 경우, 위기상담사는 내담자에게 아동 학대 핫라인에 전화를 걸거나, 산책을 하거나, 열까지 세거나, 열이 식을 때까지 일시적으로 집 밖으로 나가도록 제안할 수 있다.

주법에 따라 상담사는 아동 학대 관련 내용을 신고해야 한다는 사실을 내담자에게 알려 주면 내담자의 폭력적 행동을 억제하는 데 도움이 될 수 있다. 충동적인 사람들은 내부적으로 통제할 수 없다고 느끼기 때문에 외부의 통제가 필요한 경우가 많다. 이는 친밀한 파트너를 학대하는 경우도 마찬가지이다. 위기상담사는 다른 성인의 폭행을 신고할 의무는 없지만, 가해자는 경찰이 출동할 것이라 생각하면 잠재적으로 폭력적 행동을 억제하게 되는 경우가 많다. 그럼에도 불구하고, 계속해서 타인을 언어적 · 정서적으로 학대하는 가해자도 있다.

어떤 사람들은 반사회적 성향과 분노로 인해 타인에게 위험할 수 있다. 특히 정신증 병력이 없는 경우, 경찰이 개입해야 하는 경우도 있다. 콜(1993)은 정신건강 클리닉의 정신과 의사에게 자신이 정신증적 장애가 있고 약물이 필요하다고 말한 한 전과자에 대해 이야기한다. 의사가 그를 진찰하고 병력에 대해 물었을 때, 그는 환자가 정신건강 치료 이력이 없고 정신질환이 없다는 사실을 발견하고 약을 처방하지 않았다. 그러자 이 남성은 칼을 꺼내 의사의 목에 들이대며 처방전을 작성하라고 강요했다. 그 남성이 자리를 뜨자마자 경찰이 출동했고, 이 남성은 정신증 환자의 비자발적 입원 규정에 의거하여 입원하기보다는, 체포되어 감옥에 수감되었다. 〈BOX 4.4〉는 콜(1993)이 소위 "매우 흥미 있는 사례"라고 부른, 타인에게 위험을 초래한 내담자의 예를 보여 준다.

| BOX 4.4 | 타인에게 위험을 초래한 내담자의 예 |

예: 23세 여성이 남자친구로 인해 스트레스를 받는다고 호소하며 정신건강 클리닉을 찾아왔는데, 남자친구는 그녀와 헤어지고 다른 여자와 사귀고 있었다. 그녀는 극도로 분노하여 남성이 집에서 잠들 때까지 기다렸다가 집 전체에 휘발유를 붓고 불을 지르기로 했다. 이러한 계획의 현실성을 평가하기 위해 정신건강 전문가는 내담자에게 다른 남자와 헤어진 경험이 있는지, 그리고 그 당시 무슨 일이 있었는지 물었다. 그 여성은 전 남자친구와 헤어졌을 때 차에 전선을 연결해 차에 타면 폭발하도록 했다고 말했다. 또한 그녀는 10년 전부터 정신과 치료를 받은 병력이 있음이 밝혀졌다. 또한 담당자는 이 여성이 귀에 안전핀을 귀걸이처럼 꽂고 있는 것을 목격했고 이 모든 정보를 종합하여 이 여성이 전 남자친구에게 위험을 초래할 수 있다고 판단했다. 내담자는 비자발적으로 입원하게 되었고 의도된 피해자와 경찰은 이 상황을 알게 되었다.

정신증적 장애 및 중증 정신질환자

위기상담사는 주기적으로 정신증적 증상을 경험하는 내담자를 만나게 된다. 심각한 정신증적 증상은 본질적으로 활성화된 망상과 환각에 빠져 현실과 단절된 상태이다. 이 상태는 극도의 성격장애와 극심한 불안감을 유발하며 어떤 방식으로도 기능할 수 없다. 이 상태의 사람들은 기본적인 욕구조차 돌볼 수 없고 음식이나 물을 스스로 먹거나 청결을 유지할 수 없으므로 누군가가 돌봐 주어야 한다.

이 경우 중증장애인이라는 용어가 적용되며, 이러한 상태는 주법에 따라 비자발적 입원의 근거가 될 수 있다. 이러한 내담자는 병원에서 입원하는 동안 대개 약물치료를 통해 안정화되고 며칠 내에 현실적 기능을 할 수 있게 된다. 그러나 어떤 경우는 정신적 스트레스 요인의 심각성, 개인의 병전 기능(즉, 장애 발생 전), 이용 가능한 지지체계에 따라 안정화 기간이 최대 2주 또는 6개월까지 걸릴 수 있다. 이러한 유형의 고통을 겪는 내담자는 조현병, 편집증적 상태 또는 알츠하이머와 같은 기질적 뇌장애로 진단될 수 있다.

어떤 경우에는 사람들의 정신증적 사고로 인해 심각한 장애가 발생하고 자신이나 타인에게 위험을 초래하기도 한다. 콜(1993)은 25세 남자가 3일 동안 완전히 운동실조증(움직이지 못하고 말도 못하는 상태)에 빠진 이야기를 들려준다. 그의 다리는 활동 부족으로 혈액 순환이 원활하지 않아 보라색으로 변해 있었고 탈수 상태였다. 정신건강 담당자로부터 비자발적으로 입원할 것이라는 통보를 받은 그는 옥상으로 달려가 뛰어내리겠다고 위협했다. 결국 누군가가 그를 지붕에서 끌어냈고, 그는 중증장애와 자해 위험으로 병원에 입원했다. 자살이나 정신증과 같은 응급 상황에서는 가족구성원의 개입이 필요하다. 가족이 없는 경우에는 기숙사 및 요양원, 사례관리자가 내담자를 위한 지지체계 역할을 한다. 위기상담사는 이러한 사람들과 함께 일할 때 두려워하지 말고 침착함을 유지해야 한다. 앞서 지적한 바와 같이, 내담자가 현실적인 기능 상태로 돌아올 때까지 상담사는 내담자의 보조 자아의 역할을 할 수도 있다. 〈BOX 4.5〉에는 중증장애인이 다른 사람에게 어떻게 여겨질 수 있는지 보여 주는 세 가지 예가 제시된다.

BOX 4.5 중증장애가 있는 내담자 사례의 예

예 1: 17세 소년이 점점 더 위축되고 집에서만 지내게 되었다. 더 이상 친구들을 만나지 않고 지난 1년 동안 성적이 떨어졌다. 그는 거리감이 있고 감정이 거의 없어 보인다(무감동). 그의 어머니가 그를 위기상담 센터에 데려온 이유는 불안 증세를 겪고 있으며 외계인이 밤에 자신을 지켜보고 있다고 믿기 때문이다. 상담을 받을 때 그는 상담사에게 밤에 서성이다가 '우리가 널 지켜보고 있다.'는 이상한 속삭임이 들려서 잠들기가 두렵다고 했다.

이것은 초기 정신증적 증세의 전형적인 사례이다. 이 청년은 준 조현병 진단을 받고 입원하여 항정신성 약물을 투여받아 증상을 없애지는 않더라도 완화시킬 수 있을 것이다. 안타깝게도 이 청년은 앞으로 다시 증세를 보일 수도 있다.

예 2: 직장에서 호전적으로 변한 한 남성이 상사에 의해 상담사에게 보내졌다. 상담사는 면담 중에 그가 흰색 밴이 자신을 미행하며 적외선 음파 탐지기로 추적하고 있다고 믿는다는 사실을 알게 된다. 그는 하이테크 무기와 전기장비에 관한 잡지를 가져오고 장치를 상담사에게 보여 준다. 그는 잡지의 정보에 몰두하고 있으며 잡지에 설명된 장비가 자신을 감시하는 데 사용되는 형태라고 믿는다. 그는 가족 및 친구들과 연결감을 느끼고 시사에 대해 명확하게 파악하고 있으며 여전히 직무를 수행할 수 있는 것처럼 보인다.

이 남성의 상태는 편집증 상태로 진단될 수 있으며, 증상이 악화되면 입원이 필요할 수 있다. 약물치료는 망상을 없애는 데 효과적일 수도 있고 그렇지 않을 수도 있다.

예 3: 70세 여성이 30세 손녀에 의해 정신건강센터로 이송되었다. 손녀는 할머니가 집에서 신문과 개봉하지 않은 기초연금 수표(Social Security checks)에 둘러싸여 나체로 앉아 있는 것을 발견했다. 그녀는 아무것도 먹지 않았는데, 음식에 독이 들어 있다고 믿었기 때문이다. 그녀는 오늘이 무슨 날인지도 모르고, 자신이 여전히 1955년에 살고 있다고 생각하며, 손녀가 자신의 딸이라고 믿는다.

이 여성은 알츠하이머병이나 노환으로 고통받고 있을 가능성이 높다. 이 여성은 심각한 장애가 있으며 후견인(즉, 재정 관리인)이 필요하다.

정신 상태 검사

정신 상태 검사는 누군가가 정신증으로 심각한 장애가 있는지, 자신이나 타인에게 위험이 되는지 판단하는 데 도움이 되는 공식적 평가 도구이다. 이 검사는 외모, 태도, 행동, 언어, 기분과 정동, 사고 과정, 사고 내용, 지각, 인지, 통찰력, 판단력 등의 영역에서 개인의 현재 마음 상태를 구조적으로 설명하는 방법이다(Trzepacz & Baker, 1993). 정신 상태 검사를 치매에 대한 간단한 신경 심리 선별 검사로 자주 사용되는 간이 정신 상태 검사와 혼동하면 안 된다. 〈표 4.2〉에는 정신증 또는 기타 심각한 장애 상태를 평가하기 위해 면담에서 물어보거나 볼 수 있는 정신 상태 검사 범주와 잠재적 관찰 또는 질문이 나와 있다. 면담 대상자가 이 검사에 제시된 행동이나 관찰 사항의 징후를 보이거나 질문에 '예'라고 답하는 등 부적절한 답변을 하는 경우, 최소한 의사의 개입이 필요한 심각한 정신질환이 있을 수 있다. 잠재적 정신증 및 중증장애 평가는 내담자 및 가족과의 면담 시 정신 상태 검사를 통해 효과적으로 이루어진다.

〈표 4.2〉 정신 상태 검사

영역	질문 또는 관찰	가능한 진단 고려 사항
외모	관찰: 단정하지 않음, 체취, 더러움, 알몸 상태	조현병, 물질로 인한 중독 상태
태도	관찰: 질문을 받으면 경계함, 적대적	편집성 조현병, 물질로 인한 중독 상태
행동	관찰: 물리적 경계가 부족, 지나치게 친근함, 불안해하는 모습	조울증
	관찰: 손 떨기, 고개 숙이기, 구부정한 자세	주요 우울증
	관찰: 강직증(cataleptic), 납굴증(waxy flexibility), 움직임 없음	긴장증(catatonia)
말하기	관찰: 빠름, 강제적, 압박감	조울증
	관찰: 불분명함	물질로 인한 중독 상태
	관찰: 일관성 없음, 자발성 부족	조현병
기분 및 정동	관찰: 광범위함, 지나치게 들떠 있음, 부적절한 정서를 보임, 실없음, 적대적	조울증
	관찰: 슬픔, 동요, 절망감	주요 우울증
	관찰: 공허한 눈, 감정 결여, 무덤덤함	조현병

사고 흐름	관찰: 무질서함, 연관성 부족	조현병
	관찰: 사고비약	조울증
사고 내용	망상	조현병
	질문: 자신에게 특별한 힘이 있다고 생각합니까? 사람들이 당신의 마음을 읽을 수 있습니까? 전화나 인터넷이 당신에게 메시지를 보내나요? TV, 라디오 또는 컴퓨터에서 나오는 특별한 코드나 메시지가 있나요? 사람들이 당신을 노리고 있나요? 당신의 생각을 다른 곳에 주입할 수 있나요? 자신이 매우 특별하고 중요한 사람이라고 생각하나요?	조울증이나 망상형 조현병
지각	시각적, 청각적, 망상	조현병
	질문: 다른 사람들이 듣지 못하는 목소리나 대화가 들리나요? 다른 사람들이 보지 못하는 사람, 캐릭터 또는 기타 사물이 보이나요? 이상하거나 불안한 맛이나 냄새를 경험하나요?(후각 또는 미각 환각)	치매, 뇌종양
	질문: 음식에서 독이 든 것 같은 맛이 나나요? 이상한 냄새가 나나요?	
인지: 방향 (orientation)	질문: 오늘이 무슨 날인지 아십니까? 당신이 어디에 있는지 아십니까? 자신이 누구인지 아세요? 대통령이 누구인지 아세요? 현재 방영 중인 TV 프로그램이나 영화의 이름을 말해 주실 수 있나요? 마지막으로 먹은 음식은 무엇인가요?	조현병, 치매
통찰력	질문: 왜 당신이 문제가 있는지 알고 계십니까?	조현병, 치매, 조울증
판단	관찰: 싸움, 부적절한 대인관계 행동, 성적 난잡함, 금품 전달 등	조울증

〈BOX 4.6〉은 독자가 자살 평가 및 ABC 모델을 연습하는 역할극에 사용할 수 있는 몇 가지 사례를 제공한다.

BOX 4.6 역할극 사례

위기개입 및 자살 평가의 ABC 모델을 설명했으니, 이러한 면담 기술을 연습할 수 있는 다양한 사례를 소개한다. 이후 각 장에서는 해당 장에서 제시된 자료와 관련된 역할극을 할 수 있는 사례도 있다. 이러한 역할극을 수행할 때 참고할 수 있도록 다양한 치료적 진술이 제공되었다.

다음 내담자를 대상으로 자살 평가 및 개입을 하는 연습을 해 보라. ABC 위기개입 모델을 사용하여 촉발사건, 인지, 정서적 고통, 기능장애를 파악한다. 내담자 역할극을 하는 사람은 창의성을 발휘해야 하며, 자살 충동을 느끼는 사람에게서 흔히 발견되는 정서적·인지적 요소에 대한 지식을 바탕으로 상황을 꾸밀 수 있어야 한다. 실습 상담사는 사례 설명 마지막에 포함된 치료적 코멘트를 사용해야 한다. 자유롭게 창의력을 발휘하여 저위험군, 중위험군, 고위험군 내담자를 포함하는 시나리오를 만들어 보라. 내담자의 위험 수준을 결정한 후에는 적절한 개입방법을 논하라. 상담사의 질문에 대한 내담자의 답변에 따라 모든 사례를 저위험, 중위험 또는 고위험으로 분류할 수 있다.

사례 1: 45세 여성은 매우 우울하다. 자녀는 모두 성장하여 결혼했고, 이혼한 지 20년이 되었으며, 직장에도 불만이 많았다. 그녀는 살아야 할 이유를 찾지 못하고 있지만, 자살할 구체적 계획을 세우지는 않은 상황이다. 그녀는 자신이 자식들에게 짐이 된다고 느낀다.

재구조화하기: 자살하는 것은 자녀에게 더 큰 부담이 될 수 있다는 것을 알려 주라. 정말 이런 식으로 아이들에게 트라우마를 주고 싶은 것인가?
지지: 많은 어머니가 자녀가 집에 없을 때 슬픔을 느낀다는 사실을 알려 주라. 어머니들은 자녀를 너무나 사랑하기 때문에 자녀가 생활이 허락하는 것보다 더 자주 집에 돌아오기를 바라는 경우가 많다. 또한 만족스럽지 못한 직장은 대부분의 사람에게 매우 힘든 일이다.
교육: 많은 여성이 중년의 경력 전환을 위해 학교에 복학하고 있다. 또한 때로는 자원봉사를 통해 사회에서 필요하며, 기여하고 있다는 느낌을 가지고 싶은 욕구를 채울 수도 있다.
힘 실어 주기: 그녀는 상사나 직장을 통제할 수 없고, 자녀도 통제할 수 없지만, 자신의 행동은 통제할 수 있다. 더 보람 있는 삶을 만드는 데 도움이 되는 선택을 할 수 있다.

사례 2: 6개월 전 아내가 사망한 68세 남성이 매우 우울해하며 총으로 자살하고 싶어 한다. 그는 집에 장전된 총을 가지고 있으며 그가 기르던 개도 막 죽은 상황이다.

재구조화하기: 그는 자신이 자살하면 아내가 편히 쉴 것이라고 믿는가? 아마도 그의 슬픔의 정도는 그들이 가졌던 사랑의 정도와 관련이 있을 것이며, 많은 사람이 평생 그런 사랑을 받지 못하는데, 그런 사랑을 받은 것을 행운으로 여길 수도 있다.
지지: 그의 외로움을 이해하고 있으며, 그가 집중할 수 있는 모임과 다른 일들이 있다는 것을 알려 주라. 아마 예전 같지 않을 것이다. 아내를 잃은 데 반려견까지 잃는다는 것은 매우 힘든 일이다.
교육: 우울증은 종종 자살을 생각하게 하지만 이는 일시적인 상태이며 상담을 받으면 우울증이 사라지고 자신이 살아 있다는 사실에 기뻐할 수 있다. 그는 적극적으로 애도해야 하며 도움을 받으면 아내와 개가 없는 삶에 적응하는 법을 배울 수 있다.
힘 실어 주기: 사랑하는 사람의 죽음은 종종 우리를 무력하게 만들고, 스스로 목숨을 끊음으로써 힘을 얻을 수 있는 것처럼 보일 수 있다. 그러나 그가 힘을 느낄 수 있는 다른 선택도 있다.

사례 3: 30세 여성은 절망과 낙담에 빠져 있다. 그녀는 자신이 나쁜 엄마이자 아내라고 생각하며 집안 살림을 꾸려 나가지 못한다고 생각한다. 식욕이 없고 잠을 잘 수 없으며, 자녀와의 관계에도 관여하지 않는다. 그녀는 울면서 하루를 보내고 아이들은 알아서 스스로를 돌본다. 그녀는 자신이 곁에 없는 것이 나을지도 모른다고 막연하게 생각한다.

재구조화하기: 나쁜 어머니는 자녀가 돌봄을 받지 못해도 신경 쓰지 않는다. 이 어머니는 나쁜 사람이 아니라 우울한 사람일 뿐이다.

지지: 엄마가 되는 것이 힘들다는 것을 알려 주라. 가정과 자녀를 관리하는 것이 반드시 쉬운 일은 아니다.

교육: 그녀가 이야기하는 내용을 보면 우울증을 앓고 있는 것 같다. 많은 사람이 이와 같은 증상을 경험하며, 우울증 완화에 매우 효과적인 약물과 상담 유형이 많이 있다.

힘 실어 주기: 그녀는 우울증을 관리하기 위해 필요한 방법을 스스로 통제하고 있다. 그녀가 자신을 통제하고 있다는 첫 번째 신호는 이 약속에 온 것이다.

복습 문제

1. 자살 평가의 궁극적 목표는 무엇인가?
2. 저위험군, 중위험군, 고위험군 내담자의 특징은 무엇인가?
3. 각 위험 수준에 따른 개입은 무엇인가?
4. 자해를 하는 사람과 자살을 하는 사람은 어떻게 다른가?
5. 정신 상태 검사의 목적은 무엇인가?
6. 심각한 장애가 있다는 것은 무엇을 의미하는가?

주요 학습 용어

망상: 조현병, 치매, 조증, 약물중독 등으로 인해 정신증적 증상을 겪고 있는 사람에게서 종종 관찰되는 신념과 사고. 이러한 믿음은 현실적 근거가 없음

응급 정신과: 병원과 같은 응급 환경에서 심각한 자살 시도, 생명을 위협하는 약물 남용 상태, 신경생물학적 우울증, 정신증, 폭력 또는 기타 급격한 행동 변화가 있는 사람들에게 서비스를 제공하는 것

심각한 장애: 정신장애로 인해 음식, 주거, 의복 등 자신의 개인적인 필요를 스스로 해결할 수 없는 사람을 지칭하는 용어

환각: 잘못된 감각 지각. 청각 환각은 조현병과 관련이 있고, 시각 및 촉각 환각은 약물 남용 금단과 관련이 있으며, 미각 및 후각 환각은 기질적 뇌장애와 관련이 있음. 모든

환각은 심각한 질병을 나타내므로 환각이 있는 경우 의사와 상담해야 함

자살 고위험군 내담자: 자살을 완료할 수 있는 계획과 수단, 의도가 있는 내담자; 자살하지
말라고 설득할 수 없음. 이러한 내담자들에게는 입원이 장려됨

비자발적 입원: 자신이나 타인에게 위험하다고 판단되거나 정신장애로 인해 심각한 장애
가 있는 경우 평가 및 관찰을 위해 클라이언트를 정신 시설에 본인의 의사에 반하여 구
금하는 행위

자살 저위험군 내담자: 자살을 고민한 적은 있지만 시도한 적이 없는 내담자. 이러한 내담
자는 적절한 지지체계를 가지고 있으며 일반적으로 외래 환자로 치료할 수 있음. 치료
및 교육적 개입이 권장됨

수단: 자살하려는 사람이 자살을 위해 사용하는 실제 물리적 도구, 약 또는 행동

정신 상태 검사: 정신증적 상태 가능성을 평가하기 위해 내담자를 관찰하고 면담하는 구
조화된 방법

자살 중위험군 내담자: 자살을 생각하고 우울감을 느끼는 내담자. 이러한 내담자는 아직
희망은 있지만 자살 계획을 세우고 있을 수도 있음. 자살 방지 서약서는 자살을 주의
깊게 살피는 것과 마찬가지로 이러한 사람들에게도 효과적임. 위기개입이 강하고 빈
번하게 이루어져야 함

비자살적 자해/자해 행동: 자살할 의도 없이 고의로 자신의 신체 조직에 손상을 입히는
행위

노먼 L. 파베로: 미국의 자살학 분야의 선구자. 로스앤젤레스에 최초의 자살 예방 센터와
핫라인을 설립함

자살 방지 서약서: 내담자와 위기상담사 간의 공식적인 서면 또는 구두 계약으로, 내담자
가 스스로를 해치기 전에 상담사와 상담하기로 약속하는 것. 저위험군 및 중위험군 내
담자에게 효과적인 개입으로 간주됨

계획: 내담자가 스스로 목숨을 끊기 위해 고안한 행동 청사진

정신증적 증상: 내담자가 현실과 접촉하지 못하고 망상 및 환각과 같은 증상을 보이는 상
태. 이는 종종 조현병 환자가 약물 복용을 중단하거나 첫 번째 조현병 에피소드가 시작
될 때 발생함. 이 상태는 또한 양극성장애 및 편집증 장애와 관련될 수 있음. 이러한 사
람은 일반적으로 비자발적 입원이 필요함

자살 사고: 자살의 인지적 요소로 자살과 관련된 사고

자살 평가: 위기상담사가 내담자의 자살 의도와 사고의 심각성을 확인하기 위해 일련의

지시적 질문을 하는 과정. 여기에는 다양한 위험 요인, 자살 수단, 자살 계획, 자살하려는 이유 등을 파악하는 것이 포함됨

자살 보호관찰: 자살 위험이 중간 정도인 사람을 가족이나 친구가 관찰하는 것. 누군가가 24시간 내담자의 곁에 머물면서 내담자가 자살하지 않는지 확인함. 자살 고위험군 내담자를 위한 정신과 시설에서도 자살 보호관찰을 실시함

🎓 참고문헌

Aguilera, D. C. (1990). *Crisis intervention: Theory and methodology* (6th ed.). St. Louis, MO: Mosby.

Allen, M., & Currier, G. (2004). Use of restraints and pharmacotherapy in academic psychiatric emergency services. *General Hospital Psychiatry, 26*(1), 42-49.

American Foundation for Suicide Prevention. (2016). *Suicide Statistics.* Retrieved June 27, 2016, from http://afsp.org/about-suicide/suicide-statistics/

American Psychiatric Association. (2013). *Diagnostic and Statistical Manual of Mental Disorders, Fifth Ed.* Washington DC: American Psychiatric Publishing.

Beck, A. T., Ward, C. H., Mendelson, M., Mock, J., & Erbaugh, J. (1961, June). An inventory for measuring depression. *Archives of General Psychiatry, 4*, 561-571.

Bisconer, S. W., & Gross, D. M. (2007). Assessment of suicide risk in psychiatric hospital. *Professional Psychology: Research and Practice, 38*, 143-149.

Briere, J., & Gil, E. (1998). Self-mutilation in clinical and general population samples: Prevalence, correlates, and functions. *American Journal of Orthopsychiatry, 68*, 609-620.

Brohl, K., & Ledford, R. (2012). Non-suicidal self-injury: Etiology, treatment and prevention of cutting. In *Continuing education for California social workers and marriage and family therapists.* Ormond Beach, FL: Elite Continuing Education.

Clark, J., & Henslin, E. (2007). *Inside a cutter's mind* (pp. 211-215). Colorado Springs, CO: Nav Press.

Cole, C. (1993). *Psychiatric emergencies.* Presentation at California State University, Fullerton, CA.

Conterio, K., & Lader, W. (2008). *Bodily harm: Breakthrough healing program for self-injurers.* New York, NY: Hyperio Press.

Darche, M. A. (1990). Psychological factors differentiating self-mutilating and non-self-mutilating adolescent inpatient females. *The Psychiatric Hospital, 21*, 31-35.

DiClemente, R. J., Ponton, L. E., & Hartley, D. (1991). Prevalence and correlates of cutting behavior: Risk for HIV transmission. *Journal of the American Academy of Child and Adolescent Psychiatry, 30*, 735-739.

Flavin, P., & Radcliff, B. (2009). Public policies and suicide rates in the American states. *Social Indicators Research, 90*, 195-209.

Goldman, S. (2010). *Children's hospital Boston pediatric health blog*. Retrieved July 10, 2011, from http://childrenshospitalblog.org

Jobes, D. A., Eyman, J. R., & Yufit, R. I. (1995). How clinicians assess suicide risk in adolescents and adults. *Crisis Intervention and Time-Limited Treatment, 2*, 1-12.

Kessler, C., Jr., Borges, G., & Walters, E. E. (1999). Prevalence of and risk factors for lifetime suicide attempts in the National Comorbidity Survey. *Archives of General Psychiatry, 56*, 617-626.

Litman, R. E., & Farberow, N. L. (1961). Emergency evaluation of self-destructive potentiality. In N. L. Farberow & E. S. Shneidman (Eds.), *The cry for help* (pp. 48-59). New York, NY: McGraw-Hill Book Company.

Litman, R. E., Farberow, N. L., Shneidman, E. S., Heilig, S. M., & Kramer, J. (1965). Suicide prevention telephone service. *Journal of the American Medical Association, 192*(1), 21-25.

Litman, R. E., Farberow, N. L., Wold, C. I., & Brown, T. R. (1974). Prediction models of suicidal behaviors. In A. Beck, H. L. P. Resnick, & D. J. Lettieri (Eds.), *Prediction of suicide* (Chapter X, pp. 141-159). Bowie, MD: Charles Press Publishers, Inc.

Lloyd, E. E. (1998). Self-mutilation in a community sample of adolescents (Doctoral dissertation, Louisiana State University, 1998). *Dissertation Abstracts International, 58*, 5127.

Nelson, C., Johnston, M., & Shrivastava, A. (2010). Improving risk assessment with suicidal patients: A preliminary evaluation of the clinical utility of the Scale for Impact of Suicidality-Management, Assessment and Planning of Care (SIS-MAP). *The Journal of Crisis Intervention and Suicide Prevention, 31*(5), 231-237.

Nock, M. K., & Prinstein, M. J. (2004). A functional approach to the assessment of self-mutilative behavior. *Journal of Counseling and Clinical Psychology, 72*(5), 885-890.

Rogers, J. R., Gueulette, C. M., Abbey-Hines, J., Carney, J. V., & Werth, J. L., Jr. (2001). Rational suicide: An empirical investigation of counselor attitudes. *Journal of Counseling and Development, 79*, 365-372.

Ross, S., & Heath, N. (2002). A study of the frequency of self-mutilation in a community sample of adolescents. *Journal of Youth and Adolescence, 31*, 67-77.

Shaffer, D., Restifo, K., Garfinkel, R., Wilcox, H., Ehrensaft, M., & Munfakh, J. (1998). *Screening for young-adult suicidality and mood disorders in high school*. Poster presented at the annual meeting of the American Academy of Child and Adolescent Psychiatry, Anaheim, CA.

Shneidman, E. S., Farberow, N. L., & Leonard, C. S. (1961). *Some facts about suicide* (Public Health Service Publication No. 852). Washington, DC: Superintendent of Documents, U.S. Government Printing Office.

Simeon, D., & Hollander, E. (2001). *Self-injurious behavior: Assessment and treatment* (p. 22). Washington, DC: American Psychiatric Press.

Steadman, H. J., Silver, E., Monahan, J., Appelbaum, P. S., Robbins, P. C., Mulvey, E. P.,⋯ Banks, S. (2000). A classification tree approach to the development of actuarial violence risk assessment tools. *Law and Human Behavior, 24*(1), 83-100.

Steiner, L. (1990). *Suicide assessment and intervention.* Presentation at California State University, Fullerton, CA.

Stern, T. F., Schwartz, J. H., Cremens, M. C., & Mulley, A. G. (2005). The evaluation of homicidal patients by psychiatric residents in the emergency room: A pilot study. *Psychiatric Quarterly, 62*(4), 333-344.

Suicide. (1996, December). *Harvard Mental Health Letter*, Part II, 1-4.

Thienhaus, O. J., & Piasecki, M. (1998). Emergency psychiatry: Assessment of psychiatric patients' risk of violence toward others. *Psychiatric Services, 49*(9), 1129-1147.

Trzepacz, P. T., & Baker, R. (1993). *The psychiatric mental status examination.* Oxford: Oxford University Press.

Veague, H. B. (2008). *Cutting and self-harm.* New York, NY: Chelsea House.

Walsh, B. W. (2005). *Treating self-injury: A practical guide.* New York, NY: Guilford Press.

Whitlock, J., Purington, A., & Gershkovich, A. (2009). *Influence of the media on self-injurious behavior: Understanding non-suicidal self-injury.* New York, NY: American Psychological Press.

Wyman, S. (1982). *Suicide evaluation and treatment.* Presentation at seminar sponsored by Orange County Chapter, California Association of Marriage and Family Therapists.

제5장
발달 및 문화적 위기

학습목표

이 장을 학습한 후 독자는 다음과 같은 목표를 달성할 수 있다.

목표 1. 에릭슨의 심리사회적 발달단계와 각 단계의 위기 이해하기

목표 2. 발달 위기와 개입방법 이해하기

목표 3. 문화적 겸손함 이해하기

목표 4. 에믹(emic)과 에틱(etic) 이슈의 차이점 알기

목표 5. 라틴계, 아프리카계, 아시아계 미국인이 직면한 문화적 문제 인식하기

목표 6. 소외 불안 증후군(FOMO)을 사반세기 동안 지속된 위기로 이해하기

소개

　에릭 에릭슨(Erik Erikson)이 제안한 발달 위기의 개념은 잘 문서화되어 있고 사회과학자들에 의해 거의 보편적으로 받아들여지고 있다. 에릭슨은 심리사회적 발달단계에서 새로운 단계마다 부과되는 과업 및 역할 변화로 인해 유발되는 발달 위기에 대해 말했다. 사람들은 삶의 이러한 단계에서 위기에 더 취약하다. 정상적인 성장과 발달과정은 사람이 심리적ㆍ생물학적ㆍ사회적 발달의 한 단계에서 다른 단계로 이동함에 따라 점진적으로 발생한다. 출생에서 노년기에 이르는 정상적 발달과정의 중요한 전환기에 발생하는 짧은 기간의 심리적 혼란은 종종 상담사의 관심을 초래한다.

　발달 위기에 있는 아동을 도울 때 위기상담사는 역할 발달이 상호작용을 통해 이루어진다고 여긴다. 가족 내에서 한 사람의 역할이 바뀌면 다른 가족구성원의 역할도 바뀐다. 역할 변화의 완성에 가족이 관여하기 때문에 이러한 위기가 끝나는 데 몇 년이 걸릴 수 있다.

생애주기별 위기에 대한 간략한 리뷰

　영아기(infancy).　아기를 낳는 것은 여러 과업을 수행해야 하는 심리사회적 단계의 한 예이다. 아이가 태어난 첫해에는 가정에서 많은 스트레스가 발생하며 부모는 이로 인해 때로는 정신건강 전문가의 서비스를 찾게 된다. 아이는 무조건적인 사랑과 관심, 양육이 필요하지만, 모든 부모가 자연스럽게 이러한 특성을 가지게 되는 것은 아니다. 새롭게 아이가 태어나면 남편과 아내로만 가족이 구성되었을 때 존재했던 안정된 상태를 확실히 뒤흔들게 된다. 어머니가 결혼하지 않았거나 10대인 경우에는 또 다른 위기가 발생할 수 있다. 아이가 자신의 모든 욕구가 충족될 것이라는 믿음을 가지고 성장하는 데 필요한 양육을 제공하는 것은 상당히 어려운 일이다. 대부분의 부모는 아이를 돌보는 체계적인 훈련을 받지 않았기 때문에 아이가 태어난 첫해에는 육아 교육이 도움이 될 수 있다. 많은 병원과 건강관리기관에서는 전통적인 '출산' 수업뿐만 아니라 육아에 관한 수업도 제공한다. 대부분의 서점에서는 조언과 지식이 필요한 부모를 위한 '방법'에 관한 책들을 많이 찾아볼 수 있다. 부모는 또한 부부로서의 자신들을 돌볼 수 있도록 지원과 격려가 필요하다. 새내기 부모는 상담사, 간호사, 사회복지사 또는 기타 전문가의 상식적 조언을 통해 도움을 받을 수 있다. 예를 들어,

시간을 내어 데이트를 하거나 조부모에게 육아를 부탁하여 육아에서 벗어나 휴식을 취할 수 있도록 해야 한다. 좋은 부모가 되는 것이 얼마나 어려운지 부모와 공감하는 것은 가족의 발달단계에서 부부에게 도움이 될 수 있다.

유아기(toddlerhood). 양육의 다음 단계인 유아기에서도 많은 가족이 상담을 요청한다. 유아가 독립성과 의존성의 균형을 이루기 위해 자신의 욕구를 해결하도록 돕는 것은 상당히 어려운 일이다. 부모는 유아가 이러한 과도기적 과정을 잘 극복할 수 있도록 돕기 위해 구조화된 행동 수정을 실행하는 방법에 대한 교육을 받으면 도움이 된다. 위기상담사는 부모에게 아이가 수치스럽게 느끼지 않게 하면서도 경계와 한계를 설정하는 방법을 가르칠 수 있다. 두 살짜리 아이가 가정에서 상전이 되는 것은 두려운 일일 수 있다. 부모는 강압적으로 되지 않으면서도 통제력을 발휘해야 한다.

유치원 및 중학교 시기(preschool and middle school). 아이들이 학교에 입학하면 사회적 수용, 자기 주장, 자존감, 정체성 등을 익혀야 하는 과제가 생긴다. 학령기 아동은 종종 사회적 거부와 관련된 위기를 경험한다. 위기상담사는 아동의 필요를 충족시킬 수 있는 적절한 대안을 모색하여 도움을 줄 수 있다. 부모는 이러한 상담 회기에 참여하도록 권장되며 자녀에게 큰 지원군이 될 수 있다.

청소년기(adolescence). 이 시기의 청소년은 정체성, 자율성, 부모와의 분화를 추구한다. 부모로부터 필요한 보살핌과 경계를 경험하면 든든한 심리적 기반을 지닌 청년기에 진입할 수 있다. 한편, 자율성을 찾기 위해 불법적이고 잠재적으로 생명을 위협할 수 있는 행동에 참여할 위험에 처할 수도 있다. 청소년기는 자립을 위해 고군분투하면서도 여전히 성인의 지도와 정서적 지지가 필요로 하는 질풍노도의 시기이다. 가족 체계가 자율성과 보살핌을 모두 허용하지 않는 경우, 청소년은 이 두 가지 욕구 중 하나 또는 모두를 충족하기 위해 자기 파괴적인 행동을 할 수 있다. 이러한 청소년에게는 개인 또는 집단 치료가 효과적이며 청소년 쉼터와 그룹홈에서 널리 사용되고 있지만 문제를 영구적으로 해결하려면 가족 구조를 살펴보고 가족에 대한 개입이 필수적이다. 이러한 이유로 대부분의 청소년 치료 프로그램에는 가족의 참여가 필요하다.

청소년기에는 많은 위기 상태가 발생한다. 청소년은 성인의 신체를 가지지만 아직 전두엽 피질이 발달하지 않은 상태이며 충동 조절 능력도 성인만큼 발달하지 않았다. 뇌의 충동 조절 중추인 전두엽이 완전히 발달하는 것은 25세가 되어서야 가능하다. 10대 임신, 왕따, 섭식장애, 성병 등 청소년기와 관련된 문제는 다음 장에서 다룰 예정이다.

청년기(young adulthood). 개인이 성인기에 접어들면서 새로운 과제가 생긴다. 첫째,

청년들은 자신에 대한 경제적·사회적 책임감을 가져야 한다. 청년들은 결국 부모로부터 멀어지면서 자신의 정서적 욕구를 충족시켜 줄 파트너를 찾게 된다. 부모의 애정에서 파트너와의 친밀감으로 전환하는 것은 쉬운 일이 아니다. 일반적으로 젊은이들이 이 단계를 통과하는 데는 10년이 걸린다. 청년들이 친밀한 관계를 맺기 시작하면서 이 시기에는 관계 단절이 흔하게 발생한다. 위기상담사는 또래와 친밀감을 추구하는 청년뿐만 아니라 부모와 정서적으로 분리하려는 청년도 상대해야 한다.

소위 밀레니얼 세대로 불리는 젊은 세대들은 청소년기와 청년기를 보내면서 때때로 소셜 미디어로 인해 어려움을 경험한다. 이전 세대도 나름의 어려움이 있었지만, 2001년경 청소년과 청년이 된 이들은 스마트폰과 마우스를 손에 쥐고 자랐기 때문에 인터넷과 빠른 정보 수집의 세계에 잘 적응하고 있다. 세상은 축소되었고 사람들은 언제 어디서나 무슨 일이 일어나고 있는지 알 수 있게 되었다. 이것은 또한 사람들이 자신의 세계에서 일어나지 않고 있는 일을 알고 있다는 것을 의미하는데, 이러한 현상은 '소외 불안 증후군(Fear of Missing Out: FOMO)'으로 불린다. 소외 불안 증후군(FOMO)은 1996년 헤르만(Herman, 2016)에 의해 명명되었고, 2013년 옥스퍼드 영어 사전에 추가되었으며, 스트롱(Strong, 2016)에 의해 "흥미진진하거나 흥미로운 사건이 현재 다른 곳에서 일어나고 있을지도 모른다는 불안감"으로 정의되었다. 다른 사람들은 FOMO를 다른 사람들이 자신이 누리지 못하는 보람 있는 경험을 하고 있을지도 모른다는 만연한 불안감으로 정의했으며, 다른 사람들이 하는 일과 지속적으로 연결되기를 원하는 욕구가 특징이다(Przybylski, Murayama, DeHaan, & Gladwell, 2013). 이러한 현상은 소셜 미디어 혁명 이전에도 발생했을 수 있지만, 21세기 기술로 인해 더욱 심해졌다.

헤르만(Herman)은 FOMO를 주어진 기회를 누리지 못하고 성공에 따른 기쁨을 놓칠 가능성에 대한 두려운 태도라고 설명한다. 유리잔의 빈 절반에 더 관심을 기울이는 것이다. 그는 FOMO의 전개 과정을 다음과 같이 설명한다:

1. 다양한 선택지의 가능성
2. 지각된 소모 능력
3. 예측적 상상력
4. 소외 불안 증후군

(p. 2)

그는 모든 것이 무궁무진하게 있는 매력적 선택지에 대한 인식에서 시작된다고 말한다.

자신이 원하는 선택지를 최대한 다 사용하고 그제서야 자신이 놓치고 있는 것이 무엇인지 상상하게 된다. FOMO를 경험하는 사람은 시간, 돈 또는 기타 장벽으로 인해 놓칠 수 있는 것들에 대한 두려움을 경험한다. 이는 달성하지 못했지만 간절히 원하는 것을 인지적으로 강조하는 것이다. 이는 우리에게 열려 있는 선택지를 높이 평가하는 태도에서 비롯되는 감정적 반응이다.

FOMO와의 인지 연관성

FOMO와 관련된 몇 가지 인식은 다음과 같다: "내가 원하는 기회를 모두 소진할 수 있어야 한다." "다른 사람들은 원하는 기회를 모두 소진할 수 있다." "매력적인 기회가 너무 많다." 컴퓨터, IT 시스템, 인터넷, 세계화, 모바일 기기 등의 기술 혁명은 우리의 선택의 폭을 넓혀 주었다. 많은 사람이 페이스북에서 다른 사람들의 삶을 보고 그것을 자신의 삶에 대한 선택지로 여기고, '리얼리티 텔레비전'의 등장으로 평범한 사람들도 유명해지고 위대해질 수 있다는 생각을 갖게 되었다. 이러한 인식은 자신이 그런 유명하고 멋진 삶을 사는 사람이 되지 못할지도 모른다는 두려움으로 이어질 수 있다.

FOMO의 결과

헤르만의 연구(p. 6)에 따르면 선진국뿐만 아니라 개발도상국의 성인 중 약 70%가 다양한 정도의 FOMO를 경험한다. 일부는 이에 잘 대처하여 재정적 · 사회적 성공으로 이어지기도 한다. 약 25%는 잘 대처하지만 FOMO로 인해 다소 불행해지며, 약 15%는 FOMO에 효과적으로 대처하지 못해 삶을 비참하게 만드는 경향이 있다. 이 15%가 바로 위기상담사가 만나게 되는 사람들이다.

정서적 고통 및 기능 손상

FOMO에 시달리는 사람들은 때로는 모든 것이 넘쳐나고 압도당하고 마비되어 방향감각을 완전히 잃었다고 느끼게 된다. 현실이든 상상이든 간에 다른 유혹적 가능성이 항상 존재하기 때문에 어떤 것에도 그리고 어떤 누구에게도 헌신할 수 없다고 느낀다. 모든 헌신은 다른 모든 가능성을 포기하는 것으로 인식되기 때문이다. 이들은 오래 인내하는 능력이 부족하고, 일정에 과부하가 걸리며, 자주 지각하고, 항상 끝없는 경쟁에 갇혀서 통제 불능 상태에 빠지는 경향이 있다.

쿼터라이프 위기

스트롱(2016)은 소셜 미디어와 FOMO가 쿼터라이프 위기에서 부정적 영향을 끼치는 요인이 될 수 있다고 보았다. 그녀는 영국 심리학학회(British Psychological Society) 회의에서 연구자들이 다섯 가지 단계로 분류한 쿼터라이프 위기에 대해 설명했다.

1. 자신의 삶의 선택에 갇혀 있다는 느낌
2. '나는 벗어나야 한다'는 인식이 확산되고 변화가 가능하다는 인식이 확산됨
3. 자신을 갇혀 있다고 느끼게 하는 모든 것을 그만두고 새로운 경험을 시도하여 자신이 어떤 사람이 되고 싶은지 알아내기 위해 '타임아웃(time-out)' 기간에 들어감
4. 삶을 재건하는 기간
5. 자신의 관심사와 열망을 더 잘 반영하는 새로운 약속을 개발하고 확고히 함

페이스북과 기타 소셜 미디어에 정기적으로 접속하는 많은 청년이 불안감, 외로움, 우울감 같은 부정적 감정을 경험하는 것은 놀라운 일이 아니다. 이들은 모두 다른 사람이 더 좋은 집, 더 좋은 차, 더 좋은 관계 등을 누리고 있다는 증거를 손끝으로 확인할 수 있다. 안타깝게도 타인의 행복에 대한 이러한 인식이 항상 정확하지는 않지만, FOMO를 경험하는 사람들은 상상만으로도 우울해질 수 있다.

FOMO가 정신건강 과학자들에게 더 많이 관찰되고 청소년 및 청년들에게 경험됨에 따라 더 많은 연구가 수행되고 있다. 엘하이, 레빈, 드보락과 홀(Elhai, Levine, Dvorak, & Hall, 2016)이 실시한 최근 연구에 따르면 스마트폰 사용과 가장 관련이 높은 변수는 FOMO였다. 연구진은 FOMO가 스마트폰의 문제적 사용과 비문제적 사용을 구별 짓는다는 사실을 발견했다. 이는 FOMO가 소셜 미디어에 대한 양가감정을 특징으로 한다는 프리지빌스키 등(Przybylski et al., 2013)의 연구 결과를 뒷받침한다. 스마트폰과 소셜 미디어가 FOMO를 유발하는 것은 아니지만, FOMO가 높은 사람들은 소셜 미디어를 문제적으로 사용할 가능성이 높다. 어떤 경우에는 대학생들이 수업 시간에 '집중하지 않고' 페이스북에 로그인할 가능성이 더 높다.

이 논의를 청소년과 청년이 직면한 발달 문제(자율성, 관계성, 역량)로 다시 가져와서 살펴

보자면, 두 연구(Elhai et al., 2016; Przybylski et al., 2013)에서 높은 수준의 FOMO는 역량, 자율성, 관계성에 대한 낮은 만족도와 관련이 있는 것으로 나타났다. 즉, 이러한 발달 시기에 어려움을 겪는 사람들은 FOMO를 경험하게 되며 소셜 미디어의 문제적 사용에 관여할 가능성이 더 높다.

이러한 유형의 문제를 접한 위기상담사는 내담자가 소셜 미디어를 멀리하고 특정 문제에 집중하도록 격려하는 것이 좋다. 내담자에게 FOMO에 대해 교육하는 것도 유용한 접근 방식이 될 수 있다.

저자는 학생들에게 휴대폰을 치우고 노트북을 닫고 교재에 집중하라고 자주 이야기한다. 1시간 15분을 연결되지 않은 채로 보내는 것이 힘들 수도 있지만, 저자는 학생들의 FOMO에 잘 대처하도록 호의를 베풀고 돕는 것이다. 대개는 크게 웃으며 반응하지만, 마음 깊은 곳에서는 대부분의 학생이 공감하고 동의한다.

중년기(middle adulthood).   또 다른 전형적인 발달 위기는 흔히 중년의 위기라고 불린다. 중년기의 삶이 일상화되기 시작하면서 몇 년에 걸쳐 발생할 수 있다. 이 시기의 사람들은 대개 안정된 직업을 가지고 있고, 자녀는 대부분 성장하여 독립했으며, 결혼생활에 열정이 꺼진 상태이다. 틀에 박힌 삶에서 벗어나 지루함을 덜기 위해 많은 사람이 스포츠카를 사거나 불륜을 저지르고, 새 직장을 구하거나 대학에 등록하는 등 젊음을 되찾을 수 있는 환경을 조성한다. 상담사는 이 시기에 있는 내담자에게 자신의 감정이 정상임을 알려 주고 우울증을 해소할 수 있는 생산적인 방법에 집중할 수 있도록 도와줄 수 있다. 이 시기에 부부상담은 배우자가 함께 성장하고 자녀 양육에 의존하지 않고 새로운 활동을 생활양식에 통합하는 관계를 형성하는 데 유용할 수 있다.

노년기(maturity).   마지막 심리사회적 발달단계는 종종 자아통합 대 절망(integrity versus despair)으로 불린다. 이 시기는 노년기의 개인이 자신이 인생의 절정에 다다르고 있다는 사실을 받아들이기 시작하는 시기이다. 은퇴, 질병, 죽음은 이 시기에 흔히 발생하는 스트레스 요인 중 하나이다. 위기상담사는 이 연령대가 새로운 삶의 방식에 적응하도록 도울 수 있다. 은퇴자에게는 골프를 치거나 자선 단체에서 자원봉사를 하거나 레크리에이션 센터에서 수업을 듣도록 권장할 수 있다. 또한 부부가 서로에 대한 새로운 사랑을 찾도록 돕기 위해 부부 상담이 필요할 수도 있고 그러면 황혼기를 평화롭게 보낼 수 있을 것이다. 〈표 5.1〉에서 저자는 에릭슨의 8단계 발달단계를 출발점으로 삼아 각 단계에서 일어나는 특정한 변화를 보여 주었고, 각 단계에서 위기를 경험하는 내담자에게 도움이 될 수 있는 개입방법을 제시했다.

〈표 5.1〉 에릭슨의 심리사회적 발달단계와 관련된 위기개입

단계	위기	문제 가능성 있는 사회적 역할 변화	개입
영아기	신뢰감 대 불신감	모가 유아의 유대감이나 양육에 실패함	모에게 적절한 양육 기술을 가르치고 친밀감에 대한 두려움에 관해 논하기
		부가 양육자로서 참여하지 않음; 부가 가족구성원에 대한 소속감을 유지하지 못함	의사소통을 장려하고 아무런 기능 없이 소외된 느낌 표현하게 하기; 딸을 포함한 영아들에게 부의 양육 참여가 필요함을 모에게 교육하기
유아기	자율성 대 수치심/회의감	부모가 독립을 허용하지 않고 지나치게 통제하는 경우	유아가 자신에 대한 통제감을 느끼게 하기 위한 필요성을 부모에게 교육하기
		부모가 적절한 경계와 한계 설정에 실패하는 경우	통제할 수 없는 권력 투쟁을 일으키지 않고 한계를 설정하는 방법에 대해 부모에게 교육하기
학령전기	주도성 대 죄책감	아동이 다른 아동과 상호작용하거나 놀이를 시작하기 어려움	부모가 가족 내/외의 관계에서 자녀에게 적절한 롤모델이 되도록 자기주장 행동을 할 수 있게 지지함
		아동이 지나치게 경쟁적이고 공격적이며 협력하지 못하는 경우	부모에게 자녀가 완전히 무가치하다고 느끼지 않고 말하도록 돕는 방법 가르치기
학령기	근면성 대 열등감	아동이 학업, 신체, 사회, 사회에서 필요한 기술을 잘 습득하지 못함	자녀가 특정 과업이나 게임에서 역량을 개발하도록 격려하기
		아동이 부모가 적절하다고 생각하는 영역에서 역량을 발휘하지 못하는 경우	부모의 정서적 필요와 욕구를 충족시키는 행동을 기대하기보다, 아동에게 적합한 정체성과 기술을 개발해야 할 필요성에 대해 부모에게 가르치기
청소년기	자아정체감 대 역할혼돈	부모가 자녀의 자유와 책임을 허용하지 않는 경우	협상과 타협에 중점을 둔 가족치료 소개하기
		부모가 자녀의 말을 듣지 않고 자녀의 필요를 이해하지 못하는 경우	부모에게 적극적 경청과 공감적 이해 기술을 가르치기
		아동이 정서적 욕구 충족을 또래에게 전달하지 못하는 경우	자녀가 또래와 교류하도록 지원하고 사회 참여를 장려하기
		아동이 성장에 따른 책임감 증가와 스트레스를 관리하지 못함	스트레스와 책임감에 따른 장점을 알리면서 자녀가 성장의 현실을 받아들이게 하기

청년기	친밀감 대 고립감	젊은 성인이 배우자와 친밀한 관계를 형성하지 못하고 외로움을 경험함	건강한 사회적 상호작용 기술을 가르치기; 슬픔과 우울증을 극복할 수 있도록 돕기
		청년이 부모로부터 정서적·재정적·신체적으로 독립을 경험하지 못하는 경우	청년들에게 독립, 성인기, 노년기에 대한 두려움이 정상임을 교육하고, 일상적 스트레스를 관리하고 부모로부터 벗어나는 방법에 대한 실용적 제안을 제공함
		부모가 청소년을 놓아주지 않고 청소년의 삶을 통제하려 시도함	부모가 상실을 슬퍼하고 새로운 관계에 집중할 수 있도록 돕기
중년기	생산성 대 침체감	자녀가 독립한 후 배우자가 결혼생활에 다시 정열을 느끼지 못하는 경우	상실감을 해소하고 부부간 상호작용과 활동을 늘리기 위한 부부상담을 제안하기
		새롭고 만족스러운 활동에 자신을 참여시키지 못하는 성인	경력 변경, 대학 입학, 취미생활 시작, 자원봉사 활동을 장려하기
		성인이 조부모 역할에 적절하게 적응하지 못하는 경우	조부모에게 적절한 역할 행동과 경계를 가르치기
		부모가 성인이 된 자녀를 놓아주지 못하고 상실감으로 깊은 우울증을 경험하는 경우	부모가 상실을 슬퍼하고 우울증을 극복하도록 돕기
노년기	자아통합 대 절망감	노인이 생활에 계속 참여하지 못하는 경우	노인 센터 및 지지 집단 참여를 장려하기
		노인이 자신의 삶에 우울감을 경험하는 경우	삶의 긍정적 면에 초점을 맞춘 지원상담 제공하기
		노인이 가족에 의존하는 것에 분노와 수치심을 경험하는 경우	가족치료를 통해 감정을 해소하고 필요를 전달하기

출처: Erikson (1963)에서 각색; 저자에 의해 확장됨.

가족 체계 이론

가족 체계 이론은 발달 위기를 다룰 때 특히 유용하다.

이 이론에서는 가족구성원 중 1명이 자신의 행동을 크게 바꾸면 다른 가족구성원들은 그 변화를 막는 방식으로 행동한다고 본다. 이러한 반응은 대개 무의식적인 수준에서 일어나며, 변화에 대한 두려움 때문일 가능성이 높다. 변화는 종종 사람들을 불안하게 만드는데,

상담사는 내담자가 불안을 낮추고 지지받도록 하며 인식을 재구성하는 데 도움을 줄 수 있다. 사람들은 결과적으로 고통스러운 증상이 유지되더라도 안정(항상성)을 선호하는 경향이 있다.

위기 모델과 마찬가지로, 가족치료 모델은 일반적으로 단기 개입에 초점을 맞춰 왔다. 가족 체계 접근법, 특히 전략적 모델에서는 긍정적 의미를 재구성하고 부여하는 것이 두 가지 주요 개입 전략이다. 이 두 가지 기법 모두 가족구성원의 내적 인지 경험을 변화시키는 것을 목표로 한다(Peake, Borduin, & Archer, 1988, pp. 90-95).

구조적 가족치료

일부 가족은 가족구성원이 중요한 발달단계를 통과하도록 허용하지 않아서 의도치 않게 위기 상태를 유지하게 된다. 구조적 가족치료는 가족구성원 모두가 새롭고 보다 적응적인 역할을 배움으로써 새로운 발달단계를 동시에 통과할 수 있게 돕는다. 연령에 맞는 독립과 양육을 허용하는 새로운 경계가 설정된다. 미누친(Minuchin, 1974)은 독립과 양육이 가족의 두 가지 주요 기능이라고 보았는데, 개인에게 지지와 돌봄을 제공하여 이들이 원가족으로부터 독립하여 사회에서 기능할 수 있게 하는 것이 가족의 역할이라고 보았다. 위기상담사는 친밀감과 지지 또는 거리감과 독립성의 문제를 수반할 수 있는 내담자의 위기 특성을 평가할 때 이 점을 염두에 둔다.

밀착(Enmeshment). 밀착 상황에서는 가족구성원 모두가 다른 사람의 결정, 감정, 소망, 행동에 간섭하고 지나치게 관여한다. 자녀가 부모에 대해 너무 많이 알고 있거나 그 반대의 경우도 마찬가지이며, 가족구성원들에게 생각과 감정의 독립성이 부족함이 드러난다. 이러한 가족은 일반적으로 자신들이 매우 가깝거나 너무 가깝다고 생각한다. 자녀는 분리감을 느끼지 못한 채 자랄 수 있고 성인이 되어 처한 다른 상황에서 결정을 내리고 기능하는 데 문제가 있을 수 있다(Bowen, 1985). 위기 상태는 누군가가 밀착 관계에서 벗어나려 시도할 때 발생할 수 있다. 다른 사람들은 '침묵 전략'이나 가족 문제에서 배제하는 등 미묘하게 개인을 처벌하는 방식으로 대응할 수 있다. 이러한 상황에서는 친밀감과 분리감 사이의 건강한 균형을 유지하는 것이 상담의 목표이다.

관계 단절. 관계가 단절된 가족은 거리를 두는 패턴을 지닌다. 이러한 가족의 규칙은 정서적으로나 사회적으로 너무 가까워지지 않는 것이다. 부모와 자녀, 배우자 간의 관계는 다른 문제 가정에 비해 더 기능적인 경향이 있으며, 독립성이 권장된다. 그러나 자녀는 부모와의 관계 단절이 심한 가정에서 지지받지 못하고 사랑받지 못한다고 느낄 수 있다. 이러한 느낌은 아이들이 가족 밖에서 사랑과 지지를 구하거나(약물 남용을 통해) 아무것도 느끼지 않으려 하기 때문에 갱단 연루, 약물 남용 또는 10대 임신으로 이어질 수 있다. 위기상담사는 가족이 서로를 지지하는 방법을 배워 소속감을 높일 수 있도록 도와주는 방식으로 개입할 수 있다.

전략적 가족치료 모델에서는 가족 규칙을 변화시켜 병리적 행동을 포함하지 않는 새로운 항상성을 가져오는 것을 목표로 한다. 가족이 왜 그런 식으로 행동하는지에 대한 통찰은 필요하지 않다. 단기가족위기치료에서는 10회 미만의 회기가 필요할 수 있다. 〈BOX 5.1〉은 13세 소녀의 정상적 청소년기의 발달 변화를 다루려는 한 가족의 사례와 가족 체계 모델을 사용하여 개입하는 방법을 보여 준다.

BOX 5.1 가족 체계 접근방법 활용 사례

13세 딸의 행동에 대해 가족이 도움을 요청한다. 딸은 방에 혼자 있는 것을 좋아하고, 부모에게 말대꾸를 하며, 부모보다 친구를 더 좋아하고, 남자아이들에게 관심이 많다. 부모는 그녀의 집 밖 활동을 제한하고 있지만 도움이 되지 않는다. 위기상담사는 가족의 전체 체계를 재구성할 수 있다. 이 가족은 2명의 성인과 아이 1명이 아니라, 2명의 성인과 정상적으로 행동하는 성숙한 청소년 1명으로 구성되어 있다. 이 구조의 변화에 맞춰 행동 규칙을 변경하여 부정적 피드백을 줄여야 하며, 덜 제한적인 분위기는 13세 청소년이 부모와 더 많이 소통하는 데 도움이 될 수 있다. 부모는 가족이 서로 얽혀 있음을 인식해야 하며, 자녀가 곧 진입하게 될 성인 세계에서 잘 기능하는 방법을 배우기 위해 독립심이 필요함을 알아야 한다.

발달 위기

위기 상태를 이해하는 또 다른 방법은 일반적인 가족이 세월의 흐름에 따라 경험하는 정상적 경로인 발달 위기를 살펴보는 것이다. 이 모델은 성장하는 가족 구조에 적응하는 문제로 위기가 발생한 내담자에게 이를 설명하려는 위기상담사에게 유용하다.

가족의 첫 단계: 부부 하위 체계 만들기

미누친(1974)의 독창적인 이론적 모델은 전형적인 핵가족을 기반으로 했기 때문에 이 책에서도 이를 기반으로 이야기하고자 한다. 그렇다고 해서 다른 가족 구조가 부적절하다는 의미는 아니다. 사실, 부부 하위 체계가 극도로 병리적이라면 미혼모 가족 단위와 같은 비전통적 가족 단위에서 사는 것이 더 나을 수 있다. 이 모델은 그 구조가 무엇이든 간에 모든 가족은 가족구성원의 성장과 변화에 따라 발달한다는 것을 시사한다. 이 모델은 또한 왜 특정 가족 구조가 자녀와 다른 가족구성원에게 더 어렵거나 더 쉬울 수 있는지도 설명한다. 비핵 가족에서 사람들이 직면하는 문제들은 결혼한 친어머니와 친아버지 밑에서 자라는 것이 최선이라는 사회적 가치관의 결과이다. 이러한 관점은 명백하게 편견이며, 다른 형태의 가족구성원에게는 여전히 불편함과 어려움을 준다. 물론 다른 가족 구조에서 살아가는 사람들 (입양아를 키우는 레즈비언이나 게이, 결혼하지 않고 동거하는 커플, 한부모 가정 등)은 핵가족과 마찬가지로 구조적인 어려움을 겪을 수 있다. 이러한 문제를 다루는 위기상담사들은 이론적 모델을 내담자에게 적합한 방식으로 적용해야 하는 과제를 안고 있다. 위기상담사는 때로는 창의력을 발휘하여 편견 없이 순수한 배려와 직관, 경청에 기반한 개입을 해야 한다.

전통적 핵가족에서는 남자와 여자가 결혼을 하거나 함께 살기로 결정했을 때 처음으로 적응의 과정을 경험한다. 부부와 양가 부모님 모두 변화해야 한다. 부부의 각 구성원은 특정 가치와 행동이 받아들여지고 실행되는 원가족 출신이다. 새 남편과 아내는 새로운 가정과 자신만의 부부 하위 체계를 만들기 위해 자신만의 행동 패턴을 만들어야 한다. 그들은 서로에게 적응하고, 서로를 변화시키려고 노력하며 맞추어 나갈 것이며, 때로는 적응하지 못해 갈등이 발생하기도 한다. 때로는 미묘한 방식으로 적응을 방해하는 시댁 식구들의 간섭으로 인해 갈등이 발생하기도 한다. 이 시기에는 권력 다툼이 흔한데, 부모는 여전히 성인 자녀를 통제하고 싶어 할 수 있고, 성인 자녀는 위기 발생에도 불구하고 부모로부터 완전히 분리하지 않고 독립을 주장하려고 할 수 있다.

이러한 상황에서는 교육과 재구조화하기가 도움이 된다. 부모님의 바람을 완전히 부정하지 않으면서도 부부가 그들만의 가정을 꾸리도록 격려할 수 있다. 가능하면 타협하는 것이 도움이 되며, 문화적 고려 사항도 살펴보아야 한다.

부부는 각 부모가 결혼생활에 어떤 영향을 미칠지 결정하도록 권장된다. 또한 '우리는 당신에게 반대하여 단결한다.'가 아니라 '우리는 서로를 위해서 단결한다.'라는 경계를 설정하는 것도 도움이 된다. 부모에게 자신이 진정으로 존경받을 만한 성인임을 증명하는 방법은 부모에게 단호하고 존중받을 만한 어른으로 다가가는 것이다. 새로 결혼한 부부가 원가족의 규범에서 벗어난 방식으로 행동하고 싶을 때, 부모에게 직접적이고 사랑스럽게 말하도록 격려할 수도 있다. 성인이 되어 배우자와 친밀하고 안전한 관계를 맺는 것이 얼마나 두렵고 어려운 일인지 부모에게 상기시켜 줄 수도 있다. 청년이 부모에게 성공적인 결혼생활에 대한 조언을 구하면 긴장을 완화하는 데도 도움이 될 수 있다. 물론 학대 경험이나 약물 남용 문제가 있거나 다른 유형의 정신질환을 앓고 있는 부모 밑에서 자란 사람에게는 이것이 최선의 전략이 아닐 수 있다. 청년은 부모의 정서적 고통을 이해하기 시작해야 하고 부모로서가 아닌 정서적 문제가 있는 평범한 사람으로 그들을 대할 수도 있다. 청년이 자신의 부모는 모든 것을 알고 아무런 문제가 없는 사람인 것처럼 행동하는 것은 비현실적이다. 저자는 내담자에게 부모의 문제에 공감하도록 가르치는 것이 내담자가 배우자와 처음 친밀하게 관계를 맺을 때 종종 부모에 대해 느끼는 두려움, 분노, 죄책감을 완화하는 데 큰 도움이 된다는 사실을 발견했다.

어떤 부모들은 다른 부모들보다 자녀가 선택한 배우자를 더 잘 받아들일 수 있다. 수용성이 부족한 경우 청년들은 자신의 정서적 욕구를 스스로 돌보아야 하며, 가능하면 부모와 어느 정도 적정한 관계를 유지해야 할 수도 있다. 안타깝게도 어떤 부모는 건강한 방식으로 상호작용하기 어렵고, 성인이 된 자녀에 대한 통제력을 상실하거나 자녀와의 친밀감을 잃은 것에 대한 슬픔으로 인해 자녀와 갈등을 겪기도 한다. 위기상담사는 청소년과 마찬가지로 이러한 부모에게도 공감해 주는 것이 좋다.

부모 하위 체계 만들기

변화하는 가족에게 다음 위기는 아이가 태어날 때 발생할 수 있다. 이제 부모는 자신이 만들어 놓은 가족 구성에 큰 영향을 미칠 제3의 인물의 등장에 적응해야 한다. 부모는 아기를 양육하는 방법을 배워야 하며, 이러한 양육은 배우자 간의 애정이나 친밀감과는 다르다. 부모는 아이를 양육하는 데 도움이 되는 기술과 행동을 배워야 하고 시부모와 친정 부모의 양육 참여도 결정해야 한다. 조부모는 손자의 삶에서 중요한 위치를 차지할 수 있으며, 자녀는 건강한 조부모의 참여로부터 큰 혜택을 받는다. 그러나 부모가 자신의 친부모와 잘 지내지 못하면 자녀의 출산으로 인해 긴장과 갈등이 생길 수 있다.

부모 하위 체계를 만들기 전에 먼저 부부 하위 체계를 튼튼하게 하는 것이 중요하다. 위기상담사는 양육 기능에 실질적인 변화가 일어나기 전에 부부가 결혼생활을 굳건히 할 수 있도록 돕는다.

형제 하위 체계 만들기

자녀가 성장하고 새로운 자녀가 가족에 추가됨에 따라 새로운 발달 과제에 직면하게 된다. 부모는 형제자매가 부모가 아닌 형제자매들에게 특정 생각과 행동을 공유한다는 사실을 인정하는 것이 도움이 된다. 좋은 관계, 강한 유대 관계, 심지어 갈등이 있는 형제자매 관계는 장려되어야 한다(학대는 용납되어서는 안 된다). 이러한 경험은 차후 건강한 대인관계 기능을 가지는 데 중요하며, 부모가 지나치게 간섭하면 이들은 가족 밖에서 대인관계에 대처하는 방법을 배우지 못한다.

또한 건강한 양육 스타일은 연령대별로 자녀에 대한 기대치, 책임, 특권이 다르다는 사실을 이해하는 것이다. 건강한 가족 구조에서는 취침 시간, 통금 시간, 식습관, 사회활동, 집안일과 관련하여 5세 자녀를 15세 자녀와 다르게 대우해야 한다. 〈BOX 5.2〉는 가족의 구조적 실패의 예와 구조적 가족치료 모델을 통합하는 것이 어떻게 유용한지 보여 준다.

BOX 5.2 형제 하위 체계의 구조적 기능장애의 예

예: 15세 소녀가 부모에게 자주 반항하고 소리를 지르며 전반적으로 불행한 모습을 보여 상담을 받으러 왔다. 소녀는 부모님이 일하러 간 사이 매일 학교에서 돌아와 4명의 동생을 돌봐야 했다. 또한 그녀는 이 일을 해야 했을 뿐만 아니라 주말에 또래 친구들과 함께 있는 것도 허용되지 않았다. 그녀는 성인의 모든 책임을 지고 있는데, 4세인 동생은 모든 특권을 가진 것처럼 보였다.

위기개입에는 딸을 위한 새로운 역할을 정립하는 것이 포함되었다. 부모는 딸이 학교 배구팀에 합류하도록 허용해 주고 일주일에 하루는 아이들을 돌봐 줄 도우미를 찾도록 강력히 권유받았다. 15세인 딸은 일요일에 가족과 함께 시간을 보내는 한, 주말에도 친구들과 함께 지낼 수 있게 되었다. 부모는 불편했지만, 장기적으로 보면 가족은 더 안정적인 방식으로 기능하게 되었다.

조부모 하위 체계 만들기

자녀가 성장하고 가족 밖에서 또래 친구들과 친밀한 관계를 맺게 되면서 부모는 통제권을 포기하고 자녀와 더 협력적인 관계로 나아가는 법을 배우게 된다. 즉, 부모는 부부 단위를 강화하고 성인 자녀가 설정한 경계를 수용하게 된다. 또한 조부모가 되면(즉, 조부모 하위 체계가 되면) 아이돌보미나 재정적 기여자로서 자녀에게 이용당하지 않도록 경계를 설정하는 방법을 배울 수 있다.

조부모는 자녀나 배우자가 손주에게 실수하는 모습을 조용히 지켜보는 경우가 많다. 간

섭은 일반적으로 인정받지 못하며 가족에게 문제를 일으킬 수 있다. 위기상담사는 조부모가 그랬던 것처럼 자녀와 배우자도 스스로 실수할 필요가 있다는 점을 조부모에게 설명할 수 있다. 조부모가 직접 한 것처럼 상담사는 조부모가 자녀를 방해하지 않으면서 자녀를 도울 수 있는 방법을 알려 줄 수도 있다.

발달 위기를 다룰 때 상담사는 종종 어떤 위기가 앞서 설명한 것처럼 밀착이나 분리와 같은 건강하지 않은 경계와 관련이 있는지 확인하려고 한다. 목표는 세대 간 그리고 부부관계 안에서 명확하고 유연한 건강한 경계를 강화하는 것이다.

문화와 관련된 위기

문화적 겸손함의 개발

내담자가 상담을 요청할 때 내담자의 발달단계와 문제를 파악하는 것처럼, 개입을 제공할 때도 내담자의 민족, 종교, 성별, 인종도 파악하고 고려해야 한다. 이를 배우는 것은 어려운 일이며 상담사는 문화적 겸손함을 통해 문화적 공감대를 실천할 수 있다. 문화적 겸손함을 실천한다는 것은 문화에 대한 일반화를 바탕으로 한 사람에 대해 알고 있는 것, 또는 알고 있다고 생각한 것에 대해 기꺼이 판단을 중지하는 것이다. 상담사가 내담자의 문화에 대해 배우는 것은 내담자 스스로가 유산과 문화에 대한 개인적 표현이라 판단한 것에 대해 개방적인 태도를 가지는 데서 비롯된다.

Social Work Practitioner(2013)에 따르면 문화적 겸손함은 다음과 같은 세 가지 차원을 가진 것으로 생각된다: ① 평생 학습과 비판적 자기 성찰, ② 존중하는 파트너십을 위한 권력 불균형에 대한 인식과 도전, ③ 기관의 책임성.

에틱 대 에믹 이슈

이러한 어려움을 줄이기 위해 다양한 문화 집단의 요구를 개념화하는 방법에 관해 다양한 이론이 논의되고 있다. 문화적으로 민감해지는 방법을 개념화하는 방법은 다양한 문화 집단의 에틱(Etic)과 에믹(Emic) 이슈를 이해하는 것이다. 에틱은 인종, 민족, 문화에 관계없이 모든 혹은 대부분 인류의 행동과 전통을 의미한다. 에믹은 특정 문화 집단의 특유한 행동과 전통을 말한다. 특히 학대적 행동을 정당화하기 위해 문화적 규범을 사용하는 것이 아니라, 내담자가 거부감을 느끼지 않는 효과적인 개입방법을 이해하고 찾는 것이 목표이다. 마지막으로, 특정 행동과 전통이 문화적으로는 정상적으로 받아들여진다고 해서 해당 문화권 사람들 모두가 이를 승인한다는 의미는 아니라는 점을 명심해야 한다. 오히려 이러한 전통이 위기의 원인이 될 수도 있다. 이는 가족구성원 개개인의 주류 문화에 대한 적응 수준이 다를 때 특히 두드러진다.

다문화 집단의 다양한 문제를 설명하는 훌륭한 문헌이 매우 많기에, 이 부분에서는 독자가 위기개입을 수행할 때 이를 염두에 둘 수 있도록 특정한 에믹 패턴만 정의한다. 그러나 독자들은 다문화 역량을 강화시키고 실행하기 위해 가능한 한 많은 문헌을 검토할 것을 강력히 권장한다. 맥골드릭, 피어스와 지오다노(McGoldrick, Pearce, & Giordano, 2005)의 저서를 훌륭한 참고문헌으로 추천한다.

라틴계와 관련된 에믹 패턴

이 부분에서 설명하는 에믹의 가치와 패턴은 주류 문화에 익숙하지 않은 개인과 가족에게 가장 적합하다. 자신을 라틴계라고 밝히는 내담자는 멕시코, 중미 또는 남미 출신일 수 있다. 일반적으로 가족 중 스페인어를 자주 사용하는 사람들이 이러한 패턴을 고수할 가능성이 높으며, 미국 주류 가치관에 완전히 통합된 사람들은 이러한 패턴을 보이지 않을 수 있다. 이러한 행동과 가치관이 특정 내담자에게 적합한지 판단하는 것은 각 위기상담사에게 달려 있다.

온정적 친밀함(personalismo). 안전하다고 느끼거나 다른 사람을 신뢰하기 위해 과장된 따뜻함과 감정, 강한 친밀감의 욕구를 포함하는 방식으로 다른 사람과 관계를 맺는 문화적 패턴이다. 라틴계 사람들과 함께 일할 때 이러한 관계를 형성하는 것이 특히 유용하다. 과제나 목표 중심의 상담 과정에 익숙하지 않은 라틴계 내담자에게는 과제보다 사람 중심의 상담이 라포 형성을 강화시킬 수 있다는 점을 기억하라.

마리아주의(marianismo). 라틴계 여성(이 용어는 히스패닉계 여성을 지칭할 때 사용됨)이 순수하고 자기 희생적이며 자신의 필요보다 자녀와 배우자에게 더 집중하기를 기대하는 전통이다. 이는 여성이 남성과 동등하고 자신의 여성성과 개인적 정체성을 수용하도록 장려하는 주류 문화와 모순된다. 때때로 미국에서 자란 라틴계 여아들은 이러한 특성을 거부하여 딸에게 전통적 어머니, 아내, 주부가 되라고 강력하게 가르치는 어머니와 갈등을 빚기도 한다. 딸이 어머니에게 우울감을 느끼는 것에 대해 말하지 않으면 자살에 취약해질 수 있다. 2007년 미국 질병통제예방센터의 조사에 따르면(Yager, 2009), 라틴계 청소년 7명 중 1명이 자살을 시도한다. 이는 백인(7%)과 아프리카계 미국인(9%)보다 높은 수치이다.

마초주의(machismo). 라틴계 남성이 정력적이고 가족을 보호하는 것에 자부심을 갖는 전통이다. 많은 사람이 이 특성을 잘못 정의하여 라틴계 남성이 아내를 학대할 수 있는 권리라고 생각한다. 사실, 라틴계 남성은 이 문화에서 특권을 지닌다고 여겨지지만, 진정한 마초주의는 남성이 아내를 학대하는 것이 아니라, 돌보는 것을 의미한다. 이는 라틴계 남성이 배우자 학대를 정당화하려고 할 때 효과적인 재구조화하기이다. 마초주의는 이 문화에서 음주, 가정 폭력, 10대 임신, 딸에 대한 성적 학대 비율이 높은 이유일 수도 있다. 카발레리즘(caballerismo)은 때때로 마초주의보다 보호적이고 신사적인 측면을 지칭하는 데 사용된다.

가톨릭(catholicism). 과거보다 더 근본적인 기독교를 선택하는 사람들이 많아지고 있지만 가톨릭은 여전히 대부분의 라틴계가 선택하는 종교이다. 이러한 가톨릭 전통은 부분적으로 이 문화권에서 10대 임신율이 높고 대가족이 많으며 이혼이 거의 없는 원인으로 작용했다. 하지만 위기상담사는 모든 라틴계 내담자가 가톨릭 신자라고 가정해서는 안 된다.

가족주의(familismo). 무엇보다도 가족의 가치를 우선시하는 것을 뜻한다. 이로 인해 일부 라틴계 사람들은 가족에 대해 부정적으로 이야기하는 것에 대해 거부감을 가질 수 있다. 또한 외부에서 도움을 받을 수 있는 사람이 많지 않아 지지 집단에서 어색함을 느낄 수 있다. 가족 상담은 가족 문제로 인해 위기를 겪을 때 라틴계 사람들에게 효과적인 방식이다.

밀착 가족 구조(enmeshed family structure). 이러한 관계 방식은 자녀에게 독립성을 거의 부여하지 않는다. 정서적으로 많은 지원을 받더라도 청소년은 이러한 프라이버시 부족에 반항하고 갱단에 가입하거나, 성행위를 하거나, 자살을 시도하는 등의 행동을 보일 수 있다.

감정주의(emotionalism). 라틴계 사람들의 마지막 특징 중 하나는 감정주의이며, 심지어 극적인 표현에 가까운 과장된 표현을 선호하는 경향이 있다. 기회가 주어지고 안전하다고 느끼면 상담 시 자신의 감정을 솔직하게 표현하는 경우가 많다. 이러한 정동(감정) 표현을 통해 자신의 감정을 통제할 수 있게 된다. 캐플란은 효과적으로 대처하는 사람들의 일곱 가지 특성을 제안하면서 이 과정을 설명했다. 때때로 위기상담사는 내담자가 자신의 감정을 표현하도록 허용하고 그들에게 문제해결에 대한 부담을 주지 않기를 원할 수도 있다. 가족구성원이 누군가의 과장된 감정에 대해 불만을 표출할 때 감정주의를 회복탄력성의 한 형태라고 재구성하는 것이 도움이 될 수 있다.

다양한 문화 적응 속도와 관련된 문제

멕시코계 미국인 가정에서 나타날 수 있는 다른 위기는 가족이 처음 미국으로 이민을 왔을 때 발생하고 기능적이었지만, 이후 특정 가족구성원에게 제한이 된 패턴을 반영할 수 있다. 예를 들어, 많은 부모가 자녀의 문화적 중개자 역할에 의존하는데, 자녀가 성장하여 부모와 분리되기를 원할 때 부모는 자녀를 놓아주기 어려울 수 있다(McGoldrick, Pearce, & Giordana, 2005).

신경과민증

위기상담사가 주목해야 할 라틴계 현상 중 하나는 말 그대로 '신경과민증'을 의미하는 ataque de nervios(los nervios)이다. 이것은 라틴계에서만 발견되는 문화적 맥락에서의 자가 진단 증후군이다. 트라우마, 사망, 불륜 또는 가족 갈등에 대한 반응인 경우가 많다. 이 증후군으로 고통받는 사람은 의사, 상담사 또는 꾸란데로(curandero, 민간치료사)의 도움을 받을 수 있다. 증상으로는 공황 발작, 자해 및 자살 행동을 동반한 격렬한 동요 발작(Schechter et al., 2000, p. 530), 떨림, 심계항진, 무감각, 소리 지르기, 욕설, 다른 사람 때리기, 넘어짐, 경련(Liebowitz et al., 1994, p. 871), 해리 징후(Oquendo, 1995)가 있다.

라틴계에 대해 자세히 알아보고 상담할 때 이러한 개념을 민감하게 활용하는 방법을 알아보려면 저자가 쓴 『라틴계를 위한 복지서비스 제공(3판)(Human Service Delivery to Latinos, 3rd edition)』(Kanel, 2015)이라는 책을 읽어 보라.

아프리카계 미국인 가정과 관련된 에믹 이슈

이 하위 집단과 상담할 때 상담사는 몇 가지를 염두에 두는 것이 좋다. 대부분의 아프리카계 미국인은 영어를 사용하기 때문에 문화적 전통의 차이는 언어와 관련이 없다. 사실, 아프리카계 미국인은 1800년대 후반에 이민 온 다른 많은 민족보다 미국에서 더 오래 살았기 때문에 대부분의 백인만큼이나 독립, 자립, 권리, 평등과 같은 주류 가치에 익숙해져 있다. 그럼에도 불구하고 노예제도, 인종 차별, 차별에 대한 그들의 이야기는 우리가 고려해야 할 주류 문화와 몇 가지 차이점을 만들어 냈다.

종교

노예들은 이 고통스러운 세상을 떠난 후 신이 더 나은 세상을 마련해 줄 것이라는 믿음에서 위안을 얻었다. 이러한 강력한 종교적 신념과 관습의 전통은 여러 세대에 걸쳐 전해져 왔으며 위기상담사는 이를 염두에 두어야 한다. 위기상담사는 목회자의 도움을 구하거나 내담자가 교회 활동에 참여하도록 격려함으로써 교회를 치료에 통합하는 것이 중요하다. 많은 아프리카계 미국인들은 주류 중산층 정신건강 상담사를 크게 신뢰하지 않는다. 그러나 아프리카계 미국인 사역자들은 상담사를 신뢰하는 경우가 많으며, 상담의 혜택을 받을 수 있는 교구민들의 두려움을 완화할 수 있다.

인종 차별

위기상담사는 우리 사회에 인종 차별이 여전히 존재한다는 사실을 인정하고 매일 인종 차별을 겪는 내담자의 세계를 이해하려고 노력해야 한다.

앞서 언급했듯이, 문화적 공감대 부족으로 인해 이 집단을 조현병으로 과잉 진단하고 비자발적으로 구금하는 경향이 있었다. 일부 임상의들은 인종차별적 사회에 대한 내담자의 불신을 편집증으로 인식할 수 있지만, 실제로는 두려워할 만한 근거가 있는 경우가 많다.

흑인의 생명도 소중하다

2012년 17세의 트레이본 마틴(Trayvon Martin)을 살해한 조지 짐머만(George Zimmerman)이 트레이본 사후에 자신의 살인 혐의에 대해 무죄 판결을 받은 후 '흑인의 생명도 소중하다(Black lives Matter)' 운동이 시작되었다(BlackLivesMatter, 2016). 일부 아프리카계 미국인들은 짐머만이 자신이 저지른 범죄에 대해 책임을 지지 않았다는 인식을 갖고 있었다. "'흑인의 생명도 소중하다'는 흑인의 생명이 의도적으로 죽음의 표적이 되는 세상에 대한 이념적 · 정치적 개입이다. 이는 인류에 대한 흑인들의 공헌과 치명적인 억압에 맞선 흑인들의 회복탄력성을 긍정하는 것이다."(#BlackLivesMatter, 2016, p. 1)

'흑인의 생명도 소중하다' 캠페인이 시작된 이후, 경찰이 비무장 상태의 흑인 청년을 총으로 쏴 죽이는 장면이 방송에 자주 등장하고 있다. 이로 인해 많은 사람이 분노하고 있으며 일부 사람들은 미국의 인종 분열을 우려하고 있다. 많은 젊은 흑인 남성과 여성들이 도로를 운전하거나 길을 걷는 것만으로도 경찰에게 살해당할 수 있다는 두려움에 떨고 있다. 흑인 자녀를 둔 부모들은 어떻게 하면 경찰에게 살해당하지 않고 일상생활을 할 수 있는지 '대화'를 나누곤 한다. 이는 일반 백인이나 아시아계 미국인은 결코 직면할 일이 없는 에믹 이슈이다. 아프리카계 미국인을 지원하는 위기상담사는 이러한 문제를 탐색하기 위한 여지를 마련하는 것이 좋다. 삶에 대한 끊임없는 두려움 속에서 살아가는 것은 개인의 회복탄력성에 부담을 줄 수 있다. 아프리카계 미국인 내담자가 당신과 당신의 기관, 그리고 미국 전체 시스템에 대한 불신을 드러내더라도 놀라지 말라.

어떤 사람들은 이 운동이 정당화될 수 없으며, '모든 생명은 소중하다'고 강력하게 믿는다. 그러나 흑인 청년들이 형사 사법 제도에 과도하게 소환되는 현실은 쉽게 드러나거나 문서화 되지 않았지만 만연한 인종 차별이 여전히 존재할 수 있음을 시사한다. 흑인 대통령이 탄생했다고 해서 미국에서 인종 차별이 끝났다고 단정할 수 없고 아직 해야 할 일이 많이 남아 있다. 이러한 문제의 대부분은 인종 차별 외에도 빈곤과 열악한 교육에서 기인할 수 있다. '흑인의 생명도 소중하다' 운동은 게이, 레즈비언, 성차별 등 다른 집단에서 추구하는 정의에도 큰 관심을 갖고 있다. 내담자와 함께 작업할 때 인종주의, 성차별, 이성애주의의 가능성을 고려하는 것은 결코 나쁘지 않다.

아시아계 미국인 가정과 관련된 에믹 이슈

홍(Hong, 1988)은 아시아계 미국인을 대상으로 한 연구에서, 정신건강 전문가는 가족과의 지속적 상호작용을 유지하고 가족이 어려움을 겪을 때 상담할 수 있는 자원으로서 역할을 하는 일반적 가족치료 모델을 채택하는 것이 좋다는 것을 발견했다. 상담사는 내담자에 대한 지식뿐만 아니라 내담자의 가족, 지역사회, 사회적 환경에 대한 지식을 활용해야 한다. 이러한 접근 방식은 가족의 역할을 강조하는 문화권의 아시아계 미국인에게 특히 적합해 보인다.

아시아계 미국인 가족 구조

대부분의 전통적인 아시아 가정에서는 남성이 여성보다 더 존중받는다. 장남은 어머니보다 더 많은 특권을 갖지만, 일정 수준까지는 어머니를 존중해야 한다. 어머니는 전형적인 양육자의 역할을 수행하고 가정의 구조를 제공하는 반면, 아버지는 모든 가족의 결정을 내린다. 딸은 결혼할 때까지는 가정에 기여하고, 그 이후에는 남편의 가정과 가족에 속한다. 개인주의라는 개념은 이 문화에서 찾아볼 수 없다.

아시아계 미국인 문화의 수치심과 의무

규범을 따르지 않으면, 개인과 가족은 자신의 행동뿐만 아니라 가문에 대해 수치심을 느끼게 된다. 이 요소는 때로 가족에게 수치심을 주지 않기 위해 어떤 가족구성원을 완전히 거부해야 할 필요성을 만든다. 가족 전체와 각 구성원 사이의 구별은 유럽 문화에서와 같이 존재하지 않는다.

의무는 가족 구조의 규칙이 작용하는 모든 상황에서 발생한다. 자녀는 구조를 존중할 의무가 있으며, 그렇지 않으면 자녀는 가족에게 수치심을 안겨 줄 것이다. 의무와 개인의 자유 사이에서 선택해야 하는 상황은 종종 우울과 불안을 불러일으킨다. 위기상담사는 이러한 어려움에 민감하게 반응하고 가능한 경우 타협점을 찾을 수 있는 방법을 찾아야 한다.

가시와기(Kashiwagi, 1993, p. 46)는 "가족에게 수치심을 주고 사회에서 체면을 잃는 것과 같은 특정 아시아 전통문화의 영향"이 정신건강 문제와 개입에 어떤 영향을 미치는지에 대한 예를 제시한다. 그는 아시아계 미국인 청소년에게 약물이나 알코올 중독 문제가 생기면 가족은 종종 그 상태를 부정하고 문제를 지속시킨다고 주장한다. 이러한 부정은 대부분 부모와 자녀 관계에서 연결, 소통, 이해가 부족하여 발생한다. 상담사가 강직한 사랑의 접근법, 즉 부모가 청소년의 행동에 대한 조력자 역할을 지속하는 것을 거부하고 이들에게 충족해야 하는 기준을 설정하라고 권유하는 경우, 부모는 피상적으로 가족구성원을 돌보는 문화적 경향 때문에 이를 적절히 따르지 않을 가능성이 높다.

아시아계 미국인 문화의 의사소통 과정

문화적 민감성을 높이는 데 도움이 되는 또 다른 영역은 의사소통 스타일이다. 아시아계 미국인은 특히 의사나 권위 있는 인물과 눈을 마주치거나 직접 대면하는 것을 피하도록 배워 왔다. 상담사가 이러한 문화적 스타일을 인식하지 못하면 면담 중에 문제가 발생할 수 있다. 주류 미국인들은 눈을 마주치지 않는 것이 무례한 행동이라 여기는 반면, 아시아인들은 상대방의 눈을 바라보는 것을 무례하다고 생각할 수 있다.

또한 아시아계 내담자는 상담사의 권위를 존중하기 때문에 상담사에게 반론을 제기할 수 없다고 느낄 수도 있다. 상담사는 때때로 의견 충돌을 장려하고 이를 상담 과정의 일부로 정의해야 할 수도 있다. 또한 위기상담사가 가족과 함께 작업하는 경우 가족구성원에게 직접 대면하도록 요청하는 것은 문화적 민감성이 높지 않은 방법이다. 이들에게는 현재의 문제에 초점을 맞추어 교육적이고 문제해결적인 접근 방식을 사용하는 것이 가장 효과적이다. 가족 단위 강화로 해결책을 재구성하면 아시아계 미국인 내담자들이 잘 받아들일 것이다. 위기상담사는 가족 내 위계를 인식하고 가장 영향력 있는 가족구성원을 의사 결정에 참여시키려고 노력할 수 있다.

이제 독자들은 다양한 문화 집단에서 발생하는 다양한 발달 위기와 에믹 이슈를 검토했으므로, ABC 모델을 연습하는데 사용할 수 있는 몇 가지 사례를 〈BOX 5.3〉에서 찾을 수 있다. 독자는 이 장에서 제시된 위기 유형에 대한 지식을 활용하여 ABC 위기개입 모델을 적용할 수 있다. 독자가 교육적 진술, 재구조화하기, 힘 실어 주기 진술 및 검증 의견을 제공하는데 도움이 되는 몇 가지 힌트가 제공될 것이다.

BOX 5.3 역할극 사례

[발달 위기]

사례 1: 남편과 아내가 늘 싸우기만 해서 도움을 요청한다. 한 달 전에 첫아이를 낳았고 출산 직후에는 매우 행복했지만, 지금은 서로 긴장한 상태로 화를 내며 섹스나 애정 표현에 대한 욕구가 전혀 없다.

> **타당화**: 신생아를 낳고 잠을 못 자는 것은 종종 매우 스트레스가 되는 일이다.
> **교육**: 출산 후 산모의 성욕은 호르몬 변화와 모성적 책임으로 인해 감소하는 경우가 많다.
> **재구조화하기**: 부부가 함께 상담을 받으러 왔다는 것은 여전히 서로를 사랑하고 있으며 애정 어린 감정을 되찾고 싶어 한다는 증거이다. 아이가 아닌 서로에게 스트레스를 풀고 있다는 사실은 긍정적인데, 아이는 아직 변화할 능력이 없는 반면, 부부는 서로 소통하고 행동을 수정할 수 있기 때문이다.
> **힘 실어 주기**: 아빠가 집안일을 더 많이 돕고 부부가 함께 데이트를 하는 등 스트레스를 줄일 수 있는 변화를 만들기 위해 할 수 있는 일에 집중하도록 도와주라.

사례 2: 한 어머니가 두 살배기 아이가 과잉 행동을 한다고 불평하며 찾아왔다. 하루 종일 시끄럽게 떠들고, 가만히 앉아 있지 못하고, 말을 듣지 않고, 화가 나면 누나를 물고, 항상 "안 돼."라고 말하고, '배변 훈련'을 거부한다. 아이의 누나는 이 나이에 배변 훈련을 받았다.

　　교육: 남아가 여아보다 배변 훈련을 받는 데 더 오래 걸리는 것은 매우 정상이다. 대부분의 행동이 정상적이기 때문에 만 2세 아동을 과잉 행동으로 진단할 수 없다는 점을 교육하라. 부모에게 아이와 대화하는 방법, 적절하게 경계를 설정하는 방법, 아이가 구조화되면서도 어느 정도 자율성을 가질 수 있도록 돕는 방법을 가르쳐라.
　　좋은 행동에 대한 긍정적 강화 사용과 같은 몇 가지 행동 팁을 제공하라.
　　재구조화하기: 아직 말을 하지 못하기 때문에 무는 것이 유일한 의사소통 수단이다. "안 돼."라는 말은 하루 종일 그에게 하는 말을 흉내 내는 것일 뿐이다.

사례 3: 20세 여성은 결혼식을 준비하면서 극심한 스트레스를 받고 있다. 양가 부모님 모두가 모든 것을 통제하려 하고, 그녀는 내일이라도 도망칠 준비가 되어 있다. 곧 결혼할 남편은 항상 어머니의 편을 들고 그녀에게 말을 걸지 않는 것 같다. 신부는 긴장한 상태이며 결혼식은 2주 후이다.

　　교육: 결혼식은 가족의 역학 관계를 완전히 바꾸는 것이며, 자녀를 떠나보내야 하는 부모에게도 똑같이 스트레스가 된다.
　　재구조화하기: 부모의 통제적인 행동을 단순히 못되고 고약한 것이 아니라, 부모의 역할을 유지하기 위한 시도로 재구조화하라.
　　약혼자가 어머니에게 말을 걸지 않는 것은 어머니를 존중하고 새 아내도 존중할 가능성이 높다는 의미일 수 있으므로 그렇게 나쁘지 않다고 재구조화하라.
　　상황을 그녀와 약혼자가 결혼한 부부와 원가족 사이에 필요한 경계를 설정할 수 있는 기회로 재구조화하라.
　　타당화: 대부분의 결혼식에는 상당한 수준의 스트레스가 수반된다는 사실을 타당화하라.
　　힘 실어 주기: 모든 전투에서 싸우지 않고 자신에게 가장 의미 있는 일을 책임질 수 있도록 힘을 실어 주라. 놓아주는 것에는 힘이 있다.

사례 4: 16세 아들이 가출하겠다고 협박해 어머니와 아버지가 아들을 데리고 왔다. 이번 주에 그들은 아들이 4개의 수업에서 낙제했다는 이유로 운전면허를 박탈했다. 그들은 아들이 거리에 나돌아다니는 것을 원치 않지만, 아들이 자동차를 가질 수 있는 특권을 노력해서 얻어야 한다고 생각한다. 아들은 반항적이고 도전적이며 협조를 거부하고 있다.

　　재구조화하기: 가출을 통제력과 독립심을 느끼기 위한 마지막 노력으로 재구조화하라.
　　힘 실어 주기: 모든 사람이 안전하다고 느끼기 위해 무엇을 할 수 있는지 탐색하여 모든 사람에게 힘을 실어 주라.
　　타당화: 모든 사람의 감정을 확인하고 청소년기는 부모와 청소년이 종종 분노와 슬픔을 느끼는 폭풍 같은 시기라는 점을 타당화하라.

[문화적 위기]

사례 1: 19세의 아시아계 남학생이 대학교 성적표에서 두 번의 D를 받고 가족에게 수치심을 주었다고 느낀다. 그는 캠퍼스에서 가장 높은 건물에서 뛰어내려 자살할 계획을 세운다. 그는 지난 10년 동안 6명의 다른 사람이 이런 식으로 삶을 마감했다는 사실을 알고 있다.

재구조화하기: 가족이 겪게 될 수치심을 지적하라. 그가 그런 공개적 장소에서 자살하면 가족들은 수치심에 더 고통받을 것이다. 점수는 다른 사람에게 숨길 수 있으나 자살은 숨길 수 없다.

타당화: 그에게 낮은 성적을 받는 것은 당황스럽고 실망스러운 것이며, 성공하지 못했을 때 다른 사람들을 마주하기 어렵다고 말하라. 그가 기분이 나쁜 것은 이해할 만하다.

힘 실어 주기: 그가 과거로 돌아가 성적을 변화시킬 수는 없지만, 이 사건을 계기로 삼아 좋은 결과를 만들기 위해 자신의 행동을 변화시킬 수 있고, 이를 통해 자신에 대해 더 좋은 느낌을 가질 수 있다. D를 두 번 받은 것은 인생 전체에 맞먹는 것은 아니며, 앞으로도 그가 성적을 관리할 수 있는 방법이 있다.

교육: 많은 대학에서 학생이 수업을 재수강하여 성적을 변화시킬 수 있는 방침을 가지고 있다. 이러한 방침을 확인해 보면 좋을 것이다. 그리고 그의 부모가 성적표에서 D를 보는 것보다 그가 죽는 것이 낫다고 생각할지는 의문이다.

사례 2: 45세의 멕시코계 미국인 여성이 자살 기도 후 상담에 왔다. 그녀는 자신이 자살하는 것이 가족에게 최선이라고 생각했는데, 자신의 허리 부상으로 인해 가족들이 자신을 위해 운전을 해 주어야 하기 때문이었다. 그녀는 자신을 도와주는 3명의 성인 자녀가 있고, 이들이 행복한 삶을 살기 바란다.

타당화: 특히 당신이 그렇게 베풀고 세심한 어머니라면, 다른 사람에게 의존하는 것이 어려울 수 있다.

교육: 부상과 만성 통증을 가진 많은 사람들이 이러한 문제를 안고 사는 것이 고통스럽기 때문에 자살을 생각한다.

힘 실어 주기: 현재 부상을 당했다는 사실은 통제할 수 없지만, 자살을 통해 고의로 자신을 다치게 할지는 통제할 수 있다. 또한 살아 있는 한, 자녀와 상호작용하는 방식에 대해서도 통제할 수 있다.

재구조화하기: 당신은 분명히 자녀의 안녕에 대해 생각하고 자녀를 위해 기꺼이 목숨을 희생하는 돌보는 어머니이기 때문에 당신이 자살하면 더 큰 부담을 줄 수 있다는 것을 깨달아야 한다. 자녀의 아이의 할머니가 되어 주거나 휴일에 음식을 만들어 줄 엄마가 없는 것이다. 때때로 어머니는 자신의 감정을 희생하고 자녀가 자신을 돌보도록 허용해야 한다(마리아주의 사용).

사례 3: 두 아프리카계 미국인 10대 아들을 둔 50세 아버지가 불안발작으로 상담에 왔다. 그는 마침 여러 명의 젊은 아프리카계 미국인 남성이 경찰의 총에 맞아 사망했다는 뉴스를 보았다. 그는 아들이 살해당할까 봐 그들이 집을 나서는 것을 감당할 수 없었다.

타당화: 이 가능성은 매우 무섭고 현실적이다. 당신의 불안은 충분히 이해할 수 있다.

힘 실어 주기: 경찰의 모든 행동을 통제할 수는 없지만, 외출 시 자녀의 위험을 줄일 수 있는 행동에 대해 자녀에게 어떤 말을 할 수 있는지는 어느 정도 통제할 수 있다. 아들이 자신의 생존을 위해 어떤 선택을 할 수 있는지 알려 주는 것이 도움이 될 수 있다.

교육: 경찰 총격 사건과 관련하여 접근할 수 있는 웹사이트 및 기타 활동이 있다. 뉴스에서는 일반적으로 경찰이 흑인 남성에게 총을 쏜다고만 보도하지만, 실제로 경찰 총격 사건의 73%는 백인 남성에게 발생한다. 어떤 사람들은 아들과 함께 경찰을 대하는 최선의 방법에 대해 대화를 나누기도 한다.

재구조화하기: 당신의 불안은 당신이 아들의 삶에 얼마나 관여하고 있는지를 보여 주는 신호이다. 강력한 남성 롤모델을 갖는 것은 아들이 일반적으로 더 안전한 행동을 하도록 유도하는 데 중요할 수 있다. 당신의 아들에 대한 관심은, 이들이 안전하지 않은 상황에서 최선의 선택을 할 수 있도록 돕는다는 측면에서 차이를 만들 수 있다.

복습 문제

1. 에릭슨의 발달단계 과업은 무엇인가?
2. FOMO란 무엇인가?
3. 라틴계, 아프리카계 미국인, 아시아계 미국인과 관련된 몇 가지 에믹 이슈에는 어떤 것이 있는가?
4. 발달 위기란 무엇인가?

주요 학습 용어

아프리카계 미국인: 상담사는 노예제도와 지속적인 인종 차별의 역사, 그리고 이 집단이 주류 가치에 매우 익숙하지만, 종종 교회에서 위안과 리더십을 얻고자 하며 주류 기관을 불신할 수 있다는 점을 염두에 두어야 함. '흑인의 생명도 소중하다'는 운동은 최근의 운동으로, 가능하거나 필요한 경우 살펴볼 필요가 있음

아시아계 미국인: 가족 혈통, 의무감, 수치심과 같은 문제는 이 하위 집단의 에믹 고려 사항임

신경과민증(ataque de nervios: los nervios): 라틴계에서 발견되는 자가진단 증후군(A self-labled syndrome)으로 불안, 공황, 우울, 분노가 혼합된 증상을 경험함

자율성: 사회에서 성인으로서 기능하는 데 필요한 독립성과 자급자족의 상태. 청소년은 종종 부모와 함께 이를 달성하는 데 어려움을 경험함

흑인의 생명도 소중하다(Black Lives Matter): 2012년에 시작된 운동으로, 젊은 흑인 남성의 부당한 총격 사건에 대한 대응으로 모두를 위한 사회 정의에 초점을 맞추고 있음

문화적 겸손함: 상대방의 문화에 대한 일반화를 바탕으로 자신이 알고 있는 것 또는 알고 있다고 생각하는 것에 대해 유보하려는 의지

문화적 민감성 개발: 상담사가 상담 회기를 진행할 때 문화적 요소를 고려하는 방법을 배우는 4단계 과정. 이 단계들은 ① 문화 문제에 대한 인식 부족, ② 문화에 대한 인식 제고, ③ 문화 고려의 부담감 인식, ④ 문화 민감성 시작 단계로 구성됨

분화: 청소년 또는 청년이 성숙한 정체성을 확립하고 성인의 역할과 책임을 맡는 데 필요한 친밀감을 형성하는 과정

분리: 부모가 자녀와 양육적인 방식으로 관계를 맺지 않는 부모의 행동으로, 자녀가 지지나 소속감을 거의 느끼지 못함

에믹: 특정 문화 집단의 고유한 행동과 전통을 의미함

밀착된: 개인이 정서적으로 강렬한 관계를 맺고 있는 다른 사람과의 분리감이 결여된 상태

에릭슨의 발달의 8단계: 흔히 심리사회적 발달단계라고 함. 각 단계에는 모든 사람이 숙달해야 하는 과제가 있음. 가족이 이러한 과제에 적응하거나 서로를 안내하지 못하면 종종 위기 상태로 이어짐. 해당 단계의 단계와 과제는 다음과 같음

영아기: 신뢰감 대 불신감

유아기: 자율성 대 수치심/회의감

학령전기: 주도성 대 죄책감

학령기: 근면성 대 열등감

청소년기: 자아정체감 대 역할혼돈

청년기: 친밀감 대 고립감

중년기: 생산성 대 침체감

노년기: 자아통합 대 절망감

에틱: 인종, 민족, 문화에 관계없이 모든 또는 대부분의 인류의 행동과 전통을 의미함

발달 위기: 가족이 구성원의 생애를 통해 진화하면서 경험하는 정상적 단계. 위기는 부

부, 부모, 형제자매, 조부모와 같은 하위 체계의 형성에 적용해야 하는 데서 비롯됨

항상성: 가족구성원들이 가족에 의해 언어적 또는 비언어적으로 만들어진 허용 가능한
규칙과 역할을 준수할 때 유지되는 안정된 가족 상태를 의미

개별화: 분화와 같은 의미

양육: 정서적인 지원과 사랑

🎓 참고문헌

BlackLivesMatter. (2016). *Her Story of the #BlackLivesMatter Movement*. Author. Retrieved
September 28, 2016, from http://blacklivesmatter.com/herstory/

Bowen, M. (1985). *Family therapy in clinical practice*. Northvale, NJ: Jason Aronson.

Elhai, J. D., Levine, J. C., Dvorak, R. D., & Hall, B. J. (2016). Fear of missing out, need for touch,
anxiety and depression are related to problematic smartphone use. *Computers in Human
Behavior, 63*, 509-516.

Erikson, E. (1963). *Childhood and society*. New York, NY: W.W. Norton and Company.

Herman, D. (2016). *The Fear of Missing Out*. Retrieved June 9, 2016, from http://fomofearof
missingout.com/fomo

Hong, G. K. (1988). A general family practitioner approach for Asian-American mental health
services. *Professional Psychology: Research and Practice, 19*(6), 600-605.

Kanel, K. (2015). *Human Service Delivery to Latino*, 3rd ed. Dubuque, IA: Kendall Hunt
Publishing.

Kashiwagi, S. (1993, April). Addiction and the Asian family. *Treatment Today*, April, 43-76.

Liebowitz, M. R., Salman, E., Jusino, C. M., Garfinkel, R., Street, L., Cardenas, D. L.,··· & Klein,
D. F. (1994). Ataque de nervios and panic disorder. *American Journal of Psychiatry, 151*(6),
871-875.

McGoldrick, M., Pearce, J. K., & Giordano, J. (2005). *Ethnicity and family therapy*. New York, NY:
Guilford Press.

Minuchin, S. (1974). *Families and family therapy*. Cambridge, MA: Harvard University Press.

Oquendo, M. A. (1995). Differential diagnosis of ataque de nervios. *American Journal of
Orthopsychiatry, 65*(1), 60-64.

Peake, T. H., Borduin, C. M., & Archer, R. P. (1988). *Brief psychotherapies: Changing frames of
mind*. Newbury Park, CA: Sage.

Przybylski, A. K., Murayama, K., DeHaan, C. R., & Gladwell, V. (2013). Motivation, emotional, and behavioral correlates of fear of missing out. *Computers in Human Behavior*, *29*, 1841-1848.

Schechter, D. S., Marshall, R., Salman, E., Goetz, D., Davies, S., & Liebowitz, M. R. (2000). Ataque de nervios and history of childhood trauma. *Journal of Traumatic Stress*, *13*(3), 529-534.

Strong, R. (2016). *Social Media, FOMO and the Perfect Storm for the Quarter-Life Crisis*. Retrieved June 9, 2016, from http://www.huffingtonpost.com/rebecca-strong/social-media-fomo-a

The Social Work Practitioner. (2013). *Cultural Humility, Part 1-What is Cultural Humility*. Retrieved February 6, 2017, from https://thesocialworkpractitioner.com/2013/08/19/cultural humility-p

Yager, C. (2009). Trapped between worlds, some Latina teens consider suicide. *CNN.com*. Retrieved from http://www.cnn.com/2009/LIVING/10 /20/lia.latina.suicides/index.html

제6장
상실의 위기:
죽음, 관계 단절 및 경제적 손실

학습목표

이 장을 학습한 후 독자는 다음과 같은 목표를 달성할 수 있다.

목표 1. 퀴블러 로스(Kübler-Ross)와 워든(Worden)에 따른 죽음과 임종의 단계와
       애도의 과제에 대해 다른 사람들 교육하기
목표 2. 식량 불안의 근원 이해하기
목표 3. 이혼이 만연한 현실 인식하기
목표 4. 이혼과 별거를 경험하는 사람들이 직면하는 문제를 이해하기
목표 5. 상실을 경험하는 내담자에게 개입하기

죽음, 임종, 상실에 대해 이야기하자면 엘리자베스 퀴블러 로스(Elisabeth Kübler-Ross)의 이름을 언급할 수밖에 없다. 그녀는 사람들이 죽음과 임종에 대한 슬픔을 다룰 때 경험하는 심리적 단계를 이해하기 위한 개요를 제공했다. 내담자들이 사랑하는 사람의 죽음을 슬퍼하든, 이혼을 슬퍼하든, 신체의 일부 또는 기능을 상실하든 문제는 비슷하다.

죽음과 임종

엘리자베스 퀴블러 로스는 스위스 출신의 정신과 의사로, 아마 죽음과 임종에 관해서는 가장 잘 알려진 인물일 것이다. 그녀는 1960년대 후반에 죽음과 임종에 관한 세미나를 시작했다. 그녀는 정신과 의사 수련 과정의 일환으로 죽어 가는 환자를 강의실로 데려와 그들의 두려움, 걱정, 욕구에 대해 공개적으로 토론하는 용기를 보였다. 그 이전에는 의사들이나 의대에서 죽어 가는 환자와 그 가족에 대해 정직하고 공개적으로 다룰 필요성에 대해 논의하는 경우는 드물었다(Kübler-Ross, 1969, pp. 35-36). 이러한 과정을 통해 그녀는 자신이 죽어 간다는 것을 아는 사람들이 경험한다고 믿었던 슬픔의 다섯 단계를 추출했는데, 이러한 감정은 죽어 가는 사람과 정서적으로 가까운 사람들도 느끼며, 심지어 관계의 단절을 경험한 사람에게서도 관찰될 수 있다. 퀴블러 로스의 죽음과 임종의 5단계(1969)는 상실이라는 주제를 소개하는 데 도움이 될 수 있다. 위기상담사는 종종 내담자에게 이러한 단계를 교육한다. 상담사가 상실을 겪고 있는 내담자와 상담할 때는 내담자가 현재 어느 단계에 있는지 평가하고 이를 출발점으로 삼아 퀴블러 로스의 패러다임을 설명하는 것이 유용하며, 이렇게 하면 내담자는 자신의 경험을 정리하고 통제감을 느낄 수 있다.

죽음과 임종에 관한 퀴블러 로스의 5단계

1. 부정과 고립: 부정과 고립은 임종 과정의 첫 번째 단계를 구성한다. 부정은 건강하고 친숙한 초기 반응이다. 부정은 사람들이 초기 충격에서 벗어나 희망과 절망을 모두 다룰 수 있게 해 준다.
2. 분노: 분노는 사람들이 자신이나 사랑하는 사람의 죽음에 대한 현실적 가능성을 받아들이기 시작하면서, 종종 부정 이후 따라오는 단계이다. 이 단계에서는 분노, 시기, 원

한, 그리고 괴로움이 존재한다. 그리고 여기에서는 종종 답을 찾기 어려운 "왜 나인가?"라는 질문이 포함된다. 분노는 종종 긍정적 단계로 재구성될 수 있는데, 이는 상실이 현실이라는 사실을 인정했다는 의미이기 때문이다.

3. 타협: 세 번째 단계는 타협이다. 일반적으로 타협은 개인이 일찍부터 종교를 가졌는지 여부와 관계없이 신과 비밀리에 맺는 계약이다. 타협이 실패하면 다음 단계로 넘어간다. 타협은 누군가가 죽었을 때보다 관계가 끝났거나 불치병 진단을 받았을 때 더 적극적으로 나타난다.

4. 우울: 죽음을 피할 수 없는 것으로 인식하고 상실감이 압도적으로 커지면 우울이 시작된다. 우울에는 종종 슬픔, 비관, 우울감, 죄책감, 무가치감과 함께 무기력감이 포함된다.

5. 수용: 결국 사람들은 자신이나 사랑하는 사람의 임박한 죽음을 애도하고 피할 수 없는 현실을 받아들이게 되면서 우울에서 벗어나게 된다. 이 단계는 감정이 거의 없는 상태로 묘사된다. 자신이 죽어 가고 있다면 그 생으로부터 멀어져 가는 과정이며, 사랑하는 사람이 죽어 가고 있거나 혹은 죽었다면 그 사람과 분리되는 과정에 있다(pp. 35-77).

이러한 단계는 죽음과 임종 문제를 이해하는 것 외에도, 다른 형태의 상실에도 일반화할 수 있다. 특히 부정과 분노가 지나고 우울이 시작된 후 슬픔에 빠진 사람에게 자살 충동이 유발되는 것도 이와 관련된 문제이다. 이것이 이 책에서 자살을 이전 장에서 다루었던 이유이다. 자살 가능성에 대한 인식은 내담자가 현재 어떤 위기에 처해 있든 상담사가 내담자와 함께 자살을 평가하는 데 도움이 된다.

퀴블러 로스 단계의 문제점은 그녀의 인기가 높아지면서 분명해졌다. 사람들은 임종, 죽음, 슬픔, 애도에 대해 이야기할 준비가 되어 있지 않았다. 따라서 그들은 애도의 단계를 절대적 진리로 받아들이는 경우가 많았다. 모든 내담자에게 동일한 순서로 애도의 단계를 진행하도록 강요했고 이 단계가 일반화에 지나지 않는다는 것을 이해하지 못했다. 모든 사람이 모든 애도의 단계를 거치는 것은 아니며, 예측되는 선형적 순서로 단계를 거치는 것도 아니다. 사람들은 이 단계들을 비선형적으로 오가면서, 다른 감정이나 비슷한 감정을 다양한 정도로 자주 경험한다.

애도의 과제

위기상담사는 애도의 단계만 생각하는 것이 아니라 애도의 과제도 고려할 수 있다. 이러한 과제는 특정한 순서가 정해져 있는 것이 아니며 발생하는 대로 경험할 수 있다. 또한 과제는 유가족이 어떤 행동을 취해야 함을 의미한다. 구체적 목표를 향해 작업하기 위해 무언가를 하거나 경험해야 할 필요가 있다. 워든(Worden, 1982)은 애도 과정을 경험하는 사람이 해야 할 네 가지 과제를 제시했다:

과제 I: 상실의 현실을 받아들이기. 퀴블러 로스가 발견한 것처럼 대부분의 사람은 죽음을 받아들이는 데 어려움을 겪는다. 사랑하는 사람이 사망하거나 신체 일부가 절단된 후에는 일반적으로 상실이 현실이라는 사실을 받아들일 수 있을 때까지 부정이라는 방어 메커니즘이 사용된다. 부정은 다양한 형태로 나타날 수 있으며, 상실의 사실, 상실의 의미 또는 상실의 비가역성에 대한 부정이 있을 수 있다. 부정은 완충제 역할을 할 수도 있지만 무기한 지속된다면 병적인 상태가 될 수 있다. 워든이 말한 애도의 첫 번째 과제는 애도하는 사람이 상실이 현실임을 받아들이는 것이다. 결국 영구적 상실에 대한 부정이 상실이 일어났다는 사실과 그 사람이 상실 후에도 살아남을 수 있다는 사실을 깨닫는 것으로 대체되어야 한다. 위기상담사는 내담자가 천천히 부정에서 벗어나 상실의 현실을 받아들이고 슬픔을 표현하도록 격려함으로써 도움을 줄 수 있다. 부정이 줄어드는 데 걸리는 시간은 사람마다 다른데, 사람들이 분노와 슬픔의 다른 측면을 느끼기 시작하면 일반적으로 상실이 현실임을 어느 정도 받아들이고 있다는 신호이다. 위기상담사는 사람들에게 이에 대해 교육하고 감정을 표현하는 것을 그 사람이 상실을 극복하기 위해 적극적으로 노력하고 있으며 첫 번째 단계인 부정을 줄이고 상실의 현실을 직면하는 것이 성취되었다는 신호로 받아들일 수 있도록 재구성할 수 있다.

과제 II: 슬픔의 고통 경험하기. 상실을 극복하기 위한 다음 단계는 상실과 관련된 감정을 온전히 경험하는 것이다. 고통을 가능한 한 최대한 광범위하게 표현하는 것이 바람직하다. 이러한 슬픔의 고통은 울음, 고함 또는 반추의 형태로 나타날 수 있다. 어떤 사람에게는 다른 사람보다 더 강렬할 수 있지만, 누구나 자신의 삶에 남겨진 공허함과 그와 관련된 고통을 경험할 수 있다면 가장 좋은 방법이다. 고통을 경험하지 않는 한 가지 방법은 느끼지 않는 것이다. 우리 사회는 교묘한 방식으로 이러한 회피를 조장하는 데 능숙하다. 우리는 다음과 같은 상황에서 편안하지 않기 때문에, 우리는 그들에게 표현하지 말라는 미묘한 메시지를 전하고 그들의 슬픔을 위로한다. 보다 직접적으로는 사회적으로 허용되는 애도 기간인 4주가 경과한 후에는 "이제는 극복할 때입니다."라는 메시지를 전달한다. 그러나 캐플란(1964; 1장 참조)이 지적했듯이 자신의 감정을 잘 다스리는 것은 효과적으로 대처하는 사람들의 일곱 가지 특성 중 하나이며 위기상담사가 격려해야 할 부분이다.

　　과제 III: 고인이 없는 환경에 적응하기.　많은 배우자 사별자는 스스로 대처해야 한다는 사실을 깨닫는 데 몇 달이 걸린다. 보통 사별 후 약 3개월이 지나면 새로운 환경에서 생활할 수 있다는 사실을 깨닫는 경우가 많다. 고인이 자신의 삶에서 수행했던 역할을 모두 살펴보고 사랑하는 사람의 부재로 인해 수행해야 하는 새로운 요구와 역할에 대처할 방법을 개발하는 것이 도움이 된다. 처음에는 새로운 기술을 개발하는 것을 거부하는 경우가 많지만, 결국 새로 발견한 자신의 능력에 자부심을 느끼고 새로운 자존감이 생기는 것을 느끼게 된다. 이 과정은 특히 오랫동안 관계를 지속한 이후 관계 상실을 겪고 있는 사람들에게도 적용될 수 있다.

　　과제 IV: 고인으로부터 감정적 에너지를 거두어 다른 관계나 의미에 집중하기.　많은 사람은 고인이 된 사랑했던 사람으로부터 감정 에너지를 거두는 것을 배신으로 여기는데, 이러한 죄책감을 극복해야 한다. 이 과제를 해결한다는 것은, 사랑할 수 있는 다른 사람이 있다는 것을 인정하는 뜻이다. 그것은 이전의 관계에서 벗어나는 것이 아니라 단지 다른 관계일 뿐이며 애도의 모든 과제가 완료되면 애도는 끝났다고 볼 수 있다. 애도는 확실히 4주 안에는 이루어지기 어려우며, 애도는 개별적인 과정이므로 시간제한을 두려는 시도는 인위적이고 자의적이다. 그렇지만 많은 문헌에서 상실감이 완전히 해소되기까지는 1년 정도의 시간이 필요하다고 말한다. 보통 사람에게는 오래된 기억을 버리고 새로운 기억을 만들기 시작하는 데 그 정도의 시간이 필요하며, 이는 애도 과정을 촉진하는 데 도움이 된다. 애도 기간 동안 휴일, 계절, 가족 행사 등 일련의 행사를 모두 한 차례 겪은 후 해결이 완료된다. 그렇다고 해서 슬픔의 표현이 1년 내내 강하게 유지된다는 의미는 아니지만 애도의 과정은 계속되며 모든 사건 중에 경험하게 된다. 애도가 끝났다는 한 가지 징후는 고통 없이 고인에 대해 생각하고 이야기할 수 있을 때이다. 이 시점의 슬픔은 상실감으로 인해 눈물을 흘릴 정도는 아니게 된다. 배우자 사별자를 대상으로 한 연구에 따르면, 이들이 회복하는 데 1년은 충분하지 않으며 다시 삶의 안정을 찾으려면 3~4년이 걸리는 경우가 많았다. 한 가지 분명한 사실은 애도는 장기적인 과정이 될 수 있다는 것이다.

　　〈표 6.1〉은 퀴블러 로스의 죽음과 임종의 단계와 워든의 애도의 과제를 서로의 맥락에서 어떻게 이해할 수 있는지 보여 준다.

〈표 6.1〉 **퀴블러 로스의 죽음과 임종의 단계와 워든의 애도의 과제 비교**

퀴블러 로스	워든
• 부정 • 분노, 타협, 우울, 수용	• 상실의 현실을 받아들이기 • 고통을 느끼고 슬픔을 표현하기 • 고인이 없는 삶에 적응하기, 고인으로부터 에너지를 빼내어 다른 것, 다른 사람에게 재투자하기

정상적 슬픔의 증상

애도 기간에 관계없이 정상적인 슬픔을 경험하는 사람들은 다음과 같은 공통된 증상을 보인다:

- 감정: 슬픔, 분노, 죄책감, 자기 비난, 죽음에 대한 인식과 공포감을 포함한 불안, 외로움, 피로, 무력감; 충격, 특히 갑작스러운 죽음에 대한 충격; 열망과 애통함, 긍정적인 반응일 수 있는 고통과 먹먹함에서 벗어난 해방감
- 신체적 감각: 배의 공복감, 가슴과 목의 압박감, 비인격화 감각, 숨 가쁨, 근육 약화
- 인지: 불신, 혼란, 집착, 존재감, 환각(보통 일시적)
- 행동: 이른 아침 기상과 같은 수면장애, 식욕장애, 멍한 행동, 사회적 위축(보통 단명), 고인에 대한 꿈, 활동에 대한 불안, 한숨 또는 울음, 기억 상실에 대한 두려움, 물건을 소중히 여기는 것 등

위기상담사는 내담자의 슬픔 수준을 평가할 때 이러한 감정, 신체적 감각, 행동에 대해 물어보아야 한다.

슬픔의 결정 요인

상실에 대한 사람의 반응은 상실의 성격에 따른 여러 가지 요인에 의해 영향을 받는다:

- 생존자와 어떤 관계에 있는 사람이었는지가 중요하다.
- 애착의 성격(고인이 관계에서 힘, 안정감 또는 양면성을 제공했는지 여부)이 영향을 미친다.
- 사망 방식에 따라 반응이 결정된다. 자연사는 사고사, 자살, 살인보다 대처하기가 더 쉽

다. 적어도 몇 년 동안 입원과 퇴원을 반복한 86세 할아버지의 죽음에 대해서는 어느 정도 준비가 되어 있다. 그러나 사랑하는 사람이 살해당하거나 자살한 경우 비난과 분노의 문제를 극복하기가 매우 어려워진다.

- 과거의 슬픔에 대한 경험과 정신건강은 일반적으로 슬픔에 대한 반응에 영향을 미친다.
- 종교적 신념이 애도 과정에 영향을 미칠 수 있다.

개인은 애도 과정의 다양한 시점에서 애도에 관한 위기개입을 요청할 수 있다. 상담사는 내담자의 정서적 고통을 평가하면서 애도의 단계를 결정하고 어떤 개입이 도움이 될지 결정한다. 많은 위기상담사는 죽음과 임종을 다룰 때 감정적으로 큰 부담을 느낀다. 슬픔을 다루는 상담사는 죽음에 대한 자신의 두려움, 죽음과 애도에 대한 신념을 이해하는 것이 현명하다. 위기상담사가 죽음을 부정하는 경우, 무심코 내담자에게 슬퍼하고 자신의 고통에 온전히 공감할 필요가 없다는 메시지를 보낼 수 있다. 진정으로 공감하면서 객관적이고 이성적인 태도를 보이는 법을 배우는 것은 슬픔에 빠진 내담자에게 도움이 된다. 상담사는 사별한 상태의 내담자에게 일종의 정서적 안정제가 된다. 이는 상담사가 자신의 반응과 감정을 지속적으로 모니터링하는 것이 얼마나 중요한지를 보여 주며, 이러한 감정이 치료 과정을 방해할 가능성이 있는 경우 상담사는 개인상담을 받거나 최소한 누군가와 대화를 해야 한다.

개입

다른 위기 상황과 마찬가지로 위기상담사는 내담자가 의사의 진단이 필요한 증상이 있는지 주의 깊게 관찰한다. 내담자의 감정이 너무 강하고 통제 불능이어서 수면, 일, 식사, 자기관리 등을 하지 못할 정도라면 단기간 약물치료가 필요할 수 있다. 상담사는 어느 특정한 약물을 추천하지 않으며, 내담자의 증상이 중도에서 중증의 기능장애를 유발하는 경우 내담자를 의사에게 의뢰하는 것은 상담사의 책임임을 기억하라. 내담자의 증상이 전형적인 애도 반응으로 보이는 경우, 상담은 애도 과정을 돕고 내담자가 정상적인 슬픔을 표현하는 데 도움이 될 수 있다.

사망이든 중병이든 불치병이든 상실 사실을 알리는 일은 의사, 변호사, 경찰관, 친구 또는 가족구성원의 몫인 경우가 많다. 상실을 어떻게 표현하느냐에 따라 상실감을 받아들이는 방식에 영향을 미칠 수 있으며, 그 사람의 정서적 반응까지 결정할 수 있다.

일반적으로 사람들은 대부분 상대가 거짓말을 하거나 가르치려는 것을 좋아하지 않는다.

이러한 행동은 무례한 행동이며 슬픔에 대한 일반적인 화를 넘어서 분노의 감정을 유발할 수 있다. 직접적이고 정직한 접근 방식이 가장 좋으며, 이때는 공감 기술이 가장 도움이 된다. 다음은 전문가나 가족구성원이 사망 또는 상실 소식을 전하기 위한 몇 가지 구체적인 방법이다:

의사: 사망하셨습니다. 삼가 조의를 표합니다. 혹시 누구에게 연락을 해 드릴까요? 혼자 있을 공간이 필요하신가요?

변호인: 저는 비극적인 소식을 알려 드릴 법적 책임이 있습니다. 먼저 아버님이 돌아가신 것에 대해 삼가 조의를 표합니다. 아버님께서 저에게 유언장 내용 전달을 부탁하셨습니다.

경찰: 존스 부인, 가까운 분의 비극적인 소식을 전해 드리기 위해 직접 찾아뵙게 되었습니다. 안타깝게도 오늘 밤 교통사고로 자녀분이 사망하셨습니다. 애통한 마음이 들면 오늘 저에게 편하게 이야기해 주세요. 자녀를 잃은 것은 당신 외에는 누구도 이해할 수 없는 비극이지만, 제가 할 수 있는 한 당신을 돕고 싶습니다.

친구: 캐시, 나 제니야. 당장 만나고 싶어. (둘이 만난 후) 캐시, 마거릿이 오늘 하늘나라로 갔어. 같이 울면서 얘기 좀 해야겠어.

가족: 얘야, 어젯밤에 아버지가 아파서 밤을 넘기지 못하셨어. 형과 누나에게 전화해 주겠니? 가능한 한 빨리 우리 집에서 만나자.

소식을 들은 사람이 슬픔으로 자제력을 잃는다면 다른 사람이 그 사람을 진정시키는 데 도움을 줄 수 있도록 하는 것이 좋다. 응급실은 24시간 운영되며, 응급실 의료진은 충격으로 인해 자신이나 타인에게 위험할 수 있는 사람에게 약물을 투여할 수 있다. 그러나 사람들은 일반적으로 사망 소식을 들은 후 무감각해지기 때문에, 정서적 지원이나 법적 · 업무적 세부 사항을 처리하는 데 도움을 줄 누군가가 필요하다. 장례식 기간이나 몇 주 후, 혹은 상실을 받아들이게 되는 시기가 되면 통제할 수 없는 감정이 나타날 수 있다.

상실감으로 고통받는 사람들을 위한 제안

Counseling and Psychological Services(2017)에서는 심각한 상실이나 트라우마를 겪은 후 자신을 돌보기 위한 방법을 몇 가지 제공한다. 위기상담사는 이러한 방법을 내담자에게 제공할 수 있다:

1. 손실을 인정한다.
2. 자신의 감정을 진지하게 받아들이라.
3. 다른 사람들과 대화하라.
4. 필요한 조치를 취하라.
5. 인내심을 가지라.
6. 나만의 방식으로 고인을 추모할 방법을 찾아보라.
7. 잊지 말라.

위기상담사는 슬픔에 빠진 사람에게 다음과 같이 하도록 격려해야 한다.

1. 다른 사람들에게 자신의 감정을 이야기하라. 지지해 주는 동료나 가족에게 상실에 대해 이야기하라.
2. 좋아하는 일을 하면서 활동적으로 지내라.
3. 건강한 식단을 유지하라.
4. 여가 활동을 위한 시간을 가지라.
5. 친구 및 가족과 함께 시간을 보내라.
6. 가능한 한 통제감을 유지하라.
7. 상실 경험에 대한 관점을 파악하려고 노력하라. 명상, 성찰, 영적 연결을 소홀히 하지 말라(Counseling and Psychological Service, 2017).

　내담자의 증상과 애도 반응이 지연되거나, 만성화되거나(즉, 1년 이상 지속되거나), 과장되거나, 감춰진 것처럼 보이는 경우 장기적인 치료가 필요할 수 있다. 내담자는 근본적인 병적 장애가 있을 수 있다. 이러한 유형의 애도상담에서는 개인의 방어 및 대처 방식이 평가되며, 대부분 상실과 버려짐에 대한 문제가 드러날 것이다. 상담사는 이러한 내담자가 과거의 상실을 먼저 애도하도록 이끌어서 최근의 상실을 잘 극복할 수 있도록 도울 수 있다. 위기상담사는 이러한 유형의 내담자를 장기치료를 제공할 수 있는 사람이나 지속적인 지지 모임에 소개해 줄 수 있다. 〈BOX 6.1〉은 어린 시절의 해결되지 않은 상실감이 성인기의 상실을 어떻게 위기로 만드는지 보여 주는 예이다.

| BOX 6.1 | 어린 시절의 해결되지 않은 상실감으로 인해 성인기에 위기를 경험한 내담자 |

35세 여성은 언니가 사망한 후 상담을 요청했다. 언니의 죽음에 대한 슬픔을 충분히 다루기도 전에 그녀의 어린 시절 상실 경험을 이야기해야 했다. 이 내담자의 트라우마에 대처하는 방식은 부정이라는 방어기제로 가장 잘 설명된다. 가족들은 그녀에게 자신의 감정을 인정하지 말라고 했고, 그녀의 어머니와 아버지는 그녀보다 자신을 더 잘 알고 있는 것처럼 말했다. 그들은 그녀를 구타하고 비하한 후 그녀를 버렸다. 그녀의 유일한 동맹은 얼마 전에 죽은 언니뿐이었다.

이 내담자는 언니의 죽음에 대한 슬픔뿐만 아니라 부모로부터 버림받았던 경험도 다루어야 했다. 언니가 없는 상황은 그녀에게 견딜 수 없는 외로움과 공허함을 안겨 주었다. 그녀는 내담자가 인생에서 유일하게 경험한 돌봄을 제공했던 언니에게 완전히 정서적으로 의존하고 있었다. 부모는 전혀 애정을 주지 않았다. 이 사례는 그 복잡성으로 인해 장기적 접근이 필요하다. 내담자는 언니를 잃은 슬픔과 더불어 과거의 상실을 슬퍼하고 자신의 외로움과 언니의 죽음을 받아들여야 한다.

자녀의 상실

지금까지 설명한 개입방법은 슬픔에 빠진 모든 내담자에게 사용할 수 있고, 자녀를 잃은 부모의 경우에는 몇 가지 더 특별한 고려 사항이 있다.

낸시 루트(Nancy Ludt, 1993)는 강연에서 "자녀를 잃는다는 것은 부모를 잃는 것과는 다른 의미가 있습니다. 부모를 잃으면 과거를 잃는 것이지만 자녀를 잃으면 미래를 잃는 것입니다."라고 말했다. 위기상담사가 살아남은 부모와 함께 이야기해야 할 부분은 바로 이러한 미래에 대한 꿈이다.

자녀의 사망 당시 부모가 결혼한 상태라면 일반적으로 관계가 약화된다. 특히 사고와 같은 이유로 자녀가 예기치 않게 사망한 경우에는 더욱 그러하다. 대부분의 부부는 이러한 트라우마를 겪은 후 다른 자녀뿐만 아니라 부부간에 잘 지내는 데에도 어려움을 겪는다. 비극이 일어난 이후 삶이 너무 급격하게 변했기 때문에 그들은 더 이상 같은 사람처럼 느껴지지 않는다. 부부가 어떤 형태로든 도움을 받지 않는다면 이들의 이혼율은 92%에 이르게 된다. 그러나 도움을 받으면, 부부가 자녀를 잃은 슬픔을 극복하는 데 큰 차이를 만들 수 있다. 루트는 지난 16년 동안 자신의 지원 모임에 참여했던 1,500명 중 나중에 이혼한 부부는 단 2명 뿐이었다고 말했다. 이는 위기상담사들이 유가족 부모에게 지원 모임에 참석할 것을 권유하는 데 큰 동기가 된다. 이 모임에서 부부는 평상시에는 하지 못했던 말을 서로에게 할 수 있고 아버지도 어머니만큼이나 자신의 상처를 솔직하게 표현하는 기회를 가질 수 있다. 이것은 강한 남자에 대한 우리 사회의 고정 관념을 고려할 때 도움이 된다. 아버지는 울지 않고 강해야 하며 아이가 죽은 후에도 일하러 가야 하는데, 아버지가 공개적으로 소통하고 자신의 감정을 표현할 수 있는 장이 있다면 결혼관계가 잘될 가능성이 높다는 것은 분명하다. 〈BOX 6.2〉는 자녀를 잃은 내담자와 그에 따른 개입의 예를 보여 준다.

BOX 6.2 **자녀 상실의 슬픔을 경험하고 있는 내담자 사례**

예 1: 45세 여성이 피해자 증언 지원 프로그램(Victim Witness Assistance Program)을 통해 위기개입을 이유로 필자에게 의뢰되었다. 그녀의 21세 딸은 4개월 전에 끔찍하게 살해당했다. 이 여성은 일을 할 수 없었고, 악몽에 시달렸으며, 주체할 수 없이 울었고, 남편과의 의사소통에도 문제가 있었다. 그녀의 슬픔은 계속 강하고 고통스러웠다.

이 내담자는 아직 결혼생활 중인 부모님의 든든한 지지체계가 있었고, 다른 가족들도 모두 생존해 있었으며, 25년간의 결혼생활은 좋은 관계였고, 17세와 11세인 두 딸이 있었다. 그녀는 매우 안정적이고 좋은 어린 시절을 보냈으며 ABC 위기개입 모델에 잘 반응했다. B단계에서 그녀는 딸의 죽음이 자신에게 어떤 의미인지, 삶의 관점이 어떻게 바뀌었는지 이야기하는 데 도움을 받았다. 각 단계에서 그녀의 증상과 행동에 대한 기능 수준이 평가되었다. C단계에서는 수면장애로 인해 의사와 상담할 것을 권유받았고, 약 6개월 동안 약물을 처방받았다. 또한 그녀는 살해된 아동의 부모를 위한 지지 모임에 의뢰되었다. 이 여성은 현재의 촉발사건인 아이의 죽음에 초점을 맞춘 지속적 위기개입으로 잘 지낼 수 있을 것이다. 그녀의 평소 기능은 뛰어난 것으로 나타났기 때문에 어린 시절은 다룰 필요가 없다. 그녀의 현재 증상은 딸의 죽음과만 관련 있다고 가정할 수 있다.

사회적 규범은 자녀를 잃은 후 일하는 것과 관련하여 부모에게도 영향을 미친다. 많은 직장에서 사망 시 3일의 휴가만 허용한다. 슬픔에 잠긴 부모의 집중력이 1분 30초 정도에 불과하다는 점을 고려하면 이는 부적절하다. 그 결과, 많은 부모가 직장을 잃게 되어 위기 상황이 더욱 복잡해질 수 있다. 사람들이 정해진 시간 내에 애도할 수 있다면 좋겠지만 현실은 그렇지 않다.

위기상담사는 경청을 통해 슬픔에 빠진 부모의 부담을 덜어 줄 수 있다. 부모들의 집중력이 크게 영향을 받기 때문에 상담사는 자신의 말을 최소화하고 아주 짧게 교육적이고 지지적인 멘트를 제공할 수 있다. 자조 집단이 전문 상담 집단보다 인기가 높은 이유 중 하나는 부모들이 주제에 관계없이 그저 이야기하고 경청할 수 있다고 느끼기 때문이다. 부모들은 시시각각 변하는 요구 사항이 있기에 구조화는 도움이 되지 않는다. 집단 구성원들이 자신의 이야기를 하기 원하기 때문에 외부 강사는 일반적으로 환영받지 못한다. 슬픔에 잠긴 내담자가 개별적으로 찾아올 때는 외부 강사처럼 주로 이야기하지 말고 내담자가 더 많은 말을 하게 해야 한다.

상담사가 슬픔에 빠진 부모를 위해 할 수 있는 또 다른 일은 그들의 깊은 슬픔과 자녀에 대해 이야기하고 싶은 마음이 정상적이라 느끼도록 돕는 것이다. 결국, 그들은 자녀의 죽음이 아닌 자녀의 삶에 집중하게 될 것이다. 위기상담사는 자녀를 잃은 부모를 위해 할 수 있는 가장 좋은 일은 지원 모임에 연결해 주는 것이다. 이 모임에서 부모는 조롱당하거나 자신의 경험이 부정당하는 두려움 없이 마음속에 있는 모든 것을 느끼고 말할 수 있다. 많은 경우 부모는 죽음에 대해 이야기할 때 웃는데 다른 사람들에게는 이러한 행동이 무신경해 보일 수 있다. 하지만 슬픔에 빠진 다른 부모들과 함께 있는 모임에서는 이러한 행동이 이해되고 공유될 수 있다.

루트(Ludt, 1993)는 슬픔에 빠진 부모가 지지 모임을 선호하는 열 가지 이유를 나열한다. 일부 부모는 자녀를 잃은 후 10년까지 한 모임에 머물기도 한다. 루트의 지지 모임 회원들에 따르면 이 모임은 다음과 같은 기능을 수행한다:

1. 이곳은 무엇이든 말해도 괜찮은 안전한 곳이다. ("나는 살아 있는 아들과 잃어버린 아들을 맞바꿀 수 있어요.")

2. 이해심 많은 사람과 함께하고 싶은 욕구를 충족시켜 주며, 회원들이 참석하지 않더라도 이 모임이 존재함을 알 수 있다. ("감정은 수년에 걸쳐 변하고, 지금 당장 올 필요는 없지만 언제 올지 누가 알겠습니까?")

3. 우리 아이의 공간이다. ("우리는 밤새도록 아이에 대해 이야기할 수 있습니다. 종종 추억에 대해 이야기하는 것은 가족구성원에게 너무 큰 상처를 주지만, 이 모임에서는 우리 아이가 2시간 동안 살아 있습니다.")

4. 죽음을 지적으로 이해하기보다는 감정적으로 이해하는 데 도움이 된다. ("그가 죽었다고 충분히 많이 말하면 우리는 그것을 믿기 시작합니다.")

5. 앞으로 사회적 적응에 대한 희망이 생긴다. ("우리는 재미있게 놀 때 종종 죄책감을 느끼지만, 이곳에서는 재미있게 놀 수 있다는 것을 배웁니다.")

6. 슬픔을 느끼는 데 시간의 제한이 없다. ("그는 이곳에서는 계속 죽은 상태이고, 그 슬픔의 상처는 계속 느껴도 됩니다.")

7. 부모가 웃거나 울어도 다른 사람의 기분을 상하게 하지 않는다.

8. 부모가 설명할 필요 없이 자신의 생각을 표현할 수 있다.

9. 부모의 생명을 구할 수 있다. ("자살 충동이 강한데, 이 모임은 희망과 도움을 줍니다.")

10. 이곳은 이심전심이 일어나는 곳이다.

위기상담사가 내담자가 있는 지역의 단체를 찾을 수 없는 경우 상담 과정에서 이러한 아이디어를 실행할 수 있다.

이혼 및 별거

이혼, 별거 및 관계 단절은 위기상담사들이 자주 접하게 되는 매우 흔한 문제이다. 배우자의 결혼 여부와 관계없이 별거에 대한 반응은 정상적으로 기능하는 사람에게 역기능 상태를 초래할 수 있다. 이러한 반응은 심한 우울증부터 불안 발작까지 다양하다. 다른 상황적 위기와 마찬가지로, 이별에 얼마나 잘 대처하는지는 물질적·개인적·사회적 자원에 따라 달라진다. 관계 단절은 왜 그렇게 치명적인가? 종종 한 사람의 삶 전체와 자아 개념은 부부의 일원이 되는 것을 기반으로 한다. 이별 후에는 배우자가 사망했을 때보다 더 큰 변화를 겪어야 하는 경우도 있다. 이혼은 배우자 중 1명 또는 2명이 상대방에 대한 기대에 부응하지 못하는 것으로 생각할 수 있다. 부부가 이혼할 때 배우자 중 1명 또는 2명 모두 자신의 정서적 욕구가 충족되지 않았다는 것을 깨닫게 된다(Bell, 1999).

미국의 실제 이혼율이 얼마인지에 대해서는 많은 논란이 있지만(The Public Discourse, 2015: Stanton, 2016에서 인용), 많은 사람은 이혼율이 약 50%라고 말한다. 스트롱(2016)은 학자들이 현재 이혼율을 정확하게 측정할 수 있는 네 가지 방법을 설명한다. 대략의 이혼율은 인구 1,000명당 이혼 건수를 나타낸다. 현재 미국에서는 연령에 관계없이 인구 1,000명당 약 3.6건의 이혼이 발생하고 있다. 연령을 조정하면 15세 이상 인구 1,000명당 이혼 건수는 13건이다. 총 이혼율은, 이혼 경험이 있는 성인의 비율을 나타내지만, 연간 비율은 아니다. 현재 여성의 22%와 남성의 21%가 이혼한 경험이 있다. 이들 중 일부는 재혼했지만, 여성의 11%와 남성의 9%는 현재 이혼하고 재혼하지 않은 상태이다. 세부 이혼율은 기혼 여성 1,000명당 이혼 건수이며 연간 비율이다. 2011년에는 결혼 1,000건 중 19건이 이혼으로 끝났으며 이에 따라 세부 이혼율은 1.9%이다. 코호트 측정 비율은 사람들이 인용하는 40~50%의 수치이다. 이는 특정 '코호트'(특정 기간 내에 결혼한 대규모 집단)를 일반 수명표와 비교하여 계산한 교육적 예측이다. 이는 오늘날 결혼하는 사람들의 일반적 이혼 위험률에 대한 상당히 정교한 추정치를 제공한다. 이 접근 방식은 매해 성공적인 결혼생활을 할 때마다 평생 이혼 위험이 줄어든다는 점을 고려한다. 오늘날 기혼 청년들은 비슷한 연령대의 부모 세대와 같은 비율로 이혼하지 않기 때문에 베이비붐 세대가 인구에서 빠져나가면 향후 이혼율이 감소할 것으로 예상된다. 현재 젊은 성인의 이혼 위험은 42~45%로 추정된다.

정확한 이혼율에 관계없이, 많은 이에게 이혼이 위기 상태를 지속적으로 야기할 것이라는 데는 의심의 여지가 없으며, 정신건강 전문가가 이러한 유형의 상실에 대처하는 사람들을 도울 수 있어야 한다는 것은 분명하다. 상실과 애도를 둘러싼 문제는 이전에 다루었으므로 여기서는 반복하지 않을 것이다. 위기상담사는 각 파트너가 각 단계를 거치면서 애도의 과제를 완수해야 한다는 것을 알아야 한다. 일반적으로 부부가 함께한 시간이 길수록 상실감은 더 강해지며, 자녀가 관련되어 있다면 고통은 더 커지고 복잡해진다. 부모는 자녀에게 이혼을 설명할 때 종종 죄책감과 당혹감을 느끼며, 분노와 좌절감은 부모가 양육권 계획을 세울 때 나타나는 전형적인 감정이다. 이러한 절차를 중재하기 위해 위기상담사가 개입하는 경우가 많다.

재정적 지위와 사회적 네트워크의 상실도 있다. 친구와 시댁 식구들을 잃으면 이혼 배우자의 우울증과 외로움이 더 커진다. 재정적인 문제는 불안을 야기하고 종종 생활 수준 저하로 이어진다. 이러한 상실에 적응하는 것도 이혼 관련 위기개입의 또 다른 초점이다. '남겨진 사람'은 종종 위기개입을 요청하며 가장 큰 고통을 겪는 것처럼 보인다. 이 사람은 자살 위험이 높을 수 있으며 약물 및 알코올 남용이 증가할 가능성이 있다. 이러한 가능성을 평가하고, 적절한 계약을 맺으며, 12단계 모임을 장려해야 한다. 특히 이러한 사람은 지원 시스템을 재구축해야 한다. 교회, 가족, 운동 단체, 학교와의 유대관계가 도움이 될 수 있으며, 위안을 줄 수 있는 훌륭한 책도 많이 있다.

'떠난' 파트너는 직면해야 할 다른 문제가 있다. 이 사람은 슬픔과 분노의 감정을 번갈아 느낄 수 있다. 한순간에는 여전히 배우자를 돌보려고 노력하지만 다음 순간에는 무모하고 무책임하게 '파티'를 즐기며 그토록 그리워하던 독신생활을 할 수도 있다. 처음에는 이 미친 듯한 거친 재미가 대단해 보이지만 결국에는 우울증이 시작된다. 비록 비참한 상황이었지만 동반자 관계에 익숙해져 있던 사람이 싱글이 된다는 것은 어려운 일이다.

개입

전반적 목표는 내담자가 슬퍼하도록 돕는 것이다. 울고, 글을 쓰고, 읽고, 기도하고, 이혼 지원 모임에 가도록 격려할 수 있다. 위기상담사는 평소와 마찬가지로 내담자를 진정시키고 위로하며 낙관적인 태도를 보인다. 많은 사람이 이혼과 이별을 극복하고 살아남는다는 사실을 알려 주는 것이 도움이 된다. 상담사는 내담자가 지금은 믿지 않겠지만 결국에는 상황이 나아질 것이라는 점을 상기시켜 준다. 내담자에게 애도 과정에 대해 교육하는 것은 그들의 경험을 정상화하는 데 도움이 될 것이다. 상담사는 또한 내담자의 자녀와 배우자 가족들에 우려에 대해 교육적 접근을 할 수 있다.

자녀와 이혼

대부분의 부모는 이혼이 자녀에게 미칠 영향에 대해 우려하며 이혼이 자녀에게 피해를 줄 것이라고 생각한다. 북미 전체 아동의 약 50%가 부모의 이혼을 경험하며, 그중 거의 절반이 부모의 두 번째 결혼이 파탄 나는 것을 목격한다. 이혼 자녀 10명 중 1명은 부모의 이혼을 세 번 이상 경험하며, 오늘날 미국에서 자라는 어린이의 40%는 아버지 없이 자란다. 오늘날 결혼한 부모 사이에서 태어난 모든 자녀의 50%는 18세 이전에 부모의 이혼을 경험하게 된다(Children-and-Divorce.com, 2013).

위기상담사는 이혼 과정에서 부모가 자녀와 서로를 어떻게 대하느냐에 따라 자녀의 상처 여부가 달라진다는 점을 알려 줄 수 있다. 두 사람 모두 여전히 자녀를 사랑한다는 정중한 분위기와 확신감이 아이들에게 큰 도움이 된다. 안타깝게도 많은 부모가 이혼으로 인한 엄청난 고통의 결과인 분노를 상대에게 표출하기 위해 아이들을 이용하며 이로 인해 아이들은 그 틈바구니에 놓이게 된다. 이혼에 대한 걱정이 높은 부모에게는 부모의 이혼 자체보다 함께 지낼 때 부부관계가 학대적이었고 사랑과 애정이 부족했던 경우 자녀에게 더 큰 피해가 갈 수 있음을 알려 줄 수 있다. 이러한 관점을 통해 부모는 무슨 일이 있어도 함께 있는 것이 최선이라는 인식을 바꿀 수 있다. 부모에게 위로가 될 수 있는 또 다른 정보는 더 이상 일반 가정이 꼭 핵가족의 모습은 아니기 때문에 자녀가 친구들에 비해 이상하거나 비정상적이라고 느낄 필요가 없다는 점이다.

자녀를 위한 개입은 자녀 중심, 혹은 가족 중심일 수 있다. 자녀 중심 개입은 이혼 적응과 관련된 정서적·행동적 문제를 완화한다. 이러한 개입에는 자녀들이 정기적으로 만나 경험을 공유하고 문제해결 방법을 배우며 서로 지원을 해 주는 집단 회기가 포함될 수 있다. 개인 치료에는 감정을 자유롭게 표현할 수 있는 놀이치료가 포함될 수 있다.

배우자 가족과 관련해서는 그들에게 모든 것을 말하지 않는 것이 가장 좋다. 부부가 다시 합치기로 결정한다면 어떻게 되겠는가? 배우자는 서로 용서할 수 있지만 배우자 부모는 용서하지 못할 수도 있다. 또한 이혼 후에도 자녀는 여전히 양가 가족과 관련이 있으므로 조부모가 잘 모를수록 손자를 전적으로 더 지지하고 양육할 수 있어서 좋다. 종종 '남겨진' 배우자의 부정(denial)은 매우 강하기 때문에 이 배우자가 현실을 직시할 수 있도록 부드럽게 도와야 한다. 상담사는 내담자에게 자신을 원하지 않는 사람을 진정 원하는지 물어볼 수 있다. 이러한 질문에 직면함으로써 '버림받은' 배우자는 자신의 존엄성을 유지할 수 있는 통제감을 가질 수 있다. 다음은 힘 실어 주기의 예이다. 마지막으로, 법적인 문제에 관해서는 해당 지역의 법률 클리닉과 이혼 전문 변호사를 잘 알아 두는 것이 좋다. 이용당하지 않거나 접근 금지 명령을 받기 위해 이러한 전문가에게 의뢰해야 할 수도 있다.

혼합 가정과 관련된 위기

이혼한 부모가 결혼하여 두 가족이 합쳐지면서 위기를 겪는 가정이 많다. 더 브래디 번치 시스템(The Brady Bunch system)[1]은 1970년대 텔레비전 쇼에서 묘사된 것만큼 재미있지는 않다. 혼합 가정의 많은 갈등은 자녀의 발달단계, 관련된 각 성인의 성숙도, 각 성인이 겪고 있는 이혼에 대한 애도의 단계로 인해 발생한다. 각 친부모가 자녀를 위해 자신의 개인적 권력 다툼과 분노를 내려놓는 경우는 드물다. 4명의 성인이 관련된 경우, 적어도 1명은 이혼 및 재혼 이후 역기능적인 방식으로 반응할 수밖에 없다. 물론 자녀가 있는 가정과 결혼하는 사람 중 1명이 이전에 결혼한 적이 없거나 이전 결혼에서 자녀가 없는 경우도 있다. 이러한 상황은 복잡하게 얽힌 관계를 어느 정도 풀어 줄 수는 있지만 완전한 협력과 조정 기능을 보장하지는 않는다.

양부모가 가정생활의 일부가 된 경우에는 아이들에게 충성심 문제(loyalty issues)가 흔히 발생한다. 아이들은 종종 친부모가 화나거나 상처받을까 봐 다른 성인과 유대감을 형성하는 것에 대해 죄책감을 느낀다. 가능하면 위기상담사는 친부모를 데려와 아동에게 양부모에게 잘 대해도 된다고 말할 수 있다. 그러나 부모가 이혼에 대해 여전히 슬퍼하고 있거나 심각한 성격장애가 있는 경우 이는 쉬운 일이 아니다.

양부모의 규칙과 기대를 기존 시스템에 통합하는 것도 위기상담사가 필요한 또 다른 영역이다. 여기에는 아주 간단한 문제해결 방식이 도움이 된다. 모든 사람이 발언하고 제안할 수 있도록 장려하고 타당하다고 여겨짐을 인식할 수 있게 하는 것이다. 〈BOX 6.3〉은 혼합 가정의 위기를 겪고 있는 한 가족의 예를 보여 준다.

---

1) 역자주해: 〈The Brady Bunch〉는 1960년대 후반에서 1970년대 초반에 방영된 미국의 단란한 가정을 정형화한 홈드라마이다.

| BOX 6.3 | 혼합 가정과 관련된 위기의 예 |

45세 남성이 여자친구와 그녀의 13세 딸과 함께 동거를 시작하게 되면서 상담을 받으러 왔다. 이 남성은 아내와 5개월 동안 별거 중이었다. 여자친구는 그가 딸에게 많은 시간을 할애하는 것에 대해 불평하여 스트레스를 많이 받았고 박탈감을 느꼈다. 이어진 커플상담을 통해 여자친구는 딸이 자신을 싫어한다는 인식과 남자친구가 딸에게 너무 집중한다는 느낌을 드러냈다.

위기상담은 여자친구에게 부모와의 애착과 책임감에 대해 교육하는 데 중점을 두었다. 이를 통해 그녀는 아버지가 '지나치게 헌신적'이라는 생각을 바꾸게 되었고, 딸에 대한 아버지의 관심이 정상적임을 이해하기 시작했다. 딸이 자신을 싫어한다는 여자친구의 인식을 알아보기 위해 딸도 함께 데려왔다. 딸은 여자친구가 싫은 것은 아니지만, 그녀가 이제 엄마의 역할을 대신하게 된 것을 생각하면 그녀를 좋아하는 것이 어색하다고 했다. 위기개입을 통해 딸의 충성심 문제를 더 탐색하였고, 서로가 상대방에 대한 기대를 명확하게 할 수 있었다.

결론적으로 볼 때, 위기에 처한 다른 사람들과 마찬가지로, 이혼 후 혼합 가정을 이루는 내담자도 자존감이 약하고 성숙도가 낮으면 더 큰 어려움을 겪을 수 있다. 이러한 상황에 처한 사람들 대부분이 고통을 경험하나 모두가 같은 방식으로 힘든 것은 아니다.

실직

2008년부터 시작된 주택 위기와 월스트리트 붕괴로 촉발된 경제 침체 이후 많은 미국인이 일자리를 잃고 실업 및 장애 수당으로 생계를 유지해야 했다. 2009년 10월 실업률이 10%로 최고치를 기록한 이후 실업률은 꾸준히 감소하고 있다. 2016년 8월 현재 미국의 16세 이상 실업률은 4.9%이다(Bureau of Labor Statistics Data, 2016). 실직은 종종 우울증이나 낮은 삶의 만족도로 이어지게 된다. 실직의 슬픔은 관계 상실의 슬픔과 거의 비슷한 방식으로 나타난다. 개인의 정체성과 사회생활의 대부분은 직업의 맥락에서 형성된다. 실제로 많은 사람이 집보다 직장에서 더 많은 시간을 보내며, 특히 새로운 일자리를 찾는 데 많은 시간을 할애하는 경우 실직 후 생활하는 법을 배우는 것은 지치는 일이다.

실직은 건강에도 지속적인 영향을 미친다. 연구자들은 직장을 잃은 사람들이 꾸준히 일하고 있는 사람들보다 우울증 증상이 더 심하며 만성 질환에 걸릴 위험이 더 크다는 사실을 발견했다(Catalano & Dooley, 1983; Gallo, Bradley, Siegel, & Kasl, 2000). 그러나 실직자 모두가 이러한 증상을 경험하는 것은 아니다. 교육 수준이 높은 사람은 우울 증상을 덜 경험하고,

직업적 명성이 높은 사람은 우울 증상을 더 많이 경험하는 것으로 나타났다(Berchick, Gallo, Maralani, & Kasl, 2012).

인식의 역할

위기상담사가 특히 관심을 가지는 부분은 개인의 인식이 실직에 대처하는 방식을 결정하는 데 차지하는 역할이다. 버칙 등(Berchick et al., 2012)은 실직이 부분적으로 통제감 상실로 인해 건강에 영향을 미친다고 말한다. 교육 수준이 높은 사람은 더 많은 사회적 지원을 받게 되며 자신의 삶을 더 잘 통제할 수 있다고 인식한다. 또한 일자리를 잃는다고 해서 개인의 학력이 사라지지는 않으므로 통제감을 그대로 유지할 수 있다(Berkman, 1995; Ross & Wu, 1995). 그러나 실직은 고위직에 있었던 사람의 지위를 무너뜨리기에, 높은 위치에 있었던 사람은 실직에 직면했을 때 자신이 더 많이 추락한 것처럼 인식할 수 있다. 이에 따라 낮은 지위의 실직보다 더 큰 권력과 명성의 상실감으로 이어질 수 있다(Strully, 2009).

실직 후 삶의 만족 또는 불만족과 관련된 다른 요인으로는 개인이 얼마나 많은 통제감을 가지고 있는가와 관련이 있다. 지각된 통제감이 높은 사람은 통제감이 낮은 사람에 비해 삶의 만족도가 감소하는 것으로 나타났다. 또한 성실성 수준이 높을수록 삶의 만족도가 감소한다는 사실과도 관련이 있다(Heidemeier & Gontz, 2013). 때로는 자신이 모든 것을 통제할 수 없다는 사실을 받아들이는 것이 적응력이다. 위기상담사는 이러한 지식을 활용하여 통제할 수 있는 부분에 집중하고 가능한 조치를 취함으로써 내담자의 역량을 강화할 수 있다.

개입

다른 모든 내담자와 마찬가지로 상담사는 공감을 형성하고 새로운 일자리를 확보하는 데 따르는 어려움을 확인해야 한다. 실업률에 대한 통계를 제공하면 내담자가 자신을 '패배자'로 인식하지 않는 데 도움이 된다. 실업 수당을 받는 것이 필요할 수도 있다. 그렇지 않은 경우, 생존을 위해 돈을 빌리거나 구세군이나 기타 비영리 노숙자 쉼터와 같은 노숙자 지원 기관에서 임시 거처를 찾아야 할 경우도 있다. 재정 지원 자원을 탐색하는 방법을 배우는 것은 상당히 부담스럽고 당황스럽고 좌절감을 줄 수 있다. 상담사는 내담자가 이러한 사회적 자원 체계를 접하게 될 때 지지를 해 줄 수 있다. 위기상담사는 위기의 일시적 특성을 지속적으로 강조하고 낙관적인 태도를 유지할 수 있다. 내담자가 다시 학교로 돌아가 새로운 직업에 집중하도록 격려할 수도 있다. 학자금 대출은 상환이 필요 없는 재정 지원도 받을 수 있다. 세계에서 벌어지는 경제적인 어려움에 대해 다방면으로 설명해 주면 내담자가 자신의 체면을 유지하도록 돕고 다른 많은 사람들도 자신과 같은 처지에 있다는 사실을 깨닫는 데 도움이 될 수 있다. 마지막으로, 실업률이 감소하고 있다는 사실에 초점을 맞추는 것도 도움이 될 수 있다.

또 다른 문제는 불완전 고용과 관련이 있다. 전반적인 실업률은 감소하고 있지만 빈곤, 노숙자, 식량 불안정은 여전히 존재한다. 많은 주에서 최저 임금을 인상하여 풀타임으로 일하는 사람은 누구나 생활 임금을 받을 수 있도록 했으나, 모두에게 해당되는 것은 아니기 때문에 여전히 많은 사람이 안정적 주거와 식량을 구하기 어려울 수 있다.

노숙은 누군가에게는 위기 상태일 수도 있고 생활 방식일 수도 있다. 위기상담사는 노숙자의 노숙이 일시적인 재정적 손실로 인한 것인지, 정신질환, 약물 또는 알코올 남용, 가족으로부터 버림받고 거부당한 경우와 같은 심각한 만성 문제로 인한 것인지 파악해야 한다. 정신질환이나 약물 남용으로 인한 경우 적절한 치료 시설에 의뢰해야 한다. 가족의 거부 문제는 가능하면 가족 상담을 통해 해결할 수 있으며, 이것이 불가능할 경우 노숙자 쉼터 및 기타 직업 상담 시설에 의뢰해야 한다.

식량 불안. 안전하고 영양가 있는 음식에 대한 접근성이 부족하여 사람들이 건강하고 활기찬 삶을 살지 못하게 되는 상태이다. 이는 사람들이 자신의 선호와 섭생에 대한 필요를 충족하는 식품에 물리적으로나 경제적으로 접근하지 못할 때 발생할 수 있다(Reference. com, 2016). 물 부족, 농업 황폐화, 농작물 질병과 같은 자연적 요인이나 정치, 전쟁, 경제적 불안정 등 다양한 이유로 식량 불안이 발생할 수 있다. 미국 농무부에 따르면 2014년 미국 기준으로 6명 중 1명이 식량 불안에 시달리고 있다(Reference.com, 2016에서 인용). 위기상담사는 식량 불안을 겪는 사람들을 만나게 되는데 다행히 이 문제를 해결하기 위한 다양한 서비스가 있다. 지역사회 자원을 파악하는 것은 위기상담사에게 매우 중요한 기술이다. 〈BOX 6.4〉는 식량 불안과 노숙에 초점을 맞춘 다양한 지역사회 서비스의 세 가지 예를 보여 준다.

BOX 6.4 노숙 및 식량 불안에 대처하는 지역사회 서비스의 세 가지 예

예 1: 밝은 길 프로그램

남부 캘리포니아의 부에나 파크(Buena Park)시에서는 특별히 노숙자들을 위한 프로그램을 만들었다. 부에나 파크(Buena Park)는 오렌지 카운티(Orange County)에서 가장 인기 있는 관광지 중 하나인 노츠 베리 팜 테마 파크(Knott's Berry Farm Theme park)가 위치해 있기 때문에 노숙자 문제가 시급한 이슈가 되었다. 노숙자가 자립하여 지역사회의 일원으로 활동할 수 있도록 지원하는 서비스를 제공함으로써 노숙자와 관광객, 주민, 사업주 간의 부정적인 상호작용을 줄이고 도시 전체의 보행 편의성과 안전성을 높일 수 있다. 이 프로그램의 목표는 임시 주택, 재활 프로그램, 일반 지원뿐만 아니라 지역 주민, 기업, 종교 기반 단체에 노숙자에 대한 교육 도구와 노숙자 감소에 도움이 될 수 있는 자원을 제공하여 이들 단체의 역량을 강화하는 것이다. 이 프로그램의 바람직한 결과는 절도, 무단 침입, 마약 관련 범죄율, 노숙자 관련 서비스 요청을 낮추는 것이다. 2016년 보고서에 따르면 노숙자 관련 서비스 요청이 2015년보다 100% 이상 증가한 것으로 나타났다. 이 프로그램을 통해 응급 구조대원들이 다른 현안으로 커뮤니티를 지원할 수 있는 시간을 확보하고, 노숙자 문제는 밝은 길(Bright Paths) 프로그램을 통해 대신 서비스 받을 수 있기를 기대한다(City of Buena Park, 2016).

예 2: 위기개입 프로그램

이 프로그램은 30년 전 뉴욕에서 시작되었다. 노숙자 연합은 노숙자거나 노숙의 위기에 처했거나 생존에 어려움을 경험하는 뉴욕의 모든 사람이 경험이 풍부하고 헌신적인 일선 직원들로부터 즉각적인 도움을 받을 수 있도록 하기 위해 만들어졌다. 이 프로그램은 하루 최대 50가구를 지원하며, 여기에는 적절한 긴급 대피소 이용, 식품 바우처 제공, 주거 확보를 위한 장기적인 지원 등이 포함된다. 이들은 연간 약 8,000명의 남성, 여성, 아동에게 개인상담, 기본권 보호, 긴급 대피소, 정부 혜택, 주택 신청, 정신건강 및 중독 치료, 고용 서비스 의뢰 등의 문제를 지원한다(Coalition for the Homeless, 2016).

예 3: 풀러턴 캘리포니아 주립대학교의 식량 불안 및 노숙자 태스크포스

2016년 봄, 저자는 풀러턴 캘리포니아 주립대학교의 휴먼 서비스 학생회, 학생 생활 및 리더십, 학생처, 식품 공급업체 학생들과 함께 이 대학에 재학 중인 학생들의 식량 불안과 노숙자 문제를 해결하기 위해 다시 조사하고 협력하기 시작했다. 6개월에 걸친 탐색 및 조사의 결과, 최대 20%의 학생들이 안정적 주거와 적절한 음식 공급에 어려움을 겪고 있다는 사실이 밝혀졌다. 2016년 가을 학기에 대학은 노숙자 학생들을 위해 기숙사에 4개의 침대를 마련했고, 공급업체와 매칭된 교직원과 다른 학생들의 식사 기부를 통해 구내식당에서 무료 식사를 제공하기 시작했다. 또한 2017년 봄에 개장할 캠퍼스 내에 실제 식품 저장고 장소를 물색하고 있다.

〈BOX 6.5〉는 이 장에서 논의한 문제와 함께 ABC 모델을 연습할 때 사용할 수 있는 몇 가지 사례를 제시한다.

BOX 6.5	역할극 사례

　　사례를 진행할 때와 애도 중인 내담자에게 유용한 몇 가지 아이디어는 다음과 같다. ABC 모델의 B 단계 중에서 위기상담사는 내담자의 신념 체계, 지식, 지원 체계, 자존감을 탐색하면서 다양한 치료적 진술을 제공할 수 있다.

　　재구조화하기는 내담자가 충격적인 사건을 다르게 생각하는 데 도움이 된다:
"울 때 자신을 나약하고 통제 불능이라고 생각하기보다는 이 행동을 사랑의 표시이자 상실을 강하고 담대하게 받아들이는 법을 배우는 과정으로 이해하는 것이 좋습니다."
　　교육적 진술은 내담자의 경험을 정상화하고 혼란과 오해를 해소하는 데 도움이 된다:
"애도 과정에는 보통 1년이 걸립니다. 모든 휴일, 생일, 기일에 당신은 그 사람 없이 지내야 할 것입니다."
　　지지적 진술은 상대방의 고통을 덜어 주라는 뜻이 아니며 오히려 그가 자신의 감정을 이해하고 있다는 것을 알려 주는 것이다:
"당신의 고통을 없애 드리고 싶네요. 하지만 그것이 불가능하다는 것을 당신과 나는 모두 알고 있습니다. 상실감을 극복하는 동안 제가 곁에서 들어드릴 수 있습니다."
　　힘 실어 주기 진술은 내담자에게 상실 전체에 대한 통제권이 없더라도 어느 정도는 통제권과 선택권이 있음을 보여 주는 데 도움이 된다:
"아내가 암으로 죽는다는 현실을 통제할 수는 없지만 그때가 올 때까지 아내와 함께 어떻게 살아갈지는 선택할 수 있습니다."

　　창의력을 발휘하여 내담자의 강점을 찾아보라. 죽음과 임종에 대한 지식이 있으면 내담자와 의미 있게 일하는 데 도움이 된다. 또한 자신의 상실감과 죽음에 대한 감정을 인식할 수 있는 좋은 기회이기도 하다.

　　사례 1: 한 목사가 얼마 전 남편과 사별한 37세 여성을 위기개입 센터에 의뢰했다. 목사는 남편이 죽은 후에도 이 여성과 자녀들이 울지 않았기 때문에 걱정했다. 그녀는 여전히 자신이 왜 여기 와야 하는지 혼란스러워하고, 상담사에게 자신은 그의 죽음에 대해 생각하지 않는다고 말한다. 조금 더 묻자 그녀는 울기 시작한다. 그녀는 돈도 없고, 먹여 살려야 할 두 아이도 있다. 그녀는 결혼한 지 10년이 되었고, 좋은 결혼 생활을 했는데, 그녀의 남편은 교통사고로 사망했고, 당시 상대방 차량의 운전자는 술에 취해 있었다.

　　역할극에 도움이 되는 힌트:
　　촉발사건: 남편이 3주 전에 사망했다.
　　인지: 나는 울면 안 된다. 그것은 내 아이를 화나게 할 것이다. 나는 강해야 하고 그것에 대해 생각하지 않아야 한다. 하나님이 모든 것을 돌보실 것이다.
　　정서적 고통: 혼란스럽고, 무감각하고, 기분이 가라앉음

기능 손상: 직장에서의 집중력 저하, 아이들과 놀아 주고 상호작용할 때의 즐거움 부족, 사회적 접촉이 없음, 잠을 너무 많이 자고 식욕이 없음

타당화 진술: 남편을 잃는다는 것은 감정적으로 매우 힘든 일이며, 특히 돌봐야 할 자녀가 있을 때는 더욱 그렇다. 슬픔뿐만 아니라 예상치 못한 사망으로 인한 충격도 감당해야 하기 때문에 처음에는 무감각해지는 것이 정상이다.

교육적 진술: 이러한 무감각함과 울지 못하는 것은 부정과 충격 단계라고 불리는 상실의 첫 번째 단계를 나타낸다. 이 단계는 가장 힘든 상실의 현실을 천천히 받아들이는 과정이기 때문에 정상이다. 상실의 현실을 마주하기 시작하면 분노, 슬픔 및 기타 감정이 발생할 가능성이 높다. 이러한 감정은 사람마다 다른 시기에 발생한다.

재구조화하기: 울지 않는 것이 강하다고 생각하는 것은 이해할 수 있지만, 실제로는 울기도 하면서 자녀에게 애도의 필요성을 보여 주는 것이 더 강한 것일 수 있다. 자녀가 부모가 우는 모습을 본다면 자신도 울어도 괜찮다고 느낄 수 있다.

힘 실어 주기: 남편을 예기치 않게 빼앗기면 무력감을 느낄 수 있다. 안타깝게도 우리가 통제할 수 없는 세상의 모든 사건에 대해 당신이 할 수 있는 일은 지금 통제할 수 있는 일에 집중하는 것이다. 당신이 힘을 얻기 위한 첫걸음은 오늘 이곳에 와서 이 비극을 극복하기 위한 고삐를 잡는 것이다.

사례 2: 39세 여성이 주치의로부터 상담사를 소개받았다. 그녀는 암으로 아들을 잃었고, 더 이상 살 수 없다고 느낀다. 인생이 쓸모없고 무의미하게 여겨진다. 그녀의 아들은 겨우 여섯 살 때 죽었다. 남편은 그녀의 감정을 이해하지 못한다.

촉발사건: 아들이 한 달 전에 사망했다.

인지: 계속 살아갈 수 없다. 인생은 가치가 없고 무의미하다. 아무도 나를 이해하지 못한다. 신은 불공평하다. 의사는 쓸모없다.

정서적 고통: 슬픔, 분노

기능 손상: 일할 수 없고, 먹거나 잠을 잘 수 없으며, 사회적 접촉이 없고, 남편과 친밀감을 느끼지 못함

타당화: 어린 자녀를 잃은 충격이 얼마나 컸을지 충분히 이해할 수 있다. 당신의 감정이 이해되고 어떻게 이런 일이 일어날 수 있었는지 이해하기가 너무 어렵다. 인생에서 이렇게 어려운 일은 많지 않다.

힘 실어 주기: 우리가 죽음을 통제할 수 없다는 사실을 받아들이는 것은 매우 어렵다. 우리가 통제할 수 있는 것은 살아가는 방법뿐이다.

교육: 당신의 분노는 당신이 이 상실을 극복하고 있다는 신호이다. 이러한 감정은 여러분이 죽음을 현실로 받아들였고 슬픔을 극복하기 위해 반드시 필요한 과정임을 뜻한다. 수년이 걸리고 적응하기 어려울 것이다. 애도에는 정해진 기간이 없으며, 모든 감정과 생각을 표현하여 고통을 적극적으로 극복할 수 있도록 하는 것이 중요하다.

재구조화하기: 슬픔의 정도는 아들에 대한 사랑의 깊이와 관련이 있다.

C(대처 전략): 자녀를 잃은 부모를 위한 자살 평가 및 애도 모임에 의뢰한다.

사례 3: 45세의 한 남성이 매우 혼란스러워하며 상담을 받으러 왔다. 그는 그 이유를 정확히 알 수 없다. 그는 상담사가 어떻게 하면 자신에게 도움이 될 수 있을지 궁금하다고 말한다. 그는 이별을 경험해 본 적이 없는 사람처럼 보인다. 두 달 전, 3년 동안 사귀던 연인이 갑자기 그를 떠났고, 그는 그녀가 돌아오기만을 기다려 왔다. 어제 그는 그녀가 다른 남자와 함께 있는 것을 보았는데 두 사람은 손을 잡고 매우 사랑에 빠진 행동을 하고 있다.

> **촉발사건:** 전 여자친구가 다른 남자와 함께 있는 것을 목격했다.
>
> **인지:** 이 관계는 정말 끝났다. 나는 사랑할 다른 사람을 찾지 못할 것이다. 나는 영원히 혼자가 될 것이다. 나는 그녀에게 충분하지 않다.
>
> **정서적 고통:** 슬프고 화가 남
>
> **기능 손상:** 잠을 자거나 식사를 할 수 없음. 운전하거나 업무에 집중할 수 없음
>
> **타당화:** 사랑하는 사람이 다른 남자와 함께 있는 것을 보는 것은 매우 어렵다. 이런 상황에서는 화가 나고 슬퍼하는 것이 정상적이고 예상되는 일이다.
>
> **교육:** 이러한 감정은 상실감을 극복하는 데 도움이 될 수 있다. 적어도 상실을 현실로 받아들였다는 것을 의미한다. 너무 슬프게 느끼는 것은 힘들지만 적어도 그것에 대해 이야기하고 적응하는 법을 배울 수 있다.
>
> **힘 실어 주기:** 지금까지는 그녀가 통제권을 가지고 있었던 것처럼 보이지만, 이제 상실을 현실로 받아들였으므로 당신이 감정과 생각에 대해 말하고 극복하여 힘을 되찾고 슬픔을 적극적으로 이겨 낼 수 있다.
>
> **재구조화하기:** 두 사람이 함께 있는 모습을 보는 것은 참담하게 느껴지지만, 현실을 직시하고 재결합에 대한 소망이 아닌 현실에 근거한 결정을 내리는 데 도움이 될 수 있으므로 긍정적인 측면이 있다.

사례 4: 친구가 35세 여성에게 병원에 오라고 했다. 그녀는 모든 사람에게 소리를 지르고 있다. 그녀는 자신이 얼마나 화가 났는지 알지 못한다. 그녀는 상담사에게 그가 경험이 없는 사람처럼 보이고 현실을 알기에는 너무 행복해 보인다고 한다. 사실, 그녀는 생애 처음으로 외로움을 느끼기 때문에 매우 두려운 상태이다. 7년간 함께했던 배우자는 3개월 전에 그녀를 떠났고, 지금까지 그녀는 '잘 가라'고 말하고 있다. 진실은 그녀가 가까운 사람에게 상처받은 것이 처음이라는 점이다.

> **촉발사건:** 지난주 친구에게 소리를 질렀다.
>
> **인지:** 어떻게 감히 나를 떠날 수 있나. 나는 더 이상 아무도 필요하지 않다. 아무도 내 고통을 이해하지 못한다. 이런 상처를 받느니 차라리 혼자 살고 싶다.
>
> **정서적 고통:** 분노, 상처
>
> **기능 손상:** 사회적 관계에 장애가 생기고, 업무를 제대로 수행하지 못하며, 아이들과 즐거운 시간을 보내지 못한다.
>
> **타당화하기:** 결혼 7년 만에 이혼한 건 정말 힘들 것이다. 정말 친했던 사람을 잃는다는 것은 힘든 일이다. 화가 나는 것은 당연하다. 나에게 화를 내는 것조차도 현실을 직시하고 있다는 좋은 신호이다.

교육: 분노는 슬픔의 일부이다. 전문가들은 오랫동안 상실에 대해 연구해 왔으며, 상실을 경험하는 거의 모든 사람이 어느 시점에서 분노를 느낀다는 사실을 발견했다. 사실, 분노는 애도의 과제를 헤쳐 나가는 방법이다. 그것은 당신이 이 상실을 현실로 받아들였다는 것을 보여 주며, 이제 당신은 당신의 감정을 극복하고 결국 그가 없는 삶에 적응할 수 있다.

힘 실어 주기: 이혼한 사람들은 종종 누군가 자신의 밑에 양탄자를 걷어 낸 것처럼 무력감을 느낀다. 누군가 당신을 사랑하거나 함께 있고 싶다고 느끼게 할 수 없다는 사실을 받아들이기 어렵다. 자신이 통제할 수 있는 것에 집중하는 것이 도움이 된다. 이혼 절차를 어떻게 진행하고 싶은지, 직장에서나 친구 및 자녀와 어떻게 지내고 싶은지 등이다.

재구조화하기: 대부분의 분노의 기저에는 상처가 있으며, 이 상처를 탐색할 수 있다면 분노의 일부를 줄일 수 있다. 하지만 분노가 반드시 부정적인 것은 아니다. 분노는 가장 힘든 시기에 계속 나아갈 수 있는 에너지를 제공한다.

C(대처 전략): 이혼 지지 모임, 독서

복습 문제

1. 퀴블러 로스의 죽음과 임종의 단계는 무엇인가?

2. 워든의 애도 작업은 무엇인가?

3. 식량 불안이란 무엇인가?

4. 이혼하는 사람들이 경험하는 문제에는 어떤 것들이 있는가?

4. 혼합 가정이 직면한 문제는 무엇인가?

주요 학습 용어

혼합 가정: 이전에 분리되어 있던 두 가족이 합쳐짐. 이는 종종 자녀에게 양부모가 있다는 것을 의미하며, 많은 갈등을 야기하고 새로운 규칙에 적응해야 하는 상황임

엘리자베스 퀴블러 로스: 말기 진단을 받은 사람들이 상실을 애도하는 과정에서 다양한 단계를 거치게 된다는 생각을 전개한 의사. 부정, 분노, 협상, 우울, 수용의 단계가 그것임

퀴블러 로스의 죽음과 임종의 5단계: 사랑하는 사람이 죽은 후 또는 죽어 가는 과정에서

모든 사람이 겪는다고 믿는 다섯 가지 단계. 그 단계는 다음과 같음:

부정과 고립: 사망 또는 임종에 대해 충격을 받았거나 받아들이지 못하는 상태

분노: 감정, 특히 죽음의 불공평함에 대해 자각하고 분노와 극심한 고통을 느낌

타협: 신, 의사 또는 사랑하는 사람과 거래를 시도하고자 함

우울: 진정한 애도와 슬픔을 경험하며 슬프고 활력이 없으며 낙담함

수용: 마침내 우울증에서 벗어나 죽음이나 상실을 받아들이고 앞으로 나아갈 수 있게 됨

충성심 문제: 혼합 가정에서 자녀가 의붓부모를 사랑하거나 유대감을 느끼는 것에 대해 죄책감을 느끼는 문제. 친부모가 화를 내거나 상처받을까 두려워하는 것이며, 안타깝게도 이는 종종 사실임. 위기상담사는 자녀와 친부모 모두 혼합 가정의 현실을 받아들이도록 도울 수 있음

애도의 과제: 상실을 온전히 애도하기 위해 완료해야 할 네 가지 과제를 제시함

1. 상실의 현실을 받아들이기
2. 슬픔의 고통 경험하기
3. 고인이 없는 환경에 적응하기
4. 고인으로부터 감정적 에너지를 거두어 다른 관계나 의미에 집중하기

🎓 참고문헌

Bell, T. (1999). *Divorce*. Presentation given at California State University, Fullerton, CA.

Berchick, E. R., Gallo, W. T., Maralani, V., & Kasl, S. V. (2012). Inequality and the association between involuntary job loss and depressive symptoms. *Social Science & Medicine*, 75(10), 1891-1894.

Berkman, L. F. (1995). The role of social relations in health promotion. *Psychosomatic Medicine*, 57, 245-254.

Bureau of Labor Statistics. (2016). *Databases, Tables & Calculators by Subject*. Retrieved October 5, 2016, from http://data.bls.gov/timeseries/LNS14000000

Caplan, G. (1964). *Principles of preventive psychiatry*. New York, NY: Basic Books.

Catalano, R., & Dooley, D. (1983). Health effects of economic instability: A test of economic stress hypotheses. *Journal of Health and Social Behavior*, 24, 46-60.

Children-and-Divorce.com (2013). *Children Divorce Statistics*. Retrieved October 5, 2016, from Childrenand-Divorce.com

City of Buena Park. (2016). *Bright Paths Program*. Retrieved October 4, 2016, from City of Buean Park, CA: Bright paths Program: Google Search

Coalition for the Homeless. (2016). *Crisis Intervention*. Retrieved September 28, 2016, from http://www.coalitionforthehomeless.org/our-program/crisis-services

Counseling and Psychological Services. (2017). *Suggestions for Helping yourself and others you care about*. California State University, Fullerton.

Gallo, T., Bradley, E. H., Siegel, M., & Kasi, S. V. (2000). Health effects of involuntary job loss among older workers: Finding from the health and retirement survey. *Journal of Gerontology, Social Sciences*, *558*, S131-S140.

Heidemeier, H., & Gontz, A. S. (2013). Perceived control in low-control circumstances: Control beliefs predict a greater decrease in life satisfaction following job loss. *Journal of Research in Personality*, *47*(1), 52-56.

Kübler-Ross, E. (1969). *On death and dying*. New York, NY: Macmillan.

Ludt, N. (1993). *Bereaving parent support groups*. Presentation at California State University, Fullerton, CA.

Reference.com (2016). *What is Food Insecurity?* Retrieved October 3, 2016, from https://www.reference.com/world-view/food-insecurity-7d82e4647

Ross, C. E., & Wu, C. (1995). The links between education and health. *American Sociological Review*, *60*, 719-745.

Stanton, G. T. (2016). *What Is the Actual U.S. Divorce Rate and Risk?* Retrieved October 5, 2016, from https://www.lifesitenews.com/opinion/what-is-the-actual-us-divorce-rate-and-risk

Strully, K. (2009). Racial-ethnic disparities in health and the labor market: Losing and leaving jobs. *Social Science & Medicine*, *69*, 768-776.

Worden, W. (1982). *Grief counseling and grief therapy*. London: Tavistock.

제7장

지역사회 재난, 트라우마, 외상후 스트레스 장애

학습목표

이 장을 학습한 후 독자는 다음과 같은 목표를 달성할 수 있다.

목표 1. 외상후 스트레스 장애(PTSD)와 급성 스트레스 장애에 대한 『DSM-5』 정의 이해하기

목표 2. 외상후 스트레스 장애의 증상에 대해 교육하기

목표 3. 지역사회 재난의 단계 이해하기

목표 4. 인재, 자연재해, 총기 폭력 구분하기

목표 5. 트라우마의 생물심리사회적 특성 파악하기

목표 6. 트라우마 이해 기반 치료 파악하기

목표 7. 이차 트라우마 이해하기

목표 8. 트라우마를 겪고 있는 내담자에 대한 개입 연습하기

트라우마 이해 기반 치료

트라우마 이해 기반 치료(trauma-informed care)는 제1장에서 간략하게 언급했다. 다양한 인적 서비스 상황에서 트라우마를 경험한 이력을 이해하고 고려해야 한다는 생각이 많은 기관에서 힘을 얻고 있다. 위스콘신 보건 서비스부(The Wisconsin Department of Health Services, 2017)와 오레건 트라우마 정보 서비스(Trauma Informed Oregon, 2017) 또한 학생과 다양한 내담자가 트라우마 이해 기반 치료를 받을 수 있도록 노력하는 교육 및 인적 서비스 기관들이다. 호퍼, 바숙과 올리벳(Hopper, Bassuk, & Olivet, 2010)은 트라우마 이해 기반 치료를 "트라우마의 영향에 대한 '반응' 이해에 기반을 두고, 제공자와 생존자 모두에게 신체적·심리적·정서적 안전을 강조하며, 생존자가 통제력을 회복할 기회를 창출하는 강점 기반 구조 체계"로 정의한 바 있다. 미국 약물 남용 및 정신건강 서비스국(The Substance Abuse and Mental Health Services Administration, 2012)은 트라우마에 대한 정보를 제공하는 환경이란 트라우마의 광범위한 영향을 깨닫고 회복을 위한 잠재적 경로를 이해하며, 내담자, 가족, 직원 및 시스템과 관련된 다른 사람들의 트라우마 징후와 증상을 인식하고, 트라우마에 대한 지식을 정책, 절차 및 실무에 완전히 통합하여 대응함으로써 재외상화에 적극 저항하는 것을 목표로 한다고 제안한다.

트라우마 이해 기반 치료를 실천하기 위해 위기상담사는 내담자와 작업할 때 다음 사항을 모두 고려해야 한다:

- 안전: 내담자의 신체적·정서적 안전 보장
- 신뢰: 기관에 적절한 경계를 유지하여 업무를 명확하고 일관성 있게 처리
- 선택: 내담자의 선택과 통제에 대한 경험 극대화
- 협업: 내담자와 상담사 간의 권한 공유
- 힘 실어 주기: 기술 구축

외상후 스트레스 장애(PTSD)

외상후 스트레스 장애(PTSD)는 미국 정신의학회의 『정신질환의 진단 및 통계 편람 제 5판(DSM-5)』에서 트라우마와 스트레스 관련 장애로 분류되었다(American Psychiatric Association, 2013). 새롭게 구성된 이 분류는 PTSD에 인지 및 기분의 부정적인 변화와 같이, 이전에는 고려되지 않았던 증상이 포함되는 경우가 많아서 일부 변경되었다. 또한 증가된 각성 반응의 증상과 극심한 두려움, 무력감, 공포는 더 이상 필수조건이 아니다. 기본적으로 PTSD와 급성 스트레스 장애 증상은 다음과 같이 세분화되었다:

- 침투 증상
- 부정적인 기분
- 해리 증상
- 회피 증상
- 각성 증상
- 죽음에 노출되거나 경험함, 심각한 부상 또는 성적 침해로 인한 기능 손상

가바드(Gabbard, 2000)는 "외상후 스트레스 장애 환자들 사이에서 보고된 가장 흔한 촉발 사건은 사랑하는 사람의 갑작스럽고 예기치 않은 죽음"(p. 252)이라고 말한다. 그는 트라우 마 피해자는 사건을 부정하고 플래시백이나 악몽을 통해 사건을 강박적으로 반복하는 것을 번갈아 경험한다고 설명한다. 이것은 압도적인 자극을 처리하고 정리하려는 마음의 시도 이다. 그는 또한 대부분의 사람은 끔찍한 트라우마에 직면하더라도 외상후 스트레스 장애 가 발생하지 않기 때문에 유전적 구성, 어린 시절의 트라우마, 성격적 특성, 손상된 지지체 계, 통제력이 내부가 아닌 외부에 있다는 인식과 같은 특정 취약 요인이 있어야 한다고 제안 한다. PTSD에서 나타나는 침투적 기억과 기억장애 사이의 진동은 상담사가 이 두 가지 측 면을 모두 다루어야 함을 나타낸다. 트라우마를 통합하기 위해 마음이 어떻게 작용하는지 에 대해 생각하는 한 가지 방법은 '슬링키'[1] 작동 방식이다. 슬링키를 손에 쥐고 한쪽에서 다

---

1) 역자주해: 슬링키(slinky)는 나선형으로 조밀하게 감긴 용수철 형태의 장난감이다. 쉽게 늘어나고 중력의 영향으로 휘기 때 문에 교육 용도로도 쓰인다.

른 쪽으로 움직이면 와이어가 앞뒤로 움직이면서 진동한다. 진동을 계속하면 결국 슬링키가 원래의 형태로 돌아가게 되는데, 계속 변화하는 슬링키가 아니라 더 통합된 단단한 슬링키가 된다. 외상후 스트레스 장애(PTSD)로 고통받는 사람과의 치료 작업은 내담자가 트라우마를 다시 경험하지 않고 회피하지 않도록 도와주며, 마음이 통합된 전체가 되어 트라우마를 삶의 일부로 받아들일 수 있도록 도와준다.

일반적으로 PTSD와 관련된 증상이 3일에서 한 달 정도 지속되는 경우, 『DSM-5』에서는 이 상태를 급성 스트레스 장애로 정의한다(American Psychiatric Association, 2013). 이러한 유형의 트라우마가 발생하고 한 달 이내에 도움을 요청하면 위기상담이 조금 덜 어려울 수 있다는 것이 타당하다. 한 달 이상 PTSD 증상을 경험하면 증상이 습관화되는 경향이 있으며, 해리 및 억압과 같은 방어 기제를 사용하여 생존하는 방법을 배우게 된다. 따라서 위기 종사자는 이러한 패턴이 생기지 않도록 트라우마 발생 후 가능한 한 빨리 누군가와 협력하는 것이 좋다. 이렇게 하면 당사자가 전문 상담 참여에 필요한 시간을 줄이고 제1장에서 설명한 대로 향후 위기에 처하기 쉬운 사람이 되는 것을 예방할 수 있다.

PTSD 또는 급성 스트레스 장애로 이어지는 트라우마

다음과 같은 트라우마를 경험한 모든 사람이 PTSD를 겪는 것은 아니지만, 이러한 트라우마는 종종 PTSD를 유발하는 유형이다. 미국의 경우, 7세까지 PTSD에 걸릴 평생 위험도는 약 8.7%다. 물론 군인의 경우 이 비율이 더 높으며, 이는 다음 장에서 설명할 것이다. 다음과 같은 트라우마를 경험한 적이 있는 내담자의 경우 PTSD 가능성을 고려해야 한다:

- 사랑하는 사람이 살해당하는 것을 목격하는 경우
- 끔찍한 교통사고를 목격하거나 그 당사자가 된 경우
- 유괴당하거나 유괴된 아동의 부모인 경우
- 개인 재산이 파손된 경우(예: 타이어가 찢어진 경우)
- 집에 도둑이 든 경우
- 총구 앞에서 강도를 당하는 경우
- 개인 또는 가족 피해
- 자연재해를 겪으며 생활하는 경우
- 인재를 경험한 경우

- 총기 폭력
- 괴롭힘
- 성폭행
- 신체적 폭력
- 전투 또는 전쟁 지역에서 생활하는 경우

이러한 유형의 트라우마를 겪은 생존자의 PTSD는 인지된 위협의 정도에 따라 심각하거나 경미할 수 있다. 그들은 종종 편집증, 과도한 경계, 무력감으로 고통받고, 대개 분노와 두려움을 느낀다. 각 상황 속에서 생존자들은 트라우마와 관련된 서로 다른 감정적 경험과 인식을 만들어 낸다. 그러나 이러한 모든 경험을 겪은 생존자들은 PTSD 증상을 보이는 경향이 있다. 위기 종사자는 트라우마를 경험한 직후 대처하지 못했고 그래서 한동안 PTSD를 겪고 있을 가능성이 높은 내담자들과 만나기 마련이다. 현재의 어떤 사건이 트라우마에 대한 기억을 불러일으키거나, 더 이상 사회를 감당할 수 없을 정도로 기능이 저하될 수 있다. 따라서 피해자는 정신건강 전문가에게 도움을 요청하고, 일부 피해자는 만성적인 위기 상태에 놓여 있어 전혀 기능을 발휘하지 못하기도 한다. 그들은 종종 한 치료사에서 다른 치료사로, 또는 병원에서 감옥으로, 클리닉에서 클리닉으로 옮겨 다니며 현재의 문제를 해결할 수 있는 대처방법을 찾지만, 안타깝게도 과거의 트라우마를 해결하지 못하면 현재의 문제에 효과적으로 대처할 수 없다.

어린아이들에게 미치는 영향

아이들은 트라우마에 노출된 후 특정 행동을 보이는 경향이 있다. 이러한 증상은 학대받는 아동에게 나타나는 증상과 유사하다. 다음과 같은 행동은 심각한 사고를 겪은 후 어린아이들에게 흔히 나타난다:

- 엄지손가락 빨기나 오줌 싸기 등으로 퇴행함
- 부모에게 집착함
- 잠자리에 들기를 꺼림
- 악몽을 꿈
- 재난이 일어나지 않았다는 환상을 가짐

- 울고 소리를 지름
- 몸을 움츠리고 움직이지 않음
- 등교 거부
- 학교에서 문제가 있고 집중할 수 없음(American Red Cross, 2001)

군 복무

이라크, 아프가니스탄, 시리아의 현재 상황 및 향후 철군으로 인한 군사 관련 위기와 관련된 PTSD를 자세히 다뤄야 한다. 제8장에서는 재향군인과 그 가족이 직면한 여러 가지 문제에 대해 논의한다.

개인과 가족 피해

안타깝게도 우리는 살인, 상해, 협박 또는 이 세 가지 모두를 의도하는 타인에 의해 사람들이 자주 희생당하는 사회에 살고 있다. 아동 학대, 배우자 학대 그리고 성폭행의 비율이 매우 높기 때문에 제9장에서는 이 주제에 대해 다룬다. 실제로 안구운동 민감 소실 및 재처리 요법(EMDR) 전문가인 샤피로와 포레스트(Shapiro & Forrest, 1997, p. 132)에 따르면, 성 학대 생존자가 PTSD 피해자 중 가장 많은 수를 차지한다. 이러한 유형의 가해자 중 상당수는 피해자를 개인적으로 알고 있고, 이는 지진 같은 '인간 외적인(impersonal)' 트라우마와는 다른 방식으로 피해자의 정서적 트라우마를 가중시킨다. 아는 사람으로부터 공격을 받은 사람들에게는 신뢰가 큰 문제가 된다. 물론 어떤 사람들은 강도, 교통사고 등 낯선 사람으로부터 다른 형태의 폭행을 당하기도 한다. 이러한 경험도 잠재적으로 피해자에게 PTSD를 유발할 수 있다. 또한 피해자의 중요한 다른 사람들도 이차 PTSD 또는 이차 트라우마로 고통받을 수 있다.

이 장의 나머지 부분에서는 인재나 자연재해와 같이 공동체 전체에 영향을 미치는 트라우마에 초점을 맞출 것이다. 트라우마 대응과 중요 사건 디브리핑에 대해 논의할 것이며, 독자들은 캐플란과 린더만이 창안한 위기개입의 기원이 지난 70년 동안 약간의 수정을 거쳐 어떻게 그대로 유지되어 왔는지 알게 될 것이다.

자연재해

자연재해에는 산사태, 홍수, 화재, 지진, 허리케인, 기타 폭풍우 등 인간에게 큰 피해를 주는 상황이 포함된다. 최근의 몇 가지 예로는 뉴저지 지역을 중심으로 수십억 달러 상당의 피해를 준 허리케인 샌디, 뉴올리언스를 거의 파괴하고 멕시코만 연안의 여러 주에 수십억 달러 상당의 피해를 끼친 2005년 허리케인 카트리나, 2004년 인도차이나 및 기타 국가의 해안에서 발생한 대재앙적인 쓰나미 등이 있다. 카트리나로 인한 홍수 후 며칠 동안 뉴올리언스의 많은 지역에서는 구조대가 도착하여 고립된 사람들을 대피시킬 때까지 수천 명의 사람이 며칠 동안 음식, 물, 전기를 공급받지 못한 채 노숙자로 지내야 했다. 샌디의 피해자들도 분명 같은 불편을 겪었지만, 대응이 더 빨랐고 연방정부가 자원을 제공할 준비가 되어 있다는 인식이 피해자들이 이 재난을 극복하는 데 정서적으로 큰 도움이 되었다. 이에 비해 카트리나 피해자들은 종종 연방정부가 신속하게 서비스를 제공하지 않고 신경 쓰지 않는 것 같다고 인식했다. 이러한 인식으로 샌디 생존자와 카트리나 생존자 사이에 차이가 생겼다. 여느 트라우마와 마찬가지로, 특정 요인에 따라 홍수의 결과가 특정 개인에게 얼마나 심각하게 작용하는지 결정되었다. 이전 장에서 제시된 다양한 개념이 카트리나 위기와 연결될 것이다.

물질적 자원. 제1장에서 논의했듯이 개인 교통수단, 저축 계좌, 주택 소유주 보험과 같은 물질적 자원을 이용할 수 있는 사람들은 그렇지 않은 사람들에 비해 확실히 위기를 더 쉽게 다룰 수 있었다. 우선, 자동차를 소유한 사람들은 허리케인과 홍수가 발생하기 전 뉴올리언스에서 대피할 수 있었다. 또한 주택 소유자 보험에 가입하고 저축 계좌에 돈이 있는 사람들은 심각한 위기 국면이 끝나고 재건이 시작될 때 다시 시작할 수 있었다.

정서적 고통으로 이어지는 촉발사건에 대한 인식. 홍수로 고립되어 며칠 동안 옥상에 매달려 있어야 했던 많은 사람의 구조가 지연되고, 생존자들에게 식량과 물을 공급하는 것 또한 지연되자, 많은 생존자, 우려하는 시민들은 지연의 원인에 대해 다양한 의견을 내놓았다. 많은 사람이 신속하게 대처하지 못한 정부 당국을 비난했고, 이러한 비난은 분노의 감정으로 이어졌다. 인지 과정을 더 자세히 살펴보면 인종주의와 계급주의가 구조 지연의 원인이라는 믿음이 이러한 비난을 부추겼다는 것을 알 수 있다. 사람들은 즉각적인 도움이 필요한 사람들 대부분이 가난한 아프리카계 미국인이었고, 미국 문화에서 이 하위 집단을 중요하게 생각하지 않았기 때문에 구조와 지원이 실패했다고 믿었다. 물론 이러한 인식은 많은 정서적 고통, 주로 분노로 이어졌다.

　위험과 기회로서의 위기.　다른 많은 지역사회 재난과 마찬가지로 미국과 전 세계 사람들은 허리케인 카트리나에 자선과 행동을 보여 주었다. 물론 이 재난에는 강력한 위험 요인이 있었다. 사람들이 죽고, 집과 사업장을 잃었으며, 역사적인 도시 뉴올리언스는 대부분 파괴되었다. 하지만 이 위기 속에서 기회도 찾아왔다. 미국인들과 전 세계인들은 빈민층과 상류층 사이에 존재하는 격차에 대해 깨달았다. 이 재난으로 사람들은 인간애를 발휘하고, 서로 도우며, 비슷한 상황이 재발하지 않도록 하는 소통의 기회를 만들었다. 〈BOX 7.1〉은 몇 년 전 캘리포니아 빅베어에서 발생한 화재로 집이 불길에 휩싸이는 위기를 겪은 한 개인의 실제 사례를 보여 준다.

BOX 7.1　자연재해 위기 상황의 예

　50세 여성은 빅베어에서 딸 셋 그리고 두 마리 개와 20년 넘게 살았다. 간호사로 일하면서도 산과 경치를 좋아해서 일주일에 5일은 산을 오르내렸다. 어느 날 아침, 그녀는 문을 쾅쾅 두드리는 소리에 잠을 깼다. 소방관 1명이 문 앞에서 서서 그녀에게 정확히 10분 안에 짐을 챙겨서 나가라고 말했다. 걷잡을 수 없는 큰불이 집을 태우고 있었기 때문에 지체할 시간이 없었다. 그녀는 서류와 지갑을 챙기고 개와 아이들을 차에 태운 다음 옷가지들을 등에 지고 떠났고, 모두 무사히 부상 없이 살아남았다. 그녀는 지역사회 재난 센터로 이송되어 그곳에서 3일을 보냈고, 친구들을 만나러 산에서 내려왔다. 그녀는 친구들로부터 자신과 아이들을 위한 커다란 옷 가방 4개와 반려견을 위한 밥그릇을 선물 받고 눈물을 흘렸으며, 특히 새 속옷을 받고는 무척 기뻐했다. 그녀는 그날 입던 속옷을 며칠 동안 자던 숙소 싱크대에서 빨고 또 빨아 입어야 했기 때문이다.

　몇 달이 걸려서 보험금을 받고서야 그녀는 삶을 재건할 수 있었다. 지금도 그녀는 불 냄새를 맡으면 불안과 공포를 느낀다고 말한다.

지역사회 재난의 4단계

　재난이 발생하면 지역사회는 재난의 심리적·물리적 결과를 극복하기 위해 특정 단계를 거치는 경향이 있다. 지금까지 관찰되고 설명된 지역사회 재난의 4단계는 다음과 같다: ① 영웅 단계, ② 밀월 단계, ③ 환상이 깨지는 단계, ④ 재건 단계. 북부 아이오와 정신건강센터(Mental Health Center of North Iowa, Inc.)에서 이러한 단계에 대한 정보를 제공한다. 첫 번째는 영웅 단계로 이 단계는 보통 재난 발생 중, 직후에 발생한다. 이 단계에서 감정은 강하고 직접적이어서, 사람들은 자신과 타인의 생명과 재산을 구하기 위해 영웅적인 행동을 요구받고 이에 응하게 된다. 이타주의가 두드러지며, 사람들은 다른 사람들의 생존과 복구를 돕는 데 많은 에너지를 소비하게 된다. 사람들의 돕고자 하는 에너지와 동기가 많아지고, 평소에는 돕지 않았을지도 모르는 사람들을 돕기 위해 모두가 힘을 합친다. 두 번째는 밀월 단계로, 재난 발생 후 1주일에서 6개월까지 지속된다. 이 시기에는 위험하고 재앙적인 경험을 다른 사람들과 함께 나누고 그 속에서 살아남았다는 강한 자긍심이 생긴다. 이재민들은 집과 마당에 쌓인 진흙과 잔해물을 치우며 조만간 문제해결을 위한 상당한 도움이 있으리라 기대한다. 재난으로 인한 특정 요구를 해결하기 위한 지역사회 집단이 이 기간 동안 중요한 자원이다. 세 번째는 환상이 깨지는 단계이다. '밀월 단계의 최고조'가 사라지면 사람들은 삶이 쉽지 않다는 것을 깨닫게 된다. 생존자들은 이전에 큰 도움을 주었던 사람들이 탐욕, 질투, 이기심이라는 원래의 상태로 돌아갔다고 느끼기도 한다. 그들이 상상했던 '유토피아'는 실현되지 않는다. 약속된 원조가 지연되거나 도착하지 않을 경우 강한 실망감, 분노, 원망, 비통함이 생길 수도 있다. 외부 기관이 피해 지역을 떠날 수 있으며, 일부 지역사회 집단은 약화되거나 변화하는 상황에 적응하지 못할 수도 있다. 생존자들이 자신의 삶을 재건하고 각자의 문제를 해결하는 데 집중하면서 '나눔의 공동체'라는 느낌은 점차 사라지게 된다. 마지막은 재건 단계로, 생존자들은 집, 사업체, 삶을 대부분 혼자서 재건해야 한다는 것을 깨닫고 점차 책임을 지게 된다. 이 단계는 재난 발생 후 몇 년 동안 지속될 수 있으며, 단계에서도 지역사회 지지 집단이 필수적이다.

개입 안내 지침

브라운(Brown, 2015)은 복구 단계에서 산불 생존자들을 대할 때, 그들이 자신과 사랑하는 사람들을 매우 비정상적인 사건에 대해 정상적인 반응을 보이는 정상적인 사람으로 바라보도록 안내하여, 그들을 타당화해 주도록 권한다. 무력감, 슬픔, 무감각, 절망감을 느끼는 것은 매우 일반적인 것이며, 생존자들이 뉴스 보도를 보는 시간을 제한하고 가족 재결합에 최우선적으로 집중할 것을 제안한다. 또한 흔히 고립감을 느낄 수 있기 때문에 다른 생존자들과 대화를 하는 것이 도움이 될 수 있고, 무엇보다 음식, 물, 의복, 쉼터와 같은 일차적인 필요를 처리하는 것이 우선이다. 자연재해 생존자는 정상적인 일정을 유지하되 휴식을 취해야 하고, 카페인, 알코올, 약물의 과도한 사용을 피하고 운동을 권장한다. 마지막으로, 인생의 중요한 결정을 내리는 것은 피하되, 다른 사람을 돕는 것은 권장된다.

인재

인적 재해인 코코아 그로브 화재가 발생하면서 위기관리 활동이 시작되었다는 제1장의 내용을 떠올려 보자. 코코아 그로브 화재 이후 비슷한 규모이거나 그보다 더 큰 재난이 많이 발생했다. 재난은 비행기 추락 사고처럼 우발적으로 발생하지만, 악의적인 의도를 가지고 고의로 자행되기도 한다.

테러리즘

테러리즘은 국민에게 공포를 유발하여 사회와 정부를 강압하려는 의도로 무력이나 폭력을 불법적으로 사용하거나 위협하는 행위로 정의할 수 있다. 테러의 목적은 행위 자체에 있는 것이 아니라, 정치적 또는 종교적 목적을 달성하기 위해 반복되는 공격에 대한 두려움처럼 공격에 대한 반응에 있다(Tanielian & Stein, 2011: Brown, 2016에서 인용). 중국 속담에도 "1명을 죽이면 1,000명에게 경고한다."(Tzu, 1910: Brown, 2016에서 인용)라는 말이 있다.

대부분의 미국인은 알카에다가 9/11 세계무역센터 건물펜타곤을 공격하고 이를 자신이 했다고 주장하는 것을 보고서야 처음 테러에 대해 알게 되었다. 최근의 테러 공격은 상대방의 마음과 정신에 공포와 두려움을 심어 주는 것을 전략으로 삼는 '이라크 및 시리아 이슬람 국가(ISIS)'의 군사행동으로 인해 발생하고 있는 것으로 보인다. 이들은 태도와 행동에 영향을 미치기 위해 중요 자원 통제, 기만, 사회적 영향력이라는 세 가지 주요 경로를 사용하고 있다. 테러리스트에 의한 몇몇 언론인의 참수는 전 세계에 공포를 조성하는 데 효과적이었다. 테러리스트들의 첫 번째 단계는 메시지가 목표로 하는 청중에게 확실히 전달되도록 하여 공포 조장 마케팅을 하는 것이었기 때문에 유튜브와 트위터를 사용했다. 아이러니하고 위선적인 것은 그들이 현대 서구 민주주의의 상징인 소셜 미디어를 사용하여 구시대적인 형태의 이슬람을 확립하려 한다는 것이다(Homeland Security, 2016). 어느 정도는 혼란스러울 수밖에 없다. 이러한 무자비하고 혼란스러운 살인은 사람들이 ISIS와 관련된 테러리스트들이 죽어도 상관없다고 믿게 만들 수 있으며, 이는 우리가 그들에 대해 무력하고 힘이 없다는 인식을 심어 줄 수 있다.

2015년 파리 콘서트장 테러로 132명이 사망하고 2명이 부상당한 ISIS의 테러 이후, 많은 미국인에게 테러와의 전쟁은 평범한 일상이 된 것처럼 보였다. 9/11 테러 이후 테러 공격이 잠시 주춤하는 듯 보였지만, ISIS가 등장한 이후 테러는 정기적으로 발생하는 것 같다. 이듬해 프랑스 니스에서 또 다른 테러가 발생했다. 이로 인해 더 많은 사람이 사망했다. 프랑스는 미국의 가장 오래된 동맹국이기 때문에 미국인들은 큰 영향을 받았고, 프랑스를 보호하고 지원해야 한다는 강한 필요성을 촉발시켰다. 테러 이후 축구팀들은 프랑스 국기를 내걸었고, 뉴욕은 프랑스 국기 색으로 도시를 밝혔으며, 많은 사람이 응원의 의미로 촛불을 들고 승리를 기원했다. ISIS에 대해 무력감을 느끼는 상황에서 무언가를 하는 것이 도움이 되는 것 같았다.

프랑스 테러 이후인 2015년, 미국인들은 플로리다주 올랜도에서 외로운 늑대 테러리스트(반드시 ISIS가 보낸 것은 아닌)에 의한 테러를 처음 경험했고, 캘리포니아주 샌버나디노에서 또 다른 외로운 늑대 테러리스트에 의한 테러를 경험했다. 샌버나디노 테러범과 그의 아내는 한동안 급진주의에 심취해 있었고(Rochlin, 2015), 한때 풀러턴 캘리포니아 주립대학교 캠퍼스(CSUF)에 재학했던 학생이었다. 이 공격으로 테러범이 근무하던 사회복지 기관에서 14명이 사망하고 17명이 부상을 입었다(Avelino, 2015). 어떻게 이런 일이 일어날 수 있는지에 대해 우리 대부분은 당혹스럽다. CSUF의 무슬림 학생 지도자는 총격 사건에 대해 이슬람을 비난해서는 안 된다고 목소리를 높이면서, 이번 사건은 테러범의 개인적인 의도가 있었기 때문에 신앙을 탓해서는 안 되며, 이슬람 종교는 약 18억 명의 평화를 사랑하는 사람들이라고 주장했다(Custodio, 2015). 따라서 테러로 사망하거나 부상당한 사람들 외에도 이슬람교를 믿는 다른 비테러리스트들도 테러 공격 후 정서적 고통을 경험하며 위기개입을 필요로 할 수 있다.

그리고 가장 최근에는 2017년 5월 21일, 영국의 한 콘서트에서 테러 공격이 발생하여 주로 콘서트를 마치고 나오던 10대 소녀들이 사망하는 사건이 발생했다. 우리 대부분이 더 이상 영웅적이거나 우호적인 행동을 하지 않기 때문에, 이러한 유형의 테러 공격에 둔감해질 수도 있다. 우리는 부정, 합리화, 주지화, 해리 등의 방어기제를 통해 이러한 말도 안 되는 살해 사건에도 불구하고 살아갈 수 있었다.

2013년 보스턴 폭탄 테러. 대부분 2013년 4월 15일에 발생한 보스턴 마라톤 폭탄 테러를 기억할 것이다. 보스턴 시민들은 애국자의 날(Patriot's Day)에 열리는 유명한 마라톤 대회를 오랫동안 기억하고 있다. 종교적·정치적 이유로 사람들을 죽이고 불구로 만들 수 있다고 생각한 두 남성에 의해 그 아름다운 오후가 파괴된 것은 얼마나 충격적인가? 전 세계적으로 다른 테러 공격도 있었지만, 미국인 대부분은 9/11이라고 부르는 날에 발생한 끔찍한 공격 이후 테러를 경험하지 않았다. 그러나 폭탄 테러로 인해 부상당한 사람들뿐만 아니라 마라

톤을 관람하던 많은 사람도 피해를 입었다. 사람들은 특히 아주 어린아이들이 끔찍한 부상을 입는 것을 목격하였고, 몇몇 마라톤 참가자는 결승선을 통과한 후 곧장 병원으로 달려가 헌혈하기도 했다. 이는 앞서 언급한 영웅 단계를 보여 준다.

세계무역센터와 펜타곤 공격. 아마도 가장 유명하고 파괴적인 인적 재난은 9/11 테러범들이 납치한 비행기가 뉴욕 세계무역센터와 미국 펜타곤에 충돌한 사건일 것이다. 이 사고로 인해 5,000명이 넘는 사람이 사망했으며, 이는 미국 역사상 가장 많은 재난 관련 사망자 수로 기록된다. 우리 대부분은 이미 미국 전체가 언급한 여러 단계를 거치면서 어떻게 진행되었는지 아직도 기억하고 있다. 공격으로 피해를 입은 지역에서 잔해를 제거하기 위해 밤낮으로 일하는 사람들의 모습이 우리 마음속에 새겨져 있다. 이러한 행동은 적어도 무언가 할 수 있다는 생각이 들었기 때문에 우리 모두의 힘을 키우는 데 도움이 되었다. 안타깝게도 이 비극은 비행기 추락 사고로 끝나지 않고 테러리스트들이 탄저균 바이러스를 미국 우편 시스템에 유입시키면서 계속되었다. 2005년에 테러리스트들은 런던의 대중교통 시스템에 폭탄을 배낭에 넣어 두어 위협이 계속되고 있음을 상기시켜 주었다. 〈BOX 7.2〉에서 저자는 9/11 테러 발생 일주일 이내에 보안관과 나눈 대화를 바탕으로 한 실화를 공유한다.

연구에 따르면 끔찍한 사건에 노출된 사람들 대부분은 지속적인 문제를 겪지 않지만, 많은 사람이 가벼운 불안 반응을 보이며, 20% 이상은 심각한 정서적 고통을 겪을 수 있다. 일부 감정은 극도의 불안, 두려움, 절망으로 확대되고, 사건을 되풀이하고 집중력이 떨어지며 건강 문제가 증가할 수 있다(MacDonald, 2016). 맥도널드(MacDonald)는 이러한 악화를 경험하는 사람에게 효과적으로 교육하는 말들을 몇 가지 제시한다. 상담사는 내담자에게 끔찍한 사건의 즉각적인 여파로 두려움을 경험할 수 있다는 사실과 과거의 경험과 트라우마 그리고 재발에 대한 예상에 따라 반응이 달라질 수 있다는 것을 교육할 수 있다. 또한 상담사는 내담자에게 이러한 증상이 단기간에 발생하는 경우 급성 스트레스라고 하며, 장기적으로 발생하는 경우 외상후 스트레스 장애(PTSD)일 가능성이 높다는 것을 알려 주고, 만약 어렸을 때 학대 경험이 있다면 트라우마로 인해 어렸을 때 자신을 보호하기 위해 행동했던 방식으로 퇴행할 수 있다는 점을 알려 줄 수 있다.

BOX 7.2 9/11 테러 공격과 관련된 실화

세계무역센터 테러에 관련된 이 강렬한 이야기는 어느 학생이 필자에게 들려준 것이다. 그는 지방 사법 기관의 보안관이었는데, 심리학 석사학위를 마쳤다는 이유로 뉴욕으로 가서 지원하라는 요청을 받았다. 그는 정확히 무슨 일을 하게 될지 몰랐지만, 무엇이든 할 준비가 되어 있었다. 도착하자마자 그는

그라운드 제로에서 무거운 시멘트 조각을 들어 올리며 시신을 찾고 있는 응급 구조대원, 소방관, 경찰에게 다가갔다. 그들은 땀을 뻘뻘 흘리며 가쁜 숨을 몰아쉬고 울고 있었다. 그는 작업자 중 1명이 그만두라고 말할 때까지 정신없이 그들을 도왔다. "하지만 저는 도와주러 왔어요."라고 말하자, 작업자는 그를 바라보며 눈물을 흘리며 "이건 우리 일입니다. 당신의 일은 우리를 돌보는 것입니다. 저기 저 건물에는 마음을 나누고 대화할 사람이 필요한 600명이 넘는 사람이 있어요. 당신이 그 일을 해 주셨으면 좋겠습니다." 그 학생은 건물로 가서 밤낮으로 일하고 있는 수백 명의 사람들, 테러 생존자, 테러로 사랑하는 사람을 잃은 사람들을 만났다. 바로 그때 그는 확실히 자신이 필요함을 느꼈다. 그는 갓 배운 ABC 모델을 사용하여 사람들이 삶을 다시 회복하는 데 도움을 줄 수 있었다.

총기 폭력과 총격 사건

〈BOX 7.3〉은 저자의 대학 캠퍼스에서 총기 폭력과 관련된 잠재적으로 위협적인 상황의 실제 사례를 보여 준다.

안타깝게도 미국에서는 샌디훅 총기 난사 사건 전후 몇 년 동안 총기 폭력을 경험해 왔다. 예를 들어, 2007년 4월 16일에는 버지니아 공대에서 발생한 총기 난사 사건으로 32명이 사망했다. 이러한 유형의 끔찍한 총기 폭력은 예상치 못한 일이며 학생, 교수진, 교직원들 사이에서 안전과 정상성에 대한 느낌을 감소시킨다. 유명 영화감독 마이클 무어가 제작한 인기 다큐멘터리 〈볼링 포 콜럼바인(Bowling for Columbine)〉은 콜로라도주 콜럼바인 고등학교에서 발생한 2명의 고등학생에 의한 또 다른 총기 난사 사건을 철저히 분석했다. 살아남은 학생들 중 상당수는 이 비극으로 인해 외상후 스트레스 장애 증상과 정신건강 문제를 호소했다.

BOX 7.3	캠퍼스 폐쇄

2012년 12월 12일 오후 4시 10분, 저자는 풀러턴 캘리포니아 주립대학교 캠퍼스에서 수업을 진행하고 있었다. 교내 스피커 시스템을 통해 내부에 있는 사람은 모두 은신하여 대피하고, 외부에 있는 사람은 즉시 피신하라는 안내가 나왔다. 수업은 평소와 같이 계속 진행되었다. 오후 4시 30분, 또 다른 안내 방송이 나왔다. 교내에 무장한 위험한 용의자가 있어 추후 공지가 있을 때까지 학교를 폐쇄할 것이라고 했다. 지금부터 일인칭(나)으로 언급될 저자는 교실 문을 잠그기 시작했다. 학생들은 공황과 불안의 징후를 보이기 시작했고 대부분 화를 냈다. 학생 중 1명은 현재 안전요원으로 일하고 있으니 도움을 주겠다고 했다. 내가 문을 잠그는 일을 도와달라고 부탁해서 그는 복도에서 경계를 지키면서 여성들을 화장실로 안내했다. 함께 있던 임산부 학생과 당뇨병 환자에게 필요했기 때문에 음식을 구하러 위층으로 올라갔는데, 사무실에 갇혀 있던 교수들에게 음식을 받을 수 있었다. 복도 밖에는 강사가 캠퍼스에 오지 않아 어떻게 해야 하는지 묻는 학생들이 있었는데, 나는 학생들을 교실로 불러 안전하게 머물도록 했다.

우리는 캠퍼스 경찰과 텔레비전을 통해 사건을 지켜보던 친구와 가족으로부터 문자 메시지와 전화를 받고 무슨 일이 벌어지고 있는지 정보를 얻을 수 있었다. 그 시점에서 나는 현실적이고 침착하게 상황을 유지하기 위해 최대한 많은 정보를 얻어야 한다고 생각했고, 강의실 컴퓨터를 켜서 지역 뉴스채널의 실시간 영상을 확인할 수 있었다. 그때 처음으로 건물 밖에서 벌어지는 사건을 볼 수 있었다. 중무장한 경찰특공대와 수많은 경찰이 출동하는 모습을 보고 상황이 심각하다는 것을 알 수 있었다. 일부 학생들은 학교를 당장 떠나고 싶어 했지만, 나는 이미 강도를 저지르고 점원을 쏜 적이 있는 무장한 사람이 돌아다니면 안전하지 않다고 설득했다. 또한 인질로 잡힐 위험을 감수하고 싶은 것인지 물어보고, 그렇지 않다면 건물 밖에 배치된 경찰이 우리를 보호하고 있다고 강하고 침착하게 안심시켰다. 경찰이 건물에 들어와 철저한 수색을 통해 우리 모두 다치지 않고 안전하게 캠퍼스를 떠날 수 있도록 하는 것은 시간문제일 뿐이었고, 4시간이 지나 실제로 그렇게 되었다.

이 트라우마에서 가장 힘든 부분은 봉쇄되어 자유를 잃어버린 것이었다. 나는 화가 났고 무력감을 느꼈다. 일부 학생들은 폐쇄공포와 공격에 대한 두려움 때문에 극도의 불안을 느꼈다. 다행히도 나는 과거에 지진과 화재 트라우마, 은행 강도 사건에 대응한 경험이 있어 트라우마 상황에 대처할 수 있었다. 나는 학생들이 심호흡하도록 도와주고, 현재 상황을 함께 이야기하고, 천천히 일을 처리하면서 관리할 수 있는 부분으로 나누었다. 학생들은 자신의 감정을 표현하도록 격려하면서, 다른 학생들에게 도움을 구했다. 나는 학생들에게 결과에 대한 낙관과 희망을 주려고 노력했고, 가능한 한 정상적인 기능을 유지하도록 했다. 그리고 다음 주에 있을 기말고사를 대비해 공부할 시간을 갖도록 격려했다. 결론적으로 나는 캐플란이 제시한 효과적인 대처 능력이 있는 사람들의 일곱 가지 특성(제1장 참조)을 모두 활용하여 상황을 통제했다.

우리는 PTSD가 생겼을까? 나를 포함해 내가 아는 어떤 학생도 PTSD의 모든 증상을 겪지는 않았지만, 몇 가지 측면이 나타났다. 예를 들어, 우리는 모두 지쳐서 잠을 자고 싶었지만, 잘 수 없었다. 사건이 일어난 지 이틀이 지나서 이 글을 쓰고 있는데, 대부분 그 사건에 대해 전혀 이야기하고 싶지 않았다. 함께하지 못한 친구, 가족, 학생과 교직원들은 계속 그 이야기를 하고 싶어 했지만, 나는 잊고 싶은 것 같다! 이것이 내 마음의 대처 방식이었다. 심지어 이 글을 쓰면 사건을 천천히 통합하는 데 도움이 될 거라 생각했지만, 이틀이 지난 지금도 여전히 우리 삶을 침범한 용의자들에게 화가 난다. 슬프게도 이 글을 쓰는 동안 훨씬 더 심각한 트라우마가 발생했다. 2012년 12월 14일, 코네티컷주 뉴타운의 샌디훅 초등학교에서 총격범에 의해 어린이 20명과 성인 6명이 사망했다. 이 학교 총격 사건에 대한 소식을 듣고 불안과 슬픔이 밀려오면서, 어젯밤의 충격에서 벗어나지 못하게 되었고, 나와 사람들을 무력하게 만드는 이 사건을 통합하는 데 시간이 더 필요할 것 같다.

안타깝게도 일부 학생들은 PTSD를 겪었다. 약 3개월 후인 다음 학기, 대학은 '연습용' 대피 훈련을 실시하면서 모든 교실의 스피커를 통해 즉시 대피하라는 안내 방송을 했다. 그러나 방송에서 훈련이라는 사실을 알리지 않았기 때문에, 봉쇄 조치에서 살아남은 사람들에게 불안감을 조성했다. 내가 직접 이 사실을 알리고 나서야 경영진은 훈련이라는 안내 방송을 했다.

물론 전국적으로 그리고 역사적으로 다른 많은 총격 사건이 발생해 왔다. 어떤 사람들은 총기 폭력은 「수정헌법」 제2조 총기 소지권 등 자유의 자연스러운 결과이고, 따라서 진정한 해결책은 총기 규제가 아니라 이러한 유형의 총격 사건으로 이어지는 정신질환을 예방하고 식별하는 것이라고 믿는다.

안타깝게도 초등학교와 고등학교는 지난 20년 동안 총격과 침입이 너무 많이 발생해서 교사와 관리자가 총격과 침입에 대처할 수 있는 교육 프로그램을 개발해야 했다. 2009~2010년 한 해 동안 전국의 학교에서는 총격으로 인한 사망자가 7명, 싸움으로 인한 사망자가 1명 발생하여 총 11명이 사망했다. 같은 기간 동안 학교에서 비살상 총격 사건은 총 33건이 발생했다(National School Safety and Security Services, Inc., 2012).

연구자들은 총기 폭력으로 인해 미국 경제가 매년 최소 2,290억 달러의 손실을 입는다고 추정한다. 총기 폭력으로 인해 매년 3만 명 이상이 목숨을 잃고 있으며, 매년 약 10만 명의 미국인이 총기 폭력의 피해자가 되고 있다(Law Center to Prevent Gun Violence, 2016). 이러한 사망 사건은 총기 난사 사건처럼 큰 주목을 받지 못하지만, 유가족들은 이차 트라우마와 상실감으로 인해 개입이 필요한 경우가 많다. 샌디훅 총기 난사 사건의 여파와 버지니아 공대 총기 난사 사건 1주기를 맞아 다양한 단체가 의회에 총기 폭력을 줄이는 조치를 하도록 로비를 벌였다(Schmidt, 2013). 실망스럽게도 총기 구매 전 신원 조회를 의무화하는 법안이 의회에서 제정되지 않았기 때문에, 이 비극의 생존자와 잠재적 가해자를 다루는 것은 또다시 정신건강 전문가와 기타 사회적 조력자의 손에 맡겨질 수 있다.

안타깝게도 샌디훅 총기 난사 사건 이후에도 총기 난사 사건은 계속되고 있다. 2015년, 콜로라도주 콜로라도 스프링스의 한 가족계획(Planned Parenthood) 클리닉에서 3명이 총에 맞아 사망하는 사건이 발생했다. 총격범은 그저 '아기의 권리'를 언급하며 낙태 반대와 반정부 견해를 표방하였고, 이 난동으로 9명이 부상을 입었다. 일각에서는 이 사건을 국내 테러의 한 형태라고 부르기도 한다(Mossburg, Yan, Shoichet, & Brown, 2015). 이 사건의 생존자들과 미래의 가족계획 클리닉 고객과 종사자들은 이제 이 총격 사건을 클리닉 서비스를 제공하거나 받을 때 겪을 수 있는 충격 목록에 추가해야 할 상황이다.

마지막으로, 총기 폭력은 2016년과 2017년에도 여전한 이슈로 경찰의 젊은 흑인 남성에 대한 총격 사건 보도가 잇따랐다. 아프가니스탄에서 복무하고 집에 총기를 보관하던 재향군인이 댈러스 경찰관 5명을 살해한 사건이 보복 총격 사건으로 이어진 것으로 보인다. 이 재향군인은 2016년 6월 미네소타와 루이지애나에서 발생한 흑인 남성의 치명적인 경찰 총격 사건으로 인해 이 같은 범행을 저지른 것으로 추정된다. 경찰의 학대와 관련하여 전국적으로 많은 시위가 발생한 상황에서(Fernandez, Perez-Pena, & Engel, 2016), 이러한 유형의 총격 사건은 경찰관, 흑인 남성 그리고 그들의 가족과 친구들에게도 PTSD를 유발할 수 있다.

개입

　재난은 직접적으로 관련된 사람들뿐만 아니라 갑자기 안전이 위협을 받는다고 느끼는 다른 사람들에게도 영향을 미친다. 미국 전역의 커뮤니티는 일반적으로 필요한 지원을 제공함으로써 트라우마 사건에 대응하고 있다.

　지역사회 지원의 예로는 희생자 가족을 위한 구호 기금, 적십자사에 대한 거액의 기부, 초등학교와 공공 공원 등 다양한 지역에 설치된 위기 대응 부서가 있다. 이러한 위기 대응 활동은 어린아이와 성인이 지역사회가 더 이상 안전한 곳이 아니라는 믿음을 갖도록 돕는 데 목적이 있었다. 사람들은 공통되게 '나와 내 가족'에게도 이런 일이 일어날 수 있다는 데 충격을 받는다. 위기 종사자들은 사람들이 상황에 대해 다르게 생각하도록 돕고, 교육과 역량 강화를 통해 이차 피해자들에게 이 상황에 대처할 수 있다는 것을 보여 줘야 했다.

　비상 상황에서 제대로 기능하기 위해서, 사람들은 자신의 감정과 정상적인 반응을 제쳐 두어야 한다. 이러한 부정의 상태는 개인이 생존을 위해 행동할 수 있게 해 준다. 만약 이러한 초기 충격이 없었다면 사람들은 감정에 압도되어 전혀 기능을 발휘할 수 없었을 것이다. 비상 상황이 안정된 후에야 사람들은 적절한 속도로 일어난 일을 받아들일 수 있다.

　트라우마를 겪은 개인은 어떤 식으로든 어느 시점에서 해결책을 찾는 경향이 있다. 이러한 해결은 다양한 형태로 나타나며 의식적·무의식적 수준에서 발생할 수 있다. 예를 들어, 사건을 되풀이하는 악몽은 외상후 스트레스 장애에서 흔한 증상이다. 이는 마치 무의식이 밤에 스트레스를 생성하여 사람이 트라우마를 종결하도록 도와주어 그 사람이 깨어 있는 의식적인 상태에서 트라우마를 처리하도록 동기를 부여하는 것과 같다.

　일단 트라우마가 수면 위로 떠오르면 감정의 홍수가 일어난다. 이때 전문가들은 이러한 감정들이 성장을 위한 생산적인 방향으로 전환하게끔 도울 것이다. 모든 위기 상황과 마찬가지로, 가장 끔찍한 트라우마에도 새로운 의미를 부여할 수 있다는 점을 알려야 한다.

　트라우마를 겪은 후에 도움을 받지 않으면 트라우마 후 증상은 시간이 지남에 따라 악화되는 경우가 많으며, 사람들은 덜 기능적인 방식으로 생활에 적응하는 법을 배우게 된다. 이런 사람들은 트라우마와 관련된 감정을 계속 부정하는 데 에너지를 사용하기 때문에, 일상적인 스트레스를 처리하는 데 사용할 수 있는 정신적 에너지가 줄어들게 된다. 따라서 대인관계에 어려움을 겪을 가능성이 높은데, 대인관계가 만족스럽기 위해서는 감정이 필요하기 때문이다.

중요 사건과 디브리핑

인재와 자연재해가 빈번하게 발생함에 따라 정신건강 전문가들은 트라우마 또는 중대한 사건의 영향을 극복하는 데 초점을 맞춘 특별 프로그램과 훈련을 개발했다. (이 장에서 지금까지 논의한 모든 트라우마는 중대 사건의 예시들이다.) 일부 정신건강 전문가들은 이 과정을 트라우마 대응 또는 재난 정신건강이라 부른다(Ladrech, 2004). 적십자사와 국제의료봉사단 같은 대응 기관을 통해 재난피해자를 돕는 종사자를 위한 특별 교육 프로그램을 이용할 수 있다. 재난 정신건강은 위기개입방법으로 위기에 대한 "대처 능력을 강화하기 위해 사람들을 안정시키고, 지원하고, 정상화하여 외상후 스트레스 장애, 물질 남용, 우울증, 가족과 관계 문제와 같은 장기적인 피해를 예방하기 위한 것으로, 치료가 목적이 아니다"(p. 21).

심각한 사고를 경험한 사람들을 대할 때 염두에 두어야 할 몇 가지 특별한 고려 사항이 있다. 로스앤젤레스 카운티 정신건강국(Los Angeles County Department Mental Health, 2001)에서는 외상성 사건에 대한 스트레스 반응의 일반적인 징후와 신호를 나열했다. 이러한 증상 대부분은 앞서 설명한 PTSD의 정의에 나열된 증상과 일치한다. 이 정보는 위기 종사자가 트라우마 피해자에게 이러한 증상이 트라우마의 정상적인 반응이라고 교육할 때 유용하다. 이러한 증상이 일반적이라는 것을 알게 되면 자신이 '미쳤다'고 생각했던 피해자가 안심할 수 있기 때문이다.

디브리핑 과정

중대한 사건 발생 후의 디브리핑은 ABC 위기개입 모델과 동일한 과정을 따르며, 효과적으로 대처하는 사람들의 특성에 관한 캐플란의 모델을 사용한다(제1장 참조). 미국 적십자사(American Red Cross, 2017)와 로스앤젤레스 카운티 정신건강국(2017)에 따르면 스트레스 상황에 대처하는 것은 경청과 공감에서 시작된다. 또한 두 단체는 트라우마를 겪은 사람들에게 함께 시간을 보낼 사람이 필요하다고 제안한다. 안전에 대한 지원과 확신은 상실에 대한 애도의 필요성을 존중하는 것만큼 중요하다. 트라우마를 겪은 사람이 다른 사람에게 트라우마에 대해 이야기하고 다른 사람의 도움을 받도록 격려하는 것도 도움이 된다. 트라우마 사건의 피해자를 위한 특별 지원에 관한 정보를 제공하는 것은 매우 중요하다. 위기개입가는 또한 사람들이 다른 사람의 짜증을 참아 내고 우선순위를 재정의하고 그 우선순위에 에너지를 집중할 수 있도록 도와야 한다. 이는 스스로 속도를 조절하고 업무를 처리할 수 있는 부분으로 세분화하라는 캐플란의 제안과 유사하다.

트라우마를 겪은 사람들은 일반적으로 가능한 한 기능을 유지하고 건강한 식습관과 수면 패턴을 유지하도록 권장된다. 트라우마에 대한 정보를 적극적으로 찾는 것도 권장된다. 위기 종사자는 트라우마 생존자에게 지역사회에서 이용할 수 있는 다양한 지지 집단에 대해 공유할 수 있다. 같은 트라우마를 경험한 다른 사람들과 대화하는 것도 도움이 된다.

외상후 스트레스 장애(PTSD)에 일반적으로 사용되는 기타 치료법

국립 외상후 스트레스 장애 센터(National Center for Posttraumatic Stress Disorder, 2017)에 따르면, PTSD 생존자와 그 가족을 위한 치료의 첫 단계에는 사람들이 어떻게 PTSD를 갖게 되는지, 생존자와 그 가족에게 어떤 영향을 미치는지 그리고 기타 PTSD 증상과 일반적으로 연관된 문제들에 대한 교육이 포함된다. PTSD는 극도의 스트레스 상황에서 평범한 개인에게 발생하는 의학적으로 인정된 장애라는 사실을 알려 주는 것이 도움이 된다. 이 첫 번째 치료 단계의 또 다른 측면은 이미지를 통해 사건에 노출시키는 것인데, 이는 생존자가 안전하고 통제된 환경에서 사건에 대한 자신의 반응과 신념을 조사하면서 사건을 다시 경험할 수 있게 해 주기 때문이다. 또한 내담자가 트라우마 생존자에게 흔히 나타나는 분노, 수치심, 죄책감 등의 강한 감정을 살펴보고 해결하도록 하는 것이 필요하다.

인지행동 기법은 내담자에게 심호흡과 이완 훈련, 분노 관리, 스트레스 반응에 대한 대비, 트라우마 처리, 사람들과 효과적으로 소통하고 관계를 맺는 방법 가르치기 등에서 유용하다.

외상성 기억에 대한 비교적 새로운 치료 접근 방식인 EMDR은 노출 요법과 인지행동 치료의 요소를 포함한다. 이 치료법에 대한 이론과 연구는 여전히 발전 중이지만, 외상성 자료에 대한 접근과 처리를 용이하게 할 수 있다는 증거가 있다(Shapiro, 2002). 단기 위기개입에 반응하지 않는 내담자에게는 훈련된 EMDR 치료사가 PTSD를 극복하는 데 귀중한 자원이 될 수 있다.

집단치료도 좋은 자원이다. 트라우마 생존자들은 다른 생존자들이 제공하는 안전, 응집력, 공감의 분위기 속에서 트라우마 관련 내용을 공유할 수 있다. 수치심, 두려움, 분노, 자기 비난의 감정을 공유함으로써 생존자들은 트라우마와 관련된 많은 문제를 해결할 수 있다. 일부 트라우마 생존자에게는 약물치료가 필요할 수 있다. 약물은 흔히 경험하는 불안, 우울증, 불면증을 줄일 수 있다. 생존자가 심리치료에 참여할 수 있도록 증상을 완화하는 데 유용하다.

위기 종사자가 이러한 개입을 제공하지 않을 수도 있지만, 위기 종사자가 초기 위기 면담 후 지속적인 개입을 위해 내담자를 의뢰할 때 내담자가 어떤 프로그램에 참여할 수 있는지에 대한 기본적인 이해가 있으면 도움이 된다.

이차 외상후 스트레스 장애

위기 상황에 놓인 개인과 정기적으로 일하는 사람들은 이차 외상성 스트레스 또는 연민 피로라고도 하는 이차 외상후 스트레스 장애(Figley, 1995) 증상이 나타나기 쉽다(Collins & Long, 2003).

심각한 질병이나 위기 상황에 너무 많이 노출되면 조력자에게 우울증과 학습된 무력감이 생길 수 있다. 심지어 9/11 테러 현장에 투입된 응급 구조대원이 자살한 사례도 있다. 이는 이차 외상후 스트레스 장애 때문이거나 갑작스러운 유명세의 파괴력 때문일 수 있다. '영웅'으로 불리면서도 때로 무가치함과 무력감을 느끼기 때문이다. 우리는 영웅으로 불리는 것을 좋아하지 않는 재향군인들 사이에서 자살이 매우 만연하다는 것을 알고 있다.

BOX 7.4 이차 외상후 스트레스 장애 관련 지역사회 위기 종사자에 대한 연구

2001년에 67명의 지역사회 종사자를 대상으로 설문조사를 실시하여 위기에 처한 사람들과 함께 일할 때의 정서적·행동적 반응을 파악했다. 응급실 의사 3명, 간호사 11명, 구급차 운전사 5명, 정신건강 전문가 21명, 강간 위기상담사 8명, 소방관 7명, 경찰 12명이 포함되었다.

응답자의 34%는 내담자가 자살 시도를 보고할 때 불안감을 느낀다고 답한 반면, 17%만이 위기에 처한 사람과 함께 일한 후 우울감을 느꼈다고 답했다. 그러나 위기에 처한 내담자에 대한 생각을 멈출 수 없었던 적이 있었는지에 대한 질문에는 64%가 그렇다고 답했다. 위기에 처한 사람과 함께 일한 후 무력감을 느낀 적이 있느냐는 질문에는 34%가 그렇다고 답했다. 같은 비율의 응답자가 위기 상황을 겪은 후 불평하거나 불안감을 느꼈다고 답했다.

45%는 위기 상황에 처한 사람과 함께 일할 때 시스템에 분노를 느낀다고 답했다. 따라서 응답자의 52%가 한 달에 1~5회 직장을 그만둘 생각을 한다고 답한 것은 당연한 결과이다.

위기에 처한 사람들과 함께 일한 후 정서적 스트레스를 받을 때 어떻게 대처하는지에 대해서는 대다수 (80%)가 동료와 대화한다고 답했으며, 19%는 전문 정신건강 서비스를 찾는다고 답했다.

　이 연구에서 보고된 많은 증상은 위기를 겪는 사람들에게서 발견되는 증상 유형과 유사하다. PTSD의 증상으로는 위기에 처한 내담자 생각을 멈추지 못함, 초조함, 짜증, 불안, 우울, 일을 그만두고 싶다는 생각 등이 있다. 이러한 증상은 종사자 자신의 개인적 위기에서 비롯된 것이 아니라 위기를 겪고 있는 사람들과 함께 일한 결과이므로 이차 외상후 스트레스 장애 또는 이차 트라우마로 생각할 수 있다.

　설문조사에 참여한 많은 위기 종사자가 이러한 증상을 경험한 것으로 보고되었다는 사실은 증상을 줄이기 위한 전략이 필요하다는 것을 시사한다. 앞서 소개한 연구와 이번 연구의 응답에서 알 수 있듯이, 동료와의 지속적인 소통을 유지하는 것은 증상을 완화하는 데 필수적이다. 이를 통해 위기 종사자가 최고의 효율성으로 직장을 계속 유지할 수 있기를 바란다.

바쁜 업무량과 장시간 근무는 이러한 감정을 더욱 악화시킬 수 있다. 위기상담사가 매일 트라우마를 다루다 보면, 자신이 돕는 피해자의 트라우마를 흡수하는 대리 스트레스 또는 대리 외상을 경험할 수 있다(Bride, 2004). 피글리(Figley, 1995)는 이러한 취약성은 다른 사람들이 트라우마 사건에 대해 이야기하는 것을 들으면서 생기는 자연스러운 결과이며, 정신건강 종사자가 경험하는 고통의 정도는 조력자와 내담자의 특성에 따라 달라진다고 말한다.

　〈BOX 7.4〉는 저자가 정기적으로 위기에 대처하는 67명의 커뮤니티 종사자를 대상으로 실시한 연구 결과를 보여 준다.

　〈BOX 7.5〉는 ABC 모델을 연습할 때 사용할 수 있는 사례를 제공한다.

| BOX 7.5 | 역할극 사례 |

다음 사례로 ABC 모델을 연습하라:

사례 1: 11세 소년은 멕시코에서 휴가를 보내던 중 할아버지가 교통사고로 사망하는 것을 목격했다. 소년은 학교에 집중할 수 없고 차를 타고 어디든 가는 것을 거부한다.

촉발사건: 할아버지가 교통사고로 사망하는 것을 목격했다.
인지: 그 사람이 죽었어야 했다. 할아버지에게 왜 이런 일이 일어났을까. 할아버지가 뭔가 잘못한 게 있을까? 다음에 어딘가 가면 차 안에서 죽을 것이다. 인생은 안전하지 않다.
정서적 고통: 두려움, 슬픔, 죄책감. 미래에 대해 걱정하고, 과잉 경계하고, 생각을 멈출 수 없으며, 때때로 무감각함을 느낀다.
기능장애: 학교에 집중할 수 없고, 악몽을 꾸고, 자거나 먹을 수 없으며, 집을 떠나고 싶지 않다.
낮은 자살 위험: 자살 사고 있음, 계획 없음

타당화 진술: 이 경험이 얼마나 충격적이었는지에 대한 지지와 타당화 진술을 제공하라.

재구조화하기: 할아버지에 대한 너의 사랑은 네가 겪은 고통의 정도를 보면 알 수 있어. 나는 그가 너를 똑같이 사랑했고, 자신의 삶이 끝났다고 해서 너의 삶이 끝나는 것을 원치 않았을 것이라 확신해.

힘 실어 주기: 다른 사람의 운전 방식을 통제할 수 없다는 사실을 받아들이기 어렵지만, 우리는 다른 것, 예를 들어 주변을 더 의식하고 속도를 줄이는 것은 통제할 수 있다.

교육: 너에게는 PTSD의 증상이 많이 있다. (PTSD가 무엇이며 어떻게 극복할 수 있는지 설명한다.) 느리지만, 나아질 수 있다. 자동차 사고는 발생하지만 대부분 치명적이지 않다.

대처 전략: EMDR, 애도 모임 지원, 이완 훈련, 놀이치료

사례 2: 40세의 대학 교수는 퇴근 후 주차장에 갔다가 차의 타이어 3개가 펑크 난 것을 발견했다. 타이어가 칼로 찢어진 것이었다. 그녀는 피해망상이 심해 누군가 자신을 노리고 있다고 생각하며 차가 다시 파손될까 봐 끊임없이 걱정한다. 그녀는 경계심이 강하고 주변 환경의 사소한 변화도 놓치지 않는다. 그녀는 더 이상 재미를 느끼지 못한다.

촉발사건: 타이어가 찢어졌다.

인지: 누군가 그녀를 노리고 있다. 누군가 그녀를 미행하며 죽이려고 한다.

정서적 고통: 두려움, 경계심, 무감각, 악몽

기능장애: 직장에서 집중력이 떨어지고, 잠을 잘 수 없으며, 주차하는 것을 두려워한다.

   비자살

   PTSD에 대한 교육

   이 상황이 얼마나 무서운지에 대해 지지한다.

   인생을 즐기지 않는 것은 가해자가 계속 피해자를 괴롭히도록 내버려 둔다는 점을 지적함으로써 힘을 실어 준다.

힌트: 편집증은 잠시는 적절했지만 지금은 두려움이 그녀에게 도움이 되지 않고 오히려 그녀에게 불리하게 작용하고 있다고 재구조화한다.

대처 전략: 이와 같은 상황의 일반적인 결과와 결과에 대해 경찰과 이야기하고, 일기 쓰기 권장, EMDR 사용, 단기 상담, 주차장으로 걸어가는 동안 시행할 안전 전략 조언

사례 3: 33세의 도시 노동자가 한쪽 무릎을 꿇고 쪼그리고 앉아 소화전을 수리하고 있었는데, 한 남성이 목에 칼을 들이대며 지갑을 넘기라고 말했다. 그 이후로 그는 일을 할 수 없었고, 잠도 잘 수 없었으며, 아이들도 밤에 외출하지 못하게 되었다.

촉발사건: 칼끝에 겨누어진 상황

인지: 혼자서 일하는 것이 안전하지 않다. 싸우지 않는 것은 약한 것이다. 곧 해고될 것이다.

정서적 고통: 두려움, 죄책감

기능장애: 집을 나가지 못하고, 일을 할 수 없으며, 아내나 친구들에게 관심이 없음

비자살

그의 두려움이 정상적인 것이라고 타당화한다.

PTSD에 대해 교육한다.

안전을 위해 지금 할 수 있는 일에 집중하여 그의 힘 실어 주기를 강화한다.

내담자가 일을 피하는 것은 가해자에게 지속적으로 힘을 주는 것이라 재구조화한다. 일하러 가는 것은 내담자에게 다시 힘을 주는 것이다.

대처 전략: EMDR과 인지상담을 이용하고, 일기를 쓰도록 권장한다.

사례 4: 마을에 진도 6.6의 지진이 발생한 후 부모님이 8세 남자아이를 데려왔다. 아이는 항상 불안해하며 놀려고 하지 않는다. 아이는 지진에 대해 계속 이야기하고 악몽을 꾼다고 말한다.

촉발사건: 지진

인지: 더 큰 지진이 일어나서 우리 집이 파괴되고 우리는 죽을 것이다. 부모님이 돌아가시면 어떻게 해야 할까?

정서적 고통: 두려움, 공황 발작, 무감각, 악몽

기능장애: 학교에서 집중하지 못하고 더 이상 친구들과 놀려고 하지 않는다.

지진에 대해 교육하고 지진 대비 정보를 제공한다.

그의 우려를 타당화해 주되, 맥락을 파악한다.

또 다른 지진이 발생했을 때 안전을 보장하기 위해 무엇을 할 수 있는지 알려 주어 아이에게 힘을 실어 준다.

대처 전략: 과학자나 선생님과 이야기하거나, 다른 아이들과 대화하기

복습 문제

1. 외상후 스트레스 장애의 다섯 가지 증상은 무엇인가?

2. 외상후 스트레스 장애와 급성 스트레스 장애의 차이점은 무엇인가?

3. 외상후 스트레스 장애로 이어질 수 있는 다섯 가지 잠재적 트라우마는 무엇인가?

4. 지역사회 재난의 단계는 어떻게 되나?

3. 외상후 스트레스 장애 치료에 효과적인 개입에는 어떤 것이 있나?

6. 이차 트라우마란 무엇인가?

주요 학습 용어

재난 정신건강: 정신건강 치료의 전문 분야로, 상담사가 지역사회 재난을 경험한 후 사람들에게 어떻게 대응해야 하는지 대응방법을 훈련받는 전문 분야. 흔히 트라우마 대응이라고도 한다.

해리: 트라우마를 경험한 사람들이 계속 기능할 수 있도록 돕는 방어기제. 이들은 사건의 공포와 두려움에서 분리되어 자신의 감정을 잠재의식 속으로 밀어 넣는다.

안구운동 민감 소실 및 재처리 요법(EMDR): 인지 · 행동 · 노출 요법을 결합한 PTSD 치료의 한 유형

(지역사회 재난의) 4단계: 심각한 재난이 발생한 동안과 그 이후에 지역사회가 영웅 단계, 밀월 단계, 환상이 깨지는 단계, 재건 단계 등 특정 단계를 경험한다는 개념화

과도한 경계: 누군가가 개인적으로 공격을 받은 후 종종 발생하는 준비 상태 및 불안 상태

외상후 스트레스 장애(PTSD): 심각한 외상을 입어 효과적으로 기능하지 못할 때 발생하는 상태. 다양한 불안 및 우울 증상을 보인다.

이차 외상후 스트레스 장애 또는 이차 트라우마: PTSD를 앓고 있는 사람과 함께 일하거나 PTSD를 앓고 있는 사람과 밀접한 관계에 있을 때, 즉 개인적으로 외상을 겪지 않은 사람이 PTSD와 유사한 증상을 경험할 때 발생할 수 있는 상태

🎓 참고문헌

American Psychiatric Association. (2013). *Diagnostic and statistical manual of mental disorders, Fifth edition*. Washington, DC: Author.

American Red Cross. (2001). *Emotional Health Issues for Victims*. Retrieved May 23, 2017, from http://www.trauma-pages.com/h/arcvic.php

Avelino, G. (2015). 14 killed in San Bernardino shooting. *Daily Titan*, 98(47).

Bride, B. E. (2004). The impact of providing psychosocial services to traumatized populations. *Stress, Trauma, and Crisis*, 7, 29-46.

Brown, G. (2015, November/December). Wildfires: Impact and recovery. *The Therapist*, 27(6).

Collins, S., & Long, A. (2003). Working with the psychological effects of trauma: Consequences for mental health-care workers-A literature review. *Journal of Psychiatric and Mental Health Nursing*, *10*, 417-424.

Custodio, S. (2015). Muslim student leader speaks. *Daily Titan*, *98*(51).

Fernandez, M., Perez-Pena, R., & Engel, J. (2016). Five Dallas Officers were killed as payback, Police Chief Says. *The New York Times http://nyti.ms/29DfZ2w*. Retrieved July 14, 2016, from http://www.nytimes.com/2016/07/09/us/dallas-police-shooting.html

Figley, C. R. (1995). Compassion fatigue as a secondary traumatic stress disorder: An overview. In C. R. Figley (Ed.), *Compassion fatigue: Coping with secondary traumatic stress disorder in those who treat the traumatized* (pp. 1-20). New York, NY: Brunner/Mazel.

Gabbard, G. O. (2000). *Psychodynamic psychiatry in clinical practice* (3rd ed.). Washington, DC: American Psychiatric Press Inc.

Homeland Security. (2016). *The Social Influence of ISIS Beheadings*. Retrieved May 23, 2017, from https://medium.com/homeland-security/the-social-influence-of-isis-beheadings-9fce5c8ceb40

Hopper, E. K., Bassuk, E. L., & Olivet, J. (2010). Shelter from the storm: Trauma-informed care in homeless service settings. *The Open Health Services and Policy Journal*, *3*, 80-100.

Ladrech, J. (2004). Serving on CAMFT's trauma response network. *The Therapist*, *16*(6), 20-21.

Law Center to Prevent Gun Violence. (2016). *Gun Violence Statistics*. Retrieved June 27, 2016, from http://smartgunlaws.org/category/gun-studies-statistics/gun-violence-statistics/

Los Angeles County Department of Mental Health. (2017). *Critical Incident Stress Information Sheet*. Retrieved May 23, 2017, from http://www.trauma-pages.com/h/cisinfo.php

MacDonald, C. A. (2016). *What are the Emotional Effects of Terror?* Retrieved June 27, 2016, from http://healthpsychology.org/emotional-effects-of-terror/

Mental Health Center of North Iowa, Inc. (2005). *Background Phases of Disaster*. Author. Retrieved June 8, 2005, from http://www.mhconi.org /Topic-disasterBkgrd.htm

Mossburg, C., Yan, H., Shoichet, C. E., & Brown, P. (2015). *Planned Parenthood Shooting Suspect Appears in Court*. Retrieved December 3, 2015, from http://www.cnn.com/2015/11/30/us/colorado-planned-parenthood-shooting

National Center for Posttraumatic Stress Disorder. (2017). *Treatment for PTSD*. White River Junction, VT: National Center for Posttraumatic Stress Disorder, VA Medical Center. Retrieved May 23, 2017, from https://www.whiteriver.va.gov/services/Mental_Health/Posttraumatic_Stress_Disorder_PTSD.asp

National School Safety and Security Services. (2012). *School-Related Deaths, School Shooting, & School Violence Incidents*. Retrieved December 14, 2012, from http://www.schoolsecurity.org/trends/school_violence09-10.html

Rochlin, J. (2015). CSUF police increases patrols in wake of shooting. *Daily Titan*, *98*(49).

Schmidt, M. (2013). On anniversary of Va. Tech shooting, bipartisan gun-control compromise reaches senate. *Richmond Times-Dispatch*. Retrieved February 2, 2013, from http://www.richmond.com/news/virginia/government-politics/on-anniversary-of-va-tech-shooting-bipartisan-gun-control-compromise/article_56f6d075-5307-5642-8090-c405a6b432eb.html

Shapiro, F. (2002). EMDR twelve years after its introduction: Past and future research. *Journal of Clinical Psychology*, *58*, 1-22.

Shapiro, F., & Forrest, M. S. (1997). *EMDR*. New York, NY: Basic Books.

Substance Abuse and Mental Health Services Administration. (2012). *SAMHSA's Working Definition of Trauma and Principles and Guidance for a Trauma Informed Approach Author*. Retrieved May 23, 2017, from http://store.samhsa.gov/shin/content/SMA14-4884/SMA14-4884.pdf

Trauma Informed Oregon. (2017). *Trauma Informed Care in the Classroom*. Funded through Oregon Health Authority. Retrieved May 23, 2017, from www.traumainformedoregon.org

Wisconsin Department of Health Services. (2017). *Trauma-Informed Care-Principles*. Retrieved February 6, 2017, from https://www.dhs.wisconsin.gov/tic/principles.htm

제8장
군 복무와 관련된 위기

학습목표

이 장을 학습한 후 독자는 다음과 같은 목표를 달성할 수 있다.

목표 1. 군대 문화 이해하기

목표 2. 재향군인과 관련된 우울증, 외상성 뇌손상, 외상후 스트레스 장애와 같이 보이지 않는 상처 인식하기

목표 3. 군대 내 성적 트라우마 이해하기

목표 4. 재향군인과 관련된 다양한 문제를 교육하고, 힘을 실어 주고, 타당화하고, 재구조화하기

목표 5. 군 복무와 관련된 위기를 겪고 있는 내담자에 대한 개입 연습하기

군 복무: 역사적 관점

상담사들이 외상후 스트레스 장애(PTSD)에 대해 처음 알게 된 것은 참전 용사, 특히 베트남 전쟁 참전 용사들을 상담하면서였다. 참전 용사들은 대부분 19세의 소년들로, 전 세계에 파병되어 친구들이 폭파되고 어린아이들이 죽는 것을 목격하고도 대처 능력이 부족한 경우가 많았다. 베트남 참전 용사들은 전쟁의 소리를 재경험하고 악몽에 시달리며 대인관계를 효과적으로 관리하지 못하는 등의 어려움을 겪고 있었다. 참전 용사들이 트라우마를 이야기하고 전쟁의 경험을 현재의 기능에 통합하는 방법을 찾을 수 있도록 지지 단체가 설립되었다.

제2차 세계대전 참전 용사들도 베트남전 용사들과 전투 경험에 대해 비슷한 반응을 보였다. 트라우마의 징후를 보이는 사람은 누구나 '셸 쇼크' 상태에 있다고 한다. 불행히도 제2차 세계대전 참전 용사들은 베트남전 참전 용사나 최근의 전쟁 참전 용사들이 그랬던 것처럼 집으로 돌아왔을 때 정신건강 치료를 받거나 찾지 않았다. 그들은 "버텨라." "남자가 돼라."고 격려받았다. 이라크와 아프가니스탄 전쟁 참전 용사들도 강해져야 하고 스스로 '그것'을 극복해야 한다는 말을 들어 왔지만, 많은 사람이 이러한 생각을 거부하고 치료가 실제로 필요하지 않다는 말을 들으면서도 치료받으려 했다. 〈라이언 일병 구하기〉와 같은 영화는 제2차 세계대전에 참전한 남성들이 겪은 트라우마의 심각성을 현실적인 시각으로 조명했다. 베트남 참전 용사들과 달리 제2차 세계대전 참전 용사들은 귀국할 때 영웅 대접을 받았기 때문에, 그들이 겪은 고통을 잊기가 쉽다. 제2차 세계대전은 대중적인 전쟁이었고 미국인들 대부분은 군대의 노력을 지지했다.

전투에 참여하여 전쟁의 트라우마를 경험한 군인 중 일부는 급성 스트레스 장애를 경험하기도 한다. 이들은 종종 의사의 치료를 받고 회복할 시간을 갖는다. 그러나 군에서는 병사들이 전쟁 트라우마에 무감각해지도록 훈련하여 효과적으로 전쟁에 참여할 수 있도록 한다. 그렇게 해야 전투가 벌어지고 있는 상황에서 대처할 수 있기 때문이다. 많은 전투 및 지원 군인이 PTSD의 징후를 보이는 것은 그들이 집으로 돌아갈 때이다. 군인들이 집으로 돌아온 후 민간인 생활에 적응하는 데 어려움을 겪는 경우가 많다. 그들은 여전히 싸우고 있는 부대 생각에 사로잡혀 있다고 보고한다. 이들은 종종 다른 병사들을 두고 떠난 것에 대해 죄책감을 느끼고 다시 돌아가서 전투를 도와야 한다고 생각한다.

1990년대 초 쿠웨이트를 해방하기 위해 벌어진 전쟁, 흔히 페르시아만 전쟁으로 불리는 전쟁은 참전 용사들에게 정신적 상처를 남겼다. 1990년대 쿠웨이트를 해방시키기 위해 싸웠던 군인들이 경험한 PTSD를 페르시아만 증후군이라고 부르기도 한다. 필자는 개인적으로 그러한 참전 용사와 함께 일한 적이 있는데, 그는 여전히 플래시백과 과각성을 경험하고 있다. 실제로, 그는 풍선이 터지는 소리를 들으면 쿠웨이트에서 총격을 받았을 때와 같은 공포를 느끼기 때문에 그의 아이는 생일 파티에서 풍선을 가질 수 없었다고 한다.

OIF와 OEF 참전 용사 소개

OIF는 이라크 자유 작전(Operation Iraqi Freedom)의 약자이며 OEF는 항구적 자유 작전(Operation Enduring Freedom)을 의미한다. 이 이름들은 2001년 세계무역센터 테러 이후 시작된 군사 작전명이다. OEF에 복무하는 사람들은 아프가니스탄에 주둔하거나 이 전선을 지원하고 있으며, OIF에서 복무 중인 군인들은 이라크에 주둔하거나 이 전선을 지원하고 있다. 두 전선에서 많은 병력이 철수했지만, 여전히 두 지역에서 복무 중인 군인들이 있다.

통계

2014년 9월 현재 아프가니스탄 및 이라크 전쟁에 참전한 미국 참전 용사는 약 270만 명에 달한다(Veterans and PTSD, 2015). 참전 군인의 약 15~20%는 불안 또는 우울장애 증상을 보인다(MHAT, 2008; Miliken, Auchterlonie, & Hoge, 2007; Tanielian & Jaycox, 2008). 장애 위험은 다음과 같이 증가한다. 전역(postdeployment) 6개월이 지나면 장애 위험이 35.5%로 증가한다(Miliken et al., 2007). 위기 종사자들이 만나게 될 사람들이 바로 이러한 재향군인들이다.

군대 문화

위기상담사는 재향군인에 대한 군의 문화적 세계관을 염두에 두어야 한다. 대부분의 군 입대자와 장교는 정신건강 문제가 나약함의 원인이라고 믿도록 교육받기 때문에 정서적 문제에 대한 상담을 나약한 것으로 인식하게 된다. 군대 문화는 명예, 용기, 충성심, 성실성, 헌신을 중시하여 높은 윤리적 기준을 제시하지만, 정신건강 지원 활용을 방해할 수 있다(Coll, Weiss, & Metal, 2013). 또한 군대 문화는 군인들에게 전사의 사고방식을 조장하는 경향이 있다. 호지(Hoge, 2010)는 재향군인이 전사가 되는 것을 포기할 필요 없이 상황에 따라 전사의 대응을 높이거나 낮추는 방법을 배울 수 있는 재향군인 상담 접근법을 개발했다. LANDNAV는 이 모델의 약자로 다음과 같은 내용을 포함한다: 생존 기술(Life survival, 신체가 스트레스와 전투에 어떻게 반응하는지 이해하기), 주의 집중(Attention, 심리적·정서적·인지적·생리적 반응에 주의를 기울이고 조절하기), 이야기(Narrate, 전쟁 이야기 들려주기), 대처(Deal, 긍정적인 대처 기술 배우기), 탐색(Navigate, 재향군인 가족이 재향군인 의료 및 서비스 시스템을 탐색하는 방법 배우기), 수용(Acceptance, 자신의 손실과 경험을 삶에서 수용하는 지점에 도달하기를 배우기), 비전, 목소리, 마을, 승리(Vision, voice, village, victory, 삶에서 좋은 것을 축복하고 희망 갖기)로 구성된다.

이 전쟁의 전사들은 종종 적의 전투원과 민간인 살해에 관여했다. 도움을 요청하는 재향군인 중 일부는 다른 사람을 죽이는 단계를 경험한 적이 있으며, 상담사는 이들을 이해하고 교육하는 데 도움이 될 수 있도록 이 단계를 염두에 두어야 한다. 그로스먼(Grossman, 1995)은 살인의 5단계를 걱정, 살해, 흥분, 후회, 마지막으로 합리화 및 수용이라는 구성으로 설명한다. 위기상담사는 군 복무 중 다른 사람을 죽인 것에 대해 고통스러워하며 상담을 요청하는 재향군인에게 도움을 줄 수 있다. 재향군인에게 위기상담사가 이러한 단계를 이해하고 있다는 사실을 알려 주면 재향군인은 자신을 다르게 인식하고 자기 비난을 덜할 수 있다. 필자는 최근 많은 저격 사살 후 퇴역한 군인과 함께 일한 적이 있다. 그는 자신을 괴물로 여겼고 자신이 쏜 모든 사람을 기억하고 있었다. 그는 누구에게도 말하기를 두려워했지만, 마침내 저자에게 살인을 공개했을 때 이러한 단계를 참고하여 각각의 살인을 자세히 이야기하도록 도울 수 있었다. 그가 살인자/괴물로 낙인찍힐까 봐 두려워하지 않고 공개할 수 있었던 것은 저자가 그가 겪었을 일을 이해해 준 것 같았기 때문이다.

OIF와 OEF 재향군인 관련 문제

이 전쟁에서는 새로운 종류의 사상자가 관찰되었고, 특히 방탄복, 장갑차 및 정교한 인명 구조 기술의 새로운 발전으로 인해 다른 전쟁에 비해 사망자가 감소했다. 2009년에는 적의 손에 사망한 군인보다 자살, 약물, 알코올로 사망한 군인이 더 많았다(U.S. Army, 2010). 이 참전 용사들은 또한 재향군인청(Veteran's Administration: VA)과 전투 부대에서도 다른 참전 용사들과는 다른 대우를 받아 왔다. 예를 들어, 2009년 군대는 225,000명의 병사에게 어떤 형태로든 행동주의 건강관리를 제공했는데, 그중 거의 절반이 안정제를 복용하고 있었고, 10%는 옥시콘틴과 같은 마약성 진통제를 처방받아 광범위한 남용을 초래했다(Philipps, 2010).

이 전쟁의 또 다른 흥미로운 측면은 PTSD, 우울증, 외상성 뇌손상(TBI)과 같은 보이지 않는 상처가 널리 퍼져 있다는 것이다(Tanielian & Jaycox, 2008). 이들 각각에 대해서는 나중에 설명할 것이다. 이러한 장애를 전투 스트레스 부상이라고 언급하는 것은 재향군인들이 자신의 경험에 대한 오명을 벗고 도움을 구하도록 장려하는 데 도움이 될 수 있다. 상담사는 재향군인의 증상을 총알에 맞은 것과 마찬가지인 직업적 위험으로 재구조화할 수 있다. 셰이(Shay, 2009)에 따르면 부상은 정신장애보다 문화적으로 잘 받아들여지고 도움을 받는 데 장애가 되지 않는다.

보이지 않는 상처

외상후 스트레스 장애(PTSD)

이 장애는 제7장에서 논의되었기 때문에, 이 전쟁의 참전 군인들이 PTSD로 고통받고 있다고 말해도 충분하다. Military.com(2016)에 따르면 이라크와 아프가니스탄 참전 용사들의 자기 보고식 설문조사를 바탕으로 한 PTSD 증상의 유병률 추정치는 다양하다. OIF 및 OEF 참전 용사들의 PTSD 비율은 12%로 추정된다. 여러 번 파병되면 PTSD를 겪을 가능성이 높아질 수 있다(Yarvis & Schiess, 2008). 많은 참전 용사가 도움을 요청하는 이유는 전쟁의 트라우마를 자주 다시 경험하고 이것이 대인관계에 영향을 미치기 때문이다.

RAND에 따르면 이라크와 아프가니스탄 참전 용사 중 최소 20%가 PTSD 및/또는 우울증을 앓고 있다. 다른 연구에서는 PTSD 유병률이 14%에 달하는 것으로 나타났다. 2014년에 발표된 종합 분석에 따르면, 이라크와 아프가니스탄에서 돌아온 남성과 여성 군인 모두 파병 직후 9%에서 파병 1년 후 31%에 이르는 PTSD 발병률을 보인 것으로 나타났다. 베트남 참전 용사들도 10%에서 31%에 이르는 높은 평생 PTSD 비율을 보고하고 있다. PTSD는 재향군인 병원을 이용하는 재향군인들 사이에서 세 번째로 흔한 정신과적 진단이다.

우울증과 자살

우울증은 또 다른 보이지 않는 상처이다. 재향군인의 약 9.3%가 2007년에 적어도 한 번 이상 주요 우울증을 경험했으며, 이로써 기능장애가 발생했다(National Survey on Drug Use and Health, 2008). 주요 우울증을 앓고 있는 재향군인은 수면 문제, 죄책감, 무가치감, 절망감, 후회, 삶에 대한 에너지와 흥미 상실, 집중력 결핍, 식이장애, 정신 운동 지체 또는 초조함, 자살 충동 등의 증상을 보이는 경우가 많다.

재향군인청 자살 예방 프로그램(VA Suicide Prevention Program, 2016)에 따르면 2014년에는 하루 평균 20명의 재향군인이 자살로 사망했으며, 20명 중 6명이 재향군인청 서비스 이용자였다. 재향군인 자살 사망자 중 약 66%가 총기 부상으로 인한 결과였다. 재향군인의 자살 위험은 민간인 성인에 비해 21% 더 높았으며, 여성 재향군인의 자살 위험은 민간인 성인 여성에 비해 2.4배 더 높았다. 2014년 미국 전체 성인 중 41,425명이 자살했으며, 그중 18%(7,403명)가 재향군인으로 확인되었다. 민간인 성인의 자살률은 10만 명당 15.2명이었고 재향군인의 자살률은 10만 명당 35.3명이었다. 재향군인 위기 전화는 2007년 설립 이래 230만 건 이상의 전화에 응답했으며, 자살 위기에 처한 발신자에게 621,000회 이상 응급 서비스를 파견하고 376,000건 이상을 재향군인청 자살 예방 코디네이터에게 의뢰했다.

최근 통계 연구에 따르면 재향군인의 자살률은 이전에 생각했던 것보다 훨씬 높은 것으로 나타나, 자살 건수가 연간 5,000~8,000명에 달하는 것으로 보인다(2007년의 연간 18명에서 하루 22명으로 증가; Veterans and PTSD, 2015).

분노 문제

PTSD의 증상은 OIF 및 OEF 재향군인의 분노, 적대감, 공격성과 관련이 있는 것으로 밝혀졌으며(Jakupcak et al, 2007), 티턴 등(Teten et al., 2010)의 연구에 따르면 충동적 공격성은 PTSD가 있는 재향군인에게서, 계획적 공격성은 PTSD가 없는 재향군인에게서 더 많이 나타났다. 엘보겐 등(Elbogen et al., 2010)은 분노 관리 개입이 재향군인의 폭력이나 공격성과 관련된 배경, 전투 중 무기 발사, 장기 파병 등 그들의 공격성과 관련된 위험 요인에 초점을 맞춰야 한다고 제안한다.

알코올 오용

PTSD는 분노 문제와 관련이 있을 뿐만 아니라 알코올 사용 장애와도 관련이 있는 것으로 밝혀졌으며, 이는 PTSD를 가진 사람들의 전반적인 건강 기능 저하를 설명하는 데 도움이 될 수 있다(Jacobsen, Southwick, & Kosten, 2001; Rheingold, Acierno, & Resnick, 2004). 맥데빗-머피 등(McDevitt-Murphy et al., 2010)은 OIF와 OEF 참전 용사를 대상으로 한 연구에서 실제로 PTSD 증상이 알코올 문제의 심각성과 양의 상관관계가 있고 기능적 건강과는 음의 상관관계가 있다는 사실을 발견했다.

버넷-자이글러 등(Burnett-Zeigler et al., 2011)은 주 방위군 585명의 대원을 대상으로 표본을 추출한 결과, 표본의 36%가 알코올 오용 기준을 충족하는 것으로 나타났다. 31%는 어떤 형태로든 정신건강 치료를 받았고, 단 2.5%만이 특정 약물 남용 치료를 받았는데, 이는 주로 그들이 기록에 남을 것을 우려했기 때문이다. 적절한 치료를 받는 것에 대한 이러한 낙인은 상담사가 재향군인들과 함께 일할 때 반드시 염두에 두어야 할 측면이다. 군대 문화는 '어떤 대가를 치르더라도 강해져야 한다.'라는 사고방식을 강력하게 장려하기 때문에 군인들이 나약해 보이는 것에 대해 우려하는 것은 매우 현실적이다. 그러나 알코올 및 약물 남용은 신체건강과 관련이 있는 것으로 알려져 있으므로 이들에게 적절한 치료를 받을 수 있도록 안내하는 것이 중요하다. 정신건강은 신체건강장애보다 부정적인 낙인이 더 강하기 때문에 위기상담사는 특정 약물 남용 치료의 필요성을 정신건강장애라고 말하기보다는 신체건강을 위해 필요한 것으로 재구조화할 수 있다.

안타깝게도 알코올 오용은 자살과 공격성의 촉발 요인으로 밝혀졌기 때문에(Jakupcak et al., 2007; Lemaire & Graham, 2011; Taft, Street, Marshall, Dowdall, & Riggs, 2007), 상담사가 이 집단의 알코올 오용 경향을 인식하고 우울증, 분노, 자기 파괴적 행동과의 관계를 파악하는 것이 더욱 중요하다.

PTSD, 우울증, 분노, PTSD로 인한 알코올 오용 치료

PTSD에 대한 최선의 치료법을 결정할 때 위기상담사는 서비스 접근성, 가용성, 안전, 내담자 선호도 등 여러 요소를 염두에 두어야 한다(Military.com, 2016). 주요 치료 옵션은 상담, 약물치료 또는 두 가지 모두가 된다. 인지행동치료(CBT)는 PTSD를 겪는 재향군인이 트라우마와 세상에 대한 생각과 믿음이 어떻게 스트레스를 유발하고 현재 증상을 유지하는지를 이해하고 변화시키는 데 도움이 된다. CBT의 한 형태인 지속 노출 치료(Prolonged exposure therapy)는 안전한데도 불구하고 두려워하고 회피하는 외상 관련 상황을 생체 내에서 체계적으로 직면하는 것 같은 트라우마 경험에 대한 심상적 노출(imaginal exposure)에 초점을 맞추고 있다. 또 다른 형태의 CBT는 스트레스 예방 훈련(stress inoculation training)으로, 재향군인에게 이완 훈련, 호흡법, 역할극, 자기 대화 안내 등 불안을 관리하는 데 유용한 다양한 대처 기술을 제공한다. 약리학적인 접근(약물치료)에는 셀렉사, 프로작, 팍실, 루복스, 졸로프트와 같은 선택적 세로토닌 재흡수 억제제(SSRI)가 포함될 수 있다. 심각한 PTSD 증상이 있는 많은 재향군인은 약물치료와 상담을 통해 도움을 받을 수 있다. 침술, 요가, 허브 보충제와 같은 대체 요법도 PTSD 치료에 사용되어 왔다(Jackson, 2014; Military.com, 2016).

잭슨(Jackson, 2014)은 근거 기반 치료가 PTSD 치료의 표준이지만, 외상을 경험한 일부 재향군인의 요구를 충족하는 데 대체 요법도 유용한 보조 요법이 될 수 있다고 제안한다.

심슨(Simpson, 2012)에 따르면 PTSD에 대한 모범 사례들은 공통으로 교육과 정상화, 도전적인 생각과 신념, 지지적인 커뮤니티와 자기 관리가 포함된다. 이러한 전략은 분명히 ABC 위기개입 모델에 포함되어 있다. 보훈부는 인지처리치료, 지속노출치료, 안구운동 민감 소실 및 재처리 요법(EMDR), 스트레스 예방 훈련, 가족과 집단 치료 등 다양한 인지 및 행동 기법을 사용할 것을 제안한다. 재향군인의 PTSD를 치료하는 최신 접근법 중 하나는 가상 현실 노출이다. 가상 이라크 애플리케이션과 가상 아프가니스탄 시나리오는 2005년 서던 캘리포니아 대학교에서 개발된 가상 현실 노출과 관련된 상황을 표현하기 위해 고안된 가상 프로그램이다(Rizzo, Reger, Gahm, Difede, & Rothbaum, 2009). 공포증이 있는 사람이 불안을 유발하는 자극에 반복적으로 노출되면 둔감해지는 것과 같이, PTSD가 있는 재향군인을 가상 시나리오에 노출시킴으로써 불안을 유발하는 측면에 둔감해질 수 있을 것으로 기대한다. 이는 위기상담사가 제공하거나 추천할 수 있는 훌륭한 대처 전략이다.

통합치료도 PTSD와 알코올 오용 치료에 효과적이라는 사실이 밝혀졌다. 상담사는 재향군인의 트라우마가 일반적인 사회 환경이 아닌 전투에 배치된 상태에서 발생했다는 점을 명심해야 한다. 재향군인들은 파병 기간 사회로부터의 부재했던 것에 적응해야 할 뿐 아니라 가족과 기타 사회적 지원 네트워크와의 재연결도 시도해야 한다(McDevitt-Murphy, 2011). PTSD의 고통에 대처하기 위해 내담자가 인지 및 행동 기술을 개발하는 방법을 배우는 스트레스 예방 훈련을 사용하면 참전 용사들이 알코올에 의존할 필요성을 느끼지 않도록 도울 수 있다(Marlatt & Gordon, 1985). 새로운 대처 기술을 배우면 PTSD의 스트레스에 대한 부적응적 대처 반응으로 알코올을 사용할 필요가 없게 된다. 인지 및 행동 중심의 접근법 외에도 중요한 타인을 PTSD 치료에 참여시키는 것도 도움이 될 수 있다. PTSD에 성공적으로 대처하기 위해서는 사회적 지원이 필요한 경우가 많다. 알코올 의존에 대한 행동적 커플치료는 개인치료보다 금주율이 높고, 알코올 관련 문제가 적으며, 관계 만족도가 높고, 이혼율이 낮은 것으로 나타났다(O'Farrell & Fals-Stewart, 2003). 위기상담사는 치료 효과를 높이기 위해 내담자를 결혼 상담사에게 의뢰하거나 직접 상담을 제공할 수 있다.

외상성 뇌손상(TBI)

마지막으로 보이지 않는 상처는 외상성 뇌손상(Traumatic Brain Injury: TBI)이다. 폭발성 탄약은 이 전쟁에서 미국 전체 사상자의 75%를 발생시켰다. 26만 명이 넘는 OIF와 OEF 참전용사들이 TBI 진단을 받았는데, 일반 인구의 경우 매년 1,700,000명 이상의 미국인이 TBI를 앓고 있다. 재향군인의 약 7%는 TBI와 PTSD를 모두 가지고 있다(Veterans and PTSD, 2015). 사제 폭발물(IED), 자동차 폭탄, 암석 추진 수류탄, 박격포, 로켓의 사용은 TBI로 고통받는 사람들의 일반적인 원인이다(Institute of Medicine of the National Academies, 2008). TBI의 증상으로는 의식 수준 저하, 기억상실, 기타 신경학적 불규칙성 등이 있다(Tanielian & Jaycox, 2008). 이러한 유형의 부상은 사고력, 판단력, 주의력, 집중력에 장애를 일으킬 수 있으므로 대학에 재학 중인 재향군인에게 특히 어려운 문제가 된다. 대학 담당자는 TBI로 고통받는 재향군인에게 지원을 제공하고, 재향군인이 대학에서 성공할 가능성을 높일 수 있는 특별 편의 서비스를 이용하도록 권장한다. TBI가 있는 재향군인과의 상호작용을 위한 팁에는 언어 사용 줄이기, 회기 시간 단축, 약속 알림, 취해야 할 조치 목록 작성, 현재 주제로 전환, 차분하고 안정된 목소리 유지, 감정 표현을 과도하게 하지 않기 등이 포함된다(Struchen, Clark, & Rubin, 2013).

일부 재향군인 중에는 본격적인 PTSD, 우울증, TBI를 겪지는 않지만, 전투 스트레스를 겪고 있을 수 있다. 전투 스트레스 회복 프로그램은 전쟁에서 돌아온 전사들의 정신건강 및 인지적 필요를 해결하여 재적응 과정을 지원한다(Military PTSD Help: Combat Stress, PTSD & TBI Recovery Program, 2016). 이 프로그램은 전사의 관점에서 접근하는 데 중점을 두기 때문에 PTSD로 어려움을 겪는 재향군인들도 혜택을 받을 수 있다. 이 프로그램은 정신건강, 전투 후 스트레스, 치료 접근성, 대인관계 문제와 관련된 낙인을 이해한다. 이 프로그램의 초점은 재향군인들이 목표 설정에 대해 생각하고 자신의 '새로운 일상'을 이해하도록 안내하는 것이다.

PTSD, 우울증, TBI, 알코올 오용, 분노, 전투 스트레스를 가진 재향군인을 돕는 기타 치료 접근법

앞서 언급했듯이 재향군인들과 함께 일할 수 있는 대안적인 접근 방식이 계속해서 성공적으로 모색되고 있다. 다음은 최근 몇 년 동안 재향군인에게 도움이 된 몇 가지 새로운 접근 방식이다.

수용전념치료(ACT). 재향군인들을 위한 치료 접근법으로 여러 가지 변형된 CBT가 인정되고 있다. 또 다른 CBT 접근 방식은 수용전념치료(Acceptance Commitment Therapy: ACT)라고 한다. 이 '제3의 물결' CBT는 경험적 수용과 가치 지향적 전략을 사용하여 심리적 유연성을 높이는 동시에 개인적인 가치를 추구한다. 이는 수용, 인지적 탈융합, 현재에 존재하기, 맥락적 자기, 가치, 전념적 행동의 여섯 가지 과정으로 구성된다(Hayes, Luoma, Bond, Masuda, & Lillis, 2006). 이 접근법의 대부분은 인지와 전념적인 행동에 초점을 맞춘 ABC 모델과 유사하다고 볼 수 있다.

모래놀이치료. 맥케이브(McCabe, 2012)는 최근 재향군인들을 대상으로 모래놀이치료를 시행하기 시작했다. 그녀는 이러한 유형의 치료법을 비언어적 의사소통 수단으로 물건을 사용하여 내적·상호관계적 문제를 전개하고 처리하는 표현적이고 투사적인 정신분석적 치료 방식이라고 설명한다. 그녀는 이 모델이 전투에서 입은 트라우마를 말로 표현할 수 없는 재향군인에게 유용하다고 생각한다. 이 모델의 이론은 트라우마를 겪으면 신경계가 조절장애를 일으키며, 경계가 있는 모래 상자를 사용하면 감정을 다룰 수 있는 공간이 생겨 신경계 조절이 이루어진다는 것이다. 내담자의 흐트러진 신경계가 차분하고 침착하게 공명하는 치료사 앞에서 이야기 조각의 정리를 통해 조절력을 찾으면서 치유는 이루어진다. 〈BOX 8.1〉은 맥케이브와 모래 상자 기법으로 함께 작업한 사례로, 15년 동안 심각한 PTSD로 고통받던 페르시아만 재향군인이 어떤 도움을 받았는지 알려 준다.

BOX 8.1 PTSD로 고통받는 페르시아만 참전 용사와 함께하는 모래놀이치료

페르시아만 전쟁 당시 특수부대에 복무하고 이후 특수 보안 임무를 수행한 45세의 이 재향군인은 모래 상자 작업을 처음 시작할 때, 15년 동안 심각한 PTSD로 고통받고 있었다. 그는 여러 정신과 의사를 만나 약물치료를 받고, 여러 상담사에게 심리 상담을 받았지만 여전히 고통스러워했다. 그는 딸의 생일 파티에서 풍선이 터지는 소리를 듣고 분노가 폭발한 후 위기개입을 위해 필자(앞으로는 '나'라고 부른

다)의 도움을 요청했다. ABC 모델을 사용하여 몇 번의 기본적인 위기개입 회기를 진행한 후, 나는 맥케이브에게 모래 상자 작업을 의뢰했다. 우리는 모두 몇 회기 동안 함께 만났고, 맥케이브는 그와 단둘이, 그다음 그의 아내와 개별적으로, 그러고 나서 두 사람과 함께 작업을 시작했다.

　모래 상자 작업을 하는 동안 재향군인은 모래 상자 오브제를 조작하고 자신의 이야기를 들려주면서 슬픔, 상처, 고통, 분노의 감정을 표현하기 시작했다. 아내도 남편의 군 복무로 인해 문제가 생긴 이후 화를 내고 슬퍼할 자격이 없다고 생각해서 오랫동안 억눌러 왔던 비슷한 감정을 표현했다. 그 후 두 사람은 종교적 신앙과 애국심을 바탕으로 가정에서 평화와 사랑을 경험할 수 있는 새로운 모래 상자 이야기를 만들기 시작했다. 물론 이 군인은 이미 다른 CBT를 통해 이러한 유형의 작업에 대한 준비를 마친 상태였다.

EMDR 트라우마 피해자와 함께 작업하는 새로운 접근법 중 하나는 EMDR이다. 대부분의 지역사회에는 전쟁이나 성폭행 피해자와 같은 트라우마 기반 장애로 고통받는 다양한 개인을 돕는 데 상당한 성공을 거둔 공인된 EMDR 치료사들이 있다. EMDR 치료는 트라우마와 관련된 모든 정보를 대상으로 하여 인지적 요소와 정서적 요소를 재처리할 수 있도록 한다. 종종 최종 결과는 통제감과 힘의 증가로 이어진다. 치료에서는 "나는 이제 통제력을 가지고 있다." 또는 "나는 이제 선택권이 있다."와 같은 긍정적인 자기 신념의 정서적 수용을 촉진하는 것도 포함된다(Shapiro & Forrest, 1997). 〈BOX 8.2〉는 EMDR이 PTSD를 해결하는 데 도움이 되었다는 재향군인의 사례이다.

BOX 8.2　EMDR로 도움을 받은 재향군인

　처음에는 페르시아만, 다음에는 소말리아 그리고 이라크, 마지막으로 아프가니스탄까지 네 차례 파병된 46세의 재향군인이 PTSD를 이유로 새 보험사가 보험 혜택을 제공하지 않아 건축가 보조로 일하던 민간 직장에서 해고되자, 필자(나)에게 위기개입을 요청해 왔다. 그의 PTSD는 수년 동안 자녀, 아내와의 관계와 다른 사회적 관계에 영향을 미쳤다. 그는 재향군인청에서의 치료가 자신에게 도움이 되지 않았고 오히려 더 악화시켰다고 말했다. 함께 위기개입 회기를 진행하는 동안 저격수로서 20명 이상을 죽였기 때문에 자신을 괴물로 인식하고, 딸에게 폭발하여 자신이 나쁜 아버지라고 생각하는 등 그가 슬픔과 분노를 느끼게 하는 많은 인지를 확인할 수 있었다. 위기상담을 받는 동안 그는 자신에 대해 조금씩 다르게 생각하게 되었고 기분이 나아지기 시작했다. 그는 기타 치기를 시작했고, 딸과 함께 미술 수업에 다니고, 새로운 직업을 얻었다. 세 번의 상담을 마친 후 나는 그를 EMDR 치료사에게 소개했다. 그 후 그는 자신의 증상이 매우 호전되었고 미래에 대한 희망이 생겼다고 말했다. 그는 재향군인을 만나면 그냥 복무해 주어 고맙다는 말만 하지 말고, 돌아와서 기쁘고 환영한다고 표현해 달라고 말했다. 그는 소속감을 느끼고 싶었을 뿐이다!

재향군인 가족이 직면한 문제

높은 작전 스트레스에 노출된 군인은 PTSD, 약물 남용, 우울증에 걸릴 확률이 높을 뿐만 아니라 전투 스트레스는 배우자와 자녀의 이차 트라우마로 이어져 효과적인 육아를 방해할 수 있다. 자녀는 파병 중이나 파병 후 배치 과정에서 정서적 또는 행동적 어려움을 경험할 수 있다. 미국 이라크 및 아프가니스탄 재향군인청에서 배포한 자료(Iraq and Afghanistan Veterans of America, 2011)에 따르면 군인 가족 중 36.6%가 정신건강장애를 앓고 있는 것으로 나타났다. 5~12세 아동의 최대 1/3이 심리사회적 문제를 겪을 가능성이 높으며, 19개월 이상 근무한 부모의 자녀는 성취도 테스트 점수가 더 낮다. 또한 민간 가정에 비해 가정 폭력 발생률이 높고 실업률과 재정적 부채가 더 높다.

가족에게 미치는 영향의 결과로 연구자들은 가족구성원에게 효과적인 다양한 개입을 개발했다. UCLA와 하버드 의과대학에서 개발한 스트레스 극복 가족 프로그램(Families Overcoming Under Stress: FOCUS)이 그중 하나이다(Lester et al., 2011). 이는 적응력, 스트레스 관리 및 문제해결 능력을 향상시키기 위해 교육과 효과적인 대처 기술을 제공하는 가족 중심의 회복탄력성 훈련 프로그램이다. 이를 통해 가족 간의 소통과 이해, 정서 조절, 트라우마와 상실감을 상기시키는 것의 관리, 목표 설정, 지지, 가족 결속력 강화, 사회적 지지 증진을 위한 공유된 가족 이야기를 개발할 수 있다. 위기상담사가 ABC 모델의 C 섹션으로 이동함에 따라 이러한 개입 측면을 염두에 두면 재향군인 및 그 가족과 함께 일할 때 효과를 높일 수 있다. 이는 교육과 검증이 권장되는 B단계와도 잘 맞아떨어진다.

많은 사람이 군인 자녀의 회복탄력성에 주목해 왔다. 잦은 주거지 이동이나 학교 전학과 같은 작은 어려움이 오히려 부모의 배치와 같은 다른 스트레스 요인에 적응하는 능력을 강화할 수 있다는 제안이 있었다(Rutter, 1993). 음마리, 브래드쇼, 수디나라세트와 블룸(Mmari, Bradshaw, Sudhinaraset, & Blum, 2010)은 이 아이디어를 탐구한 결과, 아이들에게 가장 큰 스트레스 요인은 잦은 이사와 타인과의 사회적 관계 부족이라는 사실을 발견했다. 연구진은 기지에서의 생활이 군인 가족 간의 사회적 유대감을 강화한다는 사실을 발견했다. 또한 자녀들은 다른 부모가 파병되었을 때 남은 부모가 대처하는 방식과 거의 동일한 방식으로 대처했다. 이러한 결과를 바탕으로 위기상담사가 군인 자녀 및 배우자와 함께 C단계를 완료할 때 집중해야 할 또 다른 영역은 사회적 연결이다.

대학에 재학 중인 재향군인이 직면한 문제

위기상담사는 대학 학위를 취득하려는 재향군인들과 일할 때 그들이 직면하는 몇 가지 특별한 문제와 이러한 문제가 어떻게 위기를 촉발할 수 있는지를 염두에 두어야 한다. 라이트홀(Lighthall, 2012)은 재향군인 학생과 함께 일하기 위한 열 가지 원칙을 제시한다. 위기상담사는 학생 재향군인을 다룰 때, 재향군인은 그 유형이 매우 다양하고, 자신을 피해자로 여기지 않으며, 캠퍼스에서 외로움을 느끼는 경우가 많고, 자신의 가벼운 외상성 뇌손상(TBI)을 인지하지 못할 수 있다는 것을 고려해야 한다. 또한 그들은 "전쟁은 인명 낭비였다." "네가 지원해 놓고, 넌 왜 힘들어하니?" 또는 "사람을 죽였니?" 같은 말을 들을 필요가 없다는 점을 고려해야 한다. 여성 재향군인들은 종종 침묵 속에서 더 깊은 고통을 겪으며, 많은 경우 전쟁터로 돌아가고 싶어 한다. 상담사는 전투 트라우마를 정신질환이 아닌 부상으로 재구조화하도록 도울 수 있다. 여성 재향군인들은 이해와 연민, 존중이 필요하며, 그들이 잠재력이 풍부한 인적 자원으로 여겨지도록 해야 한다.

2008~2009년 OIF와 OEF 재향군인 대상 PTSD 연구 조사

OIF와 OEF에서 돌아온 참전 용사들의 정신건강 문제를 이해하려는 수많은 연구가 있었다. 2008년과 2009년에 저자(Kristi Kanel)는 PTSD와 우울증의 증상을 연구하는 연구 프로젝트를 수행하여 이라크와 아프가니스탄 전쟁에 참전했던 대학 재학 중인 참전 용사들이 전투 중과 귀국 후 겪은 경험을 조사하였고, 참전 용사들이 정신적·정서적 문제를 극복하는 데 도움이 된다고 생각되는 개입방법에 대해 질문했다. 남부 캘리포니아 대학교에 재학 중인 300명의 재향군인 중 39명이 설문조사에 참여했다.

참가자들이 DSM의 PTSD 또는 급성 스트레스 장애 진단 기준에 부합하는지 확인하기 위해 데이터를 표로 작성했다. DSM에 따르면 이 진단을 위해서는 각 범주에서 일정 수의 증상이 존재해야 한다: 범주 I의 증상 하나 이상, 범주 II의 증상 세 가지 이상, 범주 III의 증상 두 가지 이상. 또한 그 기간이 한 달 이상 지속되어야 하며 기능장애가 있어야 한다. 이러한 증상이 1개월 미만인 경우 급성 스트레스 장애로 진단하는 것이 적절하다. (참고: 연구 연도로 인해 『DSM 4』가 사용되었음) 이러한 기준에 따라 참가자의 21%가 PTSD 진단을 받았고, 49%가 급성 스트레스 장애 진단 기준을 충족했다.

가장 자주 보고된 우울증의 증상은 '하루 종일 우울한 기분, 거의 매일 피로감 또는 기력 저하, 불면증 또는 과다 수면'으로 각각 50%, 45%, 50%의 응답자가 이러한 증상을 보고했다. 주요 우울증에 대한 DSM 기준을 충족하려면 최소 다섯 가지 이상의 증상이 보고되어야 하는데, 응답자의 27%가 최소 5개 이상의 증상에 '예'라고 대답했다.

각 집단의 응답 빈도를 독립적으로 표로 작성하는 것 외에도, PTSD와 우울 증상 모두에 대한 특정 인구통계학적 변수와 응답 간의 관계를 파악하기 위해 상관 통계를 분석했다.

두 가지 인구통계학적 변수가 두 설문지의 항목과 유의미한 상관관계가 있었다. 결혼 여부는 증상이 한 달 이상 지속되었는지, 상담사를 만난 적이 있는지, 우울한 기분, 무가치감 및 죄책감, 낮은 자존감을 경험했는지와 관련이 있었다. 독신일수록 이러한 세부적인 설문 항목에서 '그렇다'는 응답이 더 많은 것으로 나타났다. 복무 기간은 우울한 기분과 자살 충동을 경험하는 것과 관련이 있는 것으로 나타났는데, 1년 이상 복무한 사람이 이 두 항목에 '그렇다'고 응답할 확률이 더 높았다.

도움을 구하는 행동과 참가자들이 증상을 극복하는 데 도움이 되었다고 생각하는 것의 유형을 이해하기 위한 질문들이 많았는데, 참가자의 31%는 상담사를 만난 적이 있다고 답했으며, 도움이 되었다고 응답한 가장 일반적인 요인은 '누군가 내 이야기를 들어주는 것'이었다. 무력감을 표현하는 것, 관계를 맺는 것, 솔직하게 이야기하고 진실을 마주할 수 있는 것, 안심할 수 있는 것, 자신이 생각하고 겪고 있는 일을 설명할 수 있는 것 등이 도움이 되었다고 답한 참가자도 몇 명 있었다. 일부 참가자는 가장 도움이 되지 않았던 것은 대통령이 군대 이야기하는 것을 보는 것, 경험을 되새기는 것, 집단상담, 자신을 설명해야 하는 것이라고 답했다. 5%만이 항우울제나 수면제 등 정신과 약물을 복용하고 있다고 인정했다.

상담사를 만나지 않은 59%의 대상자 중 26%는 다음 중 적어도 한 가지가 부정적인 경험을 극복하는 데 도움이 되었다고 답했다: 대처하기, 운전하기, 가족, 별생각 없이 살기, 재향 군인 단체 참여하기, 가족계획, 삶을 전진하는 방향으로 나아가기, 친구나 동료, 부정적인 감정을 무시하기, 배우자, 성경 읽기.

이러한 결과를 통해 이라크 및 아프가니스탄 전쟁 참전 용사들의 비임상 표본이 PTSD와 우울증을 모두 나타내는 많은 증상을 경험했음을 알 수 있다. 이러한 증상을 경험했음에도 불구하고 31%만이 상담사를 찾았다. 이것은 상담사를 만나 본 적이 없다고 응답한 군인들에게 "대처하라." "강해져야 한다."고 가르치는 군사 훈련 때문일 수 있다. 혹은 결혼 여부 때문일 수도 있다. 미혼의 경우 상담사를 만나는 것이 유의미한 상관관계가 있었다. 상담사를 만난 적이 있는 31% 중 20.5%가 미혼이었다. 아마도 기혼 참전 군인들은 배우자의 지원으로 증상과 문제를 극복할 수 있었기 때문에 전문 상담사를 만날 필요가 없다고 인식한 것으로 보인다. 흥미롭게도 임상 표본은 아니었지만 21%는 공식적인 PTSD 진단 기준을 충족했고, 15%는 주요 우울증 기준을 충족했으며, 49%는 급성 스트레스 장애 기준을 충족했다. 단 2명의 참가자만이 약물을 복용하고 있었다는 사실은 적절한 개입이 부족할 수 있음을 나타낸다. 분명히 이 참전 군인들은 많은 증상을 겪고 있으며, 정신건강 전문가나 의사는 이를 무시해서는 안 된다.

〈BOX 8.3〉은 대학에 재학 중인 재향군인이 PTSD 위기를 겪은 후 심각한 사건으로 이어져 저자의 사후 보고가 필요했던 실제 사례이다.

BOX 8.3 　대학에 재학 중인 재향군인의 PTSD 위기와 중요 사건 사후 보고의 사례 예시

　재향군인이 직면한 문제에 대해 강의하는 동안 나는 제2차 세계대전 참전 용사들의 어려움에 대해 언급했다. 맨 앞줄에 앉은 한 학생이 졸고 있었는데, 수업 중이던 OIF 군인은 그 학생이 제2차 세계대전 참전 용사들을 무시한다고 인식하게 되었다. 그는 격분하여 매우 공격적인 어조로 그 학생에게 일어나서 예의를 갖추라고 말했다. 그 학생은 정말 겁에 질렸다. 졸았던 학생은 사과하고 모든 일이 끝이 났다고 생각했다.

　다음 주, 수업이 시작되기 직전에 그 재향군인이 교실 밖에서 잠시 이야기를 나누자고 다가왔다. 그는 내게 학교를 떠나고 다시는 돌아오지 않겠다고 말했다. 나는 즉시 자살 사고 여부를 확인했고 그는 자신이 기독교인이기 때문에 자살하지 않을 것이라고 확신했다. 그는 하와이에 가서 사회복지사 선교사 훈련을 받을 예정으로 자신은 이 학교에 어울리지 않는다고 말했다. 그는 나를 얼마나 사랑하는지, 자기 형이 나의 일을 얼마나 높이 평가하는지 말해 주었다. 함께 포옹하고 손에 키스한 다음, 그는 안으로 들어가서 학생들에게 작별 인사를 해도 되냐고 물었다. 나는 그러라고 했다.

　교실에 들어가서 그는 자신의 새로운 임무를 이야기하기 시작했고, 이야기를 잘하다가 다시 촉발되어 이전에 잠들었던 학생에게 "일어나."라고 말했고, 학생은 그렇게 했다. 나는 잠시나마 그가 기존의 일을 바로잡을 줄 알았다.

　그러나 그는 그 학생에게 "형들에게 혼났을 테니 제2차 세계대전 군인에 대한 완성도 있는 논문을 써야 하고, 만약 그걸 읽고 안 되면 다시 와서 혼내 주겠다."라고 말한 뒤 "앉아."라고 말했다. 저는 그 학생에게 할 말이 있냐고 물었고, 학생은 없다고 대답했다.

　그때 나는 그 재향군인에게 기독교 가치관을 이용해 학생에게 연민을 보여 주자고 말했다. 그러나 그는 고함을 지르고 욕을 하며 더 위협하기 시작했고, 나는 단호하지만 부드러운 태도로 "그만!"이라고 말했다. 그는 즉시 강의실을 나갔는데 다른 학생이 위기관리를 위해 쫓아갔고 나는 예정된 강의 자료를 계속 강의했다.

　수업이 끝난 후 학생을 쫓아간 다른 학생과 이야기를 나눴더니 울고 있어 자신의 전화번호를 알려 주었다고 했다. 나는 대학 규정에 따라 중대한 사건 보고를 위해 학생처장에게 연락했다. 그런 다음, 재향군인 자원 센터 코디네이터에게 연락했는데, 그는 이미 재향군인과 통화했다고 말했다. 결국 그 군인은 재향군인청에 입소했다.

　　다음 날 그는 양심의 가책을 느꼈고 여전히 도움이 필요했다. 다음 수업 시간에 나는 이미 급성 스트레스 장애의 징후를 경험하고 있는 학생들과 함께 중대한 사건에 대한 디브리핑을 진행했다. 학생들에게 사건 당일 수업이 끝나기 전에 자신의 감정을 글로 쓰게 하고 수업 시간에 구두로 그 감정을 나누게 했는데, 많은 학생이 그가 돌아와서 수업에 총을 쏠까 봐 두려워했음을 말했다. 이 모든 이야기를 한 시간 동안 나누게 되었다.

　　정말 두려운 상황이었지만, 학생들은 재향군인 문제와 중대한 사건 디브리핑을 직접 경험하게 되었다. (얼마나 대단한 재구조화인가!)

　　참고로 이 재향군인은 필요한 상담을 받고 다음 학기에 다시 돌아와 학위를 취득했다. 그는 사실 나를 위해 조교로 일했고, 전문 치료사로서 재향군인들과 함께 일할 수 있는 기술과 자격을 갖추기 위해 사회복지사 석사 프로그램에 합격했다. (아주 행복한 결말!)

일반적 개입

　　재향군인청.　흔히 VA라고 불리는 재향군인청은 모든 재향군인의 건강, 복지 및 존엄성을 증진함으로써 미국의 재향군인과 그 가족에게 봉사하는 것을 사명으로 삼고 있다(Pryce, Pryce, & Shackelford, 2012, p. 48). 이라크 및 아프가니스탄 전쟁에 참전한 모든 재향군인은 전역일로부터 5년 동안 무료 VA 의료 서비스를 받을 수 있다. 사회복지사 및 기타 정신건강 전문가는 재향군인들이 정신건강 치료를 포함한 VA 의료 서비스를 받을 수 있도록 가까운 VA에 등록하도록 권장해야 한다. VA는 PTSD와 우울증에 대한 서비스를 제공한다.

　　보훈 센터.　점점 더 많은 지역사회에서 이웃 동네에 센터를 만들고 있다. 이러한 센터의 대부분은 거대한 관료주의적 재향군인청 건물의 위압적인 모습보다는 가정집이나 작은 사무실처럼 보인다. 이 센터에서는 정신건강 상담사로 훈련받은 재향군인뿐 아니라 이들과 함께 일하는 데 관심이 있는 민간인도 고용하여, 개인·가족·집단 상담을 제공한다. 상담사는 노출 요법, CBT 및 기타 입증된 심리치료법뿐만 아니라 TBI 인지 및 평가, 자살 예방에 대한 교육을 받는다(Pryce, Pryce, & Shackelford, 2012).

　　사회복지부(Department of Social Services): 옹호 및 권리.　전국의 많은 지역사회에서 카운티 및 주 사회서비스 기관은 자격을 갖추어 재향군인들이 의료, 정신건강 관리, 재정 관리 등을 이용할 수 있도록 전용 서비스를 마련했다.

군대 내 성폭행

〈BOX 8.4〉는 미군 성폭행에 대한 몇 가지 사실을 제공한다.

군대 내 성폭행의 피해자나 생존자가 직면하는 문제는 피해자가 거의 항상 가해자를 알고 있다는 점에서 지인 강간과 여러 면에서 유사하다. 그러나 군 복무에 발생한 성폭행 피해자와 함께 일할 때 염두에 두어야 할 특별한 고려 사항이 많다. 2005년, 국방부 산하 성폭행 예방 및 대응 사무소(Sexual Assault Prevention and Response Office: SAPRO)는 군대에서 발생하는 성폭행 사건을 모니터링하고 보고하는 최초의 기관을 설립했다. 그 목표는 군대에서 발생하는 성폭행을 근절하는 것이다(Department of Defense, 2005). 국방부는 2011년에 약 2,700명의 성폭행 피해자를 집계했지만, 과소 보고로 인해 그 수는 이보다 훨씬 많은 19,000명에 달할 것으로 추정된다. 성폭행 신고는 2007년 2,223건에서 2011년 2,723건으로 2007년 이후 꾸준히 증가했다(Kitfield, 2012). 많은 여성이 기초 훈련 중 약물을 복용하고 강간당한 경험부터 강간당했다는 이유로 해고당한 경험 등의 끔찍한 성폭행 경험을 이야기한다. 군대 내 성폭행 피해를 신고하고, 이후 적절히 적응하지 못해 성격장애 진단을 받은 경우도 있다.

OIF 및 OEF 전쟁의 독특한 측면 중 하나는 2010년까지 여성 재향군인이 재향군인청 전체 사용자 인구의 거의 10%를 차지할 것이라는 사실이다. 여성은 모든 군 직업 전문 분야의 80% 이상, 군대 내 직업의 90%를 차지한다(Pierce, 2006). 현재 여성은 전체 현역 군인의 15%를 차지하고 있으며 이 수치는 점점 더 증가할 것으로 예상된다(Moore & Kennedy, 2011). 여성은 직접 전투에 투입되지는 않지만 전투 지원 역할을 담당하고 있다. 셰이딩(Schading, 2007)은 여성의 현역 복무/실제 전투를 허용하지 않는 이유 중 하나를 여성이 약하기 때문에 발생할 수 있는 연애와 강간의 가능성 때문이라고 지적한다. 안타깝게도 군대는 부적절한 성적 행동에 대해 무관용 원칙을 갖고 있지 않기 때문에 이런 일이 현실로 일어나고 있다. 여성이 신체적으로 약해서가 아니라 강간범이 권력을 가진 위치에 있기 때문이다. 여성은 군 복무 시 고정관념과 싸워야 할 뿐만 아니라 고립감 그리고 롤모델이나 멘토가 거의 없는 상황과도 싸워야 한다(Moore & Kennedy, 2011).

BOX 8.4	군대 내 성폭행에 대한 사실

2015년 국방부 SAPR 연례 보고서와 2014년 RAND 군 직장 연구(Protect Our Defenders, 2016)에 따르면, 다음과 같다.

- 2014년에 20,300명(남성 10,600명, 여성 9,600명)의 군인이 성폭행을 당했으며, 이는 2010년에 비해 변함이 없는 비율이다.
- 대부분의 피해자가 두 번 이상 성폭행을 당했으며, 2014년에는 47,000건 이상의 성폭행이 발생했다.
- 피해자 7명 중 1명은 자신의 지휘계통에 있는 누군가에게 폭행당한 경험이 있다.
- 2014년에는 피해자의 85%가 범죄를 신고하지 않았다.
- 2015년에는 4,584명의 피해자가 폭행당했다고 신고했다.
- 성폭행 피해를 신고한 여성의 62%는 보복을 당했으며, 그중 대다수가 상사나 지휘관으로부터 보복당한 경험이 있다.
- 피해자의 1/3은 보통 신고 후 7개월 이내에 제대한다.
- 피해자들의 24%는 명예롭지 못한 조건에서 제대하는 등 전체 군인의 15%에 비해 더 가혹한 처분을 받았다.
- 신고하지 않은 피해자 4명 중 1명은 상사나 동료로부터 보복당할까 봐 두려워했다.
- 신고하지 않은 피해자 3명 중 1명은 신고 절차가 불공정하거나 아무 조치도 취해지지 않을 것을 우려했다.
- 생존자의 거의 절반(45%)이 지휘계통의 처우에 불만족스러워했다.
- 예비군에서 발생하는 것보다 현역 여성은 50%, 현역 남성은 100% 이상 높은 비율을 보인다.
- 2015년 군이 조치를 취할 수 있는 사건 중 20%(543건)만이 기소되었고, 성범죄로 유죄 판결을 받은 가해자는 9%(255명)에 불과했다.
- 2013년 군대 내 성적 트라우마(Military Sexual Trauma: MST) 관련 치료를 위해 총 1,027,810건의 외래 환자가 재향군인청(VA)을 방문했다.
- 2013년에 재향군인청을 이용한 여성 재향군인 4명 중 1명, 남성 재향군인 100명 중 1명이 MST 양성 판정을 받았다.
- 여성 노숙 재향군인의 40%가 MST를 겪은 경험이 있다.
- 2014년에 총 160,500명의 군인(여성 4명 중 1명, 남성 14명 중 1명)이 심각하고 지속적인 성희롱 또는 성차별을 경험했다.
- 피해자의 60%는 지휘계통에 있는 누군가에 의해 괴롭힘을 당했다.
- 괴롭힘은 종종 지휘계통에 의해 잘못 처리되었다: 피해자의 44%는 신고를 취하하도록 권유받았으며, 41%는 신고받은 사람이 아무런 조치를 취하지 않았다고 답했다.

군대 내 성적 트라우마

군 복무 중 발생하는 성폭행은 종종 군대 내 성적 트라우마(Military Sexual Trauma: MST)로 이어진다. 이 용어는 재향군인청에서 재향군인이 군 복무 중에 경험한 성폭행 또는 반복적이고 위협적인 성희롱의 노출을 지칭하기 위해 사용된다(National Center for PTSD, 2016). 이 정의는 연방법(title 38 *U.S.C* 1720D)에서 유래한 것으로, "재향군인 정신건강 전문가의 판단에 따라 현역, 현역 훈련 또는 비현역 훈련 중에 발생한 성적 성격의 신체적 폭행, 성적 성격의 폭행 또는 성희롱으로 인한 심리적 트라우마"로 정의하고 있다. 기본적으로 원치 않는 성적 접촉이나 붙잡기, 위협, 신체 또는 성행위에 대한 불쾌한 발언, 위협적이고 원치 않는 성적 접근은 모두 MST에 해당한다.

여성들은 복수나 경멸, 업무에 미칠 부정적인 영향에 대한 두려움 때문에 MST를 신고하지 않는 경우가 많다(Pierce, 2006). 카츠, 블루어, 코주카와 드레이퍼(Katz, Bloor, Cojucar, & Draper, 2007)의 연구에 따르면, OIF 또는 OEF에서 복무한 경험이 있는 여성 18명을 대상으로 한 표본 조사에서 56%가 군대 내 성폭행을 신고한 것으로 나타났다. 성폭행당한 여성 중 10명은 모두 성희롱(성적으로 부적절하거나 비하하거나 암시적인 발언)을 당했고, 10명 중 6명은 원치 않는 신체적 접근을 당했으며, 3명은 강간을 당했다고 보고했다. 또한 군대 내 성적 트라우마를 경험한 여성들은 재적응에 훨씬 더 큰 어려움을 겪고 있으며, 성적 외상을 경험하지 않은 여성들에 비해 PTSD 증상이 더 심각한 것으로 임상의들로부터 평가받았다. 이러한 여성은 신체적 부상을 입었거나 다른 사람이 다치는 것을 목격한 여성보다 PTSD에 걸릴 위험이 더 높다.

MST는 진단이나 정신건강 상태가 아닌 경험으로 간주된다. 재향군인이 겪는 어려움의 유형과 심각도 그리고 그 기간은 트라우마 병력 여부, 다른 사람들의 반응유형, MST가 한 번 발생했는지 또는 반복되었는지 등의 요인에 따라 달라질 수 있다. 어떤 사람들은 트라우마를 경험한 후 회복탄력성이 강해 전문가의 도움 없이도 회복할 수 있다. 다른 사람들은 약간의 치료가 필요할 수 있다. MST 생존자가 겪을 수 있는 경험으로는 우울증, 분노, 갑작스러운 감정 반응, 무감각, 수면장애, 주의력 어려움, 집중력과 기억력, 알코올 또는 기타 약물 문제, 성적 트라우마 경험을 떠올리게 하는 것에 대한 어려움, 불안하고 초조한 느낌, 안전하다고 느끼기 어려움, 인간관계의 어려움, 신체적 건강 문제 등이 있다. PTSD는 일반적으로 MST와 관련이 있지만 우울증 및 약물 사용 장애와 같은 다른 진단도 MST와 관련이 있다(VA Health CARE, 2015).

MST에 대한 개입. 이 여성들은 이제 막 복무에서 돌아와 정신건강 전문가에게 학대에 대해 털어놓기 시작했기 때문에 이 집단에 대한 개입은 아직 초기 단계에 있다. 다른 성폭행 피해자와 마찬가지로, 성폭행당한 여성 재향군인 역시 지역사회의 지원이 필요하다. 인지 치료는 성폭행에 대한 생각을 바꾸는 데 도움이 될 것이다. 위기상담사는 피해자에게 폭행은 용납할 수 없으며 자신의 잘못이 아님을 알려 줌으로써 죄책감, 수치심, 나약함을 줄이는 데 도움을 줄 수 있다. 피해자는 가해자가 강간범이며 그의 동기는 피해자를 통제하고 수치심을 느끼게 하려는 것임을 이해해야 한다. 고개를 높이 들고 자신이 잘못한 것이 없다는 것을 스스로 증명하고 다른 사람들과 이야기함으로써 폭행당했다는 사실을 깨닫고 안심할 수 있다. 강압과 동의의 부재가 실제로 무엇을 의미하는지 더 잘 이해하기 위해 데이트 강간 및 지인 강간에 대해 배울 필요가 있을 수 있다. 수년 동안 여성이 군대에서 남성과 함께 복무하는 것을 허용하는 것은 성폭행의 위험이 증가한다는 이유로 반대되어 왔다. 남녀가 장시간 가까운 공간에서 생활하게 되면 데이트 강간 위험이 높아진다는 것이다. 그러나 이것이 성폭행을 정당화하거나 변명할 수는 없다. 강간 생존자는 항상 자신의 동의가 없었다고 해서 강간이 되는 것은 아니라는 사실을 확신해야 한다. EMDR도 유용한 개입이 된다. 또한 상담사는 군대 성폭행에 관한 옹호 단체와 현행법을 숙지하고 피해자가 이용할 수 있는 모든 서비스를 활용하도록 권장해야 한다. 또한 위기상담사는 내담자가 전쟁 관련 경험으로 인해 PTSD를 겪고 있을 수 있으며, 이로 인해 우울증, 자살 충동, 분노, 약물 사용 등의 증상을 보일 수 있다는 점을 염두에 두어야 한다. 개입에는 다각적인 접근 방식이 포함된다.

〈BOX 8.5〉에서는 ABC 모델을 사용하여 역할극에 사용할 수 있는 사례를 제공한다.

BOX 8.5   역할극 사례

사례 1: 30세인 재향군인이 아내와 상담을 받으러 왔다. 그는 육군에서 1년간 이라크에서 복무했고, 9개월 동안 아프가니스탄에 파병되었다. 그는 지난 6개월 동안 집에 있었는데 집안 상황이 점점 더 어려워지고 있다. 지난주에는 아내와 함께 다섯 살 난 딸과 두 살 난 아들을 데리고 식당에 갔는데, 두 살배기 아들은 기저귀를 갈아야 해서 아내는 화장실에 가고 남편은 딸을 데리고 나갔다. 딸은 엄마와 함께 가고 싶다고 소리를 지르며 칭얼대기 시작했다. 두 사람이 모두 차에 올라타자 비명은 더욱 커졌고 급기야 딸이 아빠를 발로 차게 되었다. 차 안에서 아버지는 돌아보고 딸에게 명령을 내렸다. 그는 죄책감과 함께 자신이 끔찍한 아버지인 것 같은 기분이 들었다. 그는 내담자가 어렸을 때 상당히 폭력적이었던 아버지처럼 되고 싶지 않았다. 치료사는 그의 보험 혜택이 소진되면서 치료를 중단했다. 그는 여전히 플래시백, 악몽, 우울증, 과각성으로 고통받고 있다.

촉발사건: 지난주 딸이 소리를 지르며 발로 찼다.

인지: 그는 끔찍한 아버지이다. 그는 더 인내심을 갖고 아이들을 더 잘 관리할 수 있어야 한다. 그는 때때로 분노를 조절하지 못하기 때문에 미쳤음에 틀림없다.

정서적 고통: 슬픔, 죄책감, 좌절, 불안

기능장애: 아이들과 친구들로부터 멀어지고, 직장에서 슬픔에 잠기고, 일에 집중할 수 없으며, 아내가 그에게 화를 낼까 봐 두려워한다.

자살 사고: 있음. 집에 돌아온 후 일주일에 몇 번씩 자살 충동을 느꼈다. 자살을 고려하고 총을 가지고 있지만 아내와 아이들이 자신을 필요로 하기 때문에 자살하지 않았다. 도움이 필요하다는 것을 알고 있다. 좋은 '아빠'가 되고 싶고 평범해지고 싶어 한다.

알코올 오용: 아내가 아이들을 재우는 동안 밤에 술을 마심. 마약은 하지 않음

타당화: 다섯 살과 두 살 아이를 돌보는 것은 쉽지 않다. 많은 주의가 필요하다. 재향군인들은 겉으로 보기에 정상적인 상황에서도 분노를 경험하는 것이 일반적이다.

교육: 전쟁으로 인한 가장 큰 전투 스트레스 부상인 PTSD를 겪고 있다. 안타깝게도 많은 군인에게 PTSD, 우울증, 분노는 직업적 위험 요인이다. 충동적인 분노는 특히 어렸을 때 폭력을 경험했기 때문에 PTSD와 밀접한 관련이 있으며, 딸은 군인 가족에게 종종 발생하는 이차 트라우마를 겪고 있을 가능성이 높다.

힘 실어 주기: 지금은 분노와 육아를 통제할 수 없는 것처럼 보일 수 있지만, 공개적으로 이야기하면 행동 계획을 세울 수 있기 때문에 통제력을 얻을 수 있다. 전투 부상을 받아들이면 부상을 극복할 수 있는 힘을 얻을 수 있다.

재구조화하기: 군대에서는 강해지라고 격려하고 정서적 문제가 있으면 약해진다고 말할 수 있지만, 그러한 사고방식은 전투 중에만 통한다는 점을 고려하기 바란다. 민간인 생활에서는 고통스러운 감정을 경험하는 것은 정서적 힘으로 이어진다. 그것을 억누르는 것은 문제를 지속시킬 뿐이다. 당신은 전쟁에서 싸울 힘이 있었고 트라우마 상황을 처리해야 했다. 이제 당신은 집에서도 같은 힘을 사용하여 감정을 관리할 수 있다.

대처: 군인 가족이라는 추억을 만들고 함께 자부심을 느낄 수 있는 활동에 집중하면서 자살방지 서약서를 받는다. 아내에게 이차 트라우마에 대해 설명한다.

사례 2: 이라크에서 18개월간 복무한 24세 남성 재향군인이 대학에 재학 중이다. 그는 TBI가 있어 수업에 불편함을 느낀다. 그는 동료 학생들이 다음과 같은 행동을 할 때 짜증을 낸다고 느낀다. 공부를 진지하게 받아들이지 않고, 수업 시간에 앉아서 집중하는 데 어려움을 겪는다. 수업 시간에 그가 참전 용사라는 사실을 아무도 모른다. 그는 캠퍼스 보훈 센터에 갔지만 그곳에 있을 때만 편안함을 느낀다. 그는 주기적으로 수업을 나가야 하는데 교수들이 화를 낼까 봐 두려워한다.

촉발사건: 지난주 시험 도중 집중할 수 없어 공황 발작을 일으켜 수업 중 하나를 그만뒀다.

인지: 나는 대학에 다니기에는 너무 멍청하다. 아무도 나를 좋아하지 않는다. 나는 어울리지 못한다. 나는 졸업할 수 없다. 나는 전투에서 충분히 하지 못했다.

정서적 고통: 슬픔, 짜증, 두려움

기능장애: 스스로 고립되고, 수업에 가지 않고, 잠을 자지 않는다.

자살 사고: 있음. 전쟁에서 돌아온 후 자주. 시도나 계획은 없었다. 특히 눈앞에서 죽은 전우들을 생각할 때 죽고 싶다는 생각이 든다. 왜 죽지 않았는지 궁금해하고, 차라리 죽었으면 좋겠다고 생각한다.

약물 남용: 없음

타당화: TBI는 눈에 보이지 않기 때문에 사람들이 그 영향을 이해하지 못한다. 전쟁터에 있다가 민간인 생활에 복귀하는 것은 정말 어렵다. 한창 철이 들었을 나이에 미성숙한 사람들과 함께 지내는 것이 이상할 것이다.

교육: TBI는 사지를 잃거나 총상을 입는 것만큼이나 전투 중 부상이다. 또한 PTSD와 우울증이라는 두 가지 다른 부상이 있는 것 같다. 대부분의 직업적 상처와 마찬가지로 다시 일할 수 있도록 치유하는 데 시간이 걸린다. 다행히도 우리 캠퍼스에는 훌륭한 보훈 센터와 장애 학생 서비스 센터가 있다. 전쟁에서 부상을 입었기 때문에 졸업할 수 있도록 고안된 이러한 서비스를 받을 자격이 있다.

재구조화하기: 자신이 어울리지 않는다고 생각할 수도 있지만, 사실 당신은 가장 뛰어난 학생 중 1명일 수 있다. 재향군인은 공부를 더 진지하게 받아들이는 경향이 있으므로 더 성공할 수 있다. 전투 임무에서 얻은 리더십과 기타 기술에 대한 경험은 지역사회의 소중한 자산이 될 수 있다.

힘 실어 주기: 당연히 TBI는 종종 자신의 모든 두뇌 능력을 통제할 수 없는 것처럼 느껴질 수 있다. 하지만 안내와 인내심을 가지고 이 부상에 대처하는 요령을 배우면, 사지를 잃은 재향군인들이 그 부상에 대처하는 방법과 요령을 배울 수 있다.

대처: 캠퍼스 보훈 센터의 상담사를 만나고, 사회복지부를 이용하고, 이라크에서의 경험 이야기를 시작하도록 격려한다.

사례 3: 한 여성 재향군인이 이라크에서 막 돌아왔다. 이라크에 있던 어느 날 밤 양치질을 하러 가던 중 동료 병사의 습격을 받고 강간당했다. 그녀는 비명을 질렀지만 아무도 도와주러 오지 않았다. 그녀는 지휘관에게 이 사실을 보고했고, 지휘관은 다른 병사에게 말하겠다고 말했다. 이 사건에 대해 아무 말도 하지 않았다. 그녀는 후속 조치가 두렵고 재향군인청에 가서 이 사건을 이야기하는 것이 두려웠다. 그녀는 지난주 강간 사건에 대한 악몽을 꿨다.

촉발사건: 지난주 강간 사건에 대한 악몽

인지: 군대는 이 일에 대해 아무것도 하지 않을 것이다. 나는 혼자서 감당할 만큼 강하지 않았기 때문에 나약하다. 다른 여성들은 나보다 더 잘 대처할 수 있다. 군에 입대한 것은 내 잘못이다.

정서적 고통: 분노와 두려움

기능장애: 대학에서 집중할 수 없고, 잠을 자거나 식사를 할 수 없다.

자살 사고: 있음. 계획이나 수단은 없다.

약물 오용: 있음. 매일 밤 잠들기 위해 와인을 마신다.

타당화: 한밤중에 양치질을 하다가 공격을 받는다는 것은 무섭고, 군대가 도와준다는 것에 대해 경계하는 것도 이해할 수 있다.

교육: 군은 완벽하지는 않지만 당신과 같은 사건을 위해 SAPRO를 도입했다. 그들은 당신과 같은 강간 사건에 도움을 주려고 노력하고 있다. 이 일은 당신이 충분히 강하지 않아서, 혹은 방심해서가 아니라, 당신이 함께 일하는 사람이 자신을 괴롭힐 것이라고는 전혀 예상하지 못했기 때문이다. 군대 내 여성의 약 29%가 성폭행을 신고한다. 군대에 입대했다고 해서 강간을 당해도 된다는 뜻은 아니다. 강간은 위법이다.

대처: 지지 집단, 모래놀이치료, EMDR 및 SAPRO를 참고한다.

복습 문제

1. OIF 및 OEF 참전 용사에게 자주 나타나는 세 가지의 보이지 않는 상처는 무엇인가?
2. OIF와 OEF는 무엇을 의미하는가?
3. MST란 무엇인가?
4. 이라크와 아프가니스탄의 분쟁이 다른 전쟁과 다른 점은 무엇인가?
5. PTSD에 효과적인 치료법은 무엇인가?

주요 학습 용어

전투 스트레스 부상: 우울증, PTSD, TBI 등 군 복무로 인해 재향군인이 겪는 다양한 심리적 어려움을 지칭하는 용어

배치(배치됨): 군 복무자가 전 세계 기지에 파견되어 전투 또는 지원 역할로 복무하도록 부름을 받는 경우

보이지 않는 상처: OIF 및 OEF 참전 용사에게 흔히 나타남. 이전의 전쟁에서는 대부분의 참전 용사가 신체적 상처를 안고 돌아왔지만, 최근의 참전 용사들은 일반인에게는 보이지 않는 PTSD, 우울증, 외상성 뇌손상을 안고 돌아오는 경우가 많다.

OEF: 항구적 자유 작전은 9/11 세계무역센터 테러 이후 시작된 아프가니스탄 전쟁의 명칭

OIF: 이라크 자유 작전은 2003년에 시작된 이라크 전쟁의 명칭

EMDR(안구운동 민감 소실 및 재처리 요법): 외상성 사건을 겪은 개인을 위해 만들어진 기법으로 인지 및 행동 기법의 조합

옥시콘틴: 전쟁 참전 용사에게 종종 처방되는 진통제. 또한 길거리에서 불법 약물로 사용되기도 함

전역: 재향군인이 복무를 마치고 집으로 돌아가는 것을 말함

이차 트라우마: 가족구성원이 귀환한 군인과 동일한 PTSD 증상을 경험하기 시작하는 경우

TBI(외상성 뇌손상): OIF와 OEF 참전 용사들 사이에서 널리 퍼져 있으며 폭발에 노출되었을 때 발생하여, 집중력 저하와 기타 뇌기능장애로 이어진다

가상 현실 노출: 재향군인들이 겪는 PTSD를 치료하는 새로운 접근 방식. 이라크나 아프가니스탄에서의 경험을 재현한 시나리오 비디오를 보면서 치료사가 사건에 대한 인식과 정서적 반응을 변화시킬 수 있도록 이끈다.

📖 참고문헌

Burnett-Zeigler, I., Ilgen, M., Valenstein, M., Zivin, K., Gorman, L., Blow, A.,…Stephen, C. (2011). Prevalence and correlates of alcohol misuse among returning Afghanistan and Iraq veterans. *Addictive Behaviors, 36*(8), 801-806.

Coll, J. E., Weiss, E. L., & Metal, M. (2013). Found in A. Rubin, E. L. Weiss, & J. E. Coll (Eds.), *Handbook of military social work*. New Jersey, NJ: John Wiley and Sons, Inc.

Department of Defense (2005). *Sexual assault prevention and response program*. Washington, DC.

Elbogen, E. B., Wagner, H. R., Fuller, S. R., Calhoun, P. S., & Kinneer, P.; Mid-Atlantic Mental Illness Research, Education, and Clinical Center Workgroup, Beckham, J. C. (2010). Correlates of anger and hostility in Iraq and Afghanistan war veterans. *American Journal of Psychiatry, 167*(9), 1051-1057.

Grossman, D. A. (1995). *On killing: The psychological cost of learning to kill in war and society*. Boston: Little, Brown.

Hayes, S. C., Luoma, J. B., Bond, F. W., Masuda, A., & Lillis, J. (2006). Acceptance and commitment therapy: Model processes and outcomes. *Behaviour Research and Therapy, 44*, 1-25.

Hoge, C. W. (2010). *Once a warrior always a warrior*. Guilford, CT: Globe Pequot Press.

Institute of Medicine (U.S.) Committee on Gulf War and Health: Brain Injury in Veterans and Long Term Health Outcomes. (2008). *Long-term consequences of traumatic brain injury, Volume*

7. Washington, D.C.: The National Academies Press.

Iraq and Afghanistan Veterans of America. (2011). *Unsung heroes: Military families after ten years of war*. Retrieved June 24, 2012, from www.Media.iava.org/reports /unsungheroes_ quickfacts.pdf

Jackson, K. (2014). Treatments for Veterans with PTSD-Outside the traditional toolbox. *Social Work Today, 14*(2), 18.

Jacobsen, L. K., Southwick, S. M., & Kosten, T. R. (2001). Substance use disorders in patients with posttraumatic stress disorder: A review of the literature. *American Journal of Psychiatry, 158*, 1184-1190.

Jakupcak, M., Conybeare, D., Phelps, L., Hunt, S., Holmes, H. A., Felker, B.,…McFall, M. E. (2007). Anger, hostility, and aggression among Iraq and Afghanistan war veterans reporting PTSD and subthreshold PTSD. *Journal of Traumatic Stress, 20*(6), 945-954.

Katz, L. S., Bloor, L. E., Cojucar, G., & Draper, T. (2007). Women who served in Iraq seeking mental health services: Relationships between military sexual trauma, symptoms, and readjustment. *Psychological Services, 4*(4), 239-249.

Kitfield, J. (2012, September 18). The enemy within. *National Journal*. Retrieved from http://www.nationaljournal.com/magazine/the-military-s-rape-problem-2012093

Lemaire, C. M., & Graham, D. P. (2011). Factors associated with suicidal ideation in OEF/OIF veterans. *Journal of Affective Disorders, 130*, 231-238.

Lester, P., Mogil, C., Saltzman, W., Woodward, K., Nash, W., Leskin, G.,… Beardslee, W. (2011). Families overcoming under stress: Implementing family centered prevention for military families facing wartime deployments and combat operational stress. *Military Medicine, 176*, 19-25.

Lighthall, A. (Fall, 2012). Ten things you should know about today's student veteran. *Thought and Action: The NEA Higher Journal*, 81-90.

Marlatt, G. A., & Gordon, J. R. (1985). *Relapse prevention: Maintenance strategies in the treatment of addictive behaviors*. New York, NY: Guilford Press.

McCabe, S. (2012, November 6). *Sandtray therapy*. Presentation given at California State University, Fullerton, CA.

McDevitt-Murphy, M. E. (2011). Significant other enhanced cognitive behavioral therapy for PTSD and alcohol misuse in OEF/OIF veterans. *Professional Psychology: Research and Practice, 42*(1), 40-46.

McDevitt-Murphy, M. E., Williams, J. L., Bracken, K. L., Fields, J. A., Monahan, C. J., & Murphy, J. G. (2010). PTSD symptoms, hazardous drinking, and health functioning among U.S. OEF and OIF veterans presenting to primary care. *Journal of Traumatic Stress, 23*(1), 108-111.

The Mental Health Advisory Team (MHAT) V. (2008). *MHAT (Mental Health Advisory Team) V. Operation Iraqi Freedom 06-08: Iraq. Operation enduring freedom 8: Afghanistan*. Retrieved 6/23/2012 from http://www.armymedicine.army.mil/reports/mhat/mhat_v/mhat-v.cfm

Miliken, C. S., Auchterlonie, J. L., & Hoge, C. W. (2007). Longitudinal assessment of mental health problems among active and reserve component soldiers returning from the Iraq war. *Journal of the American Medical Association*, *298*, 2141-2148.

Military.com. (2016). *PTSD Treatment Options*. Retrieved November 16, 2016, from http://www.military.com/benefits/veterans-health-care/ptsd-treatment

Military PTSD Help: Combat Stress, PTSD, & TBI Recovery Program. (2016). *Combat Stress Recovery Program*. Retrieved November 16, 2016, from www.woundedwarriorproject.org/programs/combat-stress-recover

Mmari, K. N., Bradshaw, C. P., Sudhinaraset, M., & Blum, R. (2010). Exploring the role of social connectedness among military youth: Perceptions from youth, parents, and school personnel. *Child, Youth, Care Forum*, *39*, 351-366.

Moore, B. A., & Kennedy, D. H. (2011). *Wheels down: Adjusting to life after deployment*. Washington, DC: APA Lifetools.

National Center for PTSD. (2016). *Military Sexual Trauma*. Retrieved November 16, 2016, from www.ptsd.va.gov/public/types/violence/military-sexual-trauma

National Survey on Drug Use and Health. (2008, November 6). *Major Depressive Episode and Treatment for Depression among Veterans Aged 21-39*. Retrieved July 7, 2012, from http://www.samhsa.gov/2k8/veteransDepressed/veteransDepressed.html

O'Farrell, T., & Fals-Stewart, W. (2003). Alcohol abuse. *Journal of Marital and Family Therapy*, *29*, 121-146.

Philipps, D. (2010). *Lethal warriors: When the new band of brothers came home*. New York, NY: Palgrave Macmillan.

Pierce, P. E. (2006). The role of women in the military. In T. W. Britt, A. B. Adler, & C. A. Castro (Eds.), *Military life: The psychology of serving in peace and combat* (pp. 97-118). Westport, CT: Greenwood.

Protect Our Defenders. (2016). *Facts on United States Military Sexual Violence*. Retrieved November 16, 2016, from www.protectourdefenders.com/factsheet/

Pryce, J. G., Pryce, D. H., & Shackelford, K. K. (2012). *The costs of courage: Combat stress, warriors, and family survival*. Chicago, IL: Lyceum Book, Inc.

Rheingold, A. A., Acierno, R., & Resnick, H. S. (2004). Trauma, post-traumatic stress disorder, and health risk behaviors. In P. P. Schnurr & B. L. Green (Eds.), *Trauma and health: Physical health consequences of exposure to extreme stress* (pp. 217-312). San Francisco, CA: Jossey-

Bass.

Rizzo, A. A., Reger, G., Gahm, G., Difede, J., & Rothbaum, B. O. (2009). Virtual reality exposure therapy for combat related PTSD. In P. Shiromani, T. Keane, & J. LedDoux (Eds.), *Post-traumatic stress disorder: Basic science and clinical practice* (pp. 375-399). New York, NY: Humana Press.

Rutter, M. (1993). Resilience: Some conceptual considerations. *Journal of Adolescent Health Care*, *14*, 626-631.

Schading, B. (2007). *A civilian's guide to the U.S. Military: A comprehensive reference to the customs, language and structure of the armed forces.* Cincinnati, OH: Writer's Digest Books.

Shapiro, F., & Forrest, M. S. (1997). *EMDR.* New York, NY: Basic Books.

Shay, J. (2009). The trials of homecoming: Odysseus returns from Iraq/Afghanistan. *Smith College Studies in Social Work*, *79*, 286-298.

Simpson, P. (2012). Reclaiming hope: Understanding, treatment, and resources for clients with PTSD and the clinicians who serve them. *The Therapist*, *24*(6), 12-16.

Struchen, M. A., Clark, A. N., & Rubin, A. (2013). TBI and social work practice. In A. Rubin, E. Weiss, & J. Coll (Eds.), *Handbook of military social work* (Chapter 11, pp. 179-190). Hoboken, NJ: John Wiley & Sons.

Taft, C. T., Street, A. E., Marshall, A. D., Dowdall, D. J., & Riggs, D. S. (2007). Posttraumatic stress disorder, anger, and partner abuse among Vietnam combat veterans. *Journal of Family Psychology*, *21*, 270-277.

Tanielian, T., & Jaycox, L. (Eds.). (2008). *Invisible wounds of war: Psychological and cognitive injuries, their consequences, and services to assist recovery.* Santa Monica, CA: RAND Corporation.

Teten, A. L., Miller, L. A., Stanford, M. S., Petersen, N. J., Bailey, S. D., Collins, R. L.,…Kent, T. A. (2010). Characterizing aggression and its association to anger and hostility among male veterans with post- traumatic stress disorder. *Military Medicine*, *175*(6), 405-410.

U.S. Army. (2010). *Army Health Promotion, Risk Reduction, Suicide Prevention Report 2010.* Retrieved June 24, 2012, from http://usarmy.vo.llnwd.net/e1/HPRRSP/HP -RR-SPReport2010_v00.pdf

VA Health CARE. (2015). *Military Sexual Trauma.* Retrieved May, 2015, from www.va.gov

VA Suicide Prevention Program. (2016). *Facts about Veteran Suicide.* Retrieved May 24, 2017, from https://www.va.gov/opa/publications/factsheets/Suicide_Prevention_FactSheet_New_VA_Stats_070616_1400.pdf

Veterans and PTSD. (2015, September 20). *Veterans Statistics: PTSD, Depression, TBI, Suicide.* Author. Retrieved June 27, 2016, from www.veteransandptsd.com/PTSD-statistics.html

Yarvis, J. S., & Schiess, L. (2008). Subthreshold PTSD as a predictor of depression, alcohol use, and health problems in soldiers. *Journal of Workplace Behavioral Health, 23*(4), 395-424.

제9장

개인적 트라우마와 관련된 위기

학습목표

이 장을 학습한 후 독자는 다음과 같은 목표를 달성할 수 있다.

목표 1. 미국에서 강간, 성폭행, 대인관계 파트너 폭력, 아동 학대, 괴롭힘의 유병률 이해하기

목표 2. 성폭행, 대인관계 폭력, 아동 학대, 괴롭힘의 생존자가 겪는 다양한 문제와 우려 사항 파악하기

목표 3. 개인적 피해를 겪고 있는 내담자에 대한 개입 연습하기

제7장에서 설명한 것처럼 개인적 위협은 외상후 스트레스 장애(PTSD)의 원인이 될 수 있다. 이 장에서는 미국과 전 세계에서 계속 발생하고 있으며, 매우 널리 퍼져 있는 네 가지 형태의 개인적 위협을 다룬다. 이러한 형태의 피해 생존자들은 피해가 발생하는 동안 전문적인 도움을 얻는 데 방해를 받거나 혹은 도움을 꺼리기 때문에 지연형 PTSD로 고통받는 경우가 많다. 자연재해나 폭탄 테러의 피해자와는 달리, 이러한 피해자들은 사람들이 때때로 믿어 주지 않고 그들을 향한 공격으로 비난받기도 한다. 이는 수치심, 죄책감, 피해에 대한 억압감으로 이어진다. 또한 이러한 형태의 피해는 가족이나 지인에 의해 자행되는 경우가 많아서 피해자와 그 가족은 생존을 위해 가해자에게 의존할 수 있어서 폭행을 신고하지 않는 경우가 많다. 마지막으로, 지난 20년 동안 피해자에게 유리한 사법적 판결이 훨씬 더 많아졌지만, 안타깝게도 이러한 형태의 피해 사례가 신고되더라도 사법 시스템이 항상 피해자에게 정의로운 판결을 내리는 것은 아니다. 〈BOX 9.1〉은 미국 내 피해자 관련 통계를 제공한다(Centers for Disease Control and Prevention, 2016; Truman & Langton, 2015).

BOX 9.1	2014년 한 해 동안의 범죄 피해율

- 12세 이상의 미국 거주자는 540만 건의 폭력 피해와 15.3건의 재산 피해를 경험한 것으로 추정된다.
- 강간 또는 성폭행, 강도, 가중 폭행, 단순 폭행으로 정의되는 폭력 범죄의 전체 비율은 2013년에 비해 큰 변화가 없었다.
- 피해자 비율은 2013년 1,000명당 23.2명에서 2014년 1,000명당 20.1명으로 2013년에 비해 2014년 감소했다.
- 1993년부터 2014년까지 폭력 범죄 발생률은 1,000명당 79.8건에서 20.1건으로 감소했다.
- 심각한 폭력 피해자의 약 12%와 친밀한 파트너 폭력 피해자의 28%가 피해자 서비스 기관의 도움을 받았다.
- 12세 이상 전체 인구의 약 1.1%(300만 명)가 한 번 이상 폭력 피해를 경험했다.
- 약 120만 명이 한 번 이상 심각한 폭력 피해를 경험한 것으로 추정된다.

- 강간/성폭행은 284,350건(1,000명당 1.1건)이 발생했다.
- 가정 폭력은 1,109,880건(1,000명당 4.2건)이 발생했다.
- 친밀한 파트너 폭력은 634,610건(1,000명당 2.4건)이 발생했다.
- 심각한 가정 폭력 사건은 400,030건(1,000건당 1.5건)이다.
- 심각한 친밀한 파트너 폭력은 265,890건(1,000건당 1.0건)이다.
- 레즈비언과 게이 남성은 평생 이성애자와 동등하거나 더 높은 수준의 친밀한 파트너 폭력 및 성폭행을 경험했다고 보고. 레즈비언의 2/3는 친밀한 파트너 폭력의 가해자가 여성이라고 답했다.
- 양성애자 여성은 레즈비언과 이성애자 여성 모두에 비해 친밀한 파트너에 의한 강간, 신체적 폭력 및/또는 스토킹의 유병률이 더 높다고 보고했다. 가해자의 대부분은 남성이었다.

- 대다수 여성이 남성에 의한 성폭행을 경험했다고 답했다.
- 여성 양성애 피해자의 거의 절반과 여성 이성애 피해자의 1/4 이상이 11세에서 17세 사이에 첫 강간을 경험한 것으로 나타났다.

긍정적인 소식은 피해 범죄가 증가하고 있지 않다는 것이고, 나쁜 소식은 범죄율이 안정적으로 유지되고 있다는 것이다. 미국 법무부 법무통계국에 따르면(Bureau of Justice Statistics: BJS, 2016), 강간/성폭행 사건의 약 0.4%가 경찰에 신고되고 0.7%는 신고되지 않는 것으로 추정된다. 마찬가지로, 심각한 친밀한 파트너 폭력의 약 0.6%가 경찰에 신고되었고 미신고 비율은 0.4%이다. 2005년과 2013년을 비교하면 경찰에 신고하는 비율이 감소한 것으로 나타났다. 강간/성폭행과 관련하여 법무통계국(BJS)은 2005년부터 2014년까지 강간 및 성폭행 피해 유형 분포를 다음과 같이 추정한다: 강간 30%, 강간 미수 23%, 성폭행 24%, 강제성이 없는 원치 않는 성적 접촉 6%, 강간 및 성폭행에 대한 언어적 위협 18%. 이제 강간 및 성폭행에 대해 알아보겠다. 다음으로는 친밀한 파트너 폭력, 아동 학대 및 괴롭힘에 대한 절이 이어진다.

성폭행 및 강간

강간(rape)이란

법무통계국(BJS, 2016)에 따르면 강간은 물리적 강제력뿐만 아니라 심리적 강압을 포함한 강제적인 성관계를 말한다. 여기에는 가해자에 의한 질, 항문 또는 구강 삽입이 포함될 수 있고, 병과 같은 이물질에 의한 삽입도 포함될 수 있다. 강간 미수에는 강간에 대한 언어적 위협이 포함된다. 강간은 각 횟수마다 1~16년의 형을 선고받을 수 있는 중범죄이지만, 대부분의 강간이 신고되지 않기 때문에 강간범 대부분은 감옥에 가지 않는다. 강간범의 약 95%는 남성이다. 강간당한 남성이 신고하지 않는 이유는 남성 대 남성 강간이 동성애적 측면으로 인식되기 때문이다. 남성 강간 피해자들이 위기 서비스를 이용하지 않기 때문에, 굴욕감과 남성성 상실감으로 정서적으로 어려움을 겪고 있는 남성들이 많다는 것은 안타까운 일이다.

성폭행(sexual assault)이란

이 용어는 강간 또는 강간 미수와는 별개로 광범위한 피해를 의미한다. 이러한 범죄에는 일반적으로 피해자와 가해자 사이에 원치 않는 성적 접촉이 수반되는 공격 또는 공격 미수가 포함된다. 여기에는 강제가 수반되거나 수반되지 않을 수 있으며, 잡거나 애무하는 행위, 언어적 위협 등이 포함될 수 있다(BJS, 2016).

조이풀 하트 재단(Joyful Heart Foundation, 2016)은 성폭행 및 강간 피해를 입은 사람들을 위한 정보와 치료를 제공한다. 신체 트라우마는 흔한 현상이다. 신체적 위험이 우리의 통제력이나 탈출 능력을 위협하거나, 멈출 수 없는 상황일 때, 우리는 생존을 위한 자연스러운 본능을 발휘하는 경향이 있다. 성폭행을 견디는 것은 그러한 위험 중 하나이다. 신체는 종종 싸우거나 도망치기 위해 엄청난 양의 에너지를 소환한다. 때때로 이 에너지는 충돌하여 폭력이 일어나는 동안 충격, 해리나 다른 반응을 일으킨다. 이러한 충돌은 강간 생존자에게 수년 동안 남아 마음, 신체, 정신에 영향을 미칠 수 있다. 시간과 새로운 대처기제 개발, 자기관리는 증상의 심각성을 완화할 수 있다.

성폭행과 강간으로 인한 일반적인 정서적 영향은 다음과 같다:

• PTSD: 플래시백, 악몽, 심한 불안, 사건에 대한 통제할 수 없는 생각 등이 흔하게 나타난다.
• 우울증: 성폭행과 강간 후 우울증의 증상으로는 장기간의 슬픔, 절망감, 예기치 못한 울음, 식욕 감퇴 등이 있다. 에너지가 감소하고 이전에 즐겼던 활동에 대한 흥미와 즐거움을 잃게 된다. 절망감이 흔하게 나타나며, 이는 사고 과정과 의사 결정 능력에 영향을 미칠 수 있다. 자살 사고 및/또는 자살 시도가 발생할 수 있다.
• 해리: '체크아웃' 했거나 존재하지 않는 것처럼 느끼는 것을 말한다. 어떤 사람들은 백일몽을 꾸기도 한다. 또 다른 사람들은 관련 업무에 집중하지 못하거나 학업에 집중하지 못하는 등 '현실' 세계에서 기능하는 능력이 손상될 수 있다.
• 약물 남용 및 알코올 오용: 때때로 성폭행 및 강간 후유증에 대처하는 것이 너무 압도적이어서 일부 생존자는 이러한 감정에 대처하기 위해 약물이나 알코올을 남용하기도 한다. 생존자의 통제권과 안전 및 보안 감각이 가해자에게 빼앗긴 경우가 많으며, 자해 행동은 통제감을 가져다주고 긴장을 해소하는 역할을 할 수 있다. 약물 남용이 항상 자살을 목적으로 하는 것은 아니지만 심각한 상해나 사망을 초래할 수 있다. 안도감을 경험

하는 것은 일시적이며 약물의 오남용은 향후 더 많은 문제를 낳을 수 있다.

- **강간 및 성폭행의 다른 정서적·심리적 영향:** 생존자는 혼란스럽고 불안을 유발할 수 있는 다양한 감정을 경험하는 것이 일반적이다. 피해자가 아는 사람일 경우 가해자는 분노, 불신, 안전하지 않다는 느낌을 받을 수 있다. 생존자는 충격, 무감각, 통제력 상실, 방향 감각 상실, 취약한 감각, 두려움, 강간을 허용한 것에 대한 자책감/죄책감 그리고 이러한 반응이 나약함의 신호라는 느낌을 받을 수 있다. 다른 영향으로는 창의력, 놀이 능력, 유쾌함이 사라졌다는 느낌이 들 수 있다. 일부는 악몽과 나쁜 백일몽에 시달려 잠을 이루지 못하기도 한다. 걱정스러운 마음이 일상적인 활동을 방해할 수 있다. 침해당했다는 느낌이나 더 나은 삶을 살 자격이 없다고 느끼는 것도 흔한 일이다. 이러한 신념은 미래에 대한 낙담과 불안감으로 이어질 수 있다.
- **성폭행/강간의 신체적 영향:** 신체적 손상이 없는 경우도 있지만, 피해자는 멍, 출혈, 보행 곤란, 통증, 뼈 부러짐 또는 탈구, 성병 감염 또는 임신을 경험할 수 있다. 강간 사례의 약 5%가 임신으로 이어진다. 생존자는 임신에 대해 상반된 감정을 경험할 수 있다. 내부 손상도 발생할 수 있으며 이를 확인하기 위해 의사의 정밀 신체검사가 필요할 수 있다. 기타 신체적 영향으로는 만성 피로, 호흡 곤란, 근육 긴장, 무의식적 떨림, 식사 및 수면의 변화, 성기능장애 등이 있다.

강간 피해자에 대한 개입

강간 피해자가 강간 직후 위기상담사에게 연락하는 경우, 어떤 조치를 해야 할지 혼란스러워할 가능성이 높다. 죄책감을 느끼면서, 자신이 치료와 경찰의 도움을 받을 권리가 있는 피해자라고 생각하지 않을 수도 있다(Heller, 1992). 상담사는 정보와 자원을 제공하여 생존자가 무엇을 해야 할지 결정하도록 도울 수 있다. 전반적으로 이 집단에 대해 힘 실어 주기 모델을 제안한다. 이 모델에는 다음에 설명하는 단계가 포함된다.

성폭행 생존자와 함께하는 힘 실어 주기 모델

A: **접촉하기.** 처음 5분 정도 동안 생존자는 위기상담사를 평가하며 '이 상담사가 내가 하는 말을 잘 들어 줄 수 있을까?'라고 생각할 것이다. 상담사는 침착하고 명확하며 신뢰할 수 있는 태도로 '나는 충격을 받지 않을 것'이라는 메시지를 전달하는 것이 중요하다.

　이 초기 접촉에서 상담사는 내담자의 도움 요청에 대해 안심시키고 타당화해야 한다. 무슨 일이 있었는지 명확하게 파악하기 위해 질문을 하면 면담이 원활하게 진행되고 내담자를 진정시키는 데 도움이 된다. 이 시점에서 모든 세부 사항을 완벽하게 파악하는 것은 중요하지 않다. 반영하기, 바꾸어 말하기 그리고 개방형 질문하기가 이 단계에서 훌륭한 전략이다. 내담자가 의사의 도움이 필요한 경우 증상을 평가하는 것 또한 중요하다. 때로는 내담자가 심한 우울증에 시달리면 최소한의 기능 유지를 위해 약물치료가 필요할 수 있다.

　B: 문제의 근원을 파악하기.　이 시점에서는, 내담자가 현재 어떤 기분을 느끼고 있는지 파악하는 것이 적절하다. 강간이 그들에게 위기인 이유를 이해하려면 다음과 같은 질문이 좋다: "가장 힘든 부분은 무엇인가요?" 이 대답은 상담사에게 어떻게 상담을 시작할지를 알려 주고, 내담자를 재구조화하고, 교육하고, 힘을 실어 주고, 지지하기 위한 초점을 제공한다. 다음 문장은 현재 도움이 될 수 있는 유형의 모델이다.

- 타당화 진술: 모든 강간 피해자의 진술은 믿을 수 있어야 하고 그 경험은 정당화되어야 한다. 강간당했다는 이야기를 지어 내는 경우는 거의 없다. 다음과 같은 진술은 피해자의 존엄성을 회복하고 당혹감을 줄이는 데 도움이 된다:
  "정말 무서웠을 거예요."
  "당신의 잘못이 아니에요. 당신은 이런 일이 일어나기를 원하지 않았고 당신은 존엄과 존중을 받으며 돌봄과 대우를 받을 자격이 있어요."
  "겁이 나면 비명을 지르기가 어려워요."
  "물론 히치하이킹을 했지만, 강간당하기 위해 히치하이킹을 한 것은 아니죠."
- 교육적 진술: 내담자가 PTSD에 대해 배우고 강간이 이 증후군의 원인이 되는 경우가 많다는 사실을 알게 되면 도움이 될 수 있다. 이 정보는 내담자가 자신의 경험을 정상화하여 자신이 부자연스러운 반응을 보인다고 생각하지 않도록 도와준다. 또한 강간은 성관계가 아니라 권력에 관한 것임을 아는 것도 도움이 된다. 강간범은 단지 성적인 행동을 폭행의 무기로 사용했을 뿐이다.
- 힘 실어 주기 진술: 내담자가 자신의 결정을 통제하는 데 집중할 수 있도록 지속적으로 지원하라: "폭행 당시에는 당신이 통제할 수 없었지만, 이제는 통제할 수 있어요."
  "당신은 이미 제 도움을 받기로 선택하셨어요."
  "더 많은 선택권을 가질 수 있도록 다른 옵션을 살펴볼게요."
- 재구조화하기: 위기상담사는 강간 피해를 당할 때 피해자의 행동을 해석하는 다른 방법

을 제시할 수 있다. 상담사는 강간범에게 저항하지 않은 자신을 결코 어리석다고 생각해서는 안 된다는 것을 내담자가 알 수 있도록 도울 수 있다.

"싸우다가 다칠 위험을 감수하기보다는 가만히 조용히 있었던 것이 더 현명했던 것 같아요."

C: 대처.   내담자가 다른 위기 상황에서 어떻게 대처했는지 살펴봄으로써 내담자의 강점을 활성화하고 더 힘을 실어 줄 수 있다. 다른 대처방법을 생각해 보도록 격려하라. 현재 지지체계를 활용하거나 지지 집단과 같은 새로운 시스템에 연락할 수도 있다.

내담자가 생각할 수 있는 모든 대처방법을 제시한 후 위기상담사는 다른 자원을 제안하고 추가 방법을 브레인스토밍할 수 있다. 위기상담사는 특정 서적을 읽거나 호신술 강좌를 수강하거나 핫라인에 전화할 것을 권할 수도 있고, 경찰서나 병원에 동행할 것을 제안할 수도 있다. 내담자가 결정을 내리기만 하면 위기상담사에게는 다양한 선택지가 있다.

데이트 강간과 지인 강간

데이트 강간은 여성이 자발적으로 남성과 외출하여 어떤 형태의 성행위를 하다가 어느 순간 남성에게 제압당하는 상황을 말한다. 이 경우 여성은 혼란스러워하기 때문에 특히 어려운 문제가 제기된다. 어느 시점에서 여성은 이 사람과 함께 있고 싶었다. 그러나 상황이 통제 불능 상태가 되면 그녀는 종종 어떻게 해야 할지 모른다. 16세에서 24세 사이의 여성들이 데이트 강간을 당하는 경우가 가장 많다. 16~19세 연령대에서 가장 높은 피해율이 발생하며, 20~24세 연령대가 그다음으로 높은 비율을 차지한다(Koss, 1992). 설문조사에 참여한 여대생의 약 90%는 가해자가 남자친구, 전 남자친구, 친구, 지인 또는 동료였다고 답했다. 설문조사에 참여한 여성의 약 13%는 데이트 강간의 피해자였으며, 35%는 데이트 중 강간 미수의 피해자였다고 답했다(Fisher, Cullen, & Turner, 2000).

캘리포니아주 오렌지에 있는 마리포사 여성 센터의 임상 감독관이었던 스타이너(Steiner, 1994)는 데이트 강간 생존자 또는 데이트 강간 위험에 처한 여성을 교육하고 지원하는 방법에 대한 몇 가지 유용한 생각을 제시한다(〈BOX 9.2〉 참조).

BOX 9.2	데이트 강간 생존자를 도울 때 유의해야 할 사항

- 먼저, 위협적인 상황에서 [당신이] 어떻게 반응할지 예측할 수 없다. 또한 다르게 반응하지 않는다고 해서 자신을 탓할 수 없다. 생존자의 회복 과정에서는 이미 일어난 일을 되돌리기 위해 너무 많은 시간이 소비된다. 우리는 과거가 아니라 미래만을 바꿀 수 있다.
- 신고하지 않고, 친한 친구에게 말하지 않게 되면, 스스로 고립시키고 자책함으로써 피해를 키우게 된다. 친구들이 기대했던 대로 반응하지 않는다고 해서 당신을 탓하지 말라. 당신에게 일어난 일은 나쁜 일이고, 친구들은 자신에게도 일어날 수 있다고 믿는 것을 두려워하고 있다는 것을 기억하라. 그들이 그것을 직면하는 데 도움이 필요하다.
- 누구나 트라우마 사건에서 회복하는 데는 도움이 필요하다. 친구, 가족, 강간 지원 센터 및 도움을 받을 수 있도록 훈련받은 다른 사람들에게 필요한 도움을 요청하자.
- 강간 이후 회복하는 사람은 결코 예전과 같지 않다. 그들은 더 강해지고, 타인을 더 배려하며, 자신을 더 존중할 수 있다.

친밀한 파트너 폭력

역사적 관점

많은 페미니스트는 이 사회 문제를 이해하기 위해 남편과 남자친구에 의한 여성 학대의 시작을 연구했다. 1970년대 풀뿌리 운동의 일환으로 여성들은 전통적인 정신의학 이론이 제시해 온 아내 구타에 대해 대안적 인과 모델을 제시하기 시작했다. 구타는 남성이나 여성의 개인적 정신병리의 결과가 아니라 사회적 질병으로 여겨지게 되었다. 이 선구적인 페미니스트들에 따르면, 여성은 미디어에서 항상 종속적인 존재로 묘사되어 왔으며, 고대부터 부모와 남성 모두에게 그렇게 되도록 훈련받아 왔다.

기원전 750년까지 거슬러 올라가면, 아내 학대를 허용하여 여성을 소유물로 만들고 남편이 그녀를 책임지게 하는 법이 제정되었다. 1864년까지는 남성이 아내를 때릴 때 사용하는 몽둥이 길이가 엄지손가락보다 넓지 않아야 한다는 '엄지손가락 법칙(rule of thumb)[1]'이 존재했다(Fenoglio, 1989).

---

1) 역자주해: 19세기 영국의 관습법에서 매의 굵기가 남편의 엄지보다 굵지만 않다면 아내를 구타하는 것은 정당하다는 법칙이다. 대략 잰다는 뜻인 영어의 'rule of thumb(눈대중)'이라는 말도 여기서 유래했다.

1974년에는 미네소타에 최초의 폭력 피해 여성 쉼터가 설립되었다. 그 이후로 미국 전역에 약 700개의 쉼터가 설립되었다. 이것으로 충분하지 않았지만, 적어도 시작인 셈이다.

서구 선진국 여성들은 아내 구타가 법적으로 허용되는 일부 남미 국가에 비해 운이 좋은 편이다. 그 예로, 남자다움을 내세워 아내를 살해한 혐의로 무죄 판결을 받은 브라질 남성의 사례를 들 수 있다. 이 남성 중심 사회의 규칙에 따르면, 아내가 외도를 저질렀다는 사실을 안고 살아야 하는 그의 명예에 대한 타격은 남성이 참고 살아야 하는 것보다 컸다.

배우자를 구타하는 것은 위법이지만, 배우자 학대가 심각한 경우라도 고소를 제기하고 정의를 실현하기 어렵다. 1989년 일부 주에서는 구타당한 배우자가 고소하지 않더라도 경찰관이 배우자 학대를 목격하면 고소를 할 수 있는 권한이 주어졌다. 이러한 태도 변화는 부분적으로는 구타당한 배우자가 고소하지 못하는 경우가 많은 피학대 여성 증후군(PTSD의 일종)에 대한 최근의 인식으로 인한 것이다. 1994년 캘리포니아에서는 의료 시설, 클리닉 또는 의사 사무실에 고용되어 있으며 파트너로부터 폭행당하는 여성을 알고 있는 의료 종사자가 이러한 행위를 법 집행관에게 신고하도록 하는 새로운 법안이 통과되었다. 이처럼 외부 통제가 필요한 것은 폭행당하는 여성이 피학대 여성 증후군을 앓고 있는 경우 위험한 상황에서 벗어나기 위한 결정을 적절히 내릴 수 없다는 비교적 최근의 생각 때문이다. 캘리포니아에서는 여러 전문 자격증 신청자가 배우자 학대 관련 과정을 이수했음을 증명해야 하는 추가 법안도 통과되었다. 9/11 테러 이후, 이전에는 '테러리스트 위협(배우자를 죽이겠다고 협박하는 가해자)'이라고 불렀던 것을 '범죄 협박'이라고 부르게 되었다(Arambarri, 2005). 범죄 협박은 피해자에게 신체적 위해를 가하지는 않지만, 정서적 학대의 한 형태이며 피해자가 가해자를 떠나지 못하게 하는 경우가 많다.

1994년 6월 니콜 브라운-심슨(Nicole Brown-Simpson)의 살인 사건은 전 세계에 배우자 학대의 현실에 대해 경각심을 불러일으켰다. 유명한 오 제이 심슨(O. J. Simpson) 재판은 1990년대 중반에 배우자 학대에 관한 영화, 토크쇼 주제, 입법 제안이 쏟아지는 계기가 되었다. 심슨 사건으로 촉발된 주요 변화는 가해자를 위한 상담 서비스 제공에 초점을 맞춘 것이다. 사법 시스템의 명백한 결함을 살펴본 결과, 과거처럼 가해자의 행동을 단순히 무시하는 대신, 가해자가 전환 집단에 가도록 하여 반복적인 폭행을 예방하는 데 도움이 되도록 자금이 지원되고 있다. 과거에는 폭력적인 관계에서 일어나는 일에 대해 사람들이 가진 많은 오해가 있었다. 배우자 학대에 대한 몇 가지 오해는 다음과 같다:

1. 통념: 가정 폭력은 소수자나 사회경제적 수준이 낮은 가정에서만 발생한다. 사실: 가정

폭력은 모든 인종과 모든 사회경제적 배경에서 발생한다.

2. **통념**: 여성은 피학적이며 구타를 통해 무의식적인 만족감을 얻는다. **사실**: 이 구시대적인 개념은 오랫동안 받아들여지지 않았다. 여성이 학대받는 것을 좋아한다면 피학대 여성 증후군, 우울증, PTSD를 겪지 않을 것이다.

3. **통념**: 피학대 여성은 의존성 성격장애가 있다. **사실**: 모든 피학대 여성이 의존성 특성을 보이는 것은 아니다. 상당수는 자립적이고 자기 관리와 자율성이 뛰어난 사람들이다. 오히려 가해자가 파트너에게 의존하는 경우가 많다.

4. **통념**: 구타는 알코올 및 약물 남용으로 인해 발생한다. **사실**: 약물 남용은 폭력과 관련이 있지만 가정 폭력과 항상 연관되지는 않는다. 구타에는 여러 가지 원인이 있다.

5. **통념**: 가해자는 정신질환을 앓고 있다. **사실**: 가해자에게 분노와 통제 문제가 있는 것은 사실이지만, 반드시 정신질환의 기준을 충족하지는 않는다(Woods, 1992).

친밀한 파트너 학대와 관련된 문화적 요인과 보편적 요인

보편적 요인. 남성이 여성에게 권력을 행사하는 것은 역사적 현실이다. 인류 문명이 시작된 이래로 남성은 더 큰 몸집과 우월한 힘으로 인해 가족 단위의 생존을 책임져 왔다. 공격성과 생존을 보장하기 위한 메커니즘이 내재되어 있었을 수도 있다. 여성은 자신과 자녀의 생존을 위해 인내심을 갖고 남성의 요구와 행동을 참는 법을 배웠을 가능성이 있다. 남성이 이웃 부족을 습격하여 여성을 강제로 데려와 함께 사는 것은 드문 일이 아니었으며, 이는 아마도 호모 사피엔스의 종을 번식시키려는 본능이었을 것이다. 남성이 배우자를 통제하여 그녀가 자신의 자녀를 돌보도록 했을 가능성이 높다. 남성이 여성에 대한 지배권을 주장한 이러한 역사는 대부분의 문화 집단에서 보편적으로 존재했을 것이다.

이러한 전통이 수 세기 동안 보편적이었다고 하더라도, 오늘날의 세계에서는 생존을 위해 무력이 필수적이지 않다. 남성과 여성은 가족 단위의 생존을 유지한다는 측면에서 더 평등하다. 진화론적으로 볼 때 남성이 여성을 따라잡지 못해서 전 세계 모든 문화권에서 가정 폭력 발생률이 높은 것일 수 있다.

문화적 고려 사항. 라틴계 고립은 영어를 사용하지 않고 주류 가치관에 익숙하지 않은 라틴계에게 특히 문제가 된다. 라틴계 가정 폭력 피해자는 의료 서비스 제공자와의 관계가 단절된 경우가 많으며, 최근 이민자들은 추방에 대한 두려움으로 경찰 신고를 하는 데 위협을 느낀다. 문화적 배경이 없는 라틴계 여성은 쉼터 등 이용이 가능한 자원을 알지 못할 수 있으며, 가족 내 문제와 관련된 더 깊은 낙인을 경험하여 다른 사람에게 자신의 학대 사실을 말하기 어려울 수 있다. 경제적 학대는 영어가 서툴고 고용 이력이 부족하며, 기술이나 교육이 없어서 경제적 자립 능력이 부족한 일부 미숙련 라틴계 이민자인 경우도 문제가 된다. 남성이 여성에 대해 남성적 특권을 주장하는 라틴계 전통의 남성우월주의도 라틴계만의 문제일 수 있다. 일부 라틴계는 남성의 어떤 행동이 가학적인지, 어떤 행동이 정상적인 남자다움의 표현인지 구분하기 어려울 수 있다. 가족주의는 어떤 대가를 치르더라도 가족의 단결을 유지하려는 라틴계의 욕구를 강화하기도 한다(Sorenson, 1996; Volpp & Main, 1995).

아프리카계 미국인. 학대당한 아프리카계 미국인 여성은 라틴계 여성과 마찬가지로 자신의 커뮤니티를 배신하고 싶지 않은 마음과 인종 차별에 대한 사회적 감정으로 인해 외부 커뮤니티로부터 고립감을 느낄 수도 있다. 또한 과거의 인종 차별 경험으로 인해 법률 시스템과 의료 서비스 제공자에 대한 불신을 느낄 수도 있다. 많은 여성과 마찬가지로 아프리카계 미국인 여성은 경제적 자립 능력이 부족하여 폭력적인 상황을 떠날 수 없다고 느낄 수 있다. 마지막으로, 남성 파트너로부터 정서적·신체적으로 학대당하는 일부 아프리카계 미국인 여성은 인종 차별적 사회의 스트레스 요인에 더 이상 노출되지 않도록 아프리카계 미국인 남성을 지지해야 한다고 느낄 수 있다(Campbell, 1993; Thompson & Maslow, 2000; White, 1994).

아시아계 미국인. 다른 여성과 마찬가지로 아시아계 미국인 여성은 종종 외부 커뮤니티로부터 소외감을 느낀다. 가정 폭력에 대해 말하기 꺼리는 이유는 가족에게 수치심을 안겨 주고 자신이 속한 커뮤니티에서 배척당할까 두려워하기 때문일 수 있다. 또한 언어 및 기타 문화적 차이가 있을 수 있고, 미국에서 보장되는 기본적인 시민권을 알지 못하거나, 특히 가족 중 유일하게 살아남은 난민일 경우 언어적·문화적으로 적절한 자원이 부족할 수 있다.

아시아 문화권에서는 성 불평등을 조장하는 규범이 눈에 잘 띄고 뚜렷하게 드러나는 경향이 있다. 남성은 종종 중요한 결정을 내리는 데 있어 우월한 존재로 여겨지며, 여성은 일반적으로 배우자의 의견에 공개적으로 반대하지 않는다(Huisman, 1996; Richie, 1988).

이러한 문화 집단에 가정 폭력을 조장하는 규범이 내재되어 있는 것처럼 보이는 것은 사실이지만, 그렇다고 해서 이러한 규범을 지지해야 한다는 의미는 아니다. 상담사는 항상 가정 폭력이 범죄이며 미국에서 처벌될 수 있다는 사실을 인지하고 상담을 진행할 수 있다. 우리의 목표는 판단하지 않고 이해하는 것이며, 결국 피해자와 가해자 모두 폭력 없이도 삶이 더 안정적일 수 있다는 것을 이해하도록 돕는 것이다. 이러한 소수 민족의 경우 위기상담사는 교육, 문화적 규범에 대한 토론, 주류 문화에서 그러한 규범이 실행 불가능한 이유를 통해 피해자와 가해자 모두 권력과 통제에 대한 욕구를 충족할 수 있는 방법을 찾도록 도울 수 있다. 내담자가 위기 상황의 문화 보편성과 문화 특수성을 이해하도록 돕는 것은 종종 큰 도움이 된다. 여기서는 가정 폭력에 초점을 맞추었지만, 이 모델은 다른 어려움에도 유용할 수 있다.

친밀한 파트너 학대 유병률

미국에서 여성과 남성 모두에 대한 신체적 폭행은 놀라울 정도로 흔한 일이다. 1995년과 1996년에 실시된 설문조사(Tjaden & Thoennes, 1998)에서 8,000명의 여성과 남성을 대상으로 평생 폭행당한 경험에 대해 질문했다. 그 결과, 우리 사회에서 신체적 폭력의 유병률이 매우 높은 것으로 나타났다. 여성의 52%와 남성의 66%가 평생 신체적 폭행을 당한 적이 있다고 답했다. 폭행의 유형은 밀거나 움켜쥐거나 밀치는 것, 머리카락을 잡아당기는 것, 뺨을 때리거나 발로 차거나 물거나 목을 조르는 것, 물건으로 때리거나 총이나 칼로 위협하는 것 등 다양했다. 평생 남성이 여성보다 더 많은 폭행을 당하는 것은 사실일 수 있지만, 배우자나 파트너에 의한 여성에 대한 폭력은 더 만연하다. 실제로 설문조사에 참여한 여성의 25%가 현재 또는 전 배우자나 파트너로부터 강간이나 폭행을 당한 적이 있다고 답한 반면, 남성은 8%에 그쳤다.

여성에 대한 폭력은 주로 파트너 폭력이라는 인식이 널리 퍼져 있는데, 여성의 76%가 현재 또는 전 남편이나 파트너로부터 강간이나 신체적 폭행을 당했다고 응답한 반면, 남성은 18%에 그쳤다. 또한 여성이 남성보다 폭행 중 부상을 당할 가능성이 훨씬 높다.

스토킹은 남성과 여성에 대한 또 다른 형태의 폭력이다. 피해자는 전 배우자나 연인이 자신을 쫓아다니며 상해를 입힐 수 있다는 생각에 높은 수준의 공포를 느낀다. 설문조사에 참여한 여성의 약 8%와 남성의 2%가 평생 스토킹을 당한 적이 있다고 답했다. 미국에서는 매년 100만 명의 여성과 371,000명의 남성이 스토킹을 당하는 것으로 추정된다.

연인에 의한 여성 폭력은 미국에서 매우 만연해 있어 이에 대한 정보를 전하기 위해 많은 웹사이트가 만들어졌다. 미국 보건복지부 여성 건강 사무소를 통해 국립 여성 건강 정보 센터(National Women's Health Information Center, 2000)는 인터넷 사용자를 위한 다양한 서비스를 제공한다. 이 단체의 목적은 문제에 대한 인식을 높이고, 연구를 후원하며, 여성 폭력에 관한 사실과 통계에 대한 정보를 제공하는 것이다. 가정 폭력(친밀한 파트너 폭력)을 가족 또는 친밀한 관계에서 여성에게 가해지는 폭력 행위로 정의하며, 여기에 해당하는 폭력은 신체적 학대, 심리적 학대, 성폭행, 정서적 학대, 고립, 경제적 학대 등이다. 〈BOX 9.3〉은 가정 폭력에 대한 관련 사실을 제시한다.

BOX 9.3   가정 폭력에 관한 사실

- 가정 폭력은 15∼44세 미국 여성 부상의 주요 원인이다.
- 매년 100만 명이 조금 넘는 여성이 파트너 학대의 피해자이다.
- 여성 4명 중 1명은 일생 동안 동거 파트너로부터 폭행을 당한다.
- 거의 3분의 1에 가까운 여성이 남편이나 남자친구로부터 신체적 학대를 당했다고 보고한다.
- 여성 살인 피해자의 30%는 친밀한 파트너에 의해 살해당했다.

출처: National Women's Health Information Center (2000).

사람들은 왜 머무르나

대인관계 파트너 폭력은 남성과 여성 모두에게 발생한다. 그러나 여성이 남성보다 학대당할 가능성이 더 높다. 문헌 대부분은 파트너 학대의 생존자인 여성에 초점을 맞추고 있지만, 대인관계 파트너 폭력이 남성에게 미치는 영향에 대해서도 자세히 읽어 보길 권한다. 이 장의 많은 내용은 학대받는 남성에게도 적용될 수 있지만, 친밀한 파트너 학대의 주요 구성요소를 설명할 때는 대부분 여성 대명사를 사용한다.

사람들이 언어적·정서적·신체적·성적 학대를 하는 파트너와 함께 지내는 이유를 몇 가지 짐작할 수 있을 것이다. 학대받는 사람마다 각자의 이유가 있다. 위기상담사는 당사자와 함께 이러한 이유를 살펴보고, 정당한 이유가 있어서 학대를 견디고 있을 수 있지만 학대와 함께 계속 살 필요는 없으며 도움을 받을 수 있다는 것을 이해하도록 돕는다. 〈BOX 9.4〉를 검토하여 여성이 학대관계를 지속하는 몇 가지 이유를 이해해 보라.

폭력의 순환

배우자 학대는 반복되는 3단계 패턴으로 이해할 수 있다. 우즈(Woods, 1992)에 따르면 폭력의 순환은 일반적으로 허니문 단계에서 시작하여 긴장감 조성 단계를 거쳐 폭발 단계로 이동한 후 다시 허니문 단계로 돌아간다. 수년이 지나면 어느 순간 두 번째 허니문 단계는 사라지고 긴장-폭발 주기를 기반으로 관계가 형성된다. 〈표 9.1〉은 이 순환 주기를 설명한다.

BOX 9.4   **여성이 학대적인 관계에 머무르는 이유**

- 그녀는 그가 자신과 반려동물 그리고 자녀나 그녀의 가족을 죽일까 봐 두려워한다. 그는 종종 그렇게 하겠다고 협박한다.
- 그녀의 종교적 신념은 그녀가 떠나는 것을 금지한다(죽음이 우리를 갈라놓을 때까지).
- 그녀는 친가족적인 사회의 영향을 받는다(어떤 대가를 치르더라도 함께 있어야 한다는).
- 그녀는 경제적으로 남성에게 의존하고 있다. 그는 종종 그녀에게 학교나 직장을 그만두도록 강요하거나, 일을 하거나 재정 상황에 대해 알게 되도록 허락하지 않는다.
- 그녀는 자원이 없다(갈 곳도, 교통수단도, 돈도 없음).
- 아이들에게는 아빠가 필요하다.
- 그녀는 자신의 가족으로부터 아무런 지원도 받지 못하며, 버텨 내라는 말을 듣는다.
- 그녀는 남편이 학대하지 않을 때는 그를 사랑하기 때문에, 그가 변하기를 희망한다.
- 그녀는 그가 자신을 때리는 것이 그녀의 잘못이라고 말하는 것을 믿는다.
- 그녀는 다른 선택의 여지가 없다.
- 그녀는 불안하고 자신을 돌볼 수 없다고 느낀다(심리적 의존).

〈표 9.1〉 **폭력의 순환**

단계	여성	남성	역동
허니문 단계	특별함과 사랑, 의존을 느낌	질투, 과잉 소유욕, 사랑, 의존성	상호성 부족, 건강한 친밀감 부족
긴장감 조성 단계	달걀 껍질 위를 걷는 것처럼 위태롭고, 폭력을 예방하려고 노력함	사소한 사건, 비판하기, 고함, 비난하기, 아직 자신을 통제하지만, 긴장이 높음	여자는 그가 화가 난 것이 자기 잘못이라고 믿음. 둘 다 문제가 있다는 것을 알 수 있음. 상담사의 개입을 통해 다음 단계를 예방할 수 있는 기회의 창
폭발 단계	만약 생존하더라도 타박상이나 골절상을 입고 병원에 입원하기도 하며, 탈출보다는 생존에 집중함	통제 불능, 몇 시간 동안 아내를 위협하고, 물건을 부수고, 때리고, 침을 뱉고, 밀고, 질식시키고, 태우고, 묶고, 강간하거나 차 버릴 수 있음	폭력은 시간이 지남에 따라 악화되고 때로는 경찰이 출동함. 부인하기 전에 여성에게 기회의 창이 존재함

다시 허니문 단계	충격 속에서 사과나 꽃을 받는 데 취약하며, 다시는 이런 일이 다시는 일어나지 않기를 바람	사과하고, 다시는 이런 일이 없을 것이라고 맹세하며, 쇼핑을 하고, 파티를 열도록 권유하고, 잠시 그녀를 잘 대해 줌	사태의 부정과 최소화에 기반한 잘못된 해결, 삶은 계속됨. 긴장이 다시 발생하고 악순환이 계속됨. 허니문은 결국에 긴장 폭발로 끝나는 첫 단계임

피학대 여성 증후군

이러한 패턴이 두 번 이상 반복되면 여성은 종종 피학대 여성 증후군(Battered Woman Syndrome: BWS)으로 나아간다. 이는 위기상담사가 해결하고 치료해야 하는 PTSD의 한 유형이다. 피학대 여성 증후군의 세 가지 구성 요소는 다음과 같다:

1. PTSD 증상: 폭력에 의한 피해의 트라우마로 인해 다양한 증상이 나타나는데, 이러한 폭력이 정상적인 인간 경험의 범위를 벗어나기 때문이다. 여성들은 꿈에서 트라우마를 다시 경험하고, 트라우마와 관련된 자극을 피하며, 감정을 회피하고, 전반적인 반응이 마비되는 것을 경험할 수 있다. 또 주의가 산만해지고, 흥미를 잃고, 각성과 불안이 증가하며, 수면에 어려움을 겪을 수 있다.
2. 학습된 무기력: 학습된 무기력 상태는 시스템을 떠나거나 도움을 받으려고 시도했지만 시스템 오류 또는 다른 요인으로 성공하지 못한 후에 발생한다. 그녀는 폭력에서 탈출하기보다 생존하는 법을 배움으로써 이러한 좌절감을 방어한다.
3. 폭력에 대한 자기 파괴적 대처 반응: 자신의 유일한 선택은 남는 것뿐이라고 인식하기 때문에(살해당할까 두려워하거나 갈 곳이 없을 수 있음), 종종 탈출하기 위해 약물과 알코올을 사용하거나 자살을 시도할 수 있으며, 죽음을 선택하는 것이 자신의 선택이 될 수 있다(Fenoglio, 1989).

내담자가 폭력 피해 여성이라고 판단한 후, 상담사는 그녀를 평가하지 않고 현상학적 관점으로 이해하려고 노력한다. 피해 여성 센터와 쉼터에서 일하는 상담사들의 이전 사례를 통해 피해 여성들이 어떤 신념을 가지고 있는지 파악하는 것이 도움이 된다. 우즈(1992)는 이러한 여성 중 상당수가 남성을 돌보도록 키워졌으며, 파트너가 상처를 입었을 때 그를 보살피는 것이 자신의 역할이라고 믿는다고 말한다.

또한 이 여성은 책, 미디어 또는 기타 정신건강 전문가로부터 자신이 공동의존자이며 병에 걸린 사람이라는 확신을 받아 남기로 했을 수도 있다. 우리 사회에서 여성은 의존적이도록 사회화되어 있다는 사실을 인정하기보다는 판단하고 머물러 있는 것에 대해 자신을 나약한 사람이라고 부르고 있을 수도 있다.

다른 여성들은 자신이 학대적인 관계에 있다는 사실조차 인식하지 못할 수 있으므로 상담사는 내담자가 이러한 생각을 받아들이고 부인하는 것을 포기하도록 도와야 한다. 상담사가 내담자를 학대적인 관계에 있다고 의심하기 시작하면 내담자가 파트너와 경험한 다양한 행동을 살펴보는 것이 좋다. 다음 목록은 여성이 구타 및 학대를 당할 때 관계에서 흔히 나타나는 다양한 행동, 감정 및 역동을 제시한다. 위기상담사는 이 정보를 활용하여 여성에게 학대 여부를 확인하기 위한 질문을 안내할 수 있다. 이러한 행동은 또한 여성에게 자신이 겪은 일을 겪고 있는 다른 여성들의 전형적인 패턴을 교육하는 데 사용될 수 있으며, 이는 자신의 경험을 타당화하고 정상화하기 위한 목적에 도움이 될 수 있다. 이러한 패턴을 많이 경험한 여성은 학대관계에 있을 가능성이 높으므로 폭력의 순환과 피학대 여성 증후군에 대해 교육하는 것도 도움이 될 수 있다. 상담사는 내담자가 학대관계에 있는지를 파악하도록 도울 때 〈BOX 9.5〉에 제시된 패턴을 물어봐야 한다.

BOX 9.5. 학대관계의 전형적인 패턴

파트너는:
- 그녀의 감정을 무시함
- 여성을 집단으로 조롱하거나 모욕함
- 여성의 가장 소중한 신념, 종교, 인종, 유산 또는 계급을 조롱하거나 모욕함
- 처벌을 이유로 허락, 감사 또는 애정을 보이지 않음
- 지속적인 비난, 그녀의 이름을 부르고, 소리를 지름
- 사적으로 또는 공개적으로 모욕감을 주었음
- 그녀와 어울리는 것을 거부함
- 일하는 것을 막고, 돈을 통제하고, 모든 결정을 내림
- 일하거나 돈을 나누는 것을 거부함
- 그녀에게서 자동차 열쇠나 돈을 빼앗음

학대받는 파트너는 종종:
- 자신의 판단력을 의심하거나 미쳤는지 궁금해함
- 파트너를 두려워하고 자신의 의견을 자유롭게 표현하지 않음
- 다른 사람에 대한 두려움이 있고, 타인을 덜 보는 경향이 있음
- 문제를 제기하기 전에 파트너의 기분이 나쁜지, 나쁘지 않은지 관찰하는 데 많은 시간을 보냄
- 돈을 쓰거나, 수업을 듣거나, 친구들과 사귀기 위해 파트너의 허락을 구함
- 파트너의 성질에 두려움을 느낌
- 파트너의 감정을 상하게 할까 봐 두려워하거나 파트너의 분노를 두려워하기 때문에 순응함
- 파트너가 곤경에 처했을 때 또는 파트너 때문에 그를 구하고 싶은 충동을 느낌

- 정기적으로 떠나겠다고 협박하거나 떠나라고 말함
- 그녀 또는 그녀의 가족을 해치겠다고 협박함
- 그녀에게 화가 났을 때 아이들을 처벌하거나 빼앗음
- 그녀가 떠나면 아이들을 납치하겠다고 협박함
- 그녀를 해치기 위해 반려동물을 학대, 고문 또는 살해함
- 그녀가 바람 핀다고 상상하는 것만으로 괴롭힘
- 거짓말과 모순되는 말로 그녀를 조종함
- 가구를 파괴하고, 벽에 구멍을 뚫고, 가전제품을 부숨
- 위협적인 방식으로 총을 휘두름
- 파트너가 나쁜 대우를 받았을 때 파트너의 행동에 대해 자신이나 다른 사람에게 사과하는 자신을 발견함
- 파트너가 질투하거나 화가 났을 때 파트너에게 맞거나, 발로 차이거나, 밀쳐지거나, 물건으로 맞은 적이 있음
- 파트너가 무엇을 원하는지 또는 파트너가 어떻게 반응할 것인지에 따라 활동 및 친구에 대해 결정을 내림
- 음주 또는 약물 사용

출처: Southern California Coalition on Battered Women (1989).

피학대 여성에 대한 개입

피학대 여성에 대한 개입의 목적은 여성이 자신의 안녕과 안전을 위해 행동하도록 격려하는 것이다. 피학대 여성에 대한 개입의 다섯 가지 목표는 다음과 같다:

1. 도움을 받을 수 있음을 알려 준다.
2. 자원에 대한 구체적인 정보를 제공한다.
3. 정확한 의료 기록으로 폭행 사실을 문서화한다.
4. 그녀의 경험을 지지적인 태도로 인정해 준다.
5. 자신의 결정에 대한 권리를 존중한다.

피해자가 폭력과 피해자의 관점을 파악할 수 있도록 돕는 동시에, 상담사는 피해자에게 폭력에 대한 지식을 제공하고 피해자의 생각을 재구조화할 수 있도록 도와주도록 한다. 또한 위기상담사는 힘을 실어 주고 지지하는 의견을 제시할 뿐만 아니라 책, 쉼터 또는 단체와 같은 자원을 제안한다.

교육.   우즈(1992)는 이 장의 첫머리에 제시된 폭력에 대한 다양한 사실을 여성에게 알려주는 것도 중요하다고 말한다. 이는 여성이 혼자가 아니라는 것을 깨닫는 데 도움이 될 것이

다. 또한 폭력의 강도와 빈도는 일반적으로 증가한다는 것, 가해자가 변화하려면 전문가의 도움이 필요하다는 사실을 알려야 한다.

재구조화.　우즈(1992)는 폭력 피해 여성 운동에서 일하는 대부분의 페미니스트와 마찬가지로, 가해자에게 문제가 있으며 여성이 할 수 있는 어떤 것도 다음 폭력을 예방할 수 없음을 말해야 한다고 믿는다. 이는 그녀가 저녁을 준비하고, 아이들을 조용히 시키고, 침대를 정리하기만 하면 남편이 화를 내지 않을 것이라는 믿음에 반하는 것이다. 남편은 아프기 때문에 전문가의 도움이 필요하다는 점을 지적하는 것이 아내에게 받아들여질 수 있다.

또 다른 재구조화는 자신이 가해자 옆에 머무르고, 약물과 알코올을 사용하는 것은 약하기 때문이라는 믿음과 관련이 있다. 위기상담사는 이러한 행동을 그녀가 강하다는 증거로 재구조화할 수 있다. 그녀의 행동은 생존 필수품을 얻는 방법을 배우는 전쟁 포로의 행동과 유사하게 이해될 수 있게 되면, 그녀의 약점은 이제 강점이 된다. 이 새로운 관점은 종종 그녀의 관점을 바꿀 수 있으므로, 위기상담사의 지원을 통해 새로운 행동을 취할 힘이 있다고 믿기 시작한다.

쿠직(Cusick, 1992)도 "치료사는 내담자가 자신의 생존을 스스로 조율했으며 계속해서 그렇게 할 수 있는 기술을 가지고 있음을 보여 주어야 한다."는 데 동의한다(p. 48).

힘 실어 주기 및 타당화.　피학대 여성이 마지막으로 요구하는 것은 자신이 해야 할 일에 대해 다른 사람이 대신 결정해 주는 것이다. 위기상담사에게 결정을 내리지 않는 것이 매우 스트레스가 될 수 있는데, 이는 종종 피해 여성 내담자가 가해자와 함께 남아서 다시 학대당하는 것을 선택하기 때문이다. 위기상담사는 이런 사람들에 대한 자신의 좌절감과 무력감에 주의를 기울여야 한다. 상담사는 반복적으로 폭행을 당한 내담자와 함께 일하면서 이차 PTSD에 빠지기 쉽다. 이러한 감정이 느껴지면 다른 상담사와 상담하는 것을 잊지 말라.

일반적으로 피학대 여성은 모든 결정을 가해자가 대신 내려왔기 때문에, 상담사가 할 수 있는 최선의 방법은 피해자에게 선택권을 제공하고 지원하는 것이다. 상담사는 이름, 전화번호, 제안 사항을 알려 줄 수 있다. 피해 여성의 주된 관심사는 "어떻게 하면 안전할 수 있을까?"인 경우가 많다. 상담사는 피해자가 가해자를 떠날 때 가장 위험하지만, 원할 경우 안전을 보장할 수 있는 계획을 세울 수 있음을 알려 줄 수 있다.

가족, 친구, 교회 관계자 등 피해자가 스스로 자원을 찾을 수 있도록 돕는 것이 먼저라고 할 수 있다. 폭력 피해 여성 쉼터는 일반적으로 무료이고 최후의 수단으로 이용할 수 있다. 쉼터는 리조트 호텔과 같지 않으며, 상당한 자유가 보장되지 않는다. 그러나 갈 곳이 없거나 찾을 곳이 없는 경우 쉼터는 훌륭한 자원이 될 수 있다.

가해자

가해자에게도 희망이 있을까? 치료할 수 있을까? 부부상담이 도움이 될 수 있을까? 이러한 질문에 대한 답은 가해자 남성과 그의 동기에 따라 달라지기 때문에 까다롭다. 우즈 (1992)에 따르면 가해자 치료 프로그램의 성공률은 1%에 불과하다. 이 매우 낮은 수치에도 불구하고 일부 연구에 따르면 법원에서 명령한 상담이 도움이 될 수 있다.

1990년에 발표된 한 연구에서는 법원의 추천을 받은 120명의 가해자 집단과 101명의 비추천 가해자 집단을 비교했다. 그 결과, 법원이 의뢰한 상담을 받은 남성 중 7%가 재범률이 감소한 것으로 나타났다. 1990년에 발표된 또 다른 연구에서는 학대 남성들이 상담 후 1년 동안 폭력적인 행동을 하지 않은 것으로 나타났다. 이러한 연구를 바탕으로 샌디에이고의 해병대 가족 서비스 센터는 가정 폭력 퇴치를 위한 모델 프로그램을 수립했다(Barnett & La Violette, 1993, pp. 126-127).

다른 연구에 따르면 단기(6~12주) 정신 교육적 학대자 개입 프로그램은 일부 학대자가 단기간에 신체적 폭력을 멈추는 데 도움이 되었지만, 시간이 지나면서 학대를 멈추는 데는 불충분했다. 심지어 이러한 프로그램에 참여한 후 심리적 학대와 협박이 더욱 교묘해졌다는 연구도 있다(APA, 1996, p. 85). 점점 더 많은 폭력 피해 여성 쉼터에서 시설에 가해자 프로그램을 포함하고 있다. 더 많은 치료사가 정말 도움이 필요한 이들을 위한 모임을 제공하고 있다. 판사들은 남성이 파트너를 구타한 혐의로 기소되어 유죄 판결을 받은 경우 징역형 대신 상담을 의무화하고 있으며, 이는 문제에서 남성의 역할에 더 중점을 두는 추세를 보여 준다.

아람바리(Arambarri, 2005)는 이러한 모임이 분노 관리보다는 권력과 통제에 더 집중해야 한다고 제안한다. 많은 경우 이러한 가해자들은 가정 폭력에 대해 특별히 훈련받지 않은 치료사가 이끄는 분노 관리 모임에 의뢰된다. 그녀는 권력과 통제 문제를 다루지 않으면 가해자가 진짜 문제를 다루지 않을 수 있다고 믿는다. 상담과 감옥 대신 남성이 여성에게 신체적으로 접근하지 못하도록 하는 접근 금지 명령을 받을 수도 있다. 그러나 최근 통계에 따르면 여성이 강간 또는 스토킹한 친밀한 관계에 대해 받은 접근 금지 명령의 2/3 이상이 지켜지지 않았고, 신체적으로 폭행한 친밀한 관계에 대해 받은 명령의 약 절반이 위반된 것으로 나타났다(U.S. Department of Justice, 2000). 보호 명령은 좋은 아이디어이지만 추가 폭력을 예방하는 데는 불충분하다. 따라서 상담은 여전히 가정 폭력 예방의 필수 요소인 것으로 보인다.

가해자를 보는 현상학적 관점

위기상담사가 때때로 가해자를 면담할 수 있다. 이 남성은 자신을 폭력 가해자로 인식할 수도 있고 그렇지 않을 수도 있으며, 도움을 요청하기로 선택했을 수도 있고 그렇지 않을 수도 있으며, 개인적 자원과 사회적 자원에 따라 개입에 응할 수도 있고 응하지 않을 수도 있다. 어떤 남성이 어떻게든 상담사 사무실에 오게 되고(파트너에 의해 또는 겉보기에 전혀 관련이 없어 보이는 문제로 인해) 위기상담사가 가정 내 폭력이 문제가 될 수 있다고 의심하기 시작하면, 상담사와 내담자가 그 남성이 폭력적인 파트너임을 인식하는 데 도움이 될 수 있는 다양한 요인이 있다. 상담사는 개입에 대한 저항을 줄이고 가능한 경우 거부를 줄이기 위해 이 남성에게 질문을 할 때 천천히 신중하게 진행하는 것이 좋다. 다음은 학대 의심 파트너의 학대 여부를 확인할 때 상담사가 질문할 수 있는 학대 파트너의 전형적인 특징 목록이다. 상담사는 학대 의심 파트너에게 이러한 특징이 많이 나타나는지 학대받는 사람에게 물어볼 수 있다. 여성 또는 남성이 이러한 자질이 얼마나 많은지 확인하면 학대 관계의 실체를 파악할 수 있다. 학대자의 개인적 특성 중 일부는 다음과 같다:

- 매우 질투심이 많다.
- 화가 나면 소리 없이 삐진다.
- 폭발적인 성격이 있다.
- 파트너를 많이 비판하고 비하한다.
- 자신의 감정을 표현하기 어려워한다.
- 술을 마시거나 약물을 사용한다.
- 책임지는 것이 남성의 역할이라고 생각하며 여성을 경멸한다.
- 통제적일 정도로 파트너를 보호한다.
- 파트너의 행동, 돈, 결정을 통제하고 있다.
- 물건을 부수거나 던지고, 화가 났을 때 파트너를 때리거나 밀치거나 발로 차는 등의 행동을 한다.
- 부모로부터 신체적 또는 정서적 학대를 받았다.

가해자에 대한 개입

우즈(1992)는 가해자 남편이 권력과 통제력을 유지하기 위해 사용하는 많은 패턴을 설명한다. 집단 환경과 개별 회기 모두에서 개입은 남성들에게 이러한 패턴과 이를 중단하는 방법에 대해 교육하는 데 중점을 둔다. 권력과 통제력을 유지하기 위해 사용되는 몇 가지 행동은 다음과 같다:

- 위협: 외모, 행동, 제스처, 큰 목소리, 물건을 부수거나 재산을 파괴하는 등의 방법으로 상대방을 공포에 떨게 하는 행위
- 격리: 무엇을 하고, 누구를 만나고, 누구와 대화하고, 어디로 가는지 통제하는 행위
- 정서적 학대: 그녀를 무시하거나, 자신에 대해 나쁜 감정을 느끼게 하기; 이름 부르기; 그녀가 미쳤다고 생각하게 하기; 마인드 게임을 사용하는 행위
- 경제적 학대: 직업을 얻거나 유지하지 못하도록 막는 행위. 돈을 요구하게 하거나, 용돈을 주지 않거나, 돈을 빼앗는 행위
- 성적 학대: 피해자의 의사에 반하여 성적인 행위를 하게 하거나, 신체의 성적 부위를 신체적으로 공격하거나, 피해자를 성적인 물건처럼 취급하는 행위
- 아이들을 이용하는 행위: 아이들에 대해 죄책감을 느끼게 만들기, 아이들을 이용해 메시지를 전달하기, 자녀방문권을 그녀를 괴롭히기 위한 수단으로 이용하기
- 협박: 정서적으로 상처를 주는 행동을 하겠다고 위협하거나 실행하는 행위, 자녀를 데려가겠다고 위협하는 행위, 자살하겠다고 위협하는 행위, 복지 기관에 신고하겠다고 위협하는 행위
- 남성의 특권 이용: 하인처럼 대하기, 모든 중요한 결정을 내리기, 성의 주인처럼 행동하기
- 신체적 학대: 비틀기, 물기, 넘어뜨리기, 밀기, 밀치기, 치기, 때리기, 목 조르기, 누르기, 주먹질하기, 발로 차기, 흉기 사용, 구타, 움켜쥐기

상담사는 남성이 사용하는 파괴적인 패턴에 대해 교육한 후 다른 부부와 마찬가지로 의사소통 기술과 타협을 시도할 수 있는 부부상담을 시도할 수 있다. 그러나 남성이 극도로 화를 내거나 편집증, 약물 사용, 남성의 권리에 대한 경직된 신념을 가지고 있는 경우에는 이러한 접근 방식이 항상 효과가 있는 것은 아니다. 이런 경우에는 가해자 집단과 함께 장기적

인 접근이 필요할 수 있다. 가해자가 위험하다고 판단되고 폭력을 용납할 수 없다고 거부하는 경우 상담사는 피해자에게 법률 지원, 별거/이혼 또는 가해자에 대한 고소를 권유할 수 있다.

아동 학대 문제

이 장의 시작은 미국 보건복지부에서 제공하는 아동 학대에 관한 몇 가지 통계를 제공하는 〈BOX 9.6〉을 검토하면서 시작해 보겠다: 아동 가족부 및 전미 아동 연맹에서 수집한 2013년과 2014년 전국 아동 학대 통계는 전미 아동 연맹(National Children's Alliance, 2016)에서 인용한 아동 옹호 센터(Children's Advocacy Center)에서 수집한 것이다.

아동 학대는 여러 가지 방식으로 위기상담사의 주의를 끌 수 있다. 각각의 경우, 학대 당사자의 수치심, 두려움, 죄책감, 분노의 감정을 파악하여 학대로 이어지는 가족 또는 개인의 역동을 이해할 수 있어야 한다. 학대가 발생한 이유와 방법을 이해하게 되면 학대로 인한 정서적 트라우마를 극복할 수 있다는 희망이 생긴다.

물론 신고된 모든 아동 학대 사례가 입증(주법에 따라 학대임이 입증된 경우)되는 것은 아니다. 신고된 사례와 사법 시스템에서 실제로 아동 학대로 간주되는 사례 간의 불일치는 허위 신고, 부정확한 신고, 증거 부족 등 다양한 요인으로 인해 발생할 수 있으며, 아동이 학대 신고에 대한 마음을 바꾸기도 한다. 상담사는 아동 학대 신고가 실제인지에 관계없이 아동에게 미치는 정서적 영향을 인식하는 것이 좋다. 허위 신고조차도 가족이 위기에 처해 있다는 신호일 수 있다. 위기상담사는 허위 신고와 실제 신고 모두와 관련된 감정과 인식을 가족 단위의 충족되지 않은 요구와 기타 문제를 파악하는 방법으로 사용할 수 있다.

때때로 위기개입 전문가는 아동이 부모에 의해 학대당하는 경우 아동, 아동의 부모 또는 가족 전체와 함께 일해야 하는 경우가 있다. 학대가 현재 문제일 수도 있고 아닐 수도 있다. 때로는 교사나 의사가 해당 지역의 아동 보호 서비스 기관에 사건을 신고한 후 사회복지사가 해당 가족에게 상담을 의뢰한다. 어떤 경우에는 위기상담사가 다른 이유로 방문한 가정에서 학대가 발생하고 있음을 발견할 수도 있다. 이럴 때 위기상담사는 법에 따라 해당 사례를 해당 주의 아동 보호 서비스 기관에 신고해야 한다.

2013년에는
- 미국에서 학대와 방치로 사망한 아동의 수는 약 1,520명으로 추산된다.
- 미국 전역의 아동 지원 센터는 약 295,000명의 아동 학대 피해자에게 서비스를 제공했다.
- 약 679,000명의 아동이 학대 및 방임의 피해자로 추정된다.
- 47개 주에서 약 310만 명의 아동이 미국 내 아동 보호 서비스 기관으로부터 예방 서비스를 받았다고 보고했다.

- 생후 첫해 아동의 피해율은 같은 연령대의 전국 인구 1,000명당 23.1명으로 가장 높았다.
- 학대 또는 학대를 경험한 아동 중 약 80%는 방임, 18%는 신체적 학대, 9%는 성적 학대를 경험했다.
- 학대나 방치로 인한 아동 사망 사고의 거의 80%가 피해 아동의 부모 중 1명 이상이 원인인 것으로 보고되었다.

2014년에는
- 미국 내 아동 학대 피해 아동 315,000명 이상이 아동 옹호 센터의 서비스를 받았다.

아동 학대의 유형

아동 학대는 네 가지 유형으로 분류할 수 있다. 신체적 학대는 우발적인 수단이 아닌 다른 방법으로 미성년자에게 조직이나 뼈에 손상을 입힐 때 발생한다. 부모의 훈육으로 인해 아동에게 상처가 생기면 일반적으로 학대로 간주된다. 성적 학대는 성인 또는 미성년자보다 몇 살 많은 사람이 미성년자와 성적인 접촉을 할 때 발생한다. 여기에는 성교, 구강성교, 항문성교, 노출, 애무 또는 키스가 포함될 수 있다. 가족구성원이 미성년자를 성적으로 학대할 때, 해당 접촉은 친족 폭력으로 간주되어 아동 보호 서비스에 신고된다. 가족이 아닌 다른 사람이 성적 학대를 저지를 때, 가해자는 일반적으로 법 집행 기관에 의해 처리된다. 일반적인 방임은 부모가 음식, 쉼터, 의복, 적절한 의료 서비스 등 미성년자의 기본적인 필요를 제공하지 않을 때 발생한다. 사회와 법은 아동이 적절한 감독을 받고, 먹이고, 의복과 주거를 통해 악천후로부터 보호받기를 기대한다. 정서적 학대는 증명하기 가장 어렵지만 가장 널리 퍼져 있는 학대 유형으로, 이 유형에서 미성년자는 반복적으로 비난과 비하를 당하고 사랑이나 양육을 받지 못하며 자아감을 발달시키지 못한다.

아동 학대와 방임을 감지하는 방법

아동 학대와 방임을 식별하는 데는 여러 가지 단서가 있다. 한 가지 징후만으로 반드시 학

대를 나타낸다고 할 수는 없지만 여러 징후가 나타나면 학대 가능성을 고려하는 것이 현명하다. 〈BOX 9.7〉에는 아동이 아동 학대의 피해자일 수 있는 몇 가지 신호를 제공한다.

BOX 9.7 아동이 학대받고 있거나 학대당했다는 신호

- 습관적으로 학교에 결석하고 계속 지각하는 경우; 집에 가고 싶지 않아 학교에 아주 일찍 도착하고 아주 늦게 떠난다.
- 순응적이고, 수줍음이 많고, 위축되고, 수동적이며, 의사소통이 안 된다.
- 신경질적이거나, 과잉 행동, 공격적이거나, 문제를 일으키거나, 파괴적이다.
- 설명할 수 없는 부상, 머리카락이 빠진 경우, 화상, 절뚝거림, 타박상 등이 있다.
- 일정 기간 팔과 다리의 타박상 등 '설명할 수 있는' 부상이 지나치게 많다.
- 적절하게 설명되지 않는 부상이 있는 경우.
- 수많은 구타에 대해 불평한다.
- 어머니가 집에 없을 때 어머니의 남자친구가 일을 처리하는 것에 대해 불평한다.
- 어려움을 겪고 화장실에 간다.
- 악천후에 부적절한 복장을 하고 있음. 예를 들어, 겨울에는 스웨터만 입고 있다.
- 팔의 타박상을 가리기 위해 여름철에 긴팔 상의나 셔츠를 입는다.
- 옷이 더럽거나 너덜너덜하거나 너무 작음.
- 더럽고 냄새가 나거나, 치아가 나쁘거나, 머리카락이 빠지거나, 이가 있다.
- 다른 어린이와 성인을 비정상적으로 두려워한다.
- 부적절한 음식, 음료 또는 약물을 제공받는다.

아동이 〈BOX 9.7〉에 나열된 몇 가지 행동을 보일 때 상담사는 학대 또는 방임을 의심할 수 있다. 이러한 행동은 위기상담사가 직접 관찰하거나 아동의 이러한 행동을 목격한 다른 사람이 상담사와 공유할 수 있다. 상담사는 아동의 징후를 관찰하는 것 외에 아동에 대한 부모의 행동과 태도를 관찰할 기회를 가질 수 있다. 이러한 관찰은 종종 상담사에게 부모가 아동을 학대하고 있다는 정보를 제공한다. 〈BOX 9.8〉에는 부모가 아동을 학대하고 있음을 나타내는 몇 가지 신호를 제공한다.

BOX 9.8 부모가 학대하고 있다는 신호

- 자녀의 문제에 관심을 거의 보이지 않는다.
- 자녀의 건강관리를 위해 비정상적으로 많은 시간이 소요된다.
- 아동이 입은 부상을 적절히 설명하지 않는다.
- 알코올 또는 약물 사용
- 위기 상황에서 의지할 친구, 이웃 또는 친척이 없다.
- 매우 엄격한 훈육을 한다.

- 동일한 부상에 대해 다른 설명을 한다.
- 부상과 무관한 문제에 대해 계속 불평한다.
- 부상의 원인이 제3자 때문이라고 말한다.
- 아동에 대한 정보 공유를 꺼린다.
- 문제의 심각성에 대해 부적절하게 대응한다.
- 어렸을 때 학대받고, 방치당하고, 궁핍했다.
- 과거 부상으로 인해 여러 의사, 클리닉 또는 병원에 아이를 데리고 다닌 적 있다(의사 쇼핑)
- 자녀의 건강 문제를 이야기할 때 비정상적으로 공격적이고 적대적이다.

출처: Orange County Social Services Agency (1982).

아동 성 학대의 추정 지표

아동이 다음에 제시된 네 가지 아동 성 학대 추정 행동 중 하나라도 보이면 성 학대를 당한 것으로 추정한다. 물론 이러한 판단을 내리는 것은 위기 종사자의 몫은 아니지만, 이러한 행동이 의심을 불러일으키므로 아동 보호 서비스에 아동 학대를 신고하기에 충분하다. 신고 의무자가 신고하기 위해서는 의심만 있으면 된다. 아동 성 학대를 나타내는 네 가지 추정 행동은 다음과 같다:

1. 아동의 직접 신고. 어린 자녀의 허위 신고는 비교적 드물다; 은폐하는 경우가 훨씬 많다. 청소년은 때때로 왜곡되거나 과장된 불만을 통해 권위 갈등을 표현할 수 있지만, 이러한 불만은 민감하고 신중하게 평가되어야 한다.
2. 임신. 조숙하지만 또래에게 적절한 성행위는 배제한다.
3. 사춘기 전 성병
4. 생식기 타박상 또는 기타 부상. 대부분의 성 학대는 강압적이기보다는 은밀하게 이루어지며, 어린 아동에 대한 접근 방식은 생식기 이외의 방법일 수 있다는 점을 기억해야 한다. 처녀막의 유무는 성 학대와 관련이 없다.

이러한 추정 행동 외에도 아동이 성적으로 학대를 당하고 있거나 당했을 수 있다는 다양한 징후가 있다. 아동 또는 아동의 주변인이 이러한 행동을 관찰하거나 설명하는 경우 위기 종사자는 학대를 의심할 수 있으므로 아동 보호 서비스에 신고해야 할 수 있다. 아동 성 학대의 다른 가능한 지표는 다음과 같다:

1. 조숙한 성적 관심 또는 집착
2. 무분별한 자위 행위

3. 질 분비물(학대보다는 자위 행위나 이물질에 의해서 더 많은)

4. 앉거나 걸을 때 명백한 통증. 회피적이거나 비논리적인 설명에 주의를 기울이고, 신체 검사를 권하기

5. 사회적 위축과 고립

6. 권위자들에 대한 두려움과 불신

7. 권위자들과의 동일시. 성인의 요구를 너무 수동적으로 받아들이는 것은 부모의 강압에 대한 조건화된 반응일 수 있다.

8. 왜곡된 신체 이미지(수치심, 추함, 손상)

9. 우울증

10. 성취 부족, 주의 산만, 공상

11. 낮은 자존감, 자기 비하, 자기 처벌, 수동성

12. 정상적이고 또래에 적합한 행동. 아동은 아무런 징후를 보이지 않을 수 있으며 발각될 위험을 조심스럽게 피한다(Orange County Social Services Agency, 1982).

유아 채찍질 증후군

지난 수십 년 동안 아이에게 생명을 위협할 수 있는 잠재적 부상인 유아 채찍질 증후군 또는 흔들린 아기 증후군이 확인되고 설명되었다. 이는 심각한 부상이며 그 결과는 치명적일 수 있다.

대부분의 유아 채찍질 증후군은 어른이 아이에게 좌절하고 화를 내며 아이를 흔들 때 발생한다. 대부분은 이것이 아이에게 얼마나 심각한 상처를 줄 수 있는지 인식하지 못한다. 아이들은 또한 놀이나 자동차 사고와 같은 다른 상황에서도 채찍질 부상을 입는다. 이러한 부상은 불안한 어른들이 넘어지거나 경련을 일으킨 후 의식이 없는 아이를 깨우려고 할 때 발생할 수도 있다.

어린 유아는 목 근육이 매우 약하고, 무거운 머리를 제어할 수 있는 힘은 서서히 발달한다. 만약 아이가 흔들리면 머리가 앞뒤로 빠르게 움직이며 흔들리는 경우가 많다. 그 결과는 성인이 자동차 사고로 겪는 목뼈 부상과 비슷할 수 있다. 그러나 일반적으로 유아의 부상은 훨씬 더 심각한데, 머리를 앞뒤로 격렬하게 움직이면 목의 척수가 손상되고 뇌 표면 안팎으로 출혈이 발생할 수 있다. 부모와 다른 성인들이 이런 종류의 부상에 대해 알고, 어떤 이유로든 유아나 어린이를 흔들지 않는 것이 매우 중요하다.

아동 학대와 외상후 스트레스 장애(PTSD)의 연관성

아동 학대가 감지되지 않고 정신건강 전문가의 주의를 받지 못하면, 학대당한 개인은 학대 이후 PTSD 증상을 보이는 경우가 많으며, 이러한 증상은 성인이 되어서도 지속된다. 학대받은 트라우마는 종종 직장과 개인적 관계에서 개인의 기능에 영향을 미친다. 종종 어렸을 때 성적으로 학대당한 경험이 있는 사람(AMACS 또는 어렸을 때 성추행당한 성인)은 무의식적으로 자녀에게 학대를 반복하거나 스스로 학대할 수 있다. 자살과 약물 남용은 이러한 사람들과도 흔히 연관되어 있다. 어렸을 때는 학대를 부인하는 것이 일상적인 생존에 도움이 되었지만, 성인이 된 후에는 학대를 부인하는 것이 일상적인 스트레스에 역효과를 내는 경우가 많다.

반복적으로 학대를 당하는 많은 아동은 아동 학대 순응 증후군이라는 질병을 앓는다. 학대, 방치, 성 학대로 인한 정서적 고통을 느끼지 않기 위해 아동은 학대를 받아들이고 맞서 싸우지 않음으로써 자신을 보호한다. 학대는 신고되기 전까지 수년 동안 계속될 수 있다. 때로는 신고되지 않아 피해자가 학대 피해자였다는 사실을 숨긴 채 사망하는 경우도 있고, 학대가 신고되더라도 우연히 발견되는 경우가 많다. 가족은 심리적으로 폭로를 감당할 준비가 되어 있지 않아 모두가 위기 상태에 빠지게 된다. 〈표 9.2〉는 아동 학대 순응 증후군과 학대 관계를 유지하는 데 사용되는 방어 수단을 설명한다.

학대받는 아동과 그 가족에게 위기개입을 제공하는 것은 피해 정도를 줄이는 데 핵심적인 역할을 한다. 조기에 개입하면 많은 아동이 성인이 되어서도 PTSD를 겪지 않아도 되고, 학대받은 아동과 그 부모, 형제자매, 그 외 친척들이 만족스러운 관계를 회복할 기회를 얻을 수 있다.

〈표 9.2〉 아동 학대 순응 증후군

학대	아동이 신체적 · 성적 · 정서적 학대를 받거나 방임된다.
비밀	가해자가 아동에게 아무에게도 말하지 말 것을 요구하거나 강요한다.
순응	아동이 학대에 맞서 싸우지 않거나 더 나은 대우를 요구하지 않는다.
폭로	학대가 어떻게든 누군가에게 혹은 우연히 언급된다.
억제	아동이 학대에 대한 자신의 이야기를 철회하거나, 가해자가 그렇게 하도록 지시할 수 있다.

모든 가족구성원은 해리, 억압, 부인, 최소화, 외현화 등의 방어 수단을 사용한다.

아동 학대 신고

전국적으로 아동 학대 신고 의무화는 1974년 「아동 학대 예방 및 치료법(Child Abuse Prevention and Treatment Act)」이 통과된 이후 시작되었다. 이 연방 법률에 따라 모든 주에서는 아동 학대를 식별, 치료하고 예방하기 위한 구체적인 절차를 채택하고 이러한 절차의 효율성을 연방 보건, 교육 및 복지부(Department of Health, Education, and Welfare)에 보고해야 했다.

현재 50개 주 모두 의무 신고법을 시행하고 있지만, 신고 대상은 주마다 다르다. 교사, 간호사, 의사, 상담사, 보육시설 종사자 등 아동과 관련된 전문가들은 아동 학대를 발견하고 치료하는 데 점점 더 중요해지고 있다(Tower, 1996, pp. 13-14). 아동과 함께 일하는 모든 전문가는 해당 주에서 의무적으로 신고해야 하는 법률에 대해 잘 알고 있어야 한다.

대부분의 주에서 아동 학대가 발생했거나 발생했다고 의심되는 경우, 위기 종사자는 지역 아동 학대 등록소나 복지 또는 법 집행 기관에 전화하여 해당 정보를 경찰관이나 사회복지사에게 보고해야 한다. 그런 다음, 일반적으로 담당자는 서면 보고서를 제출한다. 아동 보호 서비스 기관에 학대가 신고되면, 사회복지사가 사건을 조사할 책임이 있다. 대부분의 신고는 입증되지 않는, 즉 법에 명시된 학대 기준을 충족하지 않는 것으로 처리되고, 일부는 위기개입을 위한 의뢰로 이어지기도 한다. 목표는 아동을 위험에서 벗어나게 하는 것이 아니라 아동으로부터 위험을 제거하는 것이다. 아동 학대가 신고되면 부모는 심각한 위기 상태에 빠지는 경우가 많으며, 이어지는 사회복지 서비스 조사, 사법 시스템 절차 및 아동을 가정에서 데리고 나가야 해야 하는 현실을 견뎌 내기 위해 개입이 필요하다. 사람들 대부분은 이러한 상황에 대처할 준비가 되어 있지 않으며, 상황에 대처하고 계속 기능할 수 있도록 지원과 교육이 필요하다. 신고가 허위일 경우 위기 상황이 더욱 악화되면서 부모는 극심한 스트레스에 시달리는 경우가 많다. 많은 부모가 학대 의심 신고가 접수되면 자동으로 아이를 데려갈 것이라는 엄청난 두려움을 가지고 있으므로, 위기상담사는 부모에게 이런 일이 일어나지 않을 가능성에 대해 교육하여 도움을 줄 수 있다. 아동은 일시적으로 가정에서 분리될 수 있지만, 전국적으로 약 75%의 가정이 12개월 이내에 재결합한다(Report on the Conditions of Children in Orange County, 2012). 아동 보호 서비스 기관이 가족을 돕는 데 효과적이라는 신호로서 전국적인 데이터에 따르면, 아동 보호 서비스 개입 후 아동 학대에 대한 추가 신고가 접수된 가정은 약 10%에 불과한 것으로 나타났다.

가족이 아닌 다른 사람에 의해 아동이 학대당한다면, 경찰에 신고해야 한다. 대부분의 주에서 이러한 유형의 학대는 형사 사건이 되며, 부모가 아동을 보호할 수 없다고 판단되지 않는 한, 일반적으로 아동을 가정에서 데려가지 않는다.

학대받는 아동에 대한 개입

아동이 학대 피해자로 의심되는 경우, 위기상담사는 먼저 가능한 한 부드럽게 학대 사실을 확인하고, 다음으로 문제를 다루어야 한다. 학대받은 아동은 말하지 말라고 배워 왔기 때문에 학대받은 사실을 바로 털어놓지 않을 가능성이 높다. 〈BOX 9.9〉에는 아동이 학대당하고 있다는 사실을 다른 사람에게 말하지 않는 다양한 이유가 나와 있다.

BOX 9.9 　학대받는 아동이 학대 사실을 아무에게도 알리지 않는 이유

1. 아동이 학대자에게 신체적, 재정적 또는 정서적으로 의존한다.
2. 학대자가 아동 또는 다른 가족구성원의 안전을 위협한다.
3. 아동이 현재 또는 과거에 일어난 일에 대해 자신을 비난한다.
4. 아동은 착한 일은 보상받고 나쁜 일은 벌을 받는다고 배웠기 때문에, 폭력에 대한 책임이 있다고 생각한다.
5. 아동은 학대자가 알고 있고 신뢰할 수 있는 성인이거나, 아동이 증거가 없어서 아무도 자신을 믿어주지 않을 것이라고 두려워한다.
6. 아동은 성적인 문제는 절대 논의되지 않는다는 메시지를 전달받았다.
7. 아동은 무슨 일이 있었는지 설명할 말이 없고, 아동이 속한 환경의 어른들이 아동이 말하는 의미에 민감하지 않다.
8. 아동이 폭행의 트라우마로 인해 사건을 기억에서 완전히 차단한다.

출처: Colao & Hosansky (1983).

위기상담사는 학대받는 아동에게 매우 안전한 분위기를 제공하고 상담사나 다른 조력자가 연락을 취해 보호할 것이라는 확신을 심어 주어야 한다. 아동의 부모가 더 나은 훈육 방법을 배울 수 있도록 안내나 도움이 필요하다고 재구조화하는 것도 도움이 된다.

어린아이가 성 학대를 당하고 있다면, 보육교사는 "아빠나 할아버지, 삼촌 등에게 문제가 있으며 그(녀)가 하는 일을 멈추기 위해 의사의 전문적인 도움이 필요하다."라고 말해 줄 수 있다. 또 다른 효과적인 방법은 "다른 많은 아이가 이런 일을 겪고 있고, 도와주는 사람들이 개입하면 보통 상황이 나아지기 시작한다."라고 아이에게 말하는 것이다. 아동이 혼자 있을 때 부모가 아동을 회유하여 학대를 부인할 것으로 판단된다면, 위기상담사는 아동 보호 서

비스 기관에 연락하여 가능한 한 아동을 붙들고 있어야 한다. 그러나 위기상담사가 해당 가족과 계속 함께 일하게 된다면, 부모에 반하는 것이 아니라 아동을 위한 것으로 보이게끔 신고 내용을 재구조화하는 것이 도움이 되는 경우가 많다. 부모의 분노를 피하려면 치료 전에 모든 내담자에게 비밀보장의 한계와 필수 보고 요건을 설명하는 양식에 서명하게 하는 것이 좋다. 이는 신고 사실을 알릴 때 사용할 수 있다.

학대하는 부모나 가해자의 배우자를 위한 재구조화도 방어적인 태도를 줄이는 데 도움이 될 수 있다. 상담사는 부모에게 학대가 실제로 존재하지 않더라도 누군가가 자녀를 보호하기 위해 시간과 에너지를 쏟을 만큼 자녀에게 관심이 있다는 사실을 기뻐해야 한다고 말할 수 있다.

부모에게 이 제도에 대해 교육하는 것도 매우 도움이 된다. 위기를 해결할 수 있는 다른 방법이 있다면 사회복지 기관이 아이를 데려가지 않을 것이라고 설명해 주면, 부모가 덜 괴로워할 수 있다. 그러나 만약 부모가 심각한 학대로 유죄 판결을 받는다면, 그들은 적대적인 태도를 보일 것이다. 이런 경우에는 부모를 잃고 아동을 보호하는 것이 좋다.

주 보호 기관에 아동 학대를 신고하는 것은 가족이 다른 방법으로는 받을 수 없는 자원과 서비스를 받을 수 있는 길이라고 재구조화할 수 있다. "당신을 위해 내가 할 수 있는 모든 도움이 필요합니다."라고 말하면 방어적인 태도를 줄이는 데 도움이 될 수 있다.

방임의 경우, 사회복지 기관에서 가르치거나 자원을 제공하기 위해 부모를 설득하는 것은 상당히 쉽다. 친족 내 심각한 신체적 학대의 경우 부모가 더 저항하는 경우가 많기 때문에 수업, 집단치료, 부부 및 개인 상담이 필요하다. 때때로 이러한 가해자가 감옥에 갈 수 있으며, 이로 인해 자녀, 비학대 부모, 수감된 부모에게 다른 문제가 발생할 수 있다. 자녀는 죄책감을 느낄 수 있고, 비가해 부모는 경제적으로 어려움을 겪을 수 있으며, 수감된 부모는 외로움을 경험할 수 있다. 상담사는 이러한 다양한 문제 중 일부 또는 전부를 다뤄야 할 수 있다.

놀이치료.　학대받는 아동, 특히 언어치료에 잘 반응하지 않을 정도로 아주 어려서 말하기 전의 아동은 놀이치료에 잘 반응한다. 그들은 추상적이기보다 구체적인 두뇌 능력으로 인해 통찰력 중심의 언어치료의 혜택을 받지 못한다. 놀이를 통해 아이들은 자신의 감정을 상징적으로, 무의식적으로 표현할 수 있다. 색칠하기, 그림 그리기, 점토 성형하기, 이야기하기, 인형 놀이 등은 악몽, 충동적인 행동을 해소하는 데 도움이 될 수 있다. 학대가 일찍 신고된 경우, 부모가 지지하고 추가적인 학대 위험이 제거된다면, 어린 아동(만 10세)에게는

3~7회 정도의 놀이치료만으로도 충분할 수 있다. 위기 종사자가 적절하다고 판단되면 놀이치료 전문성을 갖춘 치료사에게 아동을 의뢰해야 한다. 위기 종사자가 놀이치료 교육을 받지 않았더라도 아동이나 부모에게 놀이치료의 목적과 과정을 설명하고 참여를 독려할 수 있다.

가족치료. 때때로 자녀가 부모와 대면하여 사과와 책임 인정을 들을 수 있도록 해야 하는 경우가 있다. 이러한 회기는 부모와 자녀 간의 계약을 설정하는 데에도 사용할 수 있다. 학대받는 아동은 부모가 스트레스를 받을 때나 일상생활 중에 그들이 따를 비학대적인 행동 계획이 있고, 이를 제3자(치료사)가 모니터링하고 있다는 확신이 들면 가해 부모와 함께 있는 것에 대한 두려움을 덜 느낄 수 있다.

학대하는 부모

학대하는 부모가 왜 그런 행동을 하는지 상담사가 어느 정도 파악하고 있으면, 학대하는 부모와 더 쉽게 상담할 수 있다. 오렌지 카운티 사회 복지국(Orange County Social Services Agency, 1982)에서는 학대하는 부모를 설명하기 위한 개요를 개발했다. 이 정보를 기억해 두면 종종 반발하는 가해자를 공감하고자 하는 위기상담사에게 도움이 될 수 있다.

학대하는 부모는 종종 특정 특징을 공유한다. 그들은 어렸을 때 신체적·정서적 또는 둘 다에서 폭력적이거나 학대적인 대우를 받은 경우가 많았다. 음식이 충분하지 않았고, 더러움과 질병에 시달리는 경우가 많았다. 그들은 어렸을 때 골절, 화상, 찰과상, 타박상을 반복적으로 겪었고, 일반적으로 엄청난 언어폭력을 경험했다. 성추행, 친족 성폭행, 비정상적인 성적 행동에 의한 성 학대를 알고 있었다. 쌍방향 의사소통을 거의 한 적이 없었고, 자녀에게도 같은 행동을 반복하는 경향이 있다.

어렸을 때 그들은 깊은 자존감 상실을 경험했고 부모로부터 강렬하고 과도한 요구와 비판을 받았다. 이들은 자신이 한 행동이 충분하지 않거나, 옳지 않거나, 잘못된 시기에 이루어졌거나, 부모를 짜증 나게 하거나 수치스럽게 만든다고 확신했다. 이들은 부모에 대한 분노를 풀거나 부모를 용서할 기회를 갖지 못했다. 사람들은 성인이 되어서도 이러한 감정을 지속하는 경향이 있으며, 활동적인 삶을 살든 외로운 삶을 살든 외롭고 친구가 없는 경우가 많다.

〈BOX 9.10〉에서는 학대하는 부모가 아동 폭행이 의심될 때 자주 보이는 몇 가지 행동에 대해 설명한다.

BOX 9.10	폭력을 행사하는 부모가 마주칠 때 보이는 일반적인 행동

- 아동의 폭행 상태에 대한 걱정, 죄책감 또는 후회를 거의 보이지 않는다.
- 아동의 부상에 대한 설명을 요구받으면 두려워하거나 화를 낸다.
- 정서적 학대든 신체적 학대든 학대 상황에 대해 회피하거나 모순된 진술을 한다.
- 부상에 대한 책임을 아동에게 전가한다.
- 아동을 비난하고 아동에 대해 긍정적인 말을 거의 하지 않는다.
- 아동의 부상이나 문제에 대한 상담사의 관심을 자신과 자신의 능력에 대한 공격으로 간주한다.
- 치료에 참여하기를 거부한다.
- 아동에 대한 관심보다는 자신에 대한 두려움 때문에 협조하지 않고 가능한 한 숨기려 한다.
- 아이를 만지거나 쳐다보지 않는다.
- 아동의 능력과 행동에 대해 비현실적인 기대가 있으며, 아동의 필요를 무시하거나 최소화하고, 아동이 어떻게 느끼는지에 대한 인식이 없다.

- 자신의 무가치함뿐만 아니라 아동의 무가치함에 대해 압도적인 감정을 보인다.
- 또 다른 실패에 대한 죄책감이나 기대 또는 두 가지 모두를 표현한다.

학대하는 부모가 속한 가족 단위는 종종 이러한 특징이 있다:

- 가족구성원 간의 의사소통과 이해가 거의 없다.
- 가족 단위는 어떤 혹은 모든 스트레스나 역경에 취약하다.
- 가족이 일반적으로 문제해결에 실패한다.
- 가족이 개인과 부부 갈등으로 인한 억눌린 좌절감의 희생양으로 자녀를 사용한다.
- 부모는 계획된 경우가 거의 없는 아동 학대로 좌절감을 표현한다(Orange County Social Services, 1982).

출처: Colao & Hosansky (1983).

위기상담사는 이러한 사람들에 대한 치료를 자신의 행동을 교정하고, 부모나 다른 사람들이 자신에게 해 준 것보다 자녀에게 더 잘할 수 있는 기회로 재구조화할 수 있다. 육아 정보와 기술을 제공하는 것도 위기개입의 일부가 될 것이다. 많은 부모가 처음으로 소리치는 대신 대화하는 방법, 때리는 대신 제한하는 방법, 훈육하는 대신 이해하는 방법을 교육받게 될 것이다. 새로운 기술을 배우면 더 효과적인 부모가 될 수 있고 자녀가 원하는 것을 하도록 하는 데 더 성공할 수 있다.

그들은 기능적인 부모-대상 관계가 아닌 사회적 관계를 맺는 방법을 배우게 된다. 아이에게 스트레스를 받을 때 사용할 수 있는 구체적인 대체 행동을 알려 주는 것도 도움이 된다. 〈BOX 9.11〉에서는 자녀를 학대할 것 같다고 느낄 때 부모가 취할 수 있는 몇 가지 제안을 제공한다.

BOX 9.11	아동 학대 예방을 위한 학대 부모를 위한 제안

1. 친구나 이웃에게 전화한다.
2. 아이를 안전한 곳에 두고 몇 분 동안 방에서 나간다.
3. 심호흡을 열 번 하고 열 번 더 한다.
4. 좋아하는 음악 틀기, 차 또는 커피 한 잔, 운동, 샤워, 잡지 또는 책 읽기 등 자신을 위해 무언가를 한다.
5. 깔개 털기, 설거지나 빨래하기, 바닥 문지르기, 냄비나 베개 두드리기, 불필요한 쓰레기 버리기 등 활동을 생산적인 에너지로 바꾼다.
6. 앉아서 눈을 감고 기억 속 즐거운 장소를 떠올려 보라. 몇 분 동안 움직이지 말라.

아동기에 성 학대를 당한 성인을 위한 개입

앞서 언급했듯이, 어렸을 때 성추행을 당한 성인 중 상당수가 위기개입을 찾는다. 성 학대는 종종 아동들이 잘 억압하기 때문에, 숙련된 의료진도 이를 발견하지 못하는 경우가 많다. 성 학대가 유아기에 시작되어 수년간 지속되고 신체적 학대, 의식적 학대 또는 정서적 학대가 동반되면, 생존 아동 또는 생존 성인은 장기적인 치료가 필요할 수 있다. 위기상담사는 이러한 사람들에게 단기 상담을 제공하여 부모를 기억하고 대처해야 하는 위기를 극복할 수 있도록 도와줄 수 있다. 이 순간에는 종종 응급 상황이 발생하므로 상담사는 자살을 면밀히 관찰해야 한다. 초기 위기 상태가 진정되기 시작하면 내담자는 장기 치료를 계속할 수 있다.

다른 성폭행 생존자들도 지지 집단에 참여하고 그들을 위해 고안된 책을 읽으면 좋은 반응을 보일 수 있다. 위기상담사는 해당 주제와 관련된 책을 읽고 고객에게 추천하는 것이 좋다.

성 학대 가해자에 대한 개입

성 학대 가해자는 때리는 부모와는 다른 개입 계획이 필요하다. 일반적으로 성 학대 가해자는 자신에 대한 책임을 회피하고 가족에게 희생당했다고 느끼며 한꺼번에 분노를 표출한다. 가해자는 행동에 대해 전적으로 책임을 지고 자신이 부인했던 자신의 일부를 되찾기 위해 노력해야 한다(Caffaro, 1992). 남성 가해자는 종종 자녀를 대리 아내, 보호자, 성적 파트너로 여기는 경우가 많고, 이러한 요구는 아이가 가진 것보다 훨씬 더 많은 감정적 에너지가 필요하다.

성 학대 행동을 통제하는 것이 위기개입의 초기 목표일 수 있지만, 어느 시점에서 가해자는 자신의 문제의 기원에 초점을 맞춰야 한다. 카파로(Caffaro, 1992)에 따르면, 아버지에 의한 성 학대 행위는 자신의 아버지와의 관계에서 비롯된다. 이 관계는 신체적 학대, 방임, 거부, 유기로 특징지을 수 있다. 늘 부재했던 아버지는 아들에게 부드러운 감정을 자주 드러내지 않았기 때문에 가해자인 아버지는 스스로 공감 능력을 키우는 법을 배워야 한다. 남성 집단에 속하는 것이 도움이 될 수 있다. 회원들은 대리 아버지 역할을 할 수 있으며 남성의 성장하는 자아 감각을 반영해 주고 다른 사람들과 적절하게 유대감을 형성하는 방법을 보여 줄 수 있다.

위기상담사는 이 아버지가 수치심, 두려움, 분노, 죄책감 등의 감정을 수용적인 분위기에서 표현할 수 있도록 도와야 한다. 그런 다음, 이 남성의 어린 시절 아버지와 맺은 관계와 자신의 감정을 표현하고 자아감을 발달시키고자 하는 욕구에 초점을 맞춘 집단을 만들어야 한다. 여성이 아동을 성적으로 학대하는 경우도 있지만, 남성이 아동을 성적으로 학대하는 경우가 더 흔하다.

괴롭힘

지난 10년 동안 괴롭힘은 뉴스, 영화, 텔레비전 프로그램을 통해 전국적으로 논의되어 왔다. 일부에서는 괴롭힘이 괴롭힘을 당하는 사람들에게 부정적인 결과를 초래할 뿐만 아니라 최근 초등학교, 고등학교, 대학교에서 발생한 총격 사건의 원인 중 하나라는 가설을 세우기도 했다.

정의

미국 정신의학회(American Psychiatric Association: Brohl & Ledford, 2012에서 인용)에 따르면 괴롭힘은 고통이나 해를 입히기 위한 공격적인 행동으로, 가해자와 피해자 간의 힘 또는 힘의 불균형을 수반하며 시간이 지남에 따라 반복적으로 발생하는 것이 특징이다. 괴롭힘은 종종 학교 캠퍼스와 이메일, 휴대폰 문자 메시지, 인스턴트 메시지, 블로그, 소셜 네트워크 사이트에서 발생한다.

통계

오렌지 카운티 아동 실태 보고서(Report on the Condition of Children in Orange County, 2012)를 위해 수집된 데이터에 따르면 거의 20만 명의 학생이 괴롭힘을 피하기 위해 매일 학교에 가지 않고 집에 머무는 것으로 나타났다. 또한 이 보고서의 데이터에 따르면 중학생의 60%가 괴롭힘을 당한 적이 있다고 답했다. 흥미롭게도 교직원의 16%만이 학생이 괴롭힘을 당하고 있다고 생각했다. 이는 문제와 해결책이 어디에 있는지를 보여 준다.

신체적 괴롭힘은 온라인에서 발생하는 사이버 괴롭힘과 같은 다른 유형에 비해 발견하기가 더 쉬울 수 있다. 그러나 사이버 괴롭힘은 청소년의 또래 친구들에게 전파될 수 있기 때문에 정서적으로 더 큰 피해를 줄 수 있다. 루머 유포, 협박, 모욕, 상처 주는 메시지, 불쾌한 사진 찍기, 성적인 메시지나 사진을 제3자에게 전달하는 등의 행위는 사이버 괴롭힘으로 간주된다(Bullying Statistics, 2009). 사이버 괴롭힘은 교직원들이 괴롭힘의 발생 규모를 인식하지 못하는 이유일 수 있다. 괴롭힘은 자살, 자존감 저하, 우울증 및 섭식장애와 같은 정신건강 문제, 약물 남용, 학업 성취도 저하와 같은 심각한 결과를 초래할 수 있기 때문에 불행한 일이다(Nauert, 2012; Swearer & Lembeck, 2012; UCLA, 2010; UCLA Research Center, 2010).

개입 전략

전국적으로 괴롭힘 예방 프로그램이 생겨나고 있다. 규모와 범위는 다양하지만 가장 유망한 프로그램은 다음과 같은 내용을 많이 포함하고 있다:

1. 괴롭힘을 억제하는 학교 전체 분위기 조성
2. 괴롭힘의 성격과 정도, 괴롭힘에 대한 태도를 평가하기 위해 학생들을 대상으로 설문조사 실시
3. 괴롭힘을 인식하고 대응할 수 있는 직원 교육
4. 괴롭힘에 대한 일관된 규칙 개발
5. 괴롭힘과 관련된 학교의 징계 규정 검토 및 강화
6. 교실 내 괴롭힘 문제 논의
7. 커리큘럼 전반에 걸쳐 괴롭힘 예방 테마 통합
8. 괴롭힘을 당하는 아동에게 개인과 집단 상담 제공

9. 괴롭힘을 당한 아동에게 상담 제공

10. 괴롭힘 예방에 부모 참여

11. 교사와 교직원을 활용하여 괴롭힘과 관련된 교직원의 지식과 동기를 높이기(U.S. Department of Health and Human Services, 2009)

가족과 피해자와의 협력

위기상담사는 괴롭힘을 당하는 아동과 그 부모를 함께 또는 개별 상담할 수 있다. 가장 중요한 초점은 아동을 안전하게 보호하는 것이다. 안전을 보장하기 위한 구체적인 계획을 논의하는 것이 유용하다(Brohl & Ledford, 2012). 피해자는 죄책감을 느끼고 자신을 비난할 수 있기 때문에, 상담사는 가해자의 정서적 문제가 어떻게 문제를 일으키는지 교육하고, 피해자의 힘, 회복탄력성, 삶의 즐거움을 격려할 수 있다. 구체적이고 명확한 해결책을 제시해야 한다.

가족과 괴롭힘 가해자와의 협력

괴롭힘 가해자의 부모는 다른 사람을 괴롭히는 그들의 자녀에게 취할 수 있는 특정 징계 조치를 배워야 한다. 부모는 무슨 일이 있었는지 명확히 파악하고 괴롭힘의 책임을 피해자가 아닌 가해자에게 물어야 한다. 가해자는 사과, 배상, 화해 또는 해결을 통해 문제를 해결해야 하지만 항상 피해자의 존엄성이 손상되지 않도록 해야 한다(Brohl & Ledford, 2012). 숙련된 상담사는 부모 자신이 괴롭힘을 가하고 자녀에게 무심코 또는 직접적으로 다른 사람을 괴롭히도록 가르치는지 확인하기 위해 양육 방식을 탐색하기로 결정할 수 있다. 이 과정은 어색하고 어렵지만 종종 필요하다.

〈BOX 9.12〉에서는 ABC 위기개입 모델을 사용하여 역할극을 할 수 있는 다양한 사례를 제공한다.

사례 1: 14세 소녀가 클리닉에 왔는데, 그녀의 어머니가 뭔가 잘못되었다고 믿고 있기 때문이다. 딸의 성적은 계속 떨어지고 있고, 어머니는 딸이 학교에서 어울리는 사람들이 못마땅하다. 아버지는 딸이 일곱 살 때부터 딸과 성관계를 맺어 왔다. 아버지가 딸에게 그것에 대해 말하면 집에서 쫓아내겠다고 협박했기 때문에 딸은 아무에게도 말하고 싶지 않다. 소녀의 어머니는 아버지와 행복해 보인다.

사례 2: 교회 장로인 47세 남성이 상담을 받으러 왔다. 그는 매우 성공적으로 운영되는 자신의 사업을 꾸리고 있다. 그는 상류층 동네에 살고 있으며 모두가 그를 이상적인 시민이자 부모라고 생각한다. 그는 2년 전에 아내가 사망한 후 혼자서 세 자녀를 키우고 있다. 그는 작년부터 아홉 살인 큰아이에게 분풀이를 하게 되어 이곳을 찾아왔다. 그는 아이의 팔을 두 번이나 부러뜨렸고 여러 차례 판자로 아이를 때렸다. 그는 도움이 필요하다는 것을 깨달았다.

사례 3: 한 여성이 자신과 배우자가 아동 방임으로 신고되어 가족을 데리고 왔다. 이 여성은 면접관에게 허위 진술로 인해 매우 화가 났다고 말한다. 그녀는 매우 종교적인 사람이며 자녀들을 매우 잘 돌보고 있다. 아이들은 정해진 시간에 식사를 하고 간식은 허용되지 않는다. 인터뷰하는 동안 아이들은 휴지통을 뒤지며 음식을 찾고 있었다. 어머니는 아이들이 오늘 아침을 걸렀고, 착한 아이들은 끼니를 거르지 않기 때문에 (그 벌로) 다음 끼니도 거르게 될 것이라고 말한다.

사례 4: 매우 화가 난 25세 여성이 찾아온다. 남편이 네 살배기 아들을 죽이겠다고 협박했다. 그녀의 아들은 남편의 아이가 아니다. 어젯밤 남편은 술을 마시고 있었고 아들이 남편을 귀찮게 했다. 그는 소년을 때려서 눈에 멍이 들게 했다. 남편이 아들을 때린 것은 이번이 처음이다. 보통 남편은 아내에게 화풀이했다. 그녀는 신고한 사실을 남편이 알게 되면 어떻게 할지 걱정되어 아무에게도 말하지 말아 달라고 한다.

사례 5: 27세의 간호사가 찾아온다. 그녀는 남편을 의대에 진학시키기 위해 노력하고 있다. 그녀는 자기주장이 강하지 않다고 푸념하고 있다. 그녀는 의자에 불안하게 앉아 있다. 움직일 때면 고통스러워 얼굴을 찡그리기도 한다. 그녀는 남편을 사랑하고 남편을 기쁘게 해 주고 싶지만 그럴 수 없다고 생각한다. 그녀는 성적 반응이 부족해서 남편이 때때로 극도로 화를 내며 행동한다고 느낀다.

사례 6: 65세 여성이 상담사를 찾아온다. 그녀는 은퇴한 세일즈맨인 남편과 함께 트레일러로 이루어진 실버타운에 살고 있다. 그녀는 울면서 상담실에 왔다. 입이 찢어지고 오른쪽 눈이 부어 멍이 들었다. 그녀는 모든 남성에 대한 분노와 증오를 표현한다. 어젯밤 남편이 접시에 기름이 너무 많다는 이유로 그녀를 구타했다. 그녀는 떠나고 싶지만 두려워하고 있다. 남편은 그녀가 떠나려고 하면 죽이겠다고 협박했다.

사례 7: 최근 오랜 친구에게 강간당한 젊은 여성이 상담받으러 왔다. 그녀는 파티에 가서 술을 몇 잔 마셨다. 친구는 그녀를 차로 데려다준 다음 강제로 차에 태워 강간했다. 그녀는 아무에게도 말하지 않았다. 그녀의 가장 큰 문제는 이 친구가 자신과 같은 회사에서 일한다는 것이다.

촉발사건: 그녀는 지난 주말에 직장 친구에게 강간당했다.

인지: 내가 시시덕거려서 일어난 건지도 모른다. 술을 너무 많이 마시지 말았어야 했다. 우리가 섹스한 것을 모두가 알게 될 것이다. 내 책임이 있다. 내가 그를 물리쳤어야 했다.

정서적 고통: 두려움. 분노. 죄책감

기능장애: 그녀는 일하러 가지 않았다. 그녀는 여자친구와 대화하지 않고 집에 누워 있다.

자살 사고: 없음

약물 사용: 없음

타당화: 많이 무서웠겠다. 당신은 통제 불능이라고 느꼈을 것이다. 불편했을 것이다.

교육: 강간은 피해자의 잘못이 아니다. 그것은 강간범의 잘못이다. 유혹은 강간을 유발하지 않는다. 당신을 통제하고 굴욕감을 주려는 그의 욕구 때문에 그가 당신을 강간했다. 이러한 유형의 강간, 지인 강간은 해당 연령대에서 매우 흔한 유형이다.

힘 실어 주기: 당신이 힘을 얻는 방법은 가능한 한 많은 영역에서 계속 활동하는 것이다. 결근함으로써 당신은 그가 당신을 모욕하고 협박했다는 것을 그에게 알린 것이다. 다시 출근함으로써 힘을 다시 얻는다. 당신은 잘못한 것이 없지만 그는 잘못했다.

재구조화하기: 그는 중범죄를 저질렀고 걱정하고 당신을 두려워해야 할 사람은 바로 그 사람이다. 당신이 느끼는 죄책감은 그의 것이다. 그는 중범죄를 저질렀다.

대처: 지지 집단을 제공하고, 고소할지, 건강검진을 받을지 논의하라. 읽을 만한 책 또한 많이 있다.

사례 8: 32세 남성이 2명의 남성에게 강간당했다. 그는 이런 일을 당한 남성이 자신뿐이라고 생각하기 때문에 큰 수치심을 느끼고 있다. 또한 강간을 막기 위해 아무것도 할 수 없었기 때문에 매우 화가 났다. 남성 중 1명은 총을 가지고 있었다. 그는 아무도 자신의 이야기를 믿어 주지 않을 것이 두렵다. 그는 이제 더 이상 살 가치가 없을 것 같아서 모든 것을 끝내 버리고 싶다고 느낀다.

촉발사건: 그는 몇 주 전 강간을 당했다.

인식: 인생은 살 가치가 없다. 아무도 나를 믿지 않을 것이다. 남자들에게 이런 일은 절대 일어나지 않는다. 내 잘못이다. 남자와 섹스를 했으니 이제 나는 게이가 될지도 모른다.

정서적 고통: 분노. 두려움. 부끄러움

기능장애: 직장에서 집중할 수 없다. 아내와 대화할 수 없다.

자살 사고: 있음. 계획(총기 자살). 총기 없음. 아내를 사랑하고 재정적으로 돌봐야 하기 때문에 자살은 하지 않을 것이다.

약물 사용: 있음. 그는 술을 더 많이 마시고 있다.

타당화: 성폭행을 당하는 것은 매우 무서운 일이다. 당신의 분노는 정당하며, 당신은 공격을 받은 것이다. 당신은 폭행을 당했다.

교육: 폭력적인 중범죄가 당신에게 저질러졌다. 당신은 폭행당했고 그들이 당신을 폭행하기 위해 성기를 사용했을 뿐이지, 그것이 당신이 이제 게이라는 것을 의미하지는 않는다. 이는 합의에 의한 행위가 아니라 범죄에 해당한다. 우리 사회에서 남성은 강간을 당해도 신고하지 않는 경우가 많다. 그래서 남성 강간 생존자를 위한 지원 단체도 있다.

힘 실어 주기: 상대방이 총을 가지고 있었기 때문에 폭행당해도 정말 어쩔 수 없었지만 이제는 선택의 여지가 있다. 고소하고, 의학적 도움을 받고, 지원 단체를 찾아갈 수 있으며, 부끄러워할 이유가 없는 일에 대해 숨길 필요를 느끼지 않고 이야기함으로써 자신의 힘을 강화하는 데 집중할 수 있다.

재구조화하기: 당신은 실제로 그 남성들과 성관계를 갖지 않았다. 그들은 당신에게 폭력적으로 중범죄를 저질렀다.

대처: 지지 집단, 책, 경찰 및 의사와 상담하고, 개인 치료를 계속한 다음 부부치료를 받는다.

복습 문제

1. 대부분의 개인 피해자가 위기개입 회기에서 다룰 수 있는 몇 가지 문제는 무엇인가?
2. 데이트 강간이 다른 형태의 강간과 다른 점은 무엇인가?
3. 폭력의 순환을 설명해 보라.
4. 아동 학대 순응 증후군의 다른 측면은 무엇인가?
5. 누군가가 다른 사람을 괴롭히는 주된 이유는 무엇인가?
6. 학대하는 부모의 특징에는 어떤 것이 있나?
7. 여성이 학대관계를 지속하는 이유는 무엇인가?

주요 학습 용어

AMACS(어렸을 때 성추행을 당한 성인): 아동기 성 학대의 미해결된 감정으로 인해 PTSD를 겪는 성인. 이 사람들을 위한 지지 집단이 증가하고 있다.

피학대 여성 증후군: 가정 파트너에게 지속적으로 구타를 당하는 여성에게 자주 나타나는 PTSD의 한 형태. 종종 여성은 무력감과 절망감을 느끼게 된다. 학대자를 떠날 생각은 하지 않고 학대에서 살아남는 데만 집중한다. 그녀는 종종 멍한 상태에 빠진다.

폭력의 순환: 가정 폭력으로 이어지거나, 가정 폭력을 겪거나, 가정 폭력에서 벗어나는 일

련의 사건. 이 순환은 두 파트너가 사랑에 빠지고 행복감을 느끼는 허니문에서 시작된다. 긴장이 고조되고 결국 언어적 또는 신체적 폭력이 폭발하게 된다. 폭발 후 가해자는 안도감을 느끼고 용서를 구하며 허니문이 다시 시작된다. 결국 허니문은 사라지고 커플은 긴장과 폭력 사이를 오간다.

아동 학대 순응 증후군: 학대받는 아동이 학대에 대해 비밀을 유지하고, 학대의 재발을 허용하며, 실수로 학대가 드러나더라도 이를 억제하려는 보호 상태이다.

아동 보호 서비스 기관: 아동 학대 신고를 조사하고 필요한 경우 개입하여 아동을 학대로부터 보호하기 위해 설립된 카운티 또는 주 정부 기관

사이버 괴롭힘: 인터넷, 이메일, 문자 메시지 또는 소셜 웹사이트를 통해 발생하는 협박, 위협, 놀림 또는 굴욕감의 한 형태

데이트 강간: 피해자가 친구나 지인으로 알고 있는 사람 사이에서 강간이 발생하는 경우. 가장 흔한 유형의 강간으로 기소하기가 어렵다.

힘 실어 주기 모델: 이 접근 방식은 강간 피해자와 협력할 때 권장된다. 피해자가 통제력을 얻고 '피해자'에서 '생존자'로 이동하는 데 중점을 둔다.

유아 채찍질 증후군/흔들린 아기 증후군: 아기가 흔들릴 때 발생하는 매우 심각한 형태의 아동 학대. 흔들림으로 인해 뇌가 두개골 구멍에서 굴러다니게 된다. 이러한 학대는 뇌손상이나 사망으로 이어질 수 있다.

의무 신고법: 아동과 함께 일하는 상담사, 교사, 의료인 등 전문가가 아동 학대가 의심되는 경우 아동 보호 서비스 기관이나 법 집행 기관에 신고하도록 의무화하는 법률. 법에 따라 신고해야 하는 대상과 신고 절차는 주마다 다르다.

비학대 부모: 실제로 아동을 직접 학대하지 않은 부모를 말한다. 이 부모는 학대를 알았을 수도 있고 몰랐을 수도 있으며 학대를 멈추려고 시도하지 않았을 수도 있다.

가해자: 신체적 또는 성적으로 다른 사람을 학대하는 사람을 말함

입증됨: 아동 학대 신고가 당국에 의해 조사되어 아동 학대에 대한 법적 기준에 부합하는 것으로 판명되었음을 나타내는 법적 용어

🎓 **참고문헌**

American Psychological Association. (1996). *Violence and the family: Report of the American Psychological Association presidential task force on violence and the family* (p. 85). Washington, DC: Author.

Arambarri, P. (2005). *Domestic violence 101*. Presentation given at the 7th Annual Conference on Domestic Violence and Victim Advocacy: Through the Lens of Culture. Fullerton, CA: Western State University College of Law.

Barnett, O. W., & La Violette, A. D. (1993). *It could happen to anyone: Why battered women stay*. Newbury park, CA: Sage.

Brohl, K., & Ledford, R. (2012). Bullying in children and youth. In *Continuing education for California social workers and marriage and family therapists* (pp. 1-122). Ormond Beach, FL: Elite Continuing Education.

Bullying Statistics. (2009). Retrieved June 10, 2012, from www.bullying statistics.org/

Bureau of Justice Statistics of the U.S. Department of Justice. (2016). *Rape and Sexual Assault*. Retrieved June 27, 2016, from www.bjs.gov/index.cfm?ty=tp&tid=317

Caffaro, J. V. (1992). A room full of fathers. *California Therapist, 4*(2), 37-44.

Campbell, D. W. (1993). Nursing care of African-American battered women: Afrocentric perspectives. *AWHONN's Clinical Issues, 4*(3), 407-415.

Centers for Disease Control and Prevention. (2016). *CDC Releases Data on Interpersonal and Sexual Violence by Sexual Orientation*. Retrieved June 27, 2016, from www.cdc.gov/media/releases/2013/p0125_NISVS.html

Colao, F., & Hosansky, T. (1983). *Your child should know*. Handout from M. Wash of the California Department of Social Services at California State University, Fullerton, CA.

Cusick, M. (1992). When your client has been battered. *California Therapist, 4*(4), 47-49.

Fenoglio, P. (1989). *Battered women and their treatment at the woman's transitional living center*. Presentation at California State University, Fullerton, CA.

Fisher, G. S., Cullen, F. T., & Turner, M. G. (2000). *The sexual victimization of college women*. Washington, DC: U.S. Department of Justice, National Institute of Justice.

Heller, M. (1992). *Sexual assault*. Presentation at California State University, Fullerton, CA.

Huisman, K. A. (1996). Wife battering in Asian American communities: Identifying the service needs of an overlooked segment of the U.S. Population. *Violence Against Women, 2*(3), 260-283.

Joyful Heart Foundation. (2016). *Effects of Sexual Assault and Rape*. Retrieved June 27, 2016, from http://www.joyfulheartfoundation.org/learn/sexual-assault-rape/effects-sexual-assault-and-rape

Koss, M. (1992). Rape on campus: Facts and measure. *Planning for Higher Education*, *20*(3), 21-28.

National Children's Alliance. (2016). *National Statistics on Child Abuse*. Retrieved June 27, 2016, from www.nationalchildrensalliance.org/cac-statistics

National Women's Health Information Center. (2000). *Violence Against Women*. Office on Women's Health: U.S. Department of Health and Human Services. Retrieved November 5, 2001, from www.4woman.gov /violence/index.htm

Nauert, R. (2012). Substance use linked to bully behavior. *Psych Central*. Retrieved July 26, 2012, from http://psychcentral.com/news/2012/03 /06substance-use-linked-to-bully-behavior/35608.html

Orange County Social Services Agency. (1982). *Battering parent syndrome: Handout #7*. Santa Ana, CA: Author.

Report on the Conditions of Children in Orange County. (2012). Orangewood Children's Foundation & the Center for Community Collaboration. Orange County, CA: Author. (CSUF at (657)278-5681 or hhd.fullerton.edu/ccc/ and Orangewood Children's Foundation at (714)704-8777)

Richie, B. E. (1988). *Understanding family violence within U.S. Refugee communities: A training manual*. Washington, DC: Refugee Women in Development, Inc.

Sorenson, S. B. (1996). Violence against women: Examining ethnic differences and commonalties. *Evaluation Review*, *20*(3), 123.

Southern California Coalition on Battered Women. (1989). *Am I in a battering relationship?* Santa Monica, CA: Author.

Steiner, L. (1994). *Date rape*. Presentation at California State University, Fullerton, CA.

Swearer, S., & Lembeck, P. (2012). *Bullying and Depression*. Retrieved July 2, 2012, from www.education.com/reference/article /bullying-depression/

Thompson, M. P., & Maslow, N. J. (2000). Partner violence, social support, and distress among inner-city African American women. *American Journal of Community Psychology*, *28*(1), 127-143.

Tjaden, P., & Thoennes, N. (1998). *Prevalence, incidence, and consequences of violence against women: Findings from the National Violence Against Women Survey*. Washington, DC: National Institute of Justice, Centers for Disease Control and Prevention: Research in Brief.

Tower, C. C. (1996). *Child abuse and neglect* (3rd ed.). Boston: Allyn & Bacon.

Truman, J. L., & Langton, L. (2015). *Criminal Victimization*, 2014. U.S. Department of Justice, Office of Justice Programs, Bureau of Justice Statistics. BJS Bulletin.

UCLA. (2010). *Victims of Bullying Suffer Academically as Well Psychologists Report*. Retrieved August 2010, from www.sciencedaily.com/releases/2010/08 /100820101502.htm

UCLA Research Center. (2010). *Self-Esteem and Cyberbullying*. Cyberbullying Research Center. Retrieved June 28, 2012, from http://cyberbullying.us /blog/self-esteem-and-cyberbullying.html

U.S. Department of Health and Human Services HRSA. (2009). The scope and the impact of bullying. *Stop Bullying Now!* Retrieved July 2012, from www.education.com/reference/article/Ref_Scopre_Impact/

U.S. Department of Justice. (2000). *National violence against women survey*. Washington, DC: Author.

Volpp, L., & Main, L. (1995). *Working with battered immigrant women: A handbook to make services accessible*. San Francisco, CA: Family Violence Prevention Fund.

White, E. C. (1994). *Chain, chain, change: For black women in abusive relationships*. Seattle, WA: Seal Press.

Woods, K. (1992). *Domestic violence fact sheet*. Presentation at California State University, Fullerton, CA.

제10장

섹슈얼리티와 관련된 위기

학습목표

이 장을 학습한 후 독자는 다음과 같은 목표를 달성할 수 있다.

목표 1. 십 대 임신의 유병률과 이와 관련하여 위기상담사가 처리할 수 있는 문제 이해하기

목표 2. 트랜스젠더 전환 수술을 받은 사람의 어려움 이해하기

목표 3. 성병에 걸린 사람이 직면한 문제 이해하기

목표 4. 성적 지향과 관련된 위기를 겪고 있는 사람 알아보기

목표 5. HIV/AIDS 감염인을 위한 위기 문제와 최선의 개입방법 이해하기

목표 6. 낙태 전후에 겪는 어려움 파악하기

목표 7. 성 관련 위기를 겪고 있는 내담자에게 개입 실행하기

십 대 임신

미국 청소년 보건국(Office of Adolescent Health, 2016)에 따르면 2014년 15~19세 여성 청소년 1,000명당 24.2명, 즉 249,078명의 아기가 이 연령대의 여성에게서 태어났다. 이 수치는 2013년 대비 9% 감소한 것이다. 실제로 십 대 출산율은 지난 20년 동안 지속적으로 감소했다. 예를 들어, 1991년 미국의 십 대 출생률은 1,000명당 61.8명이었다. 그러나 미국의 십 대 출산율은 캐나다와 영국을 포함한 다른 많은 선진국보다 높다. 모든 십 대 출산이 첫 출산은 아니다. 2014년에 19세 미만 출산 6건 중 1건은 이미 1명 이상의 아기를 낳은 적이 있는 여성의 출산이었다. 미국 청소년 건강 임신 지원 기금의 보조금 프로그램 목표 중 하나는 반복적인 십 대 출산을 방지하는 것이다.

마틴, 해밀턴, 벤츄라, 오스터먼과 매튜스(Martin, Hamilton, Ventura, Osterman, & Mathews, 2015)는 인구 집단에 따른 십 대 출산율의 변화에 대한 자료를 제공한다. 이들은 2014년에 출산한 청소년 대부분이 18세 이상이라는 사실을 발견했다(전체 청소년 출생의 73%가 18~19세에서 발생). 히스패닉계와 흑인 청소년의 출산율이 백인 청소년보다 더 높았다. 십 대 출생률이 가장 낮은 지역은 북동부 지역으로 보고되었다. 가장 높은 비율은 남부 지역의 주에서 나타났다.

전국 청소년을 대상으로 한 설문조사에 따르면 십 대 임신의 약 77%는 계획되지 않았거나 원치 않았거나 '너무 이른' 임신인 것으로 나타났다. 2010년에 15~19세 청소년의 임신 중 약 60%가 출산으로, 15%가 유산으로, 30%가 낙태로 끝났다. 십 대의 낙태율은 1973년 낙태가 합법화된 이후 가장 낮았고, 최고치를 기록했던 1988년보다 66%나 낮았다.

십 대 출산으로 인해 미국 납세자들은 매년 약 90억 달러의 비용을 부담하고 있다. 또한 십 대 부모의 자녀는 독립적이고 생산적이며 잘 적응하는 성인으로 성장하는 데 필요한 정서적·재정적 자원을 얻을 확률이 낮으며 저체중 출산, 조산과 유아기 사망 위험이 더 높다 (Centers for Disease Control, 2011).

몇몇 특성이 청소년의 자녀 출산과 관련이 있다. 학교에 재학 중이고 학습에 참여하는 청소년(방과 후 활동 참여, 학교에 대한 긍정적인 태도, 학업 성적 우수 등)은 아기를 갖거나 낳을 가능성이 더 낮다. 가족 수준에서는 어머니가 십 대에 출산했거나 어머니의 학력이 고졸인 청소년이 20세 이전에 아기를 낳을 가능성이 더 높다. 또한 14세에 양쪽 친부모와 함께 살면 십 대 출산 위험이 낮아지는 것으로 나타났다. 지역사회 수준에서는 고용 수준이 높고 부유한 지역에 거주하는 청소년이 아기를 낳거나 출산할 가능성이 더 낮다(Office of Adolescent Health, 2016).

많은 클리닉과 쉼터가 이 청소년 집단 특유의 문제를 해결하기 위해 설립되었다. 예를 들어, 임신한 십 대 소녀는 학교에 다니면서 아기를 돌보는 방법을 배울 수 있는 시설에서 돌봄을 받을 수 있다. 위기상담사는 해당 지역에서 이러한 선택권이 있는지 파악하려고 노력해야 한다. 부모가 기꺼이 도와주는 경우가 많으면 위기상담사는 가족 전체가 임신과 아기에게 적응할 수 있도록 도울 수 있다. 이것은 종종 소녀가 학교를 그만두어야 함을 의미하고, 더 중요한 것은 그녀의 사회생활이 바뀔 것이라는 점이다. 만약 소녀가 아기를 키우고 싶지 않다면, 위기상담사는 일반적으로 입양 기관 및 낙태 시설에 대한 지식을 가지고 있다가 소녀와 부모에게 이러한 선택권을 제시할 수 있다. 낙태나 입양을 고려 중인 청소년과 위기상담을 진행할 때는 비판단적 태도를 유지하는 것이 중요하다. 상담사가 청소년에게 임신을 계속하거나 혹은 중단하도록 설득하는 것은 윤리적이지 않다. 대신 상담사는 경청하면서 소녀가 자신의 가치 체계에 따라 무엇을 하고 싶은지 명확히 할 수 있도록 돕고, 교육과 전문적인 추천을 제공한다.

낙태와 관련된 문제

이전 장에서 언급했듯이 임신한 청소년의 낙태는 지난 2년 동안 감소하고 있다. 이는 피임 사용의 증가나 정치권의 금욕에 대한 압박 때문일 수 있다. 또한 생명권의 정치적 운동은 많은 주에서 낙태 권리를 없애기 위해 많은 노력을 기울여 왔다. 낙태는 여전히 합법이지만, 일부 주에서는 낙태를 할 수 있는 시기와 낙태를 제공하는 클리닉의 수에 대해 다양한 제한을 두고 있다. 낙태 서비스를 제공한다는 이유로 연방 지원금이 삭감된 가장 대표적인 기관은 미국 가족계획연맹(Planned Parenthood)이다. 낙태는 합법이지만 일반적으로 관련된 모든 사람에게 즐거운 경험은 아니다. 낙태는 종종 최후의 수단으로 간주되며, 임신 중절 위기에 처한 여성과 남성은 위기개입이 필요하다. 낙태를 제공하는 기관은 낙태를 원하는 사람에게 상담을 제공하여 낙태가 자신에게 적합한 결정인지 확인한다. 여성들은 낙태는 살인이며 죄라는 생각에 직면하는 경우가 많다. 그러나 임신이 끝나면 아이를 어떻게 키워야 하는지 방법에 대해 고민해야 하고, 때로는 재정적 여유가 없는 경우도 있다. 또는 아기를 낳은 후 입양을 보내야 할 수도 있다. 많은 여성에게는 이러한 선택지 중 어느 것도 좋은 선택이 아니며, 상담사는 종종 이 어려운 결정을 내리는 여성을 안내하는 일을 맡고 있다.

계획되지 않은 임신에 대처하는 방법을 고민하는 여성에게 위기 서비스를 제공하는 것이 상담사에게 부담이 될 수 있다. 자신의 가치관을 제쳐 두고 자신의 감정에 어긋날 때 내담자가 원하는 것에 집중하기란 어려운 일이다. 상담사 자신의 가치관과 충돌하여 공감적이고 객관적인 방식으로 서비스를 제공할 수 없는 경우에는 다른 사람에게 의뢰하는 것이 최선일 수 있다. 최근 '사후 피임약'을 사용하는 것도 임신 중절로 간주될 수 있어서, 상담사가 편견을 갖지 않을 수 없다. 점점 더 많은 여성이 이 피임법을 선택할 뿐만 아니라 전통적인 피임법도 사용하고 있다. 그럼에도 불구하고 위기상담사는 향후 원치 않는 임신을 예방하기 위해 피임에 접근하고 사용하는 방법을 교육함으로써 내담자에게 도움을 주고 힘을 실어 줄 수 있다.

〈BOX 10.1〉은 질병관리본부(Centers for Disease Control), 구트마허 연구소(Guttmacher Institute), 미국낙태연맹(National Abortion Federation)의 낙태 관련 문서인 「의도하지 않은 비정상 임신 관리; 종합적인 낙태 치료」의 통계를 가져온 Abort73.com(2016)에서 제공하는 미국 내 낙태 통계에 대한 최신 자료를 제공한다.

BOX 10.1 낙태 통계

- 2014년 낙태 건수는 97만 4천 건으로 2013년 98만 3천 건, 2012년 102만 건에서 감소했으며, 2011년 106만 건, 2008년 121만 건, 2005년 120만 건, 2002년 129만 건, 2000년 131만 건, 1996년 136만 건에서 감소한 것으로 추산된다.
- 1973년부터 2011년까지 약 5,300만 건의 합법 낙태가 이루어졌다.
- 미국 전체 임신의 21%는 낙태로 끝난다.
- 2011년에 캘리포니아, 뉴욕, 플로리다에서 가장 많은 낙태 신고 건수가 발생했다.
- 2011년에 와이오밍주, 사우스다코타주, 노스다코타주에서 가장 적은 건수가 발생했다.
- 2011년부터 2012년까지 보고된 낙태의 총건수와 비율은 4% 감소했다.
- 2012년 미혼 여성은 전체 낙태의 85.3%를 차지했다.

- 의료보험에 가입한 여성의 낙태율은 그렇지 않은 여성에 비해 3배나 높다.
- 임신 10주에 국소마취를 통한 비병원 낙태의 평균 비용은 451달러였다.
- 낙태를 한 미성년자의 40%는 부모 중 누구도 낙태에 대해 알지 못했다고 보고한다.
- 현재 39개 주에서는 미성년자가 낙태를 원할 때, 부모로부터 동의나 부모에게 알리도록 강제하고 있다. 그러나 대법원 판결에 따르면 미성년자들에게는 법원 명령을 받아 낙태를 진행할 수 있는 다른 선택의 여지가 있어야 한다.
- 의회는 만삭 임신이나 강간 또는 친족 성폭행으로 인해 여성의 생명이 위험에 처한 경우를 제외하고는 연방 의료보험 기금을 낙태 비용으로 사용하는 것을 금지하고 있다.

- 결혼하지 않은 파트너와 함께 사는 여성은 낙태의 25%를 차지하지만, 전체 여성의 약 10%에 불과하다.
- 2012년 20∼24세 여성은 전체 낙태의 32.8%, 25∼29세 여성은 25%를 차지했다.
- 2012년 15세 미만 청소년의 경우 전체 낙태의 0.04%이지만 출생아 1,000명당 817건의 낙태로 가장 높은 낙태율을 보였다.
- 2012년 흑인 여성은 비히스패닉계 백인 여성보다 낙태할 확률이 3.6배 더 높았다.

- 1973년부터 2010년까지 421명의 여성이 합법적인 낙태로 사망했다.
- 미국 내 대부분의 낙태 시술은 독립형 클리닉에서 제공된다.
- 의료 서비스 제공자의 42%는 매우 초기 낙태(첫 4주), 95%는 8주, 64%는 임신 중기 낙태(13∼20주), 20%는 20주 이후, 11%는 24주 이후 낙태를 제공한다.
- 전체 낙태의 89∼92%는 임신 13주 이전의 임신 초기에 발생한다.
- 낙태의 대부분은 임신 7∼8주 사이에 발생한다.

여성은 왜 낙태를 하나

구트마허 연구소와 미국낙태연맹(Guttmacher Institute and the National Abortion Federation)이 Abort73.com에서 언급한 내용(2016)에 따르면, 여성들이 낙태를 선택하는 이유는 최소 세 가지이다. 약 3/4은 아이를 낳으면 직장, 학교 또는 여타 책임들에 방해가 되거나 아이를 키울 여유가 없다고 답했다. 약 절반은 한부모가 되고 싶지 않거나 남편이나 파트너와 문제가 있다고 답했다. 설문조사에 참여한 여성 중 12%만이 건강에 문제가 있다고 답했으며, 1%는 자신이 강간 피해 생존자라고 답했다.

낙태를 고려하는 여성을 상담할 때 위기상담사는 여성이 이 결정에 대한 이유, 생각, 감정을 탐색할 수 있도록 도와야 한다. 산전 관리, 재정 지원, 입양 기관, 낙태 클리닉 등 모든 대안에 대한 소개를 제공해야 한다. 낙태는 결코 쉬운 결정이 아니며 비판단적 자세가 필수적이라는 점을 명심해야 한다.

낙태는 미국 남성에게 어떤 영향을 미치나

낙태에 대한 남성의 반응에 대한 연구는 많이 이루어지지 않았다(Simon, 1997: National Office of Post-Abortion Reconciliation and Healing, 2007). 낙태가 논란의 여지가 많고 정치적 측면 있기 때문에 낙태 찬성론자와 낙태 반대론자 모두 이 연구에 큰 관심을 보인다. 사이먼(Simon)은 낙태는 남성과 여성 모두에게 영향을 미치는 충격적인 경험이라고 주장한다.

그는 1990년대에 수행된 연구들이 낙태와 관련된 여성의 부정적인 심리적 영향을 인정하면서도, 연구 대부분이 공중 보건 관점에서 부정적인 영향은 무시할 수 있는 수준이라는 결론을 내렸다고 언급했다. 죄책감은 남성과 여성 모두에게 가장 부정적인 경험인 것으로 나타났다.

콘돈(Condon)과 해저드(Hazard)는 그들의 저서 『아버지의 낙태: 낙태가 남성에게 미치는 심오한 영향(Fatherhood Aborted: The Profound Effects of Abortation on Men)』(National Office of Post-Abortion Reconciliation and Healing, 2007에서 인용)에서 낙태 후 남성 트라우마가 남긴 여파들의 목록을 제시한다. 낙태 후 트라우마를 호소하는 남성과 접촉하는 위기상담사는 〈BOX 10.2〉에 제시된 문제 중 일부를 확인할 수 있다.

BOX 10.2	남성이 경험하는 낙태 후 트라우마

- 헌신에 대한 어려움
- 권위자 회피
- 확고한 정체성 부재
- 종교적 지도자들에게 좋은 인상을 주기 위해 노력함
- 여성을 멀리함
- 유대감 문제
- 임박한 비극에 대한 두려움
- 자신의 실수를 인정하지 않음
- 리더로서 부적절하다고 느낌

관찰될 수 있는 몇 가지 증상은 다음과 같다:
- 관계의 어려움
- 친구를 신뢰할 수 없음
- 분노
- 중독 및 성적 강박
- 불면증, 악몽, 불쾌한 꿈
- 성기능장애
- 우울증
- 실패에 대한 두려움
- 거절에 대한 두려움
- 외로움 또는 무감각

루와 텔레프슨(Rue & Tellefsen, 1996)에 따르면 남성은 낙태 후 슬퍼하지만, 여성보다 슬픔을 공개적으로 표현하기보다는 슬픔을 부정하거나 상실감을 내면화할 가능성이 더 높다. 그들은 분노, 공격성, 속임수를 통해 슬픔을 표현하는 경향이 있으며 더 사적으로 표현하는 경향이 있다. 죄책감에 시달리고 괴로워하며 사랑하거나 사랑을 받아들이지 못할 수도 있다. 쇼스탁(Shostak, 1984)은 남성 입장에서 파트너가 임신을 하고 자신이 그 아버지이며 낙태할 것이라고 들었을 때, 첫 번째 반응으로 자신의 성적 능력을 의심하게 되는 실제 증거라 생각한다고 설명한다. 그는 1,000명의 남성을 대상으로 한 연구에서 남성들이 낙태를 죽음의 경험으로 인식하고 예상보다 감정적으로 더 힘들어하며, 가장 일반적인 반응으로 무력감을 느끼고, 애도하는 데 도움을 받지 못하게 되면 앞으로 양육 부모로서 더 적게 관여하게 되고, 대부분 낙태 후 관계가 실패한다는 사실을 발견했다. 위기상담사는 낙태 후 남성과 여성 모두를 상담할 때 이 정보를 염두에 두어야 하며, 낙태 전 상담 시에도 이러한 문제를 다루는 것이 이상적이다. 이러한 정서적 · 심리적 결과를 이해하면 여성이 임신 중절을 결정할 때 필요한 접종이나 준비를 진행할 수 있다.

결론적으로, 계획되지 않은/원치 않는 임신과 관련된 위기 상황에는 종교적 신념, 정치적 견해, 재정 문제, 관계 문제 등 다양한 문제가 복잡하게 얽혀 있다. 당시 피임법을 사용하고 있었는지 여부는 가장 많이 논의될 것이다. 사실, 피임 상담은 임신 위기 상황에서도 필요할 수 있다. 이러한 유형의 위기상담을 할 때는 상담사의 가치관이 중요한 역할을 한다. 상담사가 비판단적 자세를 유지하고 객관성을 유지할 수 없는 경우에는 다른 사람에게 의뢰하는 것이 좋다. 이는 쉬운 결정이 아니며 인지적 처리와 정서적 카타르시스와 함께 애도 작업이 필수적이다.

성 매개 감염 관련 문제

지난 50년 동안 다양한 감염과 질병을 지칭하는 용어가 바뀌었다. 예를 들어, 저자가 1979년 무료 진료소에서 근무할 당시에는 성병(Venereal Disease: VD)이라는 용어를 사용했다. 1990년대에는 성 전염병(Sexually Transmitted Disease: STD)이 사용되었고, 최근에는 성 매개 감염(Sexually Transmitted Infection: STI)이라는 용어를 사용하는 경우도 있다. 용어는 의학적인 측면보다는 사회정치적인 측면이 더 강할 수 있다. 따라서 위기상담사는 민감성을 유지하기 위해 용어를 아예 사용하지 않고 상담 회기에서 내담자와 단순히 실제 감염 또는 질병에 대해서 이야기할 수 있다. 〈BOX 10.3〉의 자료는 다양한 민간 및 공공 출처의 주와 지역 성 전염병 사례 보고서를 기반으로 한다. 이 자료에 따르면 사례 대부분은 개인 의사 진료실이나 HMO와 같은 성병 클리닉이 아닌 환경에서 보고된 것으로 나타났다(CDC, 2015). 많은 성 전염병 사례가 진단되지 않고 보고되지 않기 때문에 데이터는 정확하지 않다. 미국 질병관리예방센터(CDC)는 미국에서 매년 약 2천만 건의 새로운 성 매개 감염이 발생하며, 그중 절반은 15~24세 사이에서 발생하는 것으로 추정한다. 이는 거의 160억 달러에 달하는 의료 비용에 해당한다. 성 매개 감염은 불임 및 자궁 외 임신과 같은 심각한 생식 건강(reproductive health) 합병증을 유발할 수 있다.

매독 발병률은 남성과 여성 모두 증가하고 있지만 선천성을 제외한 모든 매독 사례의 90% 이상을 남성이 차지한다. 남성과 성관계를 갖는 남성(MSM)은 파트너의 성별이 알려진 남성 사례의 83%를 차지한다. 매독 감염을 치료하지 않으면 시각장애와 뇌졸중으로 이어질 수 있다. 또한 매독에 감염되면 HIV 감염 또는 전염 위험이 높아질 수 있다. 매독에 걸린 MSM의 약 절반도 HIV에 감염되어 있다.

BOX 10.3 **2014년 미국의 성 전염병**

- 약 140만 건의 클라미디아 사례 보고, CDC에 보고된 역대 최고치
- 인구 10만 명당 456.1명, 2013년 대비 2.8% 증가
- 임질 및 매독 신고 건수가 크게 증가
- 350,062건의 임질 보고 건수
- 인구 10만 명당 110.7명으로 2013년 대비 5.1% 증가; 매독 19,999건 발생
- 10만 명당 6.3건으로 2013년 이후 15.1% 증가
- 매독 양성 판정을 받은 신생아 출산 458건
- 출생아 10만 명당 11.6명, 2013년 이후 27.5% 증가
- 젊은이들과 게이와 양성애자 남성이 가장 높은 위험에 있음

C형 간염

2012년 현재 미국에서 C형 간염으로 인한 사망자는 꾸준히 증가하고 있으며, 이는 부분적으로는 많은 사람이 자신이 바이러스에 감염된 사실을 모르기 때문이다(Reinberg, 2012). 실제로 CDC에서 검토한 1999~2007년 자료에 따르면 HIV로 인한 사망자보다 C형 간염으로 인한 사망자가 더 많으며(Reinberg, 2012에서 인용), 사망자의 대부분은 중년층이다. 간암과 간경변의 주요 원인인 C형 간염에 전염된 미국인은 320만 명으로 추산된다. C형 간염은 주사제 사용, 수혈, 성적 접촉을 통해 전염된다. 이 바이러스에 대한 인식이 높아질 필요가 있으며, 의료계에서는 1945년에서 1964년 사이에 태어난 사람은 누구나 검사를 받도록 권장하고 있다. 치료에는 항바이러스제와 인터페론을 포함한 약물 칵테일이 포함된다. 곧 인터페론이 없는 치료법도 출시될 예정이다.

성 매개 감염에 대처하는 개인과 커플을 위한 위기개입

성 매개 감염에 대한 두려움이 있는 사람을 대상으로 위기상담을 진행할 때 상담사는 성 매개 감염으로 인한 정서적 측면을 다룰 수 있도록 도와야 할 뿐만 아니라 성 매개 감염 검

사를 의료진에게 의뢰하는 것에 대해서도 논의해야 한다. 실제로 여성이 성적으로 활동적이고 25세 미만이며 새로운 또는 여러 명의 성 파트너가 있는 경우, 그녀는 매년 클라미디아와 임질 검사를 요청해야 한다. 임신한 여성은 임신 초기에 모든 성 매개 감염에 대한 검사를 요청해야 한다. 게이와 양성애자 남성은 적어도 1년에 한 번 모든 성 매개 감염 검사를 요청해야 한다(CDC, 2015). 성 매개 감염의 증가는 HIV/AIDS 감염률이 감소하는 것에 대한 안일한 태도 때문일 수 있다. 콘돔 사용은 여전히 성 매개 감염을 예방하는 최선의 방법이다. 이러한 유형의 보호를 사용하지 않으려 결정하는 데는 많은 사회정치적 요인이 작용한다. 금욕만 강조하는 모델에서는 콘돔의 올바른 사용법을 가르치지 않는다. 어떤 사람들은 콘돔이나 의료 검진을 받을 여유가 없을 수도 있다. 또 다른 사람들은 성 파트너에게 이 주제에 대해 이야기하는 것을 주저하기도 한다. 결국 교육이 핵심이며, 상담사는 성 매개 감염과 예방에 대해 교육할 기회가 있을 때마다 이를 실시해야 한다. 의사가 성병 치료의 일차적인 역할을 한다면, 정신건강 종사자는 성병 예방에 중요한 역할을 한다. 금욕이 성병을 100% 예방할 수 있는 유일한 방법이지만, 현실적으로 불가능할 것이다. 따라서 성 매개 감염 예방을 위해서는 콘돔을 사용하고 성 파트너를 줄이며 의사소통을 하는 것이 필수적이다.

또한 상담사는 성 매개 감염 진단을 받은 사람이 치료 과정을 겪을 때 공감하고 침착하게 도와야 한다. 많은 사람이 진단을 세상의 종말로 느끼기도 한다. 그들은 더럽고, 부끄럽고, 역겹고, 화가 날 수 있다. 이러한 감정을 유발하는 인식을 탐구해야 한다. 유병률을 아는 것은 자신만이 성병에 감염된 것이 아니라는 것을 알게 하는 데 도움이 된다. 이는 실제로 보호의 문제이며 보호되지 않은 성관계를 갖게 된 결정을 탐색하는 것이다. 장기적인 치료가 필요한 사람에게는 장기 치료를 의뢰하는 것이 유용할 수 있다. 장기적으로 의미 있는 관계를 맺지 못하기 때문에 잘 모르는 사람과의 성관계를 계속하는 것이다. 좋은 재구조화는 감염을 조기에 발견하고 치료를 받는 것이 책임감 있는 일이라는 점을 지적하는 것이다. 이는 내담자가 앞으로 더 책임감 있고 만족스러운 성 행동을 하도록 안내할 수 있다.

이제, 종종 사형 선고로 연결되기 때문에 심각한 위기 반응을 일으키는 특정 성병, HIV/AIDS에 대해 좀 더 자세한 설명으로 옮겨 가겠다. 성 접촉만이 HIV에 감염되는 유일한 방법은 아니라는 점을 명심해야 한다.

에이즈와 HIV

에이즈(AIDS)와 에이즈 바이러스(HIV)에 대한 논의를 시작하기 전에 몇 가지 용어와 약어를 정의하겠다. 에이즈는 후천성면역결핍증후군의 약자로, 인간면역결핍바이러스(HIV)에 감염되었을 때 발생할 수 있다. ARC는 HIV 치료가 초기 단계에 있었고, 대부분의 사람이 HIV에 감염되면 사망하거나 중병에 걸리던 1980년대에 사용된 약어이다. 에이즈 관련 복합체(AIDS-related complex)의 약자로, HIV 양성이지만 무증상 상태와 에이즈에 걸린 상태 사이의 질병을 말한다.

에이즈와 HIV는 1970년대 후반에 그 존재가 밝혀졌다. 지난 40년 동안 HIV/에이즈의 진단, 치료 및 예방에 많은 발전이 있었다. 질병의 진행을 관리하는 약물의 발달로 지난 20년 동안 에이즈 사례는 꾸준히 감소하는 추세를 보인다. HIV에 감염된 사람도 약을 복용하고 안전하고 건강한 생활 습관을 실천하면 수년 동안 살 수 있다. 이제 우리는 누군가가 에이즈로 죽어 간다고 생각하지 않고, 그 사람이 HIV에 감염되어 살아가고 있다고 생각할 수 있다. 〈BOX 10.4〉는 전 세계와 미국의 HIV/에이즈 역사를 개괄적으로 보여 준다.

BOX 10.4	HIV/AIDS의 역사
1977~1978	미국, 아이티, 아프리카에서 최초의 에이즈 사례가 발생함
1979	유럽과 아프리카에서 공격적인 카포시 육종과 희귀 감염이 처음 발견됨
1981	미국에서 동성애 남성에게서 카포시 육종과 희귀 감염이 처음 보고되고 성적 전염과의 연관성이 의심됨
1982	미국 질병관리예방센터(CDC)가 에이즈 사례 정의를 확립하고 미국과 유럽에서 공식적인 감시가 시작됨. 미국에서 지역 동성애자 단체에 의해 최초의 교육 활동이 시작됨. 에이즈가 수혈, 정맥주사(IV) 약물 사용, 선천성 감염과 관련됨
1983	미국에서 2,500건의 에이즈 사례 보고. 프랑스와 미국에서 HIV 확인
1984	아프리카의 이성애자 사이에서 에이즈가 흔하다는 최초의 연구 결과가 발표됨
1985	HIV 항체 검출을 위한 효소결합면역흡착분석법(ELISA) 혈액 검사 개발. 미국에서 헌혈 혈액 검사 시작. 뇌세포와 뇌척수액에서 HIV가 분리됨. 미국에서 최초의 항 HIV 약물에 대한 통제된 임상시험이 시작됨
1986	전 세계 HIV 감염자 수 500만~1,000만 명으로 추산. 세계보건총회(World Health Assembly)에서 에이즈 통제를 위한 글로벌 전략을 권고. 일부 추산에 따르면 미국 내 감염자 수는 1~3백만 명으로 레이건 행정부에 의해 추정치가 감소. 여러 정부가 국가적 커뮤니케이션 프로그램을 시작함
1987	전미교육협회(NEA)가 『에이즈에 관한 사실』을 발간하고 건강 정보 네트워크에 가입함. 교육 프로그램이 확대되기 시작하고 에이즈 사례도 증가함
1988	에이즈를 널리 알리는 데 도움이 되는 에이즈 기념관 건립을 위한 프로젝트(Names project)가 시작됨

1989	미국에서 10만 건 이상의 에이즈 사례 발생
1990	샌프란시스코에서 국제 에이즈 회의 개최. 많은 새로운 치료법과 잠재적 백신이 논의됨. 미국 식품의약국(FDA)은 에이즈 환자가 실험용 의약품에 접근할 수 있도록 규제를 완화함
1996	(1) AZT와 같은 최초의 항레트로바이러스제, (2) 네비라핀과 같은 비뉴클레오사이드 역전사효소 억제제, (3) 인비라제 같은 최신 계열의 프로테아제 억제제 등 '3제 병용 요법' 용량의 발견. 이 조합은 약물 유형에 대한 내성 발현을 억제하고 바이러스 부하를 빠르고 지속적으로 감소시킴으로써 HIV 양성 환자의 기대 수명을 늘릴 것으로 기대됨
1996	미국 에이즈 사망자 수 = 39,200명
1997	미국 에이즈 사례 보고 건수 = 58,493건
1999	미국 에이즈 환자 수 = 41,900명(게이 남성 42%, 이성애자 33%, 정맥 주사 약물 사용자 25%)(CDC, 2003)
2003	미국 에이즈 환자 수 = 43,171명(남성 31,614명, 여성 11,498명, 13세 미만 어린이 59명). 미국 내 에이즈 감염자 추정 사망자 수 = 18,017명
2007	미국 내 에이즈로 인한 성인 및 어린이 사망자 추정치 = 14,110명
2007	미국 내 에이즈 감염인 수 = 455,636명(CDC, 2008)
2011	미국에서 HIV 진단을 받은 49,273명 중 38,825명이 에이즈 환자. 매년 약 50,000건의 HIV가 진단됨. 2/3가 게이와 양성애자 남성
2012	트루바다: HIV 감염 예방을 위해 최초로 승인된 약물(Aschenbrenner, 2012)이 출시되었음
2013	미국에서는 누적 1,155,792건의 에이즈 사례가 발생했음(CDC, 2013)
2007~2014	연간 신규 HIV 진단 건수는 19% 감소했음(CDC, 2016)
2014	에이즈로 분류된 HIV 감염자 중 12,333명이 사망했음(CDC, 2016)
2015	미국에서는 120만 명 이상이 HIV 감염자이며, 8명 중 1명은 감염 사실을 모름(CDC, 2016)
2015	미국에서는 39,513명이 HIV 진단을 받았음(CDC, 2016)
2015	18,303명이 에이즈 진단을 받았음(CDC, 2016)

특정 집단 간의 추세

미국 질병관리예방센터(CDC, 2016)에 따르면 게이와 양성애자 남성은 HIV에 가장 많이 감염되는 집단이다. 2015년에 게이와 양성애자 남성은 남성 HIV 진단의 82%, 전체 진단의 67%를 차지했다. 아프리카계 미국인 게이와 양성애자 남성이 가장 많은 HIV 진단 건수를 차지했고, 백인 게이와 양성애자 남성이 그 뒤를 이었다. 그러나 백인 게이와 양성애자 남성의 진단 건수는 꾸준히 감소하여 18% 감소한 반면, 라틴계 게이와 양성애자 남성의 진단 건수는 24% 증가했다. 아프리카계 미국인 게이와 양성애자 남성의 진단 건수는 22% 증가하며,

지난 5년 동안 그 지속세를 유지했다. 이성애자와 마약을 주사하는 사람들도 HIV의 영향을 계속 받고 있다. 2015년에는 이성애자 접촉이 HIV 진단의 24%를 차지했다. 여성이 19%를 차지했으며, 주로 이성 간 접촉(86%) 또는 주사 약물 사용(13%)이 원인으로 지목되었다. 미국에서 주사용 약물 사용으로 인한 HIV 진단은 6%다. 2005년부터 2014년까지 전체 여성에서의 진단율은 40%, 아프리카계 미국인 여성에서의 진단율은 42%로 감소했다. 전체 이성애자 중에서는 진단이 35% 감소했으며, 주사제를 사용하는 사람 중에서는 63% 감소했다.

전체적으로 아프리카계 미국인은 미국 인구의 12%를 차지하지만, HIV 진단의 45%를 차지했다. 라틴계는 미국 인구의 약 18%를 차지하지만, HIV 진단의 24%를 차지했다.

2015년의 미국 HIV 감염자 연령별 비율은 13~19세 4%, 20~29세 37%, 30~39세 24%, 40~49세 17%, 50~59세 12%, 60세 이상 5%였다. 2015년 HIV와 에이즈 진단은 남부에서 가장 높았다. 남부는 일반적으로 일부 주요 HIV 예방과 치료 지표에서 다른 지역에 비해 뒤처져 있다.

에이즈란 무엇인가

에이즈는 HIV가 인체에 침입하여 면역 체계를 교란시켜 암이나 폐렴과 같은 치명적인 감염을 막을 수 없을 때 발생하는 질병이다. 에이즈는 거의 모든 감염자를 사망에 이르게 할 정도로 생명을 위협하는 질병이다. 1970~1980년대에는 사람들 대다수가 에이즈 진단을 받은 후 6개월에서 2년 이내에 사망했다. 1990년대 이후, 기회감염을 퇴치하는 약물이 개발되면서 에이즈 감염인의 수명이 연장되었다. 항바이러스 치료제의 발전으로 많은 HIV 감염자가 에이즈로 발전하지 않고 무기한으로 살 수 있게 되었다.

HIV에 감염된 환자는 감염이 진행됨에 따라 다양한 징후와 증상이 나타나기 시작한다. 다음은 감염으로 인해 면역 체계가 파괴되기 시작했음을 나타내는 몇 가지 증상이다. 이 정보는 미국 질병관리예방센터(Centers for Disease Control and Prevention, 2002)에서 제공한 것이다.

- 발열
- 피로
- 설사
- 피부 발진

- 식은땀
- 식욕 부진
- 림프선 부종
- 상당한 체중 감소
- 입 안의 흰 반점 또는 질 분비물
- 기억력 또는 운동 문제

바이러스가 면역 체계를 계속 파괴함에 따라 건강한 면역 체계를 가진 사람들에게는 일반적으로 나타나지 않는 감염이 발생할 수 있다. 이러한 감염을 기회감염이라고 하는데, 침습성 자궁경부암, 카포시 육종, 림프종, 폐렴 그리고 결핵 등을 포함한다. 기회감염 중 하나로 진단되면 일반적으로 HIV 양성이라고 하지 않고 에이즈에 걸렸다고 한다.

전염 방식

HIV의 다섯 가지 일반적인 전염 방식은 다음과 같다:

1. 질액 및 정자와 같은 체액 교환이 수반되는 성행위를 통한 사람 간 전염
2. 혈액 교환과 관련된 HIV에 오염된 주사 장비(예: 헤로인 주사 바늘, 문신 바늘)를 여러 사람이 함께 사용하는 경우
3. 임신, 분만, 출산 또는 모유 수유 중 산모와 영아 간 전염
4. 감염된 혈액 또는 혈액 부산물의 수혈
5. 혈류로 유입되는 감염된 대변과의 접촉(AIDS.gov, 2017)

HIV는 다른 방법으로도 전염될 수 있지만, 이러한 경우는 훨씬 덜 흔하다. 두 사람 모두 입에 상처가 있는 경우 감염된 사람과 키스를 통해 HIV에 감염될 수 있다. 또한 의료 종사자와 경찰관도 HIV에 오염된 주사 바늘에 부주의하게 찔려 감염될 수 있다.

에이즈 검사

현재 혈류 내 HIV 감염 징후를 확인하는 검사에는 구강 면봉 검체 분석, 소변 분석, 혈액

샘플 분석 등이 있다.

치료

현재까지도 에이즈를 치료할 수 있는 치료법은 없다. 수년간의 연구에도 불구하고 백신은 아직 개발되지 않았다. 많은 에이즈 환자와 HIV 양성 환자는 다양한 약물을 복용하고 있으며, 가장 많이 사용되는 약물은 에이즈 환자를 위한 최초의 치료제인 지도부딘(AZT)이다. 흔히 '3제 병용 요법'이라고 불리는 세 가지 유형의 약물을 함께 사용하면 바이러스에 큰 영향을 미쳐 일부 사람들에게는 혈액 검사에 나타나지 않을 수 있다. 이러한 약물의 목적은 면역 체계의 악화를 차단하는 것이다.

에이즈나 HIV를 치료할 수 있는 약은 없지만, HIV 감염을 예방하기 위해 고안된 약물인 트루바다(Aschenbrenner, 2012)가 존재한다. 이 약물은 2012년에 승인되었으며 HIV 감염 위험이 높은 사람들에게 처방된다. 이 약은 HIV 감염자와 성관계를 가진 후 HIV에 감염될 위험을 효과적으로 감소시키는 것으로 나타났다. 그러나 부작용이 있으므로 피임이나 성병 예방의 한 형태가 아닌 의사와 상담한 후에만 사용해야 한다. 콘돔은 여전히 성병, HIV, 임신을 예방하는 가장 좋은 방법이다. 상담사와 의료 전문가는 HIV 감염 고위험군과 상담할 때 항상 HIV 검사와 다른 치료를 권장해야 한다.

〈BOX 10.5〉는 위기상담사가 HIV 전파 또는 감염 위험이 있는 내담자와 공유할 수 있는 타인 감염 위험을 줄이는 다양한 아이디어를 제공한다.

BOX 10.5 다른 사람에게 HIV 감염 위험 줄이기

- 성관계 파트너의 수를 가급적 1명으로 줄인다.
- 안전한 성관계를 실천하고 모든 성 파트너가 검사받도록 한다.
- 콘돔을 사용한다.
- 애무, 상호 자위행위 및 기타 안전한 성행위를 통해 만족감을 얻는다.
- 실수로 흘린 체액, 특히 혈액과 정액뿐만 아니라 대변과 구토물도 깨끗이 닦아 낸다. 다행히도 에이즈 바이러스는 알코올, 과산화수소, 표백제에 의해 쉽게 파괴된다.
- 체액, 특히 혈액과 정액을 전달하거나 받지 않는다.
- 사고를 흐리게 하고 자제력을 떨어뜨릴 수 있는 포퍼와 기타 약물을 피한다.
- 정맥주사 또는 기타 주사용 약물을 피한다.
- 일반적인 개인위생 수칙을 준수한다. 성관계 전후 목욕을 하고 입, 치아, 혀를 청결하게 유지하는 데 특별한 주의를 기울인다.
- 특히 면도기나 칫솔 등 소량의 혈액으로 오염될 수 있는 개인용품을 공유하지 않는다.

사회적 측면

에이즈 바이러스에 대한 지식과 교육이 증가했음에도 불구하고 에이즈 환자에 대한 낙인은 계속되고 있다. 에이즈 환자에 대한 부정적인 반응의 대부분은 동성애와 정맥주사 약물 사용자에 대한 부정적인 태도에서 비롯된다. 일반적으로 에이즈의 확산은 동성애자와 헤로인 중독자로부터 시작되었다는 견해가 지배적이다. 많은 사람은 이 두 집단의 생활 방식이 잘못되었다고 생각하며, 극단주의자들은 감염된 사람들이 신의 벌을 받고 있기 때문에 마땅히 받아야 할 벌을 받고 있다고 믿는다. 이러한 견해로 인해 많은 에이즈 환자가 두려움과 독선 때문에 가족과 친구로부터 고립되어 멀리 떨어져 지내고 있다. 사회적 낙인은 에이즈의 트라우마를 더욱 악화시킬 뿐이다.

에이즈 진단을 받은 사람들은 에이즈 전조 증상과 함께 신체적 고통만큼이나 심리적으로도 큰 고통을 겪는 경우가 많으므로 심리 상담은 이들에게 매우 적절한 치료법이다. 적절한 상담을 통해 환자는 스트레스와 우울감을 줄여 더 나은 삶의 질을 누릴 수 있다. 상담은 또한 내담자가 죽음과 죽어 감에 대한 문제, 사건 자체를 부인하는 방어기제, 사건과 관련된 분노, 좌절감을 해결하는 데 도움이 될 수 있다. 고립은 종종 이러한 감정을 더욱 악화시키며, 에이즈 진단이 알려지면 가족과 친구들의 외면으로 인해 고립은 더욱 심해진다. 상담은 또한 질병과 관련된 낙인, 동성애 혐오증, 친구, 직장, 주택, 보험과 그 외 삶의 필수 요소 상실로 인한 심리사회적 문제에 초점을 맞추어야 한다(Baker, 1991, p. 66).

HIV/에이즈와 관련하여 위기개입을 요청하는 내담자 유형

위기개입 상담사가 만날 수 있는 가장 큰 내담자 집단은 바로 감염 우려에 대한 과도한 걱정을 하는 사람들이다. 이들 중 상당수는 에이즈에 대한 두려움으로 인해 성적 죄책감을 경험한다. 이들은 종종 자신의 죽음과 자녀의 미래에 대해 불안해한다. HIV 검사를 받는 것에 대해 양가적인 태도를 보인다. 검사 결과를 기다리는 동안 이들은 종종 과거의 성행위로 떠오르는 두려움을 경험한다. 이러한 위기 유형의 예로서 자녀가 있는 결혼한 이성애자로 보이는 남성이 여러 차례 남성 간 성행위를 한 경험이 있으며 감염되는 것과 공개가 가족에게 어떤 영향을 미칠지 걱정하는 경우를 들 수 있다. 위기상담사는 이러한 상황을 재구조화하여 "과거의 거짓말을 꺼내는 기회가 될 수 있고, 이를 통해 관계의 문을 열고 소통을 강화하는 데 도움이 될 수 있습니다."라고 말할 수 있다.

이러한 유형의 내담자 자살 문제는 심각하게 받아들여야 한다. 예를 들어, 양성애자인 남성은 아내와 자녀에게 자신이 구강성교나 항문성교와 같은 위험한 행동을 했다고 말하는 것보다 자살하는 것이 더 낫다고 생각할 수 있다. 그는 자살이 가족에게 수치심을 주지 않으리라고 생각할 수 있다.

위기상담사는 갑작스러운 자살로 남편을 잃었을 때 가족들이 느낄 부담을 알려 줌으로써 이 문제를 재구조화할 수 있다. 결국 아내는 남편을 떠나거나 남편과 함께 있을 수 있다. 아내를 위해 그런 선택을 하는 것이 정말 남편의 권리일까?

두 번째 유형의 내담자는 바이러스 검사를 받을지를 고민한다. '나에게는 절대 일어나지 않을 일'이라고 부정하는 문제가 있을 수 있다. 어떤 사람들은 자신이 감염된 것으로 의심하지만 '감염 사실이 밝혀지면 정말 죽을지도 모른다.'라는 비이성적인 생각을 할 수 있다. 또한 도덕적 문제로 인해 '검사를 받지 않으면 성 파트너에게 알릴 책임이 없다.'고 생각할 수도 있다. 다른 사람들은 자신의 양성 진단을 가정하고 성행위를 억제하는 부정의 방어기제를 사용하여 대처한다. 그러나 의학적 도움을 받지 않으면 스스로를 위험에 빠뜨릴 수 있다. 따라서 부정의 방어기제는 감염 가능성이 있는 당사자뿐만 아니라 다른 사람에게도 위험할 수 있다.

위기 종사자는 검사로 바이러스를 감지하는 방법과 감염 여부를 확인하여 다른 사람이 바이러스에 노출되는 것을 방지할 수 있는 방법을 설명할 수 있다. 몇 가지 재구조화도 유용할 것이다. 상담사는 양성 판정을 받더라도, 내담자가 최소한 영양과 약물 그리고 신체 건강을 통해 생명을 연장하는 지식을 활용할 수 있다고 알려 줄 수 있다. 이것은 죽음에 가까운 경험을 한 사람들에게 흔한 경험이다. 또 다른 재구조화는 "자신이 양성이 아니라는 사실을 아는 것이 도움이 되지 않을까요? 그러면 매일 두려움에 사로잡히지 않고 삶을 이어 나갈 수 있지 않을까요?"라고 질문하는 것이다. 내담자가 이 단계를 완료하는 데 필요한 지원과 격려를 얻기 위해 검사를 받은 다른 사람들과 이야기하도록 독려하라.

위기개입가의 주의를 끌게 되는 세 번째 집단은 HIV 양성 판정을 받은 내담자로 구성된다. 결과가 나온 이후에는 많은 문제를 살펴봐야 한다. HIV 양성 판정이 사형 선고는 아니기 때문에 생명을 위협할 수 있는 HIV의 잠재적 특성에 대해 부정하는 것이 당분간 존중될 수는 있다. 내담자의 에너지는 최적의 지지 집단에 참석하고, 약물을 준수하며, 건강하고 다른 사람을 감염시킬 위험이 낮은 건강한 행동을 배우는 데 가장 잘 쓰일 것이다. 내담자가 말기 질환에 걸렸을 때 퀴블러 로스의 단계에 대한 논의가 더 도움이 될 수 있으며, 이는 수년 동안 일어나지 않을 수도 있다.

일단 감염되면, 그들은 자유롭고 방해받지 않는 성행위의 세계와 아이를 낳을 기회를 잃었다고 생각할 수 있다. 가족이나 친구로부터 배척당하는 느낌을 받을 수도 있다. 초기에는 증상에 대한 끊임없는 경계가 있을 수 있는데, 이는 환자의 귀중한 시간과 에너지를 낭비하는 것이다. 내담자가 자신의 고통과 절망을 표현하는 동안 이를 경청하는 것은 내담자에게 도움이 된다.

에이즈 진단을 받았거나 HIV 양성인 사람들이 흔히 겪는 두 가지 어려움은 파트너에게 자신의 상태를 공개하고 성행위를 바꾸는 것이다. 에이즈로 이어질 수 있다는 양성 결과의 영향을 부정하는 것은 내담자가 이러한 어려움과 감염이 관계에 미치는 영향을 해결하기 위해 노력하는 초기에는 유용할 수 있다. 일부 내담자는 양성 검사 결과를 공개할 경우 파트너를 잃는 어려움을 겪을 수 있다. 상담사는 두 파트너가 두려움, 고통, 분노, 슬픔을 표현할 때 둘 모두를 지지해야 한다. 내담자가 파트너에게 알리지 않기로 했다면, 상담사는 파트너에게 알리기 위해 책임감을 가지고 고군분투해야 한다. 상담사는 내담자가 공개에 대해 가지는 긍정적인 반응과 부정적인 반응을 모두 탐색하도록 격려해야 한다.

성행위를 바꾸는 것은 대부분의 사람들에게 완전히 사적인 문제이다. 문화적·가족적 전통에 대한 민감성은 매우 중요한데, 이러한 맥락에서 안전한 성관계에 대한 저항을 종종 더 잘 이해할 수 있기 때문이다. 일부 감염되지 않은 파트너는 죄책감을 느끼고, 일종의 처벌로 감염 위험을 무릅쓰고 무방비한 성관계를 가질 수 있다. 어떤 사람들은 에이즈에 감염된 파트너를 잃게 된다는 생각에 자살 충동을 느낄 수도 있다. 일부 기혼 상황에서는 여성이 콘돔 착용을 요구하지 않음으로써 남편의 남성성을 보호해 주려는 필요를 느낄 수 있다.

낙관주의와 교육에 중점을 둔 지지 집단은 HIV 양성인 내담자에게 훌륭한 자원이다. 여기에서 내담자들은 공통 관심사를 공유하고 HIV 양성 반응이 아닌 선의의 상담사로부터 잘 받아들여지지 않을 수 있는 실질적인 문제해결 조언을 서로에게 제공할 수 있다. HIV 양성인 내담자의 모든 어려움은 민감하고 공개적으로 이야기하기 어렵다. 위기상담사는 이러한 문제들을 편견 없는 태도로 해결해야 한다. 이는 쉽지 않은 일이다. 위기상담사들은 다양한 지점에서 자신의 감정을 멈추고 스스로에게 물어봐야 한다.

위기상담사의 도움이 필요한 네 번째 집단은 증상이 나타나기 시작하는 사람들로 구성된다(보통 전조 증상). 이러한 내담자는 일반적으로 자신이 더럽고 오염되었다고 느낀다. 신체적으로 악화되는 것에 대한 두려움은 종종 '조만간 에이즈로 발전할 것을 알기 때문에 그냥 죽고 싶다.'와 같은 생각으로 이어진다. 이러한 내담자는 임박하고 고통스러운 죽음에 대한 극도의 두려움 때문에 다른 사람과 가까이 지내지 못할 수도 있다.

상담사는 희망의 회복을 위해 노력함으로써 도움을 줄 수 있다. 흔히 내담자들은 에이즈는 죽음과 같다는 태도를 가지고 있다. 상담사는 이 상황을 보다 의미 있는 삶을 위한 촉매제로 재구조화하여 내담자가 자신이 가진 것에 더 온전히 감사하는 법을 배우도록 도울 수 있다. 감염 사실을 공개하는 것이 상대방으로부터 거리감을 조성하기보다는 관계를 다시 회복하고 친밀감을 형성케 할 수 있다.

진단에 대해 가족구성원들이 궁금해하지만 물어보기 두려워할 수 있다고 알려 주는 교육적 의견은 내담자가 함께 사는 사람들에게 마음을 열도록 장려할 수 있다. 일단 공개가 이루어지고 내담자가 변화된 성적 행동에 적응하면, 그 사람의 위기 상태는 안정될 것이다. 물론 의학적 문제는 계속해서 나타날 것이며, 기회감염이 시작되면 사망과 죽음 문제도 계속 나타날 것이다.

개입

과학계에서 에이즈와 HIV에 대한 연구를 시작한 이래로 전문 서적들에서는 감염자 상담에 대해 다루어 왔다. 교육과 지원은 무증상 감염자부터 만성 폐렴 환자에 이르기까지 모든 수준의 감염자를 위한 일반적인 상담 방식이다(Price, Omizo, & Hammett, 1986; Slader, 1992). 슬래이더(Slader)는 (HIV 양성) 정맥주사 약물 사용자를 위한 주거용 치료 시설에서 내담자가 건강한 삶을 살 수 있도록 돕는 기술을 가르치는 데 집중하고 있다. 이 특정 집단은 주로 바이러스 확산을 방지하는 데 중점을 둔다. 주사기 공유를 없애는 것이 가장 효과적인 예방책이다. 어떤 사람들은 치료가 탈중독 상태에 초점을 맞춰야 한다고 말하지만, 헤로인 사용을 빨리 중단하는 것은 매우 어렵기 때문에 치료가 더 현실적이어야 할 수도 있다. 감염된 정맥주사 약물 사용자에게는 약물 사용이 이미 결핍된 면역 체계를 손상시키기 때문에 약물 사용을 계속하면 더 빨리 사망할 수 있다는 사실을 알려 주어야 한다. 주사 바늘을 공유하면 다른 질병에 감염되어 면역 체계가 더욱 고갈될 수 있다는 점을 알려 주는 것도 유용한 교육적 설명의 예가 된다. 감정을 다루는 지지 집단이나 마약 중독자 익명 모임(NA)과 같은 단체도 이 집단에 도움이 될 수 있다.

상담사는 내담자의 감염 상태가 비밀보장 윤리에 따라 보호된다는 것을 확인시켜 줄 수 있지만, 의사들은 파트너에게 공개하도록 권장할 가능성이 높다. 상담사는 HIV 감염이 에이즈 감염과 같지 않다는 점을 알려 줄 수도 있다. HIV 감염자는 본격적인 에이즈에 대비하는 데 집중하기보다는 다른 사람을 감염시키지 않고 건강한 신체 상태를 유지하도록 권장된다.

　이미 에이즈에 감염된 사람들에게는 지지 집단을 추천한다. 참여하면 가족 같은 느낌을 주고 고립감을 줄일 수 있다. 상담사에게 이는 에이즈 내담자와의 관계를 시작하고 발전시키기 위한 노력을 모델링할 수 있는 시간이다. 이러한 접촉은 내담자의 더럽다는 느낌을 줄이는 데 도움이 된다. 적절한 서비스를 중개하는 것은 모든 위기개입에서 매우 중요한 부분이므로 해당 지역의 에이즈 서비스 센터에 대한 지식은 위기상담사와 내담자에게 도움이 된다.

　⟨표 10.1⟩은 에이즈 및 HIV와 관련된 주요 문제와 개입 전략을 간결하게 요약한 것이다.

⟨표 10.1⟩ HIV와 에이즈 관련 문제와 개입

HIV 인간 면역결핍바이러스 감염	에이즈 후천성면역결핍증후군
전염 경로 : 정자 혈액 모유 분변 질액	진단 시기는? 기회감염 T세포 수 200 미만
진행 상황: 1. 감염 1~2주 후 감기와 유사한 증상이 나타나고 기운이 빠질 수 있다. 2. 6개월~1년 동안 바이러스는 증상이 없는 휴면 상태일 수 있다. 3. 6개월에서 1년 이내에 HIV 양성 반응이 나올 수 있으며, 혈액 검사에서 항원이 나타난다.	진행 상황: 1. 약물치료가 없으면 새로운 기회감염이 발생한다. 2. 항바이러스제 및 항균제 필요
위기 문제: 1. 사형 선고 2. 공개에 대한 두려움 3. 생활 방식 변화에 대한 두려움 4. 약물치료 협조(거부) 5. 유일한 탈출구인 자살	위기 문제: 1. 사망 및 임종 문제 2. 의료 서비스 3. 재정 문제 4. 장애 문제 5. 돌봄제공자 문제 6. 자살 문제

개입 전략:
1. 교육
2. 자살 예방
3. 낙관적 집단
4. 약물치료
5. 거부에 대한 존중
6. 가족치료
7. 더 안전한 성관계 장려
8. 건강한 생활 방식 장려

개입 전략:
1. 애도치료
2. 사례 관리
3. 자살 감시
4. 의료적 개입 문제
5. 지지 집단
6. 호스피스

게이, 레즈비언, 양성애자, 트랜스젠더, 젠더 베리언트, 젠더 플루이드 정체성을 가진 개인이 직면한 문제

개인과 가족이 어려움을 겪는 다양한 문제를 논의할 때 많은 용어가 사용된다. 왜냐하면 누군가는 사회나 가족이 전통적/정상적으로 인식하지 않는 방식으로 자신을 성적 지향이나 성별 정체성으로 식별하기 때문이다. 다음은 논의를 시작하기 전에 몇 가지 용어와 정의에 대한 간략한 목록이다.

- 양성애자: 두 성별 모두에 사회적 · 낭만적 매력을 느끼는 사람
- 클로짓 게이: 자신의 동성애를 인식하지 못하거나 공개적으로 인정하지 않으려는 사람으로, 이러한 사람을 '벽장 속에 있는 사람'이라고 표현할 수 있다.
- 커밍아웃: 자신의 동성애 성향을 확인하고 인정하는 과정. 이 용어는 자신이 동성애자임을 다른 사람에게 알리는 동성애자를 묘사하는 데에도 사용된다.
- 게이: 주로 남성에게 성적 매력을 느끼는 남성
- 이성애주의: 이성애가 우월하다는 믿음에 근거하여 동성애자에 대한 노골적 또는 은밀한 편견을 드러내는 태도
- 젠더 베리언트/젠더 플루이드: 자아가 남성 또는 여성으로 유연하게 변화할 수 있는 경험을 가진 사람
- 동성애 공포증: 동성애자에 대한 불합리한 두려움이나 혐오
- 동성애: 주로 동성에게 성적 욕구를 느끼는 것
- 레즈비언: 주로 다른 여성에게 성적 욕망을 느끼는 여성

• 트랜스젠더: 사회적 · 정서적 · 심리적으로 여성으로 태어난 경우 남성으로, 남성으로
  태어난 경우 여성으로 자신을 경험한 사람

성인들 사이에서는 게이와 레즈비언을 사회에서 더 잘 받아들이는 경향이 있는 것 같다
(Yang, 1999). 이는 〈모던 패밀리(Modern Family)〉 등 에미상 후보에 올랐거나 수상한 텔레비
전 프로그램의 시청률이나 일부 유명인의 공개적인 동성애자 정체성 공개에서 분명하게 드
러난다. 하지만 여전히 많은 사람이 공개적으로 게이와 레즈비언의 삶을 사는 사람들에 대
해 부정적인 감정을 가지고 있다. 자신을 게이라고 세상에 밝힌 성인은 가족, 친구, 동료로
부터 비판과 거부를 당할 수 있다. 최근의 정치적 논의는 동성애자들이 이성애 결혼 커플과
동일한 권리를 가지고 합법적으로 결혼하도록 허용해야 하는지에 대한 지속적인 논쟁을 부
각시켰다. 찬성하는 쪽은 동성 결혼을 허용하지 않는 것은 차별의 한 형태라고 생각한다. 이
는 특정 주요 정당의 선거 공약이 될 정도로 중요한 이슈다. 최근 미국 대법원은 동성 결혼
을 금지하는 것은 미국 헌법에 위배되기 때문에 모든 주에서 동성 결혼을 인정해야 한다고
선언했다.

동성애 사실을 숨기면 불안과 우울증과 같은 정신건강 문제가 발생할 수 있다. 클로짓 게
이는 항상 자신의 진정한 성적 지향을 숨기는 것에 대해 걱정해야 한다. 종종 이들은 소중
한 사람들에게 거짓말을 해야 하며, 이러한 이중성은 부정적인 감정으로 이어진다. 사랑하
는 사람들의 반응에 따라 자신과 타인에게 커밍아웃하는 것은 종종 위기를 촉발하는 사건
이다.

위기 핫라인과 센터는 이러한 사람들이 건강한 게이와 레즈비언의 삶을 살면서 다른 사
람들에게 자신의 성 정체성을 공개하고 사회의 거부에 대처하는 방법을 배울 수 있도록 돕
기 위해 설립되었다. 자살은 자신의 성적 지향을 처음 발견하는 단계에 있는 개인과 사회적
차별을 경험하는 동성애자에게 큰 위험이다. 언론에서는 종종 게이에 대한 증오 범죄를 보
도한다. 동성애자들은 도덕적 이유로 동성애를 두려워하는 문화 속에서 사회화되어 왔다.
유대-기독교 문화는 남색이 죄라고 강조해 왔다. 따라서 동성애자들은 자신의 성적 정체성
을 받아들일 때까지 한동안 자기 혐오를 경험하는 경우가 많다.

트랜스젠더/젠더 베리언트/젠더 플루이드 정체성을 가진 개인이 직면한 문제

이 절을 시작하기 위해 남성 정체성에서 여성 정체성으로 전환한 한 남성의 실제 사례를 소개한다. 〈BOX 10.6〉에서는 남성에서 여성으로 전환하는 과정에 있는 35세 한 남성을 심층적으로 살펴볼 수 있는데, 그는 자신의 이야기를 독자들과 공유하기 위해 흔쾌히 인터뷰를 허락해 주었다. 그는 자신의 이야기가 트랜스젠더를 상담하는 상담사들에게 도움이 될 수 있다는 생각에 흥분했고, 솔직하고 진술하게 자신의 이야기를 들려주었다.

BOX 10.6 **전환 과정에 있는 트랜스젠더 사례**

개인 특성. 그는 35세의 백인 남성으로 친부모에게서 외동으로 자랐고, 호텔에서 풀타임 회계감사로 일하며, 고졸 검정고시를 취득했고, 불가지론자이며 교회에 가 본 적이 없다.

어린 시절의 역사. 그의 부모님은 결혼생활을 안정적으로 이어 왔고, 어머니는 아버지보다 네 살 연상이었다. 어렸을 때 그는 여자아이들과 어울리는 것을 선호했고 항상 남들과 다르다고 느꼈다. 그는 상상하는 것을 즐기고 토론하는 것을 좋아했다. 아버지와의 관계도 좋았다. 그의 아버지는 여러 직업을 가졌다. 그는 아버지와 함께 집안일을 하고, 레슬링을 하고, 비디오 게임을 하는 등 거칠게 지냈다. 아버지는 어머니를 두고 바람을 피웠다. 그의 어머니는 공무원이자 은퇴한 공군 군인으로서 주 생계를 책임지고 있었다. 어머니는 때때로 우울해 보였고 어머니를 건강하게 간호하는 것이 그의 일이라고 생각했다.

성 경험. 그는 연상의 여성과 사귀었으나 성관계가 만족스럽지 않았고, 연하의 여성과 3년 동안 관계를 맺었고 성관계는 좋았다. 첫 성 경험은 20대였다. 그는 특별히 남성에게 끌리지 않으며 자신의 성정체성을 개방적이고 모호한 것으로 설명한다. 그는 '트랜스 레즈비언'일 수 있다. 그는 몸이 변하면서 다른 느낌을 받기 시작했다. 한때는 자신이 성전환자라고 생각하고 여성 의류를 구입하기 시작했다.

정신건강 증상. 그는 14세 때부터 우울증으로 고생해 왔다. 2년 전, 그는 자살 충동으로 이어진 위기 상황 이후 상담을 받았다. 여자친구와 3년 만에 헤어진 후 우울하고 절망적이며 냉담해졌고, 직장과 사회적 기능에 영향을 받는다는 것을 알게 되었다. 그는 고객들에게 화를 잘 내고 무뚝뚝해졌다. 식욕도 없어졌다. 그가 이전에 시도했던 대처방법은 약물과 알코올 사용, 여성스러운 옷 입기 등이었다. 하지만 이런 방법들은 위기를 극복하는 데 도움이 되지 않았다. 그는 잘 듣기만 하는 상담사를 만났지만 마음이 열리지 않아 여성 치료사로 바꾸었고, 그녀는 자신이 트랜스젠더라는 결론에 함께 도달할 수 있도록 도와주었다.

인식. 자신이 트랜스젠더라는 결론에 도달한 후, 그는 몇 가지 걱정을 하기 시작했다. 성별 확인 수술이나 호르몬 치료를 받게 되면 사람들이 어떻게 반응할까. 직장에서 누군가 혐오 범죄를 저지를까 등 자신을 해치려 할지도 모른다는 걱정이 들었다. 그는 남성의 여성 혐오를 생각할 때 수치심을 느꼈고, 자신의 여성 혐오에 대한 분노를 경험했다. 그는 부모님이 어떻게 받아들일지도 걱정했다(실제로 부모님은 잘 받아들였고 그가 생각했던 것처럼 그를 거부하지 않았다). 다른 인식에는 그가 남자친구를 잃고, 직장을 잃고, 고정관념을 갖게 될 것이라는 생각도 포함되었다. 그는 그저 '나'가 되고 싶었다.

성별 확인 수술과 관련된 개입 및 인식. 그는 6개월 동안 호르몬을 복용하고 체모 전기 분해 치료를 받았는데, 지난 2개월 동안 기분이 좋아지고 불쾌감이 줄어들고 편안해졌으며, 허리를 곧게 펴고 걷고 앉고 에너지가 넘치며 잠을 덜 잤다. 그는 가슴이 커지고 있다는 사실에 놀라움과 흥분을 동시에 느낀다. 그는 '클리마라'라는 에스페로달 패치를 3일간 사용한 후 교체한다. 호르몬을 복용하는 것은 괜찮지만 거세와 같은 추가 작업에 대해서는 약간의 망설임이 있다. 그는 거세 수술이 성적으로 온전한 감각을 갖는 데 위협이 될 수 있다고 인식한다. 허리 아래에서 5%가 마비될 가능성도 높다. 그는 성적으로 '진짜'를 가질 수 없다는 것을 깨닫고 창의력을 발휘하기로 결심한다. 그는 다시는 남성으로 돌아가고 싶지 않다고 생각한다. 그는 양쪽의 장점을 모두 갖춘 안드로진[1] 중간 지대를 선호한다. 그는 자신이 자살하면 자신을 사랑하는 사람들이 피해를 입을 수 있다는 것을 깨닫고 더 이상 자살을 생각하지 않는다.

계속되는 딜레마. 성 정체성과 성적 지향은 같은 것이 아니며 이분법도 아니다. 회색 음영이 있을 가능성이 높다. 그는 대명사 사용에 어려움을 겪는데, 그는 자신이 여자처럼 보일 때 'she'를 사용하기 시작할 것이다. 그는 여전히 사람의 정체성은 옷이 아니라 그 사람 안에 있는 사람이라는 생각을 계속하고 있다. 그에게 성기는 그다지 중요하지 않다. 그는 확실하지 않아도 괜찮지만, 어느 날 차량 등록국에서 이름을 바꾸는 자신을 보게 된다.

현재 활동. 현재 그는 15명의 성전환자 지원 집단에 참석하고 있으며, 이 집단에는 이전 성별 가족구성원의 상실을 극복하고 새로운 성별을 받아들이도록 돕는 가족의 날이 포함되어 있다. 그는 책을 열심히 읽고 있으며 알코올과 약물 남용을 중단했다. 그는 지지 집단에 속한 대부분의 사람들이 여성에서 남성으로 전환하려는 점이 흥미로웠다. 그들은 주로 라틴계 게이로, 이전에는 남성과만 성관계를 가졌고 앞으로도 계속 그러기를 원한다. 그는 고용주에게 커밍아웃했고, 고용주는 빠르게 직원 매뉴얼에 LBGT 커뮤니티와 관련된 괴롭힘을 엄격하게 금지하는 섹션을 만들었다.

---

1) 역주주해: 그리스어 단어 남성을 의미하는 접두사 Andro와 여성을 의미하는 Gyne이 합쳐진 용어로, 성역할 고정관념을 이루는 남성스러움과 여성스러움을 구분하지 않고 한 인격체 내에 남성성과 여성성을 동시에 갖춘 것으로 인식하는 사람들

　이 사례에서 얻을 수 있는 중요한 점은 잠재적인 트랜스젠더와 상담할 때 기존 가정, 고정관념, 도덕주의적 태도를 피해야 한다는 것이다. 개인은 자신만의 방식으로 이러한 상황을 경험하며 상담사는 유연하고 개방적인 태도를 가져야 한다.

　독자들은 최근 몇몇 주에서 트랜스젠더의 화장실 사용을 제한하려는 노력에 대해 잘 알고 있을 것이다. 우리 대부분은 공공 화장실을 선택할 때 위기 상황에 빠지지 않는다. 그러나 트랜스젠더 미국인이 자신이 동일시하는 성별의 화장실을 사용하는 것을 불법으로 규정하는 법률이 통과되면 점점 더 많은 트랜스젠더가 안전하지 않다고 느끼고 괴롭힘과 여러 증오 범죄 행위를 두려워할 수 있다. 트랜스젠더/젠더비순응(gender nonconforming) 성인 93명을 대상으로 한 설문조사에 따르면 68%는 언어적 괴롭힘을, 9%는 성별이 분리된 화장실에서 신체적 폭행이나 폭력을 경험했으며, 54%는 공공 성별 분리 화장실을 피하려다 요로 감염이나 신장 감염 같은 건강 문제를 경험한 적이 있다고 답했다. 여기서 메시지는 종종 '당신은 이곳에서 환영받지 못하며, 당신의 안전이 가장 중요하고, 자신의 신원을 밝히거나 표현하는 방법을 선택할 수 없다.'로 전달된다. 13~19세 청소년의 약 1.7%가 트랜스젠더 또는 젠더 비순응 청소년으로 추정된다. 이는 6개 주에 거주하는 633,000명의 트랜스젠더 청소년이 이러한 화장실 법안과 관련되어 있다는 뜻이다(Goldberg & Reynolds, 2016).

　성별 확인 수술을 받으려는 사람들이 늘어나면서 화장실 법안, 증오 범죄, 괴롭힘과 관련된 위기가 더욱 확산될 수 있다. 지원 제공, 교육, 힘 실어 주기와 지지 집단에 대한 소개가 필수적이다.

　〈BOX 10.7〉에서는 ABC 모델을 사용하여 역할극을 할 수 있는 몇 가지 사례를 제공한다.

BOX 10.7　역할극 사례

사례 1: 30세 남성이 자신이 HIV에 감염되었다는 사실을 알고 찾아왔다. 그는 보건소에서 이 사실을 알게 되었다. 그는 결혼했지만 아직 자녀가 없다. 그는 성매매를 통해 감염된 것으로 생각한다. 그의 아내는 모른다.

촉발사건: HIV 양성 판정
인지: 아내가 나를 떠날 것이다. 나는 쓸모없고 끔찍하기 때문에 그냥 자살해야 한다. 아내에게 말할 수 없다. 아내가 상처받을 것이다. 나는 죽을 것이고 죽어 마땅하다.
정서적 고통: 두려움, 슬픔, 걱정
기능장애: 아내와 대화할 수 없다. 직장에 집중할 수 없다. 사회적 접촉이 없다.
자살 평가: 생각, 계획, 수단이 있음(중간 위험)

타당화: 매우 어렵고 힘든 상황이다. 감염되는 것도 무섭고 아내의 반응에 대처하는 것도 무서울 것이다.

교육: HIV 양성이라고 해서 다 사망하는 것은 아니다. 현재 생명을 연장하는 많은 치료법이 있다. 지금 약물치료를 시작하면 건강한 생활 방식을 유지하고 수명을 연장하는 방법을 배울 수 있다.

재구조화하기: 당신은 아내를 걱정하고 있다. 그녀는 당신이 바람을 피웠다는 사실에 상처받고 화가 나겠지만, 당신이 자살한다면 그녀는 더 큰 충격을 받을 것이다. 많은 사람이 에이즈로 죽는 것을 생각하기보다는 HIV 양성으로 살아가는 법을 배운다.

힘 실어 주기: 사실, 과거의 행동을 되돌리거나 HIV 양성 판정을 되돌릴 수는 없다. 하지만 지금 행동을 바꾸고 이 매우 어려운 상황을 성장의 기회로 삼아 자신의 삶을 통제할 수 있다. 아내가 떠나기로 결정하는 것을 통제할 수 없지만, 지금부터 어떻게 살아갈지는 통제할 수 있다.

대처: 철저한 자살 평가 후, 자살 금지 계약서에 서명하게 하고, 약을 주고, 아내를 데려와 그가 자살을 시도하려 함을 알리고, 매주 세 번으로 방문 횟수를 늘린다. 지지 집단, 부부 치료, 약물 처방, 안전한 성관계, 건강한 생활 습관을 실천하도록 격려한다.

사례 2: 16세 소녀가 임신 테스트 결과, 양성 반응이 나왔다며 찾아왔다. 그녀는 아기를 키우고 싶지 않고 어떻게 해야 할지 모르겠다고 한다. 그녀는 부모님과 함께 살고 있으며 17세 남자친구와 성관계를 가졌다는 사실을 부모님이 알기를 원하지 않는다.

고려해야 할 사항은 무엇인가? 그녀에게 무엇을 말할 것인가? 그녀의 기분은 어떨까?

사례 3: 45세 남성은 하룻밤 잠자리에서 임질에 감염된 것 같은 생각에 위기 상황에 처해 있다. 그는 결혼한 상태이며 아내에게 충실하지 못했다. 어떻게 진행하겠는가?

복습 문제

1. 낙태를 고민하는 남성과 여성이 직면한 주요 문제는 무엇인가?
2. HIV와 에이즈의 차이점은 무엇인가?
3. HIV 감염자를 위한 주요 개입에는 어떤 것이 있는가?
4. 성별을 전환하는 사람이 겪는 주요 어려움은 무엇인가?
5. 게이로 커밍아웃하는 사람들이 직면하는 주요 문제는 무엇인가?

주요 학습 용어

에이즈(후천성면역결핍증후군): 기회감염이 체내에 침입했거나 T세포 수가 매우 낮을 때 HIV 감염으로 인해 발생하는 질병

ARC(에이즈 관련 복합체): 오늘날에는 거의 사용되지 않는 용어로, 원래는 식은땀, 아구창, 병변 등의 증상이 있지만 아직 기회감염이 일어나지 않은 환자를 지칭하는 용어. 휴면 HIV 감염과 본격적인 에이즈 사이의 상태를 말함

HIV(인간면역결핍바이러스): 일반적으로 에이즈를 유발하는 바이러스. 박테리아 및 바이러스 감염과 싸우는 T세포를 고갈시킨다.

기회감염: HIV에 감염되면 면역 체계가 손상된 경우에만 발생하는 다양한 박테리아 및 바이러스 감염에 취약해진다.

감염 우려에 대한 과도한 걱정: 이 유형의 사람들은 위험한 성행위를 해 왔으며, HIV 감염 증상이 없는데도 감염에 대한 우려로 인해 정기적으로 HIV 검사를 받으려는 경우가 많다.

🎓 참고문헌

Abort73.com. (2016). *Facts and Figures Relating to the Frequency of Abortion in the United States.* Retrieved June 27, 2016, from www.abort73.com/abortion_facts/us_abortion_statistics/

AIDS.gov. (2017). Modes of Transmission of HIV. Retrieved May 24, 2017, from https://www.aids.gov/hiv-aids-basics/hiv-aids-101/how-you-get-hiv-aids/ (soon to change to HIV.gov)

Aschenbrenner, D. S. (2012). Truvada: The First Drug Approved to Prevent HIV Infection. *American Journal of Nursing, 112,* 11, 20-21.

Baker, C. (1991). An AIDS diagnosis: Psychological devastation! *California Therapist, 3*(5), 66-67.

Centers for Disease Control and Prevention. (2002). Guidelines for preventing opportunistic infections among HIV-infected persons: Recommendations of the U.S. Public Health Service and the Infectious Diseases Society of America. *MMWR, 51,* RR-8.

Centers for Disease Control and Prevention. (2008). *HIV/AIDS in the United States.* Retrieved February 4, 2010, from www.cdc.gov/hiv/resources /factsheets/us.htm

Centers for Disease Control, MMWR. (2011). Vital signs: Teen pregnancy-United States, 1991–2009. *Morbidity and Mortality Weekly Report (MMWR)*, 60(13), 414–420.

Centers for Disease Control (CDC). (2013). *HIV/AIDS Statistic Overview*. Retrieved May 21, 2013, from www.cdc.gov/hiv/statistics/basics/

Centers for Disease Control and Prevention. (2015). *CDC Fact Sheet: Reported STDs in the United States*. MMWR 2015 June 5; 64 (RR-03); 1-137

Centers for Disease Control and Prevention. (2016). *HIV in the United States: At a Glance*. Retrieved February 29, 2017, from https://www.cdc.gov/hiv/statistics/overview/ataglance.html

Goldberg, S., & Reynolds, A. (2016). *The North Carolina bathroom bill could trigger a health crisis among transgender youth, research shows*. Retrieved June 29, 2016, from http://search.proquest.com/printviewfile?accountid=9840

Martin, J. A., Hamilton, B. E., Ventura, S. J., Osterman, M. J. K.S. C., & Mathews, T. J. (2015). *Births: Final data for 2014*. Hyattsville, MD: National Center for Health Statistics.

Office of Adolescent Health (2016). *Trends in Teen Pregnancy and Childbearing*. Retrieved February 8, 2017, from www.hhs.gov/ash/oah/adolescent-health-topics/reproductive

National Office of Post-Abortion Reconciliation and Healing. (2007). *How abortion Affects American Men*. Retrieved June 12, 2016, from www.menandabortion.info/10-aftermath.html

Price, R. E., Omizo, M. M., & Hammett, V. L. (1986, October). Counseling clients with AIDS. *Journal of Counseling and Development*, 65, 96-97.

Reinberg, S. (2012). *Hepatitis C Now Kills More Americans than HIV*. Retrieved February 16, 2017, from http://health.usnews.com/health-news/news/articles/2012/02/20/hepatitis

Rue, V. M., & Tellefsen, C. (1996). The effects of abortion on men: Its emotional, psychological and relational impact. *National Catholic Bioethics Center*, Philadelphia, PA.

Shostak, A. (1984). *Abortion & men: Lessons, losses & love*. New York, NY: Praeger University.

Slader, S. (1992). *HIV/IV drug users*. Presentation at California State University, Fullerton, CA.

Yang, A. (1999). *Wrongs to rights: Public opinion on gay and lesbian Americans moves toward equality*. Washington, DC: Policy Institute of the National Gay and Lesbian Task Force.

제11장

물질 사용 관련 장애 및 위기

학습목표

이 장을 학습한 후 독자는 다음과 같은 목표를 달성할 수 있다.

목표 1. 알코올과 약물을 남용하는 사람들이 직면한 다양한 문제 이해하기

목표 2. 물질 남용자와 관련된 정서적 · 심리적 문제 이해하기

목표 3. 일반적으로 오용되는 약물 및 알코올 영향에 대한 지식 얻기

목표 4. 알코올 및 약물 남용자에 개입하는 방법 이해하기

목표 5. 물질 남용자에게 개입하는 방법 이해하기

물질 6. 물질 남용 문제를 겪는 내담자와 주요 주변인에 대한 개입 연습하기

미국에서의 물질 남용 및 오용에 대한 역사적 관점

1960년대 말과 1970년대 초 닉슨 행정부에서 마약과의 전쟁을 시작한 이래, 미디어, 유명인, 정치인들은 마약 남용에 반대하는 캠페인을 벌여 왔다. 마약과의 전쟁은 1980년대 낸시 레이건(Nancy Reagan)의 '아니라고 말하기(Just say No)' 및 '붉은 리본 주간(Red Ribbon Week)' 캠페인으로 더욱 확대되었다. 1880년대 후반 모르핀과 코카인과 같은 마약류가 처음 소개된 이래 우리 사회에서 특정 개인에게는 이러한 약물 사용이 허용되었지만, 약물 중독자가 되는 것이 사회적으로 용납된 적이 없었다. 1960년대와 1970년대의 반문화(counterculture)는 '환각 상태에 들어가기(tune in)' '마약을 통한 탐험하기(trip out)' —경험하기(experience)' '환각 상태에 도달하기(turn on)' '해 보면 좋아할 거야(try it, you'll like it)' 등의 슬로건을 내세웠고, 불만 많은 청소년들이 마약을 사용하게 되었다. 그러나 21세기에 접어들면서 많은 사람이 (불법적이든 합법적이든 간에) 약물을 사용하고 남용하고 있지만, 약물 남용은 더 이상 반문화 시대와 같은 방식으로 존중받지 못하고 있다. 그렇다고 해서 미국에서 마약류 사용을 무조건 엄격하게 처벌한다는 것은 아니다. 지난 10년 동안 여러 주에서 기분전환용 또는 의료용 마리화나를 사용하는 것을 합법화하거나 범죄시하지 않게 되었다. 알코올은 여전히 합법이며 처방약 중 특히 진통제의 남용이 만연하다.

미국의 21세기 약물 사용 통계

이 장에서는 미국 물질 남용 및 정신건강 서비스국(SAMHSA, 2016b)에서 실시한 최근의 연례 약물 사용 및 건강 설문조사에 따른 2015년도 미국 내 물질 사용 관련 통계로 시작하겠다. 이 장의 나머지 내용을 읽을 때 〈BOX 11.1〉의 통계를 살펴보기를 추천한다.

BOX 11.1 미국 내 연령 12세의 물질 사용에 관한 진실(2015년 기준)

- 물질 사용 치료가 필요한 사람은 2,170만 명으로 12명 중 1명꼴인 8.1%에 해당한다.
- 230만 명이 동반이환을 경험하고 있다.
- 현재 불법 약물 사용자 2,710만 명 중 18~25세가 대부분을 차지한다.
- 2,220만 명이 현재 마리화나를 피운다.

- 640만 명이 현재 정신치료 약물을 오남용하고 있다.
- 380만 명이 현재 진통제를 오남용하고 있다.
- 190만 명이 현재 진정제를 오남용하고 있다.
- 170만 명이 현재 각성제를 오남용하고 있다.
- 446,000명이 현재 안정제를 오남용하고 있다.
- 190만 명이 코카인, 39만 4천 명은 크랙 코카인 사용자이다.
- 32만 9천 명이 현재 헤로인 사용자이다.
- 120만 명이 현재 LSD, PCP, 페요테, 메스칼린, 머쉬룸, 엑스터시, 케타민, 샐비어 디비노룸과 같은 환각제 사용자였다.
- 52만 7천 명이 현재 흡입제 사용자이다.
- 89만 7천 명이 현재 메스암페타민 사용자이다.
- 6,670만 명이 폭음을 보고했다.
- 1,730만 명이 과음을 보고했다.
- 물질 사용 장애는 18~25세 집단에서 가장 높다.
- 59만 1천 명이 헤로인 사용 장애를 경험했다.
- 2백만 명이 진통제 사용 장애를 경험했다.

물질 남용이란

기본적으로 물질 남용은 대부분의 길거리 약물, 처방약 및 알코올의 사용을 다루며 경우에 따라 이러한 약물에 대한 의존을 포함한다. 『정신질환의 진단 및 통계 편람 제5판(DSM-5)』(APA, 2013)에서는 물질 남용 장애를 물질 관련 및 중독성 장애로 규정하고 있다(pp. 481-589). 『DSM-5』에 기술된 물질의 유형에는 알코올, 카페인, 대마초, 펜시클리딘, 환각제, 흡입제, 오피오이드, 진정제, 최면제 및 항불안제, 각성제, 암페타민, 코카인, 담배 및 도박이 포함된다. 이 장에서는 향정신성 물질과 관련된 문제만 다룰 것이다.

물질 남용 위기의 유발 요인은 무엇인가

물질 남용 문제를 다룰 때 위기상담사는 당사자가 진정으로 위기에 처했을 때 가장 효과적으로 도울 수 있다. 위기 상황이 되어야 약물이 기능에 미치는 부정적인 영향에 대해 내담자와 성공적으로 다룰 수 있다. 약물 남용자에게는 약물이나 알코올 남용의 부정적 결과를 몸소 체험하기 전까지는 도움을 구할 동기가 거의 없다. 대부분의 사람은 '취한(high)' 상태를 좋아하며, 기능을 할 수 없을 때까지는 그 좋은 느낌을 포기하거나 금단의 고통을 견뎌낼 동기가 거의 없고, 때로는 이러한 결과를 바닥치기라고 한다. 위기상담사는 약물 또는 알코올 사용으로 인해 개인이 겪은 구체적인 결과를 파악하고, 궁극적으로는 남용과 자신의 삶에 미치는 영향 사이의 연관성을 파악할 수 있도록 도와야 한다. 약물 또는 알코올 남용자는 사랑하는 사람이 도움을 받지 않으면 떠나겠다고 협박하여 상담을 요청하는 경우가 많다. 다른 경우로는 남용과 관련된 의학적 질환을 앓고 있을 수도 있다. 때로는 도움을 요청하게 되는 법적 상황이 발생하기도 하고, 약물 남용자가 약물의 부정적인 영향에 심리적으로 압도되어 자살 충동이나 편집증에 빠지는 경우도 있다.

가족 위기

약물 또는 알코올 남용자의 배우자, 자녀 또는 부모는 어느 시점에서 남용자의 행동과 사용을 더 이상 용납할 수 없다고 판단하게 된다. 이들은 종종 사용자에게 도움을 받으라고 압력을 가하며 공식적인 개입을 요청할 수도 있다. 이 절차는 전문 상담사가 가족과 친구들이 약물 사용자를 사랑으로 대면하도록 안내하는 텔레비전 프로그램인 〈인터벤션(Intervention)〉에서 소개된 바 있다. 중독자는 가족과 친구를 잃을 수도 있다는 생각에 직면했을 때 도움을 요청하기로 결정할 수 있다.

의학적 위기

알코올이나 진정제/진통제/바비투르산염을 남용할 경우 의학적 문제가 가장 심각하다. 발작, 심장마비, 뇌졸중, 간 질환은 약물 또는 알코올 남용자가 입원하게 되는 일반적 이유 중 하나이다. 이 두 카테고리에 속하는 약물 중 하나에 생리적으로 의존하는 사람의 경우, 의학적 개입 없이 약물을 단기간에 끊으려고 할 때 생명을 위협하는 합병증이 발생할 수 있으므로 의학적 해독 과정이 필요하다.

헤로인 금단에 대한 많은 고정 관념에도 불구하고 의학적 위험은 생각보다 심각하지 않다. 하지만 헤로인 중독자에게는 약을 끊는 것이 엄청난 위기처럼 느껴질 수 있다. 중독자는 며칠 동안 독감과 비슷한 증상을 경험하고 응급실을 방문하게 되는 경우가 많다. 금단 증상을 겪는 헤로인 중독자는 마치 죽어 가는 것처럼 느낄 수 있지만, 위험에 처하는 경우는 거의 없다. 따라서 대부분의 의료 시설에서는 갑작스러운 금단(cold turkey)을 권장한다. 일부 외래 클리닉에서는 헤로인의 대체물로 메사돈이라 불리는 약물을 제공한다. 이러한 클리닉에서는 중독자가 대체 약물인 메타돈을 복용하면서 의료 전문가의 감독하에 천천히 헤로인에서 벗어날 수 있도록 한다.

코카인, 크랙[1], 크리스탈 메스(메스암페타민)과 같은 흥분제의 남용 시에도 의료 위기가 발생할 수 있다. 일부 사용자는 발작이나 심장마비를 일으켜 응급 치료가 필요하다. 이러한 사건은 생명을 위협할 수도 있지만, 내담자가 중독에 맞서고 이에 대해 무언가를 할 수 있는 길을 열어 줄 수도 있다.

때때로 마약 사용자는 엑스터시, 알코올, 마리화나 등 두 가지 이상의 약물을 복용하고 부정적인 반응을 보이기도 한다. 기절하거나 아파서 병원으로 이송되어야 할 수도 있다. 청소년은 특히 '레이브' 파티나 기타 사교 모임에서 약물을 복용하기 전에 생각하지 않기 때문에 이러한 유형의 의료 응급 상황에 특히 더 취약하다.

법적 위기

물질 남용자와 그 가족이 위기개입을 요청하는 또 다른 이유는 체포되었거나 법원에서 명령한 의무 상담 때문이다. 2009년 전국 10개 주요 지역의 체포자를 대상으로 한 연구에서 체포자 인구의 약물 사용률이 일반 인구의 약물 사용률보다 훨씬 높은 것으로 나타났다. 조사 대상 지역 중 불법 약물 양성 반응을 보인 체포자의 비율은 56~82%로 마리화나가 가장 많았고 코카인, 아편, 메스암페타민이 그 뒤를 이었다(Brohl & Ledford, 2012). 2007년 한 해 동안 약물 남용 위반으로 체포된 청소년은 109,444명이었다. 이러한 통계는 약물 사용으로 인해 법적 문제를 겪고 있는 개인과 가족이 상당수 존재한다는 것을 나타낸다. 이러한 가족들이 형사 사법 시스템을 잘 다룰 수 있도록 도움을 줄 수 있는 상담사가 필요한 경우가 많으며, 상담은 감옥에서 복역하는 일의 대안이 될 수도 있다. 미디어에는 감옥에 갇히는 대신 마약 재활치료를 받는 유명인의 사례가 자주 등장한다.

알코올 남용자에 대한 일반적인 체포 사례는 음주 운전 또는 공공장소 음주이다. 또한 진

---

1) 역자주해: 메스암페타민 계열의 합성 마약으로 강한 중독성과 심각한 부작용을 동반하는 강력한 중추 신경자극제. 필로폰 혹은 히로뽕으로도 알려져 있다.

정제 및 진통제 복용으로 인한 음주 운전도 발생할 수 있다. 2017년 5월, 유명 골프 선수 타이거 우즈(Tiger Woods)가 허리 통증으로 인해 처방받은 진통제를 복용한 상태로 운전하다 체포되었다. 그는 운전대를 잡을 때 자신이 몸이 불편하다는 사실조차 몰랐다. 많은 고속도로 표지판에 "음주 운전은 술뿐만 아니라 약물도 포함된다(DUI is not only alcohol but meds)." 라고 명시하기 시작했다. 흔하게 처방된 진통제에 대해서는 나중에 살펴볼 것이다. 대부분의 주에서는 이러한 범죄에 대한 형사처벌의 일부로 벌금뿐만 아니라 상담 및 알코올 중독자 익명 모임(Alcoholics Anonymous: AA) 참여를 요구한다.

음주 또는 약물 복용으로 체포되는 것 외에도 약물 소지 또는 약물 판매로도 체포될 수 있다. 감옥과 교도소의 과밀로 인해 전통적인 교정 시설에 수감하는 대신 재활을 제공하는 많은 프로그램이 마련되었다. 이러한 재활 프로그램에는 거의 대부분 상담과 교육이 포함된다. 전환 프로그램은 특히 학교에서 마약을 하다 적발된 청소년에게 흔히 사용되며, 이러한 프로그램은 종종 청소년의 약물 남용 중단에 효과적일 뿐만 아니라 가족의 참여를 증가시키기도 한다.

때로 주 아동 보호 서비스 기관에서 부모가 물질 남용자라는 사실을 발견하면 직원이 아동을 가정에서 퇴거시킬 수 있다. 이 기관은 자녀를 돌려보내는 조건으로 부모에게 상담을 받도록 요구할 수 있다. 이 조건의 전제는 자녀를 데려가는 것이 부모가 물질 남용을 중단하는 동기가 되어야 한다는 것이지만, 안타깝게도 원하는 결과를 항상 얻게 되는 것은 아니다.

물질 남용은 종종 배우자에 대한 가정 폭력과 관련이 있으므로 가정 폭력으로 유죄 판결을 받은 사람 역시 형기의 일부로 물질 남용 치료를 받아야 할 수 있다.

심리적 위기

많은 사람이 특정 약물 사용과 관련된 극심한 불안과 우울증, 약물 효과가 사라진 후의 '다운되는(coming down)' 느낌으로 인해 위기상담을 받는다. '스피드' 범주에 속하는 대부분의 약물은 과량 복용 시 또는 복용 후의 단계에서 무감각함을 유발한다. 코카인을 흡입하거나 크랙 코카인을 피우거나 필로폰을 흡입하거나 주사하거나 리탈린을 복용하는 사람들은 비현실감을 경험하고 종종 자신이 미행당하고 있거나 위험에 처해 있다는 망상을 갖게 된다. 또한 사용 후 며칠 동안 심각한 우울증을 겪으며 자살 시도나 자살 충동을 유발할 수 있다.

리세르그산 디에틸아미드(LSD)는 오랫동안 '불쾌한 환각 상태(bad trips)' 또는 복용에 따른 부작용과 연관되어 왔다. 이 영향을 받은 사람은 자신의 마음을 통제할 수 없을 정도로 가성 정신증이나 망상에 빠질 수 있다. 이 상태의 사람들은 이러한 현실감이 없고(derealized) 비인격화된(depersonalized) 감정을 극복하기 위해 지속적으로 누군가와 대화할 필요가 있다. 이들에게 자신이 경험하는 모든 기괴한 감각이 LSD의 결과이며 8~12시간 후면 여행이 끝날 것이라는 사실을 지속적으로 알려야 한다.

마지막으로, 알코올과 약물을 남용하는 많은 사람은 지속적인 우울증을 앓고 있다. 자살의 50% 이상이 알코올 또는 약물 의존과 관련이 있으며, 알코올 중독자의 약 25%가 자살한다. 청소년의 경우 이 수치는 최대 70%에 달할 수 있다(Miller, Mahler, & Gold, 1991).

알코올: 가장 흔한 남용 약물

'알코올 중독'이라는 용어는 1849년 유럽의 의사 마그너스 허스(Magnus Huss)가 알코올의 체계적인 부작용을 설명하기 위해 처음 사용했다. 미국에서는 1935년 AA가 설립되면서 '알코올 중독'이라는 단어가 대중화되었다. AA에서 사용하는 '빅북(Big Book)'에서는 알코올 중독을 알코올에 대한 신체적 알레르기와 정신적 집착을 수반하는 질병으로 설명한다(Anonymous, 1939).

알코올이 자주 남용되는 이유는 쉽게 이해할 수 있다. 술은 합법적이고 저렴하며 사회적으로 허용된다. 과음이 가족과 업무 수행에 미치는 영향은 매우 문제가 된다. 다행히도 음주 운전에 대한 법적 처벌이 엄중해지고 최근 몇 년 사이 우버(UBER)의 등장으로 음주 운전으로 인한 사망자가 감소하고 있다.

알코올 중독자

알코올 문제가 있는 사람은 알코올 중독자, 문제 음주자 또는 알코올 남용자라고 불릴 수 있다. 물질 의존 및 중독 분야에서 일하는 사람들은 알코올 중독이 다른 근본적인 문제를 은폐하기 위해 알코올을 남용하는 것이라 본다. 알코올 중독자는 수치심, 죄책감, 혐오감, 후회, 분노, 두려움과 같은 감정을 부정하고 알코올 섭취를 통해 마취시킨다.

알코올 중독자가 술을 끊으면 알코올의 영향으로 은폐되었던 감정과 싸우면서 마른 주정(dry alcoholic)의 증상을 보일 수 있다. 가족들은 알코올 중독자가 금주한 후에 술을 마실 때

보다 더 나쁜 행동을 하는 경우가 많기 때문에 종종 불만을 토로한다. 이러한 현상은 알코올 중독자가 회복하는 동안 가족 전체의 개입이 필요하다는 점을 의미한다.

　가족의 개입은 알코올 중독을 다른 유형의 질병과 다르게 만드는 한 가지 측면이다. 또 다른 측면은 알코올 중독자가 자신의 질병을 통제하고 자신의 행동 결과에 대해 전적으로 책임을 질 수 있다는 것이다. 이 가정은 알코올 중독 치료의 기본 지침 중 하나이다. 그러나 AA의 12단계 프로그램은 알코올 중독자가 질병에 대한 책임을 지고 통제하기 위한 일환으로 프로그램에 참여하고 후원자의 지원을 받아들일 것을 제안한다.

　딕과 버루트(Dick & Bierut, 2006)는 알코올 의존의 원인 중 유전적·생물학적 요인이 약 50~60%를 차지하며, 초기 단계에서는 주로 심리적 장애라고 한다. 즉, 정서적 문제를 경험했거나 알코올 중독 가정에서 자라서 생활 스트레스를 해결하기 위해 물질(알코올)에 의존하게 되는 것이다. 일단 알코올을 사용하면 자신의 감정을 부정하고 최소화함으로써 스트레스에 대처하는 데 도움이 된다. 알코올 남용자는 의존 욕구가 강하고 분노 문제가 있는 것으로 보인다. 또한 알코올과 같은 물질에 중독될 수 있는 유전적 소인을 가지고 있는 경우 알코올 의존증이 발병할 수 있다. 위기상담사는 수치심 문제를 인식하고 내담자가 이러한 감정을 표현하면서도 상담사에게 받아들여진다고 느낄 수 있는 안전한 환경을 조성해야 한다. 상담을 받으러 오는 대부분의 내담자는 여전히 업무를 수행할 수 있기 때문에 자신을 중독자라고 생각하지 않으며, 따라서 이러한 유형의 내담자에게는 부정이 강하다.

알코올 및 물질 남용자에 대한 개입

　위기상담사는 때때로 물질 및 알코올 남용자에게 위기개입을 넘어 치료를 의뢰해야 할 때가 있다. ABC 모델의 C단계는 다양한 개입 옵션에 대한 의뢰를 제공하는 시기이다. 가장 많이 사용되는 접근 방식은 단주 모임에 참여시키는 것이다. AA(모든 12단계 프로그램과 마찬가지로)는 내담자에게 비용이 많이 들지 않기 때문에 알코올 또는 약물 남용자나 중독자에게 장기적으로 가장 실용적인 치료 접근법이며 대부분의 사람이 동의할 것이다.

　알코올 또는 기타 약물 남용을 치료하는 장기적인 접근법을 살펴보기 전에 위기 상태에 대처하기 위한 몇 가지 일반적인 기술과 제안을 살펴볼 필요가 있다. 일단 위기가 확인되고 ABC 모델이 적용되면 내담자를 가장 적절한 설정으로 안내할 수 있다. 다음은 위기 상황에서 상담사가 취해야 할 조치 목록이다:

- 내담자가 알코올이나 기타 약물을 복용한 상태라면 어떤 약물을 언제 섭취했는지 알 수 있는 질문을 하라. 내담자가 술에 취한 상태에서는 어떤 유형의 치료도 시도하지 말라.
- 안전, 즉 당신의 안전이 최우선이다. 또한 술에 취한 내담자를 차에 태워 사무실 밖으로 내보내지 말라. 내담자가 교통사고를 당할 경우 당신에게 책임이 있을 수 있다.
- 중독자나 알코올 중독자, 특히 약물을 복용 중인 사람과 건물이나 사무실에 혼자 있지 않도록 주의하라.
- 내담자가 현재 취하지 않은 경우, 내담자가 마지막으로 약물을 사용한 시기와 사용한 물질의 종류를 파악하라. 다물질(두 가지 이상의 약물 사용) 남용은 매우 흔하다는 점을 기억하라.
- 치명적인 조합이 있는지 확인하라.
- 처방받은 약과 질병을 포함한 관련 의료 정보를 확인하라.
- 가족 중 약물 또는 알코올 남용자가 있는지 질문하여 가능한 유전적 소인에 대해 문의하라.
- 내담자의 남용이 어떤 상황인지 파악하라: 내담자가 주로 언제 알코올이나 기타 약물을 사용하는가? 누구와 함께? 스트레스를 받고 있는가?
- 내담자의 기능 수준과 관계에 대해 가능한 한 많은 정보를 얻으라.
- 그 사람의 삶에서 지금 어떤 부분이 무너져 내리고 있는지 알아보라.
- 자녀가 알코올이나 약물을 계속 사용하는 이유를 알아보라.
- 충분한 정보가 수집되면 알코올 또는 약물 사용이 내담자의 전반적인 문제와 어떻게 연관되어 있는지에 대해 내담자와 대면하기 시작한다.
- 현재 직면한 위기에 대처하라.
- 위기 상황이나 남용 수준을 최소화하지 말라.
- 가능하면 가족과 함께 거래하라.
- 가능하면 가족에게 위기감을 조성하여 현상 유지를 방해하라. 제1장에서 배운 것처럼, 너무 적은 불안감은 가족에게 변화의 동기를 부여하지 않는 관성 상태를 만든다.
- 음주나 약물 사용 자체에 초점을 맞추기보다는 남용의 결과로 나타나는 행동에 집중하라. (작성자 주: 이는 위기개입이 성공하기 위해 필수적인 요소이다.)

일부 상담사는 개입 전에 물질 남용 또는 의존 수준을 파악하기 위해 선별 검사를 실시하는 것을 선호할 수 있다. 다음 목록은 상담사가 물질 남용의 위험을 평가하고 식별하는 데 도움이 되는 다양한 선별 도구를 제공한다.

1. CAGE 질문: (a) 음주를 줄여야 한다(Cut down)고 느낀 적이 있는가?, (b) 사람들이 음주를 비난하여 귀찮을 때(Annoy)가 있는가?, (c) 음주에 대해 죄책감(Guilty)을 느낀 적이 있는가?, (d) 술을 마신 다음 날, 신경을 안정시키거나 숙취를 없애기 위해 해장술(Eye-opener)을 마셔야 한다고 느낀 적이 있는가?(Ewing, 1984).

2. 알코올 의존도 측정 설문지: 알코올 의존 진단을 알코올 과다 사용과 구별하는 데 도움이 된다.

3. 미시간 알코올 선별 검사: 법원에서 특히 음주 운전자의 적절한 형량을 결정하기 위해 널리 사용된다.

4. 알코올 사용 장애 선별 검사: 여섯 번의 실험을 통해 검증되었으며 국제적으로 사용되고 있다.

5. 패딩턴 알코올 검사: 사고 및 응급실에 내원하는 사람들의 알코올 관련 문제를 선별하기 위해 고안된 검사이다.

알코올 중독자 익명 모임(AA). 알코올 중독자 익명 모임은 1935년 뉴욕의 알코올 중독자 주식 중개인이었던 빌 윌슨(Bill Wilson)이 로버트 홀브룩 스미스(Robert Holbrook Smith)의 도움을 받아 만들었다. AA는 전체론적 철학을 따르는 상호 자조 모임이다. 이 모임에서 회원들은 개인의 신체적·심리적·정서적·영적 측면에 초점을 맞춘다. 회원들은 자신에 대해 어떻게 느끼는지, 자신의 직업, 가족, 기타 대인관계, 자아상 및 자존감과 같은 문제를 탐색할 수 있다.

부정 및 기타 다른 방어기제를 극복하고 정보를 제공하는 순전히 교육적인 모임도 있다. 음주운전으로 유죄 판결을 받은 사람들은 법원으로부터 이러한 유형의 모임에 참석하라는 명령을 받는데, 이는 사회가 알코올 중독자 프로그램을 존중하고 있다는 증거이다. 〈BOX 11.2〉에는 알코올 중독 치료의 12단계가 나와 있다.

12단계 촉진 집단(TSF). 12단계 집단이 정신건강 임상가에 의해 실시되지는 않음에도 불구하고, 상담사와 위기개입자는 적절한 12단계 집단을 통해 물질 남용자 및 중독자의 참여를 촉진하는 데 큰 역할을 할 수 있다. 이 위기개입 모델은 알코올 및 약물 남용과 중독으로부터 조기 회복을 촉진하기 위한 간단하고 구조화된 매뉴얼 중심의 접근 방식으로 구성되어 있다. 이 프로그램은 12~15회기 동안 개별적으로 시행되며 알코올 중독 치료의 원칙을 기반으로 한다. TSF의 목표는 내담자가 알코올 및 약물 사용을 금해야 한다는 사실을 받아들이게 하는 것이다. 그리고 자신의 행동을 통제할 수 없다는 사실을 인정하고 금주를 유지하기 위해서는 12단계 집단에 참여해야 한다는 사실을 받아들이게 돕는 것이다(Nowinski, 2000).

BOX 11.2 **AA의 12단계**

1. 우리는 알코올에 무력했고, 우리의 삶이 통제할 수 없는 상태가 되었다는 것을 인정했다.
2. 우리보다 더 위대하신 힘이 우리를 제정신으로 회복시킬 수 있다고 믿게 되었다.
3. 우리가 이해하게 된 대로 우리의 의지와 삶을 하나님의 돌보심에 맡기기로 결심했다.
4. 두려움 없이 자신에 대한 도덕적 검토를 했다.
5. 하나님과 우리 자신, 그리고 다른 사람에게 우리 잘못의 정확한 본질을 인정한다.
6. 하나님께서 이러한 모든 성격의 결점을 제거해 주실 준비가 되어 있다.
7. 겸손하게 하나님께 우리의 결점을 제거해 달라고 간구했다.
8. 우리가 해를 끼친 모든 사람의 명단을 작성하고 모두에게 기꺼이 보상할 용의가 있다.
9. 본인이나 다른 사람에게 상처를 줄 수 있는 경우를 제외하고는 가능한 한 그들에게 직접 보상한다.
10. 인격적인 검토를 계속하여, 잘못이 있을 때마다 즉시 인정했다.
11. 기도와 명상을 통해 하나님과 의식적 접촉을 증진하려고 노력했다. 그리고 우리가 하나님을 이해하게 되면서 우리를 향한 하나님의 뜻이 무엇인지 알도록 해 주시며, 그것을 실행할 수 있는 힘을 달라고 기도한다.
12. 이러한 단계의 결과로 영적인 깨달음을 얻은 우리는 알코올 중독자들에게 이 메시지를 전하고 모든 면에서 이러한 원칙을 실천하려고 노력했다.

가족치료. 알코올 중독의 또 다른 치료 모델은 가족을 한데 모아 알코올 중독자에게 치료를 받거나 집에서 나가는 것 중에서 선택하게 하는 것이다. 알코올 중독자가 치료를 받으면 가족 회기를 통해 가족구성원 모두의 새로운 생활 패턴을 모색할 수 있다. 때때로 알코올 중독자가 술에서 깨면 더 이상 배우자를 원하지 않는다고 판단하여 결혼생활이 끝나는 경우가 있는데, 알코올 중독자가 배우자를 견딜 수 있는 유일한 방법은 술에 취하는 것뿐인 경우가 많기 때문이다. 〈BOX 11.3〉은 알코올 중독자가 가족에게 미치는 영향의 예를 보여준다.

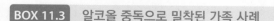

BOX 11.3　알코올 중독으로 밀착된 가족 사례

　　매력적이고 명료하며 성공한 44세의 여성이 남편 때문에 위기에 처해 치료를 받으러 왔는데, 남편은 알코올 중독자로, 자녀(의붓 자녀)에게 언어적으로 학대를 가했고 그녀는 이러한 행동에 대처할 수 없었다. 그녀는 그가 술을 끊기만 하면 모든 것이 괜찮을 것이라고 믿었다.

　　그러나 남편은 그들이 만난 이후로 계속 술을 마셔 왔기 때문에 맨정신으로 만난 적이 없었다. 몇 번의 개별 상담 후, 그녀와 아이들은 그에게 술을 끊지 않으면 집을 나가겠다고 말했다.

　　남편은 약 한 달 동안 술을 끊었다. 이 기간 동안 남편은 감정적으로 가족과 함께하고 싶지 않다고 결정했다. 아내는 이를 받아들일 수 없다고 판단하여 이혼하기로 결정했다.

의학적 접근

　　물질 남용자의 필요를 평가할 때 고려해야 할 가장 중요한 측면 중 하나는 의료적 개입이 필요한지 여부이다. 약물 남용자가 알코올, 바르비투르산염, 진정제 또는 헤로인에 신체적으로 중독된 경우, 의료 서비스를 제공하는 것이 특히 중요하다. 각 약물에는 다양한 유형의 금단 증상이 있으며, 그중 일부는 생명을 위협할 수 있다.

　　해독.　해독에는 보통 2~30일이 걸리며, 이 기간 동안 병원에 입원하여 치료를 받는다. 금단 증상을 겪는 사람들은 이 어려운 시기를 잘 견딜 수 있도록 경미한 진정제 등 다양한 대체 약물을 투여받는다. 이러한 약물은 발작과 경련을 예방하기 위해 경우에 따라 투여해야 한다.

　　헤로인 중독자는 다른 남용자보다 갑작스러운 금단(cold turkey)을 더 쉽게 할 수 있지만, 이 중독자 집단에서는 이러한 방법이 널리 사용되지 않는다. 때때로 그들은 헤로인 중독을 대체하기 위해 가벼운 진정제를 투여받거나 메타돈 프로그램을 시작할 수 있다.

　　약물치료가 안전하게 끝나면 다른 심리적·사회적 개입방법을 도입할 수 있다. 입원 기간 동안 내담자는 작업치료, 레크리에이션 치료, 자기 주장 훈련, 교육 수업, 자존감 향상을 위한 모임 등 다양한 모임과 활동에 참여하게 된다. 때때로 개인 치료사가 배정되어 심리 상담을 제공하기도 한다. 정신과 전문의도 팀 접근법의 일부가 될 수 있으며 항우울제나 리튬과 같은 약물을 처방할 수 있다.

　　알코올 또는 약물 재활 프로그램이 있는 일부 병원에서는 부분 입원 프로그램 또는 주간 치료 프로그램을 설계했다. 이러한 프로그램은 입원 시설과 동일한 모임 및 활동을 제공하지만, 내담자는 집에서 생활하고 낮에는 직장에 출근하여 매일 모임에 참석한다. 이러한 유형의 프로그램은 거주치료보다 비용 효율성이 높다고 널리 인정받고 있으며, 아마도 미래의 방식이 될 것이다. 이러한 병원에서는 행동치료부터 사회 기술 훈련까지 다양한 치료법을 제공한다.

중독 백신

중독에 대한 가장 새롭고 최고의 무기 중 하나는 중독성 약물에 대한 면역 체계를 강화하고 약물이 남용자를 중독시키는 것을 방지하는 백신의 사용일 수 있다(Martel & Kosten, 2009). 예를 들어, 코카인 백신은 최초의 대규모 임상 시험 중이며 니코틴, 헤로인, 메스암페타민, 기타 아편 및 각성제에 대한 백신도 개발 중이다. 이러한 중독 백신은 전염병 치료에 사용되는 기존 백신과 동일한 방식으로 작용하지만, 박테리아와 바이러스를 표적으로 삼는 대신 중독성 화학물질을 표적으로 삼는다.

물질 및 알코올 남용 치료에 초점을 맞춘 기타 접근법

혐오치료. 혐오 조건화는 유해 자극과 알코올(또는 약물)을 연결시키는 파블로프(Pavlov)의 고전적 조건화 모델을 기반으로 한다. 쉬크 쉐이델(Schick Shadel)이 1935년에 이 치료를 시작했다. 그 효과가 오래 지속되지 않기 때문에 최근 몇 년 동안 인기가 떨어졌다. 환자는 항우울제나 순한 진정제의 도움으로 생리적으로 해독된 후 이 '구토하기(throw-up)' 요법을 받을 준비가 된다. 공복에 큰 소금물 두 잔을 마시고 메스꺼움을 유발하는 약물인 에메틴을 복용한다. 그런 다음, 그들이 좋아하는 술 한 병을 그들 앞에 놓는다. 먼저 냄새를 맡은, 다음 양치질하고 삼킨 후, 즉시 구토를 한다. 이 과정을 여러 번 반복한다.

다음 날 환자에게는 맥주 냄새가 나면서 메스꺼움을 지속시키는 복합 음료인 '버터플라이(butterfly)'를 투여한다. 셋째 날에는 진실 세럼(truth serum)[2]인 펜토탈 나트륨을 투여하고 가장 좋아하는 음료를 원하는지 묻는다. 싫다고 대답하면 다른 종류의 음료를 원하는지 묻는다. 그렇다고 대답하면 해당 종류의 알코올로 혐오 과정을 반복한다.

코카인 중독자에게도 코카인과 같은 모양, 맛, 냄새가 나는 물질을 사용하는 것과 동일한

---

2) 역자주해: 최면제의 한 종류로 진실을 말하게끔 하는 효과가 있는 약물

과정이 사용된다. 치료는 보통 10일이 소요되며 비용은 약 11,000달러이다. 30일과 60일 후 환자는 2일간의 후속 조치를 위해 다시 방문하게 된다.

시나논(Synanon).　알코올 중독자였던 시나논 찰스 E. 데데릭(Synanon Charles E. Dederich)은 1958년 직면적 스타일의 집단치료 방법을 개발했다. 그는 캘리포니아 소재 베니스의 한 상점에서 회복 중인 중독자들이 모여 운영하는 자조치료 커뮤니티인 시나논을 시작했다.

시나논의 기본 목표는 약물 남용자가 생활 방식을 완전히 바꾸도록 하는 것이다. 여기에는 마약을 끊고, 범죄 행위의 패턴을 깨고, 직업 기술을 배우고, 자립심을 키우고, 개인의 명예를 함양하는 것이 포함된다. 상담사는 주로 집단치료 회기에서 거주자가 자신의 행동 문제를 직면하도록 돕는다. 보통 한 거주자가 다른 거주자를 지목하여 그 사람과 문제에 직면한다. 거기서부터 토론이 진행된다.

시나논은 프로그램 기간 동안 지역사회 밖에서의 삶을 거부하는 것을 강조하지만, 주요 목표는 사회로의 재진입이다(Orange County Register, 1990, p. M3).

대부분의 지역사회에는 이러한 회복, 주거 또는 요양 시설(halfway house)이 몇 군데 있지만 공급보다 그 수요가 훨씬 더 많다. 시나논 접근 방식은 대부분의 가정에서 순수한 형태로 실행되지는 않지만, 사회생활의 변화라는 아이디어는 여전히 중요한 요소이다. 피닉스 하우스(Phoenix House)는 이러한 주거 치료 시설의 대표적인 예이다.

생물심리사회 모델.　아마도 더 일반적인 유형의 주거 프로그램은 의료적·심리적·사회적 측면을 치료하는 커뮤니티일 것이다.

치료 모델은 완전한 격리 및 제한에서 지역사회로의 통합으로 진행된다. 대부분의 초점은 기술 구축과 재발 방지에 맞춰져 있다. 내담자는 자신의 비합리적 신념을 점검하고 보다 현실적으로 사고하는 방법을 배운다.

위기개입은 치료의 큰 부분을 차지한다. 효과적인 위기개입은 내담자가 자신의 생각에 집중할 수 있도록 격리 및 타임아웃으로 시작된다. 그런 다음 상담사는 내담자가 자신의 말을 듣고 힘을 얻을 수 있도록 적극적으로 경청한다. 그런데 이 접근 방식은 부모가 '행동화(acting-out)'가 있는 청소년과 대화할 때 종종 권장되는 방식과 정확히 일치한다.

알코올 문제에 대한 단기 개입

일부 내담자는 입원하거나 주거 시설에서 생활할 필요가 없을 수도 있다. 이들은 중독 치료를 전문으로 하지 않는 의료 전문가와 함께 몇 번의 회기에 참여함으로써 음주를 적절히 조절하고 기능을 회복할 수 있다. 이 단기 개입 치료는 알코올 의존이 아닌 내담자에게 가장 자주 사용되며, 완전한 금주보다는 적당한 음주를 목표로 할 수 있다. 이러한 내담자는 알코올을 남용하고 있을 수 있으며 알코올 관련 문제가 발생할 위험이 있을 수 있다. 밀러와 산체스(Miller & Sanchez, 1993)는 이러한 유형의 개입을 위해 약어인 FRAMES로 요약되는 여섯 가지 요소를 제안했다. 위기상담사는 개인적 위험에 대한 피드백(feedback)을 제공하고, 내담자 변화의 책임(responsibility)에 초점을 맞추고, 변화를 위한 조언(advice)을 제공하며, 음주를 줄이기 위한 다양한 메뉴(menu)를 제공하고, 공감적인(empathetic) 상담 스타일을 만들며, 환자가 스스로 변화할 수 있는 자기 효능감(self-efficacy)을 믿도록 격려할 수 있다. 연구에 따르면 알코올 문제에 대한 짧은 개입은 개입하지 않는 것보다 더 효과적이며 종종 더 광범위한 개입만큼 효과적이므로(Bien, Miller, & Tonigan, 1993; Fleming, Barry, Manwell, Johnson, & London, 1997) 내담자가 12단계 모임이나 다른 형태의 치료를 거부하는 경우 이러한 유형의 접근 방식이 효과적일 수 있다.

조장 행동에 대한 이해

알코올 및 물질 남용자와 중요한 관계에 있는 개인에 대한 특성이 조사되었다. 이러한 개인을 보통 조력자 또는 공동의존자라고 한다. 이들은 알코올 또는 물질 남용을 가능하게 하는 행동에 관여하거나 이를 통제해야 할 필요성을 느끼거나 둘 다에 해당한다. 공동의존자는 물질 남용자와 같은 감정인 죄책감, 분노, 두려움, 수치심, 낮은 자존감을 많이 경험한다. 공동의존자 또는 조력자의 특징은 통제 욕구로 인해 사용자가 자신의 삶을 스스로 선택하는 존엄성을 허용하지 않는다는 것이다. 대신, 공동의존자의 삶은 사용자의 활동을 중심으로 이루어진다. 이들은 보통 중독자의 약물이나 알코올 사용을 통제하려고 노력하며 사용자가 중독으로 인해 문제를 일으키는지 걱정하는 데 많은 시간을 할애한다.

데이비스(Davis, 1982)는 공동의존자의 다양한 행동을 설명하는 개요를 만들었다. 이는 알코올 중독 가족의 체계를 병리적 형태로 유지하기 위한 방어기제이며 자세한 내용은 〈BOX 11.4〉에 언급되었다.

BOX 11.4 알코올 중독 가족의 방어기제

1. 부정하기: "그는 알코올 중독자나 기타 약물 중독자가 아니에요." 그 결과는 다음과 같다.
   a. 이성적일 것이라고 기대함
   b. 그가 술을 조절할 것으로 기대함
   c. 비난을 수용함
2. 알코올 중독자와 함께 술을 마시거나 중독자와 함께 약물 사용하기
3. 알코올 중독자 또는 약물 중독자의 합리화에 동의하여 사용을 정당화하기(예: "그녀의 직업이 그녀에게 너무 많은 스트레스를 줍니다.")
4. 감정을 내면에 담아 두기
5. 문제 회피하기: 갈등이 없어야 좋은 결혼생활이라고 믿으며 평화를 유지함
6. 최소화하기: "그렇게 나쁘지 않습니다. 상황이 나아지면……."
7. 알코올 중독자 또는 사용자의 이미지 보호. 알코올 중독자 또는 사용자를 고통으로부터 보호하거나 공동의존자를 고통으로부터 보호함
8. 진정제, 음식, 일로 감정을 무감각하게 만들어 현실을 회피함
9. 비난하기: 비판, 훈계하기
10. 책임 떠맡기
11. 우월감 느끼기: 알코올 중독자나 약물 중독자를 아이 대하듯이 함
12. 통제하기: "올해는 사무실 파티를 건너뛰자."
13. 인내하기: "이 또한 지나가리라."
14. 기다리기: "신이 알아서 처리할 것이다."

알코올 중독자의 성인 자녀

알코올 중독자의 성인 자녀는 알코올 중독 가정에서 자란 공동의존자이자 조력자인 경우가 많다. 이들은 이러한 환경에서 재정, 인간관계, 직업, 고립감, 자존감에 대해 배웠다. 성인 자녀는 삶의 스트레스에 대처하는 현실적 대처기제를 배우지 못했기 때문에 이러한 영역에서 문제가 발생하는 경우가 많다. 대신, 그들은 자신의 감정을 다룰 때 부정의 방어기제를 쓰는 방법을 배웠다.

공동의존자를 위한 치료

이러한 사람들이 상담받으러 올 때는 배우자, 부모 또는 자녀의 음주나 물질 남용을 통제할 수 없어 불안하고 우울한 위기 상태에 있는 경우가 많다.

알코올 중독에 관련된 사람들과 함께하는 것처럼, 위기상담사는 세상에 대한 신뢰가 거의 없는 이들에게 따뜻하고 안전한 분위기를 제공한다. 많은 사람이 부모의 무책임한 양육으로 인해 일찍 성장해야 했다. 그들은 항상 그렇게 해야만 했기 때문에 모든 것을 스스로 처리할 수 있어야 한다고 믿는다.

교육은 이 집단에게 효과적이다. 대부분은 자신의 성격 패턴과 욕구를 설명하는 책을 기꺼이 읽는다. 또한 물질 남용에 대해 교육하는 것도 도움이 된다.

재구조화하기도 유용할 수 있다. 공동의존자는 종종 자신을 사용자에게 도움이 된다고 인식한다. 이러한 생각은 그들의 도움이 실제로 물질 남용을 지속시키고 있다는 것을 암시함으로써 쉽게 재구조화할 수 있다. 공동의존자는 사용자를 성숙한 성인처럼 대하기보다는 사용자의 존엄성과 존중을 빼앗은 것이다.

공동의존자들이 모든 것을 통제하고 있는 것처럼 보일 수도 있다. 그러나 주요 타자에게 자신이 얼마나 통제당하고 있는지 쉽게 알려 줄 수 있다. 위기상담사는 공동의존자가 사용자를 '고쳐야' 하는 책임에서 벗어나게 함으로써 이들에게 힘을 실어 줄 수 있다. 이들이 자기 통제력을 되찾으려면 중독자 중심으로 돌아가지 않는 방식으로 자신의 삶을 발전시켜야 한다는 것을 보여줘야 한다. 〈BOX 11.5〉는 조력자와 공동의존자의 힘을 실어 주는 데 도움이 되는 몇 가지 생각을 제공한다.

12단계 집단. 공동의존으로 어려움을 겪고 있는 내담자에게 모임을 추천할 수도 있다. 알코올 중독자 익명 모임(AA)을 모델로 여러 모임이 만들어졌으며, 이러한 모임은 12단계, 동료를 활용하고, 상호적이면서도 자조적인 모습을 보인다. 알코올 남용자의 배우자, 친척, 자녀를 위해 알-아논(Al-Anon), 공동의존자 모임(Co-Dependents Anonymous: CO-DA), 알코올 중독자의 성인 아이 모임(Adult Children of Alcoholics: ACA)이 만들어졌다. 이러한 모임의 목적은 알코올 중독자를 통제하고 변화시키려는 노력과 관련된 감정과 비생산적인 행동에 대처할 수 있도록 돕는 것이다. 이러한 상호 지지, 자조 모임에서 회원들은 조장하지 않는 행동에 대한 지지를 받고 고립감을 줄일 수 있다. 이러한 12단계 집단은 무료이며 널리 이용할 수 있고 효과적이므로 위기상담사는 지역사회의 이러한 모임에 대한 지식을 갖추고 있어야 한다.

BOX 11.5 조력자와 공동의존자에게 힘을 실어 주기 위한 아이디어

- 알코올 중독을 가족의 수치로 여기지 말라. 알코올 중독으로부터의 회복은 다른 질병과 마찬가지로 이루어질 수 있다.
- 알코올 중독자에게 잔소리하거나 설교하거나 훈계하지 말라. 그는 당신이 그에게 할 수 있는 모든 말들을 이미 자신에게 했을 가능성이 높다. 그는 너무 과도하다고 받아들일 것이고 그 이후로는 차단할 것이다. 거짓말에 대한 욕구만 증가시키거나 지킬 수 없는 약속을 하게 강요할 수 있다.
- '당신보다 더 거룩하다.' 같은, 순교자 같은 태도를 경계하라. 말하지 않고도 이러한 인상을 줄 수 있다. 알코올 중독자는 예민하기에, 말보다 사소한 것들을 통해 자신을 대하는 타인의 태도를 더 판단한다.
- '나를 사랑했다면'이라는 호소는 사용하지 말라. 알코올 중독자의 음주는 강박적이고 의지력으로 통제할 수 없기 때문에 이러한 접근 방식은 죄책감만 키울 뿐이다.
- 신중하게 생각하고 확실히 실행할 의도가 아니라면 어떤 위협도 피하라. 물론 자녀를 보호하기 위해 구체적인 조치가 필요한 경우도 있을 수 있다. 무의미한 협박은 알코올 중독자가 진심이 아니라고 느끼게 만들 뿐이다.
- 술을 숨기거나 폐기하지 말라. 일반적으로 이것은 알코올 중독자를 우울증 상태로 밀어 넣을 뿐이다. 결국 그는 더 많은 술을 얻을 수 있는 새로운 방법을 찾을 것이다.
- 알코올 중독자가 술을 덜 마실 수 있다는 이유로 함께 술을 마시자고 설득하지 말라. 그런 경우는 거의 없다. 게다가 당신이 그의 음주를 묵인하면 그는 도움을 받기 위해 무언가를 미루게 된다.
- 알코올 중독자가 선택한 회복 방법을 질투하지 말라. 가정과 가족에 대한 사랑이 회복을 추구하는 데 충분한 인센티브라고 생각하는 경향이 있다. 종종 알코올 중독자가 금주를 유지하는 데 도움을 받기 위해 다른 사람에게 의지할 때 자존감을 회복하려는 동기가 더 강력하다. 누군가 치료가 필요한 경우 의사를 질투하지는 않을 것이다.
- 즉각적인 100% 회복을 기대하지 말라. 모든 질병에는 회복기가 있다. 재발과 긴장과 분노의 시기가 있을 수 있다.
- 회복 중인 알코올 중독자를 음주 상황으로부터 보호하려고 하지 말라. 그것은 그를 재발로 밀어 넣는 가장 빠른 방법 중 하나이다. 그는 우아하게 '아니요'라고 말하는 법을 스스로 배워야 한다. 사람들에게 그에게 술을 권하지 말라고 경고하면 그의 오래된 분노와 부적절함을 자극하게 된다(Davis, 1982, pp. 1-2).

기타 물질 남용 문제

다음으로는 다른 물질 남용 문제에 대해 간략하게 살펴볼 예정이다. 알코올 중독에 대한 대부분의 정보는 이러한 문제에도 적용된다.

스피드: 코카인, 크랙, 크리스탈 메스

Health Communications, Inc.는 코카인 및 기타 약물에 대해 설명하는 팸플릿을 개발했다. 이 팸플릿은 정기적으로 업데이트되며 다음의 주소로 해당 기관에서 주문할 수 있다: Health Communications, Inc. 2119-A Hollywood Boulevard, Hollywood, FL 33020.

코카인은 마취 작용과 혈관 수축 작용을 모두 가진 중추 신경계 자극제이다. 코카인은 암페타민과 유사한 에너지와 일부 마약의 마비(마취) 효과가 결합되어 있다. 코카인은 코카 덤불에서 추출된다. 잎은 석유 용매제를 사용하여 코카인 분말 덩어리로 응축되고, 이 제조 공정의 결과는 흰색 분말이다. 코카인은 순수한 형태로 제공되는 경우가 거의 없다. 일반적인 첨가제는 유당, 프로카인, 리도카인, 벤조카인, 테트라카인 및 암페타민이다. 암페타민은 고에너지 효과를 강화하고 다른 첨가제는 마취 효과를 생성한다.

코카인을 사용하는 가장 일반적인 방법은 코로 킁킁거리거나 흡입하는 것이다. 한 가지 인기 있는 방법은 거울에 코카인 가루의 선을 그어 빨대나 말아 올린 달러 지폐를 통해 코카인을 흡입하는 것이다. 코로 들이마신 후 3분 이내에 약효가 나타난다. 더 위험한 방법인 주사법은 코카인을 물에 녹여 주사 바늘로 주입하는 것으로 약 20초 안에 약효가 나타난다. 주사를 맞으면 혈액에 불순물이 들어가며, 주사 바늘을 공유하면 간염과 에이즈 등 전염병이 옮을 수 있다. 코카인을 뇌에 전달하는 가장 빠른 방법은 크랙(crack)이나 락(rock)과 같은 프리베이스 형태로 코카인을 흡연하는 것이다. 이렇게 하면 10초 이내에 매우 강렬하고 고조된 느낌을 느낄 수 있다. 코카인 흡연은 몇 주 안에 중독을 일으킬 수 있다(StayWell Company, 1998, p. 5).

저용량의 코카인을 섭취한 사용자는 일반적으로 짧은 시간(20~30분)의 상쾌함과 행복감을 경험한다. 그들은 말을 많이 하고 활기차고 자신감을 느끼는 경향이 있지만, 그 상쾌함은 매우 짧게 지속된다. 초기 행복감 이후에는 심리적 우울감, 긴장감, 짜증, 체온 감각 상실, 근육 조임 또는 경련이 발생할 수 있다. 이러한 부작용을 예방하기 위해 사용자는 20분마다 약물을 복용해야 한다.

코카인의 또 다른 형태는 크랙 코카인, 즉 흡연 가능한 (프리베이스) 형태의 코카인이다. 사람들은 한동안 프리베이스를 흡연해 왔다. 그러나 크랙이 개발되기 전에는 위험성이 아주 높은 인화성이 강한 화학 물질을 사용하여 코카인을 프리베이스로 전환했다. 코카인을 프리베이스로 전환하다가 화상을 입어 사망할 뻔한 코미디언 리처드 프라이어(Richard Pryor)를 기억할 것이다.

이제는 코카인을 프리베이스로 전환하는 비교적 안전한 방법이 있는데, 암모니아 또는 베이킹 소다와 물이 사용된다. 그 결과, 크랙이 만들어지는데, 코카인을 피울 때 나는 딱딱거리는 소리 때문에 크랙이라 불린다. 크랙은 비누에서 긁어 낸 부스러기나 조각처럼 보이며 작은 플라스틱 비닐에 포장되어 개당 10~20달러에 판매된다. 크랙은 특수 제작된 유리 파이프 관을 통해 피우거나 담배나 마리화나에 뿌려서 흡연할 수 있다.

크랙을 피우면 뇌에서 신경전달물질이 폭발적으로 분비되고 뇌의 생리활성물질 공급이 고갈되어 더 많은 자극에 대한 강렬한 갈망이 생긴다. 사용자는 결코 만족할 수 없는 갈망을 달래기 위해 점점 더 많은 양의 크랙을 복용하게 된다.

처음에 사용자는 행복감과 흥분감을 경험하지만 곧 다운되는데, 이를 피하기 위해 약물을 계속 사용하게 된다. 크랙은 거의 즉시 중독성이 있다. 중독이 진행되면 사용자는 기억력 문제, 불면증, 피로, 우울증, 편집증, 과민성, 성욕 감퇴, 자살 충동, 때로는 자살 시도, 폭력적인 행동을 경험하게 된다.

곧 크랙은 사용자의 삶에서 가장 중요한 것이 되어 식사, 섹스, 가정생활, 개인 건강 및 직업과 같은 다른 욕구를 압도하게 된다. 이러한 효과 외에도 크랙 사용과 관련된 신체적 위험도 있다. 사용자의 약 64%는 가슴이 답답하고, 40%는 만성 기침이 있으며, 7%는 의식을 잃는 뇌 발작을 겪은 적이 있다고 답했다. 다른 많은 사람은 만성적으로 쉰 목소리가 나고 기침할 때 검은 가래가 나오거나 지속적인 기관지염을 앓는다고 보고한다(National Council on Alcoholism of Orange County, 1986).

스피드 계열의 또 다른 불법 약물은 크리스탈 메스암페타민 또는 '메스'이다. 스피드의 인기는 저렴한 가격과 강력한 효능을 반영한다. 이러한 유형의 스피드는 코로 흡입하거나 주사하거나 '아이스' 형태로 흡연하는 각성제이다. 편집증, 체중 감소, 수면장애를 유발할 수 있다.

크리스탈 메스는 중독성이 매우 강해 중증 중독자는 해독을 위해 입원하고 12단계 프로그램에 참여해야 하는 경우가 많다. 정신역동치료는 코카인 중독자 및 남용자의 경우와 유사하다. 스피드와 코카인의 주요 차이점 중 하나는 스피드가 더 오래 지속된다는 것이다. 안타깝게도 장기간 사용하면 편집증, 폭력, 연쇄 정지 또는 심리적 위기로 이어지는 경우가 많다. 메스암페타민은 위험하며 뇌, 심장 및 전반적인 건강에 신체적 해를 끼칠 수 있다. 사용자는 종종 며칠 동안 과용하다 쉬는 경우가 많은데, 이는 신체에 큰 타격을 주는 습관이다. 많은 사람에게 이 약이 초입 단계의 약물이 아니라 극단적인 약물임을 알리는 것이 중요하다!

코카인과 스피드가 가족에게 미치는 영향

코카인이나 스피드가 가족 중 누군가를 통제하면 그 가족의 삶은 정상적일 수 없다. 사용자가 이러한 약물에 의존하면 가족구성원에게 해로운 방식으로 행동하게 된다. 약물은 사용자의 시간, 돈, 주의의 대부분을 차지하게 되며 가족은 종종 다음과 같은 감정으로 고통받게 된다:

• 의심과 불안감: 이로 인해 약물 사용으로 인한 갈등이 빈번하게 발생한다. 돈과 시간이 가족구성원의 불안감의 초점이 된다.
• 분노와 실망: 가족구성원은 종종 불합리한 타협을 해야 한다. 사용자가 약물에 빠진 결과, 정상적인 가족생활의 기쁨이 화학 물질 의존에 희생되어 가족은 박탈감을 느낀다.
• 고립과 상처: 사용자는 종종 가족 참여를 철회한다. 종종 자녀와 배우자는 자신이 이러한 고립의 원인이라고 느낀다.
• 두려움과 죄책감: 가족은 자주 중독자뿐만 아니라 가족에게 미치는 결과에 대해 두려워하며 때로는 그 결과를 중독자의 행동 탓으로 돌린다. (Staywell Company, 1998, pp. 10-11)

위기상담사는 가족구성원이 사용자의 행동에 대처할 수 있도록, 중독자의 사용을 중단하는 방법과 중독자가 전문적인 치료를 받을 수 있도록 적절히 개입하고 돕는 방법을 가족에게 가르칠 수 있다. 가족이 중독자를 고칠 수 없다는 것을 이해하면 자유롭게 건강한 생활로 돌아갈 수 있다.

마리화나

마리화나 남용으로 위기개입을 요청하는 경우는 드물지만, 그럼에도 불구하고 위기상담사는 마리화나에 대해 잘 알고 있어야 한다. 마리화나, 즉 '대마초'는 널리 사용되고 있으며 위기 상황에 처한 사람의 기능과 대처 능력을 손상시킬 수 있다. 또한 많은 사람이 냉정한 대처 전략을 사용하기보다는 마리화나를 사용하여 스트레스에 대처한다. 일부 주에서는 마리화나가 기호용 또는 의약용으로 합법화되었기 때문에 우리 사회는 마리화나 사용을 더 많이 받아들이는 방향으로 나아가고 있다. 맥주나 와인 한 잔을 마시면 안 된다고 설득하기 어려운 것처럼, 마리화나 사용의 위험성을 청년과 청소년에게 설득하는 것은 점점 더 어려워지고 있다. 그러나 마리화나는 여전히 대부분의 주와 연방 차원에서 불법이다. 실제로 트럼프(Trump) 대통령은 주에서 마리화나를 합법화하더라도 연방법은 여전히 마리화나의 사용과 유통을 금지하고 있기 때문에 의료 목적으로 마리화나를 판매하는 약국을 단속할 수 있다. 많은 고용주가 고용을 보장하거나 고용을 유지하기 위해 약물 검사를 실시한다. 이러한 검사에서 마리화나 양성 반응이 나오면 직장을 잃을 수 있고, 이는 위기를 초래할 수 있다.

마리화나는 대마초 사티바 식물의 가공되지 않은 말린 잎, 꽃, 줄기, 씨앗을 말한다. 델타-9-테트라하이드로칸나비놀(Delta-9-tetrahydrocannabinol: THC)은 이 식물의 주요 향정신성 또는 정신 조절 복합물질로 생각된다. 이 약물은 보통 담뱃잎으로 말아서 조인트나 리퍼에 넣고 담배처럼 피우거나 파이프 또는 '대마초용 유리병(bong)'으로 피운다. 해시시는 대마초 사티바 식물의 고형화된 레진(resin)이다(Zimbardo, 1992, p. 129). 일반적으로 파이프에서 갈색 덩어리로 피우며 마리화나보다 몇 배 더 강하다. 마리화나와 해시시를 브라우니에 넣어 구워 먹을 수도 있다.

마리화나가 일반적으로 거리에서 불리는 이름은 팟(pot), 위드(weed), 리퍼(reefer), 스모크(smoke), 후치(hooch), 도프(dope)이다. 마리화나의 효과는 특정 식물의 효능, 사용자의 경험, 사용자의 기대치에 따라 달라진다. 일부 마리화나 사용자는 음악, 촉각, 빛, 사회적 상호작용에 대한 감각이 예민해지는 감정 상태를 경험하기도 한다. 다른 사용자는 약물로 인해 발생된 편집증으로 인해 불안, 두려움, 사회적 상호작용에 대한 금단 증상을 경험하기도 한다.

마리화나 사용이 업무 수행과 안전에 지장을 주거나 학교에서 문제를 일으키는 경우 마리화나 사용자는 사용을 중단하기 위해 어떤 형태로든 도움을 요청해야 할 수 있다. 마리화나 의존의 징후는 발견하기 어렵지만 만성적인 마리화나 사용을 나타낼 수 있는 몇 가지 징후는 다음과 같다:

- 결근
- 불규칙한 수행
- 판단 오류
- 업무 적합성 부족
- 동료에 대한 위험
- 잦은 사고

마리화나 사용과 관련된 다른 심리적·사회적 위험들은 약에 취한 상태로 졸업식에 참여하기(감정적으로 구름에 있는 것처럼 둥둥 뜬 상태로 약에 취해서), 정서적 미성숙(피상적인 관계에서 가장 편안함을 느낌), 동기부여 증후군(amotivational syndrome: lacking initiative; Krames Communications, 1995, p. 6)과 같은 이정표를 놓치는 것과 연결되어 있다.

학생이 학교에서 마리화나를 사용한다는 징후는 다음과 같다:

- 또래 압력에 굴복하기
- 단기 기억력 장애
- 낮은 에너지
- 낮은 성취도(pp. 10-13)

마리화나 사용자에게는 마리화나 흡연자 자조 모임(Pot Smokers Anonymous) 또는 마약 사용자 자조 모임(Narcotics Anonymous)이 도움이 될 수 있다. 마리화나를 사용하는 개인은 일반적으로 함께 즐기고 사교적으로 교류할 수 있는 비사용자들로 구성된 사회적 관계망을 개발해야 한다. 마리화나 흡연자가 자신의 문제를 인식하는 데 있어 부정은 큰 부분을 차지한다. 이 사람은 사용 정도나 그것이 문제라는 생각을 최소화한다. 위기상담사는 흡연자가 술에 취하지 않았을 때의 삶이 어떤 것인지 탐색하도록 도울 수 있다. 또한 오늘날 재배되는 마리화나는 10년 전에 재배된 마리화나와 비교했을 때 비정상적으로 강력하다는 점을 기억하라.

리세르그산 디에틸아미드(LSD)

LSD는 산(acid)이라고도 한다. 정제 형태로 경구 복용하거나 종이를 핥아먹는다. 위기상담사는 극심한 공황 상태와 관련된 '취한 상태의 여행' 중인 사람을 다루어야 한다. 많은 응급실 의사와 간호사, 정신건강 종사자는 LSD로 인해 위기 상태에 빠진 사람을 상담해야 했다.

LSD는 사용자의 감각 지각과 자아 감각을 왜곡한다. 환각과 망상 때문에 정신병자와 비슷해 보일 수 있다. 효과는 보통 10~12시간 동안 지속되며, 이러한 감정이 산(acid)으로 인한 것이라는 위로와 안심이 필요하다.

엑스터시(3, 4-methylenedioxymethamphetamine 또는 MDMA)는 1990년대 이후 청소년과 젊은 성인에게 인기를 끌고 있는 또 다른 환각제이다. 1912년 독일 화학자들에 의해 처음 합성되었다. 식욕 억제제로 사용하려고 고려되었지만 부작용으로 인해 거부되었다(Harvard Mental Health Letter, 2001). 그 효과는 예측할 수 없으며 극단적인 의식 변화 상태를 포함한다. 종종 다른 약물 및 알코올과 결합되어 젊은 사용자는 취약한 상태에 빠지게 된다. 엑스터시는 각성제처럼 신체에 영향을 미친다. 강한 친밀감과 같은 다른 효과도 보고되었는데, 이는 종종 과도한 자기 노출이나 나중에 후회하는 개인적인 결정으로 이어지기도 한다.

이러한 약물은 종종 부모와 당국에 알려지지 않은 지하 '레이브 파티'와 관련이 있다. 음악이 시끄럽고 청소년과 청년들이 격렬한 춤을 추는 파티이다.

헤로인

이 약물은 보통 주사로 투여하며 중독성이 매우 강하다. 헤로인을 금단하는 사람은 종종 경련과 같은 증상을 경험하며, 약물로 이를 '제거(fix)하기' 위해 무엇이든 할 수 있다. 메타돈은 중독자의 헤로인 금단 현상을 완화시키기 위해 경구용 액상 형태로 처방되는 경우가 많으며, 때로는 중독자가 갑작스러운 금단 현상을 겪을 수 있다.

안타깝게도 헤로인은 모든 고통과 스트레스를 덮어 버리기 때문에 영구적으로 끊는 것은 매우 어렵다. 약을 중단한 중독자가 일상적 생활 스트레스를 감당해야 할 때 대처할 준비가 되어 있지 않다면 다시 약을 사용하고 싶은 강한 유혹을 느낄 수 있다. 주거형 사회복지시설 프로그램은 헤로인 중독자에게 어느 정도는 효과적이지만, 모든 물질 남용자와 마찬가지로 헤로인 사용자는 치료받기 위해 완전한 생활 습관 변화를 이루어야 한다.

사용자는 보통 코로 흡입하는 것으로 시작하여 정맥 주사(약물을 정맥에 직접 주입하는 것)로 넘어간다. 3~4일이 지나면 신체적 갈망이 너무 강해져서 약물을 사용할 수밖에 없다고 느끼게 된다. 이 시점에서 그들은 아프지 않기 위해 약물을 사용한다. '습관 걷어차기(kicking the habit)'라는 용어는 금단 시 사용자가 종종 겪는 경련에서 유래한 것으로, 사용자는 이러한 트라우마를 어떻게든 피하고 싶어 한다(Turning Point, 1994).

일부 정신건강 및 의료 보건 종사자들은 헤로인 중독자를 다루기가 너무 어렵다는 이유로 이들과 함께 일하는 것을 피하지만, 헤로인 중독자가 지역사회(예: 범죄, 에이즈, 복지)에 미치는 영향은 심각하기 때문에 반드시 해결해야 할 문제이다. 결론적으로, 위기상담사는 물질 남용자에게 길을 안내하고 자원에 대한 정보를 제공하는 역할만 할 수 있다. 나머지는 중독자가 알아서 해야 한다.

처방약 오용 및 남용

처방약 남용은 가장 빠르게 증가하는 약물 문제로, 두 번째로 많이 남용되는 약물 범주에 속한다. 이러한 유형의 약물에는 진통제, 옥시콘틴, 진정제(tranquilizers), 각성제, 안정제(sedatives) 등이 포함된다. 처방약 오용 및 남용이란 의도적 또는 비의도적으로 처방전 없이 약물을 사용하는 것을 말하며, 처방 이외의 방법을 사용하거나 약물이 유발되는 느낌을 경험하는 것을 뜻한다. 2014년 전국 약물 사용 및 건강 설문조사에 따르면, 지난 한 해 동안 처방약을 비의료적으로 사용한 12세 이상 인구는 약 1,500만 명에 달하며, 지난 한 달 동안은 650만 명에 이르는 것으로 나타났다. 2011년 미국 질병통제예방센터의 분석에 따르면 1999년과 2010년 사이에는 아편계 진통제 판매량이 4배 가까이 증가한 것으로 나타났다. 이는 오피오이드 과다 복용으로 인한 사망과 물질 남용 치료 입원이 거의 4배가 증가한 사실과도 관련이 있다(Substance Abuse and Mental Health Services Administration, 2016a). 2008년 전국 약물 사용 및 건강 설문조사에 따르면, 미국인 5,200만 명이 생애 특정 시점에 처방약을 비의료적으로 사용한 적이 있다고 답했는데, 이는 12세 이상 인구의 약 20%에 해당하는 수치이다.

재발 방지는 인지행동치료와 기술 습득을 통해 이러한 중독 문제와 싸우는 데 있어 핵심이다(U.S. Department of Health and Human Services, 2010). 만성 통증 및 진통제 중독과 관련된 문제는 제12장에서 더 자세히 다룰 예정이다.

이러한 약물 중 상당수는 신체적 의존성을 유발하기 때문에 치료를 위해서는 일반적으로 해독을 돕는 의사의 개입이 포함된다. 위기상담사는 종종 지원, 힘 실어 주기, 교육을 통해 중독의 심리적 측면을 돕는 역할을 한다.

〈표 11.1〉에는 다양한 남용 약물과 그 영향이 요약되어 있다.

〈표 11.1〉 **남용 약물과 그 영향**

약물	사용방법	효과
알코올	마시기	진정제(depressant); 행복감, 필름 끊김, 반응시간 지연
마리화나	흡연하기	행복감, 반응시간 지연, 폭식(과자 및 불량 식품에 대한 강한 갈망), 동기부여 증후군
코카인	코로 마시기	고양됨; 취함, 도약적 사고
크랙	흡연하기	활동 증가, 심장 박동 증가
크리스탈 메스	코로 마시기	피해망상, 동요

헤로인	코로 마시기, 주사	진정제; 행복감, 졸기, 강한 중독성
엑스터시	알약으로 복용	행복감, 마음의 개방, 감정에 대한 집중력 증가
LSD	빨려 들어가기	환각, 고양된 감각 자극

복습 문제

1. 물질 남용 및 물질 의존이란 무엇인가?
2. 개인을 위기에 빠지게 하는 것과 관련된 물질 남용 문제는 무엇인가?
3. 공동의존성으로 어려움을 경험하는 사람들의 특징은 무엇인가?
4. 코카인과 크리스탈 메스의 즐겁거나 불편한 효과는 무엇인가?
5. 알코올 및 물질 남용에 대한 기본적 개입방법은 무엇인가?
6. 처방약 오남용이란 무슨 의미인가?

〈BOX 11.7〉에 제시된 사례를 역할극으로 진행할 때, ABC 모델을 진행하는 데 도움을 받을 수 있도록 〈BOX 11.6〉의 개요를 사용해 보라. 이 모델에는 다양한 평가 필요성, 치료적 상호작용 및 의뢰 여부 기준이 포함되어 있다.

BOX 11.6 약물 및 알코올 문제 평가 도구

1. 위기 평가
   a. 그 사람을 데려온 이유는 무엇인가?
   b. 위기를 촉발한 원인은 무엇인가?
   c. 의학적 문제였는가?
   d. 법적인 문제가 있었는가?
   e. 다른 중요한 사람이 연관되어 있는가?
   f. 그 사람이 자살할 가능성이 있는가?

2. 약물 또는 알코올 사용의 영향 평가
   a. 일반적인 사용 평가
      (1) 약물 남용이 얼마나 지속되었는가?
      (2) 얼마나 많이 사용했는가?

(3) 언제, 어디서 사용했는가?

(4) 사용 중인 약물은 무엇인가?

(5) 약물 남용자는 부정하는 경향이 있다는 점을 기억하라. 비판단적 태도를 유지하라!

b. 약물 남용이 위기와 어떤 관련이 있는지 파악한다.

(1) 내담자가 자신의 고통이 약물 남용과 어떤 관련이 있는지 경험하도록 도와주라.

(2) 내담자가 약물 남용과 관련된 과거 문제를 확인할 수 있도록 도와주라.

C. 약물 남용에 대한 교육

(1) 약물 남용자와 중독자는 마약과 알코올에 대해 무력하다.

(2) 물질은 예전에는 친구였음에도 불구하고, 이제는 사용자의 적이다.

(3) 객관적이고 지지적인 태도를 유지하라.

(4) 부정에 맞서지 말라. 부정 및 재발에 대해 교육하라.

d. 힘 실어 주기

(1) 선택지를 알려 준다.

(2) 내담자가 새로운 의사 결정을 내릴 수 있도록 도와주라.

(3) 내담자에게 각 경험이 어떻게 학습의 기회가 될 수 있는지 보여 주라.

(4) 재발은 오히려 배움의 기회가 될 수도 있다.

e. 가능하면 재구조화하기

(1) 내담자가 자신의 행동을 다르게 생각하도록 도와주라.

(2) 약물과 알코올 남용은 자가 투약의 한 형태일 수 있다.

(3) 만약에 그렇다면, 무슨 약물이 투여되는가?

(4) 내담자가 불안, 우울, 거절에 대한 두려움의 징후를 보이는가?

(5) 이 위기가 다른 문제에 대한 상담을 받을 기회가 될 수도 있다.

3. 치료 옵션

a. 위기관리의 목표는 내담자가 추가 치료를 계속 받도록 하는 것이다.

b. 치료는 12단계 프로그램부터 입원 환자의 해독 및 재활 프로그램까지 다양하다.

BOX 11.7 **역할극 사례**

사례 1: 54세 여성이 당신을 찾아왔다. 그녀는 만성 우울증이지만 여전히 일할 수 있고 자살 생각은 없다. 남편은 그들이 결혼한 이래로 계속 맥주를 마셨고, 그녀는 남편의 음주를 통제하려고 노력한다.

촉발사건: 남편이 지난 주말 파티에서 너무 취해 쓰러졌다.

인지: 사람들이 나를 나쁘게 생각할 것이다. 그런 일이 일어나지 않도록 막았어야 했다. 그는 절대 술을 끊지 않을 것이다. 나는 정말 바보이다.

정서적 고통: 당혹감, 분노

기능장애: 너무 부끄러워서 사람들이나 가족들과 어울리기가 어렵고, 체육관에 가는 것도 중단했음. 과식과 과수면을 함

교육적 진술: 알코올 중독자와 함께 사는 사람들은 종종 그들의 음주를 통제하려고 노력한다. 이를 위해 사용되는 용어를 공동의존성이라고 하며 이에 대한 연구가 진행되었다. 상담은 알코올 중독자들의 행동을 조성하지 않는 방법들을 배우는 데 유용하다.

재구조화하기: 당신은 그의 행동에 집중함으로써 그를 돕고 있다고 생각하지만, 실제로는 그를 무시하고 그의 존엄성을 빼앗아 술을 더 마시고 싶은 욕구를 느끼게 할 수 있다. 왜 당신이 부끄러워하는가? 술에 취해 쓰러진 사람은 당신이 아니라 그 사람이다.

타당화 진술: 가족 중 유일하게 책임감 있는 사람이 되어야 한다는 것이 얼마나 힘드실지 이해한다. 사랑하는 사람이 다른 사람들 앞에서 소란을 피우는 것은 당혹스러운 일이다.

힘 실어 주기: 남편의 음주를 통제할 수는 없지만, 남편에게 집중할지 아니면 자신의 삶에 필요한 것에 집중할지는 통제할 수 있다. 당신이 남편의 행동에 대한 책임을 질 필요는 없다.

대처: 알아논 또는 공동의존자 자조 모임을 소개한다. 체육관에 가라. 그의 술을 사주는 것을 거부하라. 남편이 술 마시는 자리에는 함께 참석하지 말라. 부부 치료 및 12단계 촉진 프로그램을 추천하라.

사례 2: 17세 소년이 그의 부모가 화장실에서 크리스탈 메스를 발견하게 되어 상담에 의뢰되었다. 소년은 그가 마약을 복용한 것은 처음이었다고 말한다.

촉발사건: 부모가 마약을 발견했다.

인지: 그들은 아무것도 아닌 일을 크게 만들고 있다. 나는 마약 중독자가 아니다. 나는 상담이 필요하지 않다. 단지 크리스탈 메스일 뿐이다. 모두가 해 봤다.

정서적 고통: 분노

기능장애: 학교에서 잘하지 못함. 수업을 빠지고 숙제를 하지 않음. 졸업하지 못할 수도 있음. 부모와 어울리지 못하며, 어린 시절에 알고 지낸 친구들과도 어울리지 않음. 부모와 함께 저녁을 먹지 않음. 자살 생각 없음

타당화 진술: 상담을 받고 싶지 않은 것은 이해할 수 있다. 모든 사람이 마약을 한다고 믿으니 대수롭지 않게 생각하는 이유를 알 것 같다.

교육적 진술: 크리스탈 메스는 매우 위험한 약물이다. 그것은 많은 독성 화학 물질로 만들어졌고 부모님이 우려하는 것이 맞다. 종종 중독으로도 이어지고, 불법이며, 학교와 가정에서의 행동으로 볼 때 당신의 인생에 문제를 일으킬 수 있는 것으로 보인다. 이전에는 마약을 복용한 적이 없다고 했지만, 학교 성적이 떨어지고 친구를 바꾸고 부모님과 잘 어울리지 않는 등 마약 사용의 징후를 많이 보이고 있다.

힘 실어 주기: 당신은 아직 미성년자이기 때문에 부모님이 당신의 삶에 대한 권한을 가지고 있다. 당신이 솔직하게 자신의 행동에 집중할 의향이 있는지에 따라 당신은 상담을 계속 받을지 여부를 결정할 수 있다.

재구조화하기: 부모님이 당신의 의지에 반하여 당신을 이곳에 끌고 온 것에 대해 좋은 부모가 아니라

고 생각할 수 있지만, 당신이 보여 준 심각한 약물 사용의 징후를 모두 고려하지 않는 부모라면 어떤 부모겠는가?

대처: 청소년과 함께하는 12단계 촉진 모임. 가족상담

사례 3: 28세 여성과 남편이 재정적인 어려움으로 인해 상담사를 찾아왔다. 아내는 지난 1년 동안 코카인 습관으로 3만 달러 이상을 소비했다.

촉발사건: 남편이 아내의 코카인 사용으로 인해 3만 달러의 빚을 지고 있다는 사실을 알게 되었다.

인지: 아내-집안일을 하려면 코카인이 필요하다. 남편은 일해서 돈을 충분히 번다. 그는 항상 저녁을 준비하고 집을 깨끗하게 청소한다. 남편-내가 일을 너무 크게 만들고 있는 것 같아. 아내는 집에서 할 일이 많다.

정서적 고통: 아내-화가 남. 남편-슬프고 혼란스럽고 두려움.

기능장애: 친밀한 시간을 함께 보낼 수 없음. 그는 청구서를 내기 위해 초과 근무를 해야 한다. 그녀는 취미, 관심사, 친구도 없고 남편도 마찬가지임. 자살 생각 없음

타당화 진술: 아내가 코카인에 의존해 왔다는 사실을 알게 되니 충격이 클 것이다. 이렇게 오랜 시간이 지난 후에도 당신(아내)이 잡히기는 어려울 것이다.

교육: 이런 종류의 돈을 쓰는 것은 큰 문제이다. 코카인은 저렴하지 않으며 여러 가지 면에서 당신들 모두에게 영향을 미친다. 코카인의 효과 중 하나는 행복감. 활력, 생산성 향상이다. 이는 두 사람이 서로 다른 감정적 공간에 놓이게 하기에 문제가 될 수 있다. 또한 코카인에서 벗어나면 의심이 생기고 우울하고 편집증적 성향이 생기며 의사소통이 불가능해진다. 이는 분명히 결혼생활에 영향을 미칠 것이다.

재구조화하기: (남편에게)-당신은 강한 경계를 설정하지 않음으로써 친절하다고 생각할 수 있다. 하지만 당신은 아내가 계속해서 마약을 복용하게 하고 있으며, 이는 그다지 친절하지 않은 것이다. 마약 복용은 재미있는 작은 활동이 아니라 심각한 문제이다.

힘 실어 주기: (남편에게)-아내의 약물 사용 여부는 통제할 수 없다. 하지만 돈을 어디에 쓰는지는 통제할 수 있고 아내가 모든 돈을 손에 넣지 못하게 할 수는 있다. (아내에게)-이 시점에서는 코카인이 당신을 통제하고 있을 것이다. 당신이 코카인 복용하는 것만 생각하고 있는 것도 드문 일이 아닐 것이다. 당신은 당신의 삶을 통제하는 데 정말 도움이 필요하다.

대처: 아내-코카인 중독자 자조 모임 12단계 촉진 모임을 추천한다. 남편-공동의존자 자조 모임을 추천하며 부부 치료를 권장한다.

사례 4: 62세 여성은 최근 허리 수술을 받은 후 점점 더 우울해지고 있다. 통증은 대부분 사라졌지만, 첫 허리 부상 이후 20년 동안 복용해 온 모르핀 복용량을 줄이는 것이 두렵다. 지난주 수술 후 방문했을 때 의사가 복용량을 줄였는데, 그 이후로 그녀는 업무에 집중하기 어렵고 신경이 예민해져 잠을 잘 수 없다. 그녀는 의사에게 화가 난다.

창의력을 발휘하여 시나리오 내용과 개입 전략을 개발해 보라.

주요 학습 용어

알코올 중독자 익명 모임(AA): 1935년에 설립된 최초의 12단계 모임으로, 회원들은 알코올 중독에서 회복할 수 있다는 믿음을 지니며 더 높은 힘과 모임의 지원에 중점을 둠

동기부여 증후군: 만성 마리화나 흡연자의 주도성과 추진력 부족을 설명하는 용어

혐오 조건화: 에메틴, 전기 충격 또는 더러운 물과 같은 유해한 자극과 물질을 결합하여 마약 중독자와 알코올 중독자가 금연하도록 돕는 행동적 접근 방식임. 이전에 쉬크(Schick) 센터에서 자주 사용되었던 방법

바닥치기: 중독자가 약물 복용으로 인해 삶에서 거의 기능을 할 수 없을 정도로 많은 결과를 초래했을 때 사용하는 용어

비인격화: 이것은 종종 LSD를 복용하거나 크리스탈 메스암페타민을 복용하고 다운될 때 발생함. 개인은 더 이상 자신을 이전의 자신으로 인식하지 못하며 사람이라는 느낌을 받지 못함

현실감이 없는: 이는 LSD를 복용하고 다운되거나 환각 상태에 들어갈 때 발생할 수 있음. 복용자는 현실을 안정적이거나 현실을 바라보는 일반적 방식과 일치하게 인식하지 못함

해독: 개인의 시스템을 약물로 청소하기. 물질에 신체적으로 의존하게 되는 경우 해당 물질이 몸 밖으로 배출되는 데 보통 3~5일이 걸림. 해독은 종종 병원에서 의사의 관리하에 이루어져야 함

조력자: 물질 남용자가 계속 물질을 사용하도록 부추기거나 도와주는 비사용자 가족구성원

제거(fix): 마약 중독자의 복용량 또는 소비 단위를 나타내는 속어. 가장 일반적으로 헤로인 중독자와 관련 있음

가성 정신증: LSD를 사용하거나 메스 또는 코카인 과다 사용에서 벗어났을 때 나타나는 증상. 망상에 빠져 자신이나 세상을 정상적인 방식으로 경험하지 못할 수 있음

시나논: 사용자의 생활양식을 변화시키기 위해 직면과 강력한 사회적 지원 네트워크에 의존하는 중독자 치료의 한 유형

12단계 프로그램: 물질 남용자를 치료하는 데 가장 효과적인 모델로 간주됨. 이 프로그램은 알코올 중독자 익명 모임(AA) 모델을 기반으로 하며, 사용자가 평생의 물질 문제를 극복하기 위해서는 더 높은 힘을 믿고 의지할 필요가 있음을 인정함

금단 현상: 사용자가 약물 복용을 중단했을 때 경험하는 증상. 사용자는 메스꺼움, 우울

증, 편집증, 경련 및 불안과 같은 다양한 신체적 · 심리적 증상을 경험함

🎓 참고문헌

American Psychiatric Association. (2013). *Diagnostic and statistical manual of mental disorders, fifth edition.* Washington, DC: Author.

Anonymous: the first 100 members of AA (1939, 2001). New York City, NY: Alcoholics Anonymous World Services.

Bien, T. H., Miller, W. R., & Tonigan, J. S. (1993). Brief interventions for alcohol problems: A review. *Addiction, 88*(3), 315-336.

Brohl, K., & Ledford, R. (2012). Consequences of illicit drug use in America. In *Continuing education for California social workers and marriage and family therapists.* Ormond Beach, FL: Elite Continuing Education.

Davis, H. (1982). *Enabling behaviors.* Unpublished paper from Recovery Services/Family Recovery Services St. Joseph Hospital, Orange, CA.

Dick, D. M., & Bierut, L. J. (2006). The genetics of alcohol dependence. *Current Psychiatry Reports, 8*(2), 151-157.

Ewing, J. A. (1984). Detecting alcoholism. The CAGE questionnaire. *JAMA: The Journal of the American Medical Association, 252*(14), 1905-1907.

Fleming, M. G., Barry, K. L., Manwell, L. B., Johnson, K., & London, R. (1997). Brief physician advice for problem alcohol drinkers: A randomized trial in community based primary care practices. *Journal of the American Medical Association, 277*(13), 1039-1045.

Harvard Mental Health Letter. (2001). MDMA. *Harvard Mental Health Letter, 18*(1), 5.

Krames Communications. (1995). *Marijuana: Are the highs worth the isolation?* San Bruno, CA: Author.

Martel, B., & Kosten, T. (2009). Cocaine vaccine for the treatment of cocaine dependence and methadone maintenance. *Archives of General Psychiatry*, October 2009.

Miller, N. S., Mahler, J. C., & Gold, M. S. (1991). Suicide risk associated with drug and alcohol dependence. *Journal of addictive diseases, 10*(3), 49-61.

Miller, W. R., & Sanchez, V. C. (1993). Motivating young adults for treatment and lifestyle change. In G. Howard (Ed.), *Issues in alcohol use and misuse in young adults* (pp. 55-82). South Bend, IN: University of Notre Dame Press.

National Council on Alcoholism of Orange County. (1986). *Facts on crack.* Santa Ana, CA: Author.

National Institute on Drug Abuse. (2008). *Info facts: Crack and cocaine*.

Nowinski, J. (2000). *Twelve-step facilitation*. Bethesda, MD: National Institute on Drug Abuse, National Institutes of Health, U.S. Department of Health and Human Services.

Orange County Register. (September, 1990). *What are the treatments?* p. M3.

StayWell Company. (1998). *Cocaine in the family: Is everyone's strings being pulled?* San Bruno, CA: Author.

Substance Abuse and Mental Health Services Administration. (2016a). *Prescription Drug Misuse and Abuse*. Retrieved June 27, 2016, from http://www.samhsa.gov/prescription-drug-misuse-abuse

Substance Abuse and Mental Health Services Administration. (2016b). *Results from the 2015 National Survey of Drug Use and Health*. Retrieved February 27, 2017, from https://www.samhsa.gov/data/sites/default/files/NSDUH-FFRI-201

Turning point. (1994). Channel 7 news program. Los Angeles

U.S. Department of Health and Human Services. (2010). *Healthy People*. Washington: DC: U.S. Government Printing Office.

Zimbardo, P. G. (1992). *Psychology and life* (3rd ed.). New York, NY: HarperCollins.

제12장
고령화, 중증 신체 질환 및 장애와 관련된 위기

학습목표

이 장을 학습한 후 독자는 다음과 같은 목표를 달성할 수 있다.

목표 1. 완화 치료와 호스피스에 대해 이해하기

목표 2. 섭식장애를 앓고 있는 사람들을 둘러싼 문제 이해하기

목표 3. 장애로 고통받는 개인의 필요와 개입 인식하기

목표 4. 노년층이 직면한 문제와 이 집단을 위한 개입 이해하기

목표 5. 알츠하이머병을 다룰 때 위기상담사가 직면할 수 있는 문제 파악하기

목표 6. 만성 통증과 처방약 중독과의 관계 파악하기

목표 7. 만성 질환, 통증, 치매를 경험하는 내담자에게 개입 실습하기

완화치료

이 용어는 의료 분야에서 심각한 질병과 장애에 대해 논의할 때 자주 사용된다. 일반적으로 질병 자체의 진행을 되돌리거나 치료법을 제공하려 노력하기보다는 증상의 심각성을 줄이는 데 집중하는 의료 또는 치료를 의미한다. 일반적으로 고통을 예방 및 완화하고 삶의 질을 개선하는 것이 목표이다. 때때로 완화치료는 호스피스 치료로 전환되기도 하는데, 호스피스 치료는 일반적으로 임종 환자를 위한 완화치료를 의미한다. 어떤 경우든 완화치료는 생명을 위협하는 질병 및 이러한 질병에 수반되는 치료와 관련된 환자와 가족의 삶의 질을 개선하는 데 사용된다. 완화치료는 암, 신장 질환, 만성 심부전, 폐 질환, 진행성 신경 질환과 관련된 질환뿐만 아니라 장애, 조현병, 에이즈와 같이 생명을 덜 위협하는 질환에도 사용된다.

의사는 완화치료의 의학적 요소를 제공한다면, 상담사, 사회복지사 및 기타 인적 서비스 전문가가 환자의 전반적인 고통에 대한 심리적 고통을 줄이는 데 주도적인 역할을 하는 경우가 많다(Strang, Strang, Hultborn, & Arner, 2004). 사람들이 심각한 질병이나 장애와 관련된 생리적 증상을 보일 때 심리적 · 사회적 · 영적 증상도 함께 나타나는 경우가 많기 때문에 여러 분야의 전문가로 구성된 팀이 필수적이다. 위기상담사는 중증 질환 진단을 받은 사람들이 미래에 대한 두려움, 독립성 상실, 가족에 대한 걱정, 부담감을 줄이는 데 중요한 역할을 한다.

생물심리사회 모델

심각한 질병과 장애를 다룰 때 상담사는 개입을 제공할 때 생물학적 · 심리적(생각, 감정, 행동) · 사회적 요인을 평가하고 고려하는 생물심리사회 모델에서 내담자에게 접근하는 것이 좋다. 건강은 순전히 생물학적 측면보다는 생물학적 · 심리적 · 사회적 요인의 조합이라는 측면에서 가장 잘 이해된다(Santrock, 2007). 즉, 이 장에서 논의한 유형의 문제로 고통받는 내담자를 다룰 때 위기상담사는 여러 분야의 전문가로 구성된 팀의 일원이 될 수밖에 없다. 의사는 생물학적 측면에 초점을 맞추고 상담사와 사회복지사는 심리적 · 사회적 측면에 초점을 맞춘다.

신체의 작용이 정신에 영향을 미칠 수 있고 정신의 작용이 신체에 영향을 미칠 수 있다는 사실은 널리 알려져 있다(Halligan & Aylward, 2006). 생물심리사회 모델과 관련된 대부분의 질병은 비만과 신체 활동 부족이 주요 요인인 제2형 당뇨병과 같이 고위험 요인이 있는 행동 조절형 질병이다(Bruns & Disorbio, 2006; Wild, Roglic, Green, Sicree, & King, 2004).

상담사와 위기개입 전문가의 역할 중 하나는 최적의 기능을 저해하는 행동을 바꾸도록 내담자를 참여시키는 것이다. 다양한 신체적 질병을 다루는 데 있어 생물심리사회팀은 명백하게 중요한 위치를 차지하고 있다.

상실은 일반적으로 누군가가 아프거나 장애를 갖게 될 때 가장 중요한 문제이기 때문에, 앞서 제6장에서 설명된 상실에 관한 많은 문제와 역학 관계는 생명을 위협하는 질병 및 장애와 관련된 위기에 대처하는 데 유용할 것이다.

그러나 위기상담사가 숙지해야 할 다양한 중증 질환 및 장애와 관련된 문제 및 사실들도 많다. 상담사가 말기 환자와 상담하는 경우는 죽음과 임종에 대한 개입을 적용할 수 있다. 그러나 증상이 없는 내담자(일시적으로 고통스럽지는 않지만, HIV와 같은 기저 질환이 있는 경우) 또는 장애가 있는 내담자와 상담하는 경우는 개입 방식이 달라진다.

중증 질환

과거에 암이나 심장병에 걸리면 죽음이 임박한 것으로 간주되었던 것처럼 1970년대와 1980년대에는 HIV에 감염되는 것이 사형 선고를 받는 것과 같은 의미로 받아들여졌다. 현대 과학과 의학의 혁신으로 인해 암, 에이즈, 심장병은 더 이상 자동 사형 선고가 아니다. 이러한 모든 질병은 환자가 의학적 조언을 준수한다면 성공적으로 관리할 수 있다. 특정 환자가 의사의 지시를 따르고 생활 방식을 수정하는 데 도움을 주기 위해서 훈련된 상담사가 필요한 경우가 많다. 예를 들어, 설탕과 지방을 계속 섭취하는 당뇨병 환자는 식습관을 개선하고 매일 약을 복용하는 사람보다 사망 위험이 더 높다. 가족구성원은 비협조적인 당뇨병 환자를 상담사에게 데려와 이러한 위험을 줄이도록 동기를 부여할 수 있다. 이제 몇 가지 특정 질병을 살펴보고 위기개입 전문가와 상담사가 환자의 위험을 줄이고 수명과 삶의 질을 높이기 위해 어떻게 개입할 수 있는지 논하겠다.

제11장에서 언급했듯이 처방 진통제 중독은 점점 더 큰 문제로 대두되고 있다. 먼저 만성 통증으로 고통받는 사람들이 직면한 문제부터 살펴보겠다.

만성 통증

미국 국립 약물 남용 연구소(National Institute on Drug Abuse: NIDA, 2011)에 따르면, 미국에서는 약 1억 1,600만 명의 사람이 만성 통증으로 고생하고 있다. 통증으로 인한 고통 외에도 오피오이드 약물의 장기 사용과 관련된 불쾌한 결과로 어려움을 겪는 경우가 많다. 이러한 약물을 사용하면 약물 내성이 생겨 복용량을 늘려야 하고 통증 민감도가 높아질 수 있다. 내담자가 중독을 우려하여 약물 복용을 거부하면 통증이 관리되지 않는다. 효과적이고 중독성이 없는 진통제를 개발하는 것이 공중 보건의 최우선 과제이지만, 노인 인구가 증가하고 부상당한 군인들이 증가함에 따라 통증 관리를 위해 중독성이 강한 진통제를 처방하는 경우가 여전히 증가하고 있다. 화이트(White)와 맥켈란(McClellan)은 약물 중독이 만성 질환의 특징을 가지고 있다고 제안한다(Espejo, 2011, p. 82, 85). 〈BOX 12.1〉은 만성 통증과 진통제 중독이 제2형 당뇨병, 고혈압, 천식과 같은 질병과 어떻게 유사한지에 관한 몇 가지 특징을 제시한다.

위기상담사는 이러한 특성을 파악하고 만성 통증으로 고통받고 진통제에 중독된 사람들에게 도움이 된다고 입증된 개입을 제공해야 한다. 중독과 고통을 극복하는 것은 매우 어려운 일이므로, 위기상담사는 이러한 내담자에게 신뢰할 수 있는 가족이나 친구를 찾고, 지지 모임에 참석하며, 직원 지원 프로그램을 이용하고, 약물 없는 건강한 활동을 장려하는 다른 조직이나 단체에 가입하는 등의 자원을 제공할 수 있다. 위기상담사는 내담자가 특별한 관심사, 지역사회 봉사, 자원봉사, 특별한 재능, 기술 또는 취미에 기반한 건전한 여가 활동에 집중하도록 안내할 수 있다.

BOX 12.1 만성 질환의 특징 및 진통제 중독

- 유전적 요인 및 기타 개인, 가족 및 환경적 위험 요인의 영향을 받는다.
- 의료 검사, 잘 검증된 선별 질문지, 진단 체크리스트를 사용하여 식별 및 진단할 수 있다.
- 이러한 행동은 자발적인 선택으로 시작하지만, 중독의 경우 약물 남용 행동에 대한 통제력을 약화시키는 뇌의 신경생물학적 변화로 인해 더욱 심화되는 뿌리 깊은 행동 패턴으로 발전하게 된다.
- 만성 질환 및 약물 남용의 경우 발병 패턴이 갑작스럽거나 점진적으로 나타날 수 있다.
- 질병의 강도와 패턴이 사람마다 다르며 장기간에 걸쳐 진행된다.
- 심각한 병리 생리학, 장애 및 조기 사망의 위험이 수반된다.
- 효과적인 치료법, 동료 지원, 치료구조, 유사한 완화율 등이 있지만 알려진 치료법은 없다.

> • 만성 장애에서의 장기적인 회복을 달성하기 위한 핵심 전략에는 활성 삽화의 안정화, 글로벌 평가, 글로벌 건강 증진, 지속적인 전문 모니터링, 조기 개입, 1차 회복 지지 관계에서의 지속적 접촉, 동료 기반 지지 네트워크 개발 등이 있다.

섭식장애

약 800만 명의 여성과 100만 명의 남성이 섭식장애를 앓고 있다. 미국 여성 200명 중 1명은 식욕부진증을, 미국 여성 100명 중 2~3명은 폭식증을 앓고 있다. 섭식장애는 모든 정신질환 중 사망률이 가장 높으며, 섭식장애를 앓고 있는 여성의 사망률은 15~24세 여성의 모든 사망 원인을 합친 것보다 12배나 높다(Lijewski, 2016). 섭식장애에 대한 국립 임상 연구소(NICE)의 가이드라인에 따르면, 신경성 식욕부진증과 신경성 폭식증 장애를 가진 대부분의 내담자는 외래 환자로 관리해야 한다(National Collaborating Centre for Mental Health, 2004). 섭식장애가 있는 사람과 함께 사는 것도 정신적 · 신체적 건강 및 삶의 질 저하와 관련이 있다(de la Rie, van Furth, De Koning, Noordenbos, & Donker, 2005). 위기상담사가 섭식장애로 고통받는 내담자와 작업할 때는 섭식장애와 내담자에 대한 가족의 반응과 인식을 반드시 드러내야 한다. 어떤 사람들은 가족생활이 질병의 결과라기보다는 인과적 요인이라고 제안한다. 때때로 위기상담사는 가족구성원이 한 발 물러서서 섭식장애가 가정생활의 중심이 되었는지의 여부와 어떤 방식으로 가정생활을 구성하고 있는지에 대해 생각해 볼 수 있도록 가족 기능 평가를 실시할 수 있다(Lijewski, 2016).

섭식장애에 대한 가족의 조직은 AMC 치료구조를 사용하여 이해할 수 있다. A는 가족 내에서 공유된 불안(Anxiety)과 강박을, M은 증상과 이것이 다른 가족구성원의 역할에 미치는 영향으로 이루어져 있는 의미(Meaning)를, C는 질병에 대한 정서적 반응과 가족이 일부 행동을 수용하고 지속하게 하는 방법과 같은 결과(Consequences)를 나타낸다. 위기상담사는 이 모델을 활용하여 섭식장애를 앓고 있는 사람과 관련된 위기에 처한 가족과의 상담을 안내할 수 있다. 종종 섭식장애를 지닌 사람들은 규칙이 너무 엄격해지면 아예 먹지 않거나 자신을 해치겠다고 협박하여 주변 사람들을 통제한다. 평화를 가까스로 지탱하기 위해 가족구성원들이 부정적으로 행동하지 않게끔 노심초사하게 하고, 서로에게 핑계를 대도록 한다.

신경성 식욕부진증. 신경성 식욕부진증의 주요 특징으로는 체중 증가에 대한 극심한 두려움, 적절한 영양 섭취 거부, 자신이 뚱뚱하다는 잘못된 불만, 키와 체중 표준에 근거하여 예상되는 체중의 85% 수준까지 원래 체중의 감소, 신체 이미지의 왜곡, 최소 세 번의 월경 부재 등이 있다(American Psychiatric Association, 2000).

신경성 폭식증. 신경성 폭식증 환자는 비교적 정상 체중이며 폭식 및 구토의 여부에 따라 신경성 식욕부진증 환자와 구별된다(Gabbard, 2000, p. 349). 브러치(Bruch, 1987)는 신경성 폭식증 환자는 신경성 식욕부진증 환자에서 발견되는 통제력과 완벽주의에 비해 충동적이고 무책임하며 규율이 없다는 점에서 두 장애가 서로 뚜렷하게 대조된다고 했다.

치료 고려 사항. 섭식장애는, 특히 체중이 70파운드 미만인 식욕부진증 환자와 매일 구토하는 폭식증 환자의 경우 생명을 위협할 수 있으므로 위기상담사는 반드시 의사의 개입을 고려해야 한다. 영양실조, 탈수, 전해질 불균형으로 인한 발작 등 신체적 부상이 있는 경우 병원에서 치료가 필요할 수 있다. 이러한 환자는 또한 심부전 위험이 있을 수 있으며, 수년간 섭식장애를 앓았던 가수 카렌 카펜터스(Karen Carpenter)는 심부전으로 사망했다. 의사는 항우울제나 기타 기분 안정제와 같은 다양한 약물을 처방할 수 있다. 목표 체중에 도달하면 심리치료를 시작할 수 있다. 섭식장애와 관련된 신체 질환에 대한 의학적 치료가 필요할 뿐만 아니라 자해 및 자살의 위험도 있다. 위기상담사는 자기 파괴적인 생각이나 행동이 있는지 평가해야 한다. 어떤 사람들은 섭식장애 행동을 자기 파괴의 한 형태로 인식한다. 이러한 내담자는 종종 매우 우울하고 낮은 자존감으로 고통받는다. 이들은 종종 무가치감, 무력감, 절망감을 느끼는데, 이는 곧 자살 사고 및 행동과 일치한다.

섭식장애는 가족 전체에 영향을 미치기 때문에 가족은 치료에 참여하도록 강력하게 설득된다. 부모는 딸의 건강에 대한 두려움 때문에 처음에 위기개입을 요청하는 경우가 많다. 거식증 환자를 치료할 때 직면하는 어려움은 그들이 자신의 상태의 심각성을 직시하도록 돕고 치료에 협조하도록 하는 것이다. 거식증 환자들은 상담사에게 문제가 있는 것은 부모라고 말하며, 체중이 85파운드에 불과하고 사이즈 1이 너무 크다고 생각하지만, 모든 사람이 별 것 아닌 일을 크게 만들고 있다고 철저하게 확신한다! 약물 남용자의 경우와 마찬가지로 위기상담사는 내담자의 이야기를 비판 없이 공감하며 경청하는 것부터 시작하여 내담자의 신체와 식습관에 대한 준거틀과 인식을 평가한다. 그녀의 생각은 대개 비논리적이고 현실에 기반하여 생각하지 않기 때문에 곧 '목을 매어' 자살 시도하는 상황에 이르게 될 것이다. 핵심은 천천히 친절하게 진행하되, 결국 그녀가 도움이 필요하다는 사실을 알도록 직면시키는 것이다.

〈BOX 12.2〉는 사례와 관련하여 ABC 모델의 측면을 강조하는 섭식장애 사례를 제시한다.

BOX 12.2 섭식장애 사례의 예

사례: 한 어머니가 15세 딸이 식사를 거부하여 상담에 데리고 왔다(촉발사건). 어머니는 딸이 작년에 40파운드 이상 체중이 줄었다고 생각하지만 확실하지 않다. 지난주에는 딸이 하루 종일 아무것도 먹지 않고 5마일을 조깅한 후 기절했다(촉발사건과 관련된 기능장애). 딸은 **자신이 여전히 뚱뚱하고 부모가 자신의 일에 관여하지 말아야 한다고 생각하기 때문에 슬프고 화가 난다**(정서적 고통). 그녀는 또한 **그것이 큰 문제가 아니라고 생각한다**(인지).

위기개입: 식사에만 초점을 맞추는 대신, 가족 내에서의 역할, 성장하는 여성으로서의 정체성, 개별화와 양육에 대한 정서적 욕구를 살펴보는 것이 현명하다. 섭식장애가 부모가 전문가의 도움을 구할 정도로 문제가 되었을 때는 보통 자녀가 **사회적으로 고립되어** 있고(기능장애), **우울한 상태**(정서적 고통)이기 때문에 그녀에게 이러한 문제가 있음을 증명하기가 더 쉽다. 그녀가 성장하는 과정을 받아들여야 하는 10대라는 점을 기억하는 것이 도움이 된다. 그녀의 행동이 얼마나 반항적이고 부모에 대한 통제권을 가지려는 시도인지, 얼마나 낮은 자존감과 정체성 부족으로 인한 것인지 평가해야 한다(이러한 인지를 탐색해야 함). 때때로 섭식장애는 일종의 청소년기 적대적 반항장애의 한 형태로 재구성해 볼 수도 있다. **부모에게 공개적으로 반대할 수 없다고 생각할**(인지) 수 있으므로 섭식장애는 부모에게 대놓고 반항하지 않고도 권력을 가지는 방법이 될 수 있다. 온 가족이 섭식장애의 심각성에 대해 교육받아야 하며, 자녀가 생리적 문제를 겪고 있지 않은지 확인하기 위해 종종 의사의 개입이 권장될 수 있다. 부모는 딸이 먹는 음식을 통제할 수는 없지만 전문적인 개입에 참여하는 정도와 상담사가 제안하는 변화의 유형은 통제할 수 있다는 사실을 알려 줌으로써 **힘을 얻을** 수 있다. 모든 사람이 느끼는 좌절감이 타당화되고, 심지어 분노도 이해할 수 있다는 것을 알려야 한다. 식욕부진증을 포기하는 것에 대한 두려움과 불안감도 이해할 수 있다.

치료적 의견이 제시되면 딸을 포함한 가족에게 앞으로 어떻게 진행해야 한다고 생각하는지 묻는다. 딸은 장애를 극복하기 위해 몇 년 동안 개인치료, 가족치료, 집단치료를 받아야 할 가능성이 높다. 섭식장애를 가진 일부 개인은 12단계 모임에 무기한 참석해야 한다. 다른 사람들은 약물을 무기한 복용해야 한다. 일반적으로 가족구성원도 치료에 참여하므로 이들의 신뢰와 협조를 얻는 것이 중요하다. 섭식장애를 앓고 있는 개인이 마치 진공 상태에 있는 듯이 홀로 고군분투한다면, 의도치 않게 가족구성원들은 상담 과정에 거부감을 가질 수 있다. 지나치게 통제적이고 경직되어 보일 수 있는 부모에 대해 정죄하지 않는 태도를 유지하는 것이 필요하다. 위기상담사는 10대 딸이 성장하는 과정에서 겪는 위기를 극복할 수 있도록 도와줄 것이다.

알츠하이머병

어떤 질병은 심장병, 폐렴, 홍역 등과 같이 원인이 매우 명확하고 백신으로 예방하거나 항생제 및 수술로 치료할 수 있다(Rodgers, 2016). 당뇨병, 관절염, 알츠하이머병과 같은 특정 질병은 유전적 요인, 생활 습관, 환경적 요인이 복합적으로 작용하여 발병한다. 약 500만 명의 미국인이 알츠하이머병을 앓고 있는 것으로 추정된다(Alzheimer's disease, 2013). 노인 3명 중 1명이 알츠하이머병으로 사망하는 것으로 추정되며, 증상 발현과 진단 사이의 평균 기간은 2.8년이다. 이 질병은 2050년까지 미국 내 환자 수가 1,130만~1,600만 명으로 증가할 것으로 예상된다(Brohl & Ledford, 2012). 미국 사회가 고령화되고 있다는 사실은 이 질병을 심각한 문제로 만들고 있다. 65세 이상 인구는 향후 2년 내 약 7,200만 명으로, 2배가량 증가할 것으로 예상된다. 또한 85세 이상 연령층은 현재 가장 빠르게 증가하는 인구 집단으로 알츠하이머병에 걸릴 확률이 더 높다(Rodgers, 2016). 알츠하이머병에 걸린 고령자가 가장 빨리 늘어날 뿐만 아니라 그들을 돌보는 사람들의 정서적 · 재정적 부담 또한 증가할 것이라는 사실을 기억해야 한다.

알츠하이머병이란

알츠하이머병은 뇌를 공격하여 기억력 · 사고력 · 행동 장애를 일으키는 진행성 퇴행성질환이다. 증상으로는 점진적 기억력 감퇴, 일상적인 작업 수행 능력 저하, 방향감각 상실, 판단력 장애, 성격 변화 등이 있다. 또한 학습에 어려움을 경험하며 언어 능력을 상실하기도 한다. 이 질환은 결국 환자가 스스로를 돌볼 수 없게 만든다.

이 질환에는 세 단계가 있다. 초기 단계에서는 기억력 상실을 경험하지만 이를 보완하고 독립적으로 기능할 수 있다. 운동 능력은 여전히 손상되지 않는다. 중기 단계에는 기억력 및 자기 돌봄과 같은 인지 능력의 저하를 경험한다. 성격 변화와 혼돈이 있으며 환자는 돌봄제공자에게 점점 더 의존하게 된다. 가족이나 친구와의 의사소통 및 인식에 어려움을 겪을 수 있으며, 배회하거나 망상이나 환각이 나타날 수 있으며, 가정이나 시설에서 돌봄을 받을 수 있다. 말기 단계에는 성격이 완전히 악화되고 신체기능에 대한 통제력을 상실한다. 환자는 일상생활을 다른 사람에게 전적으로 의존하게 된다(Brohl & Ledford, 2012).

돌봄제공자에게 미치는 영향

알츠하이머 환자의 돌봄제공자는 정서적 소모로 인해 위기개입 서비스를 자주 이용한다. 알츠하이머병을 완치할 수 있는 치료법은 없지만, 돌봄제공자는 좌절감과 모호한 감정을 표현할 수 있는 모임에 추천되어 도움을 받을 수 있다. 위기상담사는 이러한 가족을 위해 이용할 수 있는 서비스에 대해 잘 알고 있어야 한다. 알츠하이머병은 인지적 · 정서적 · 신체적 기능에 만연한 장애를 가져오기 때문에 특히 더 어렵다. 환자들은 종종 우울증, 편집증, 요실금, 정신증적 증상을 보인다. 배우자나 부모가 자신의 자녀를 알아보지 못할 정도로 상태가 악화되는 것을 보는 것은 매우 슬픈 일이다. 돌봄제공자는 장애에 대한 교육과 함께 공감이 필요하다. 〈BOX 12.3〉에는 돌봄제공자에게 개입이 필요한 몇 가지 징후가 나와 있다.

위기 상담자가 알츠하이머 환자의 돌봄제공자와 대면하는 경우, 알츠하이머 협회에서 제공하는 〈BOX 12.4〉의 구호에 도움이 될 수 있는 다음 사항을 고려할 수 있다.

물론 〈BOX 12.4〉에 제시된 아이디어는 질병과 장애를 앓고 있는 환자들의 돌봄제공자들에게 유용할 것이다.

돌봄제공자의 만성적인 스트레스는 불안, 우울증, 건강 악화 등 신체적 · 정서적으로 해로운 결과를 초래한다. 하지만 연구에 따르면 돌봄은 새로운 삶의 목적이나 의미를 갖게 하고, 배우자에 대한 평생의 약속을 이행하며, 부모에게 보답하고, 종교적 믿음을 되찾고, 사람들과의 관계를 더욱 돈독히 하는 것과 같은 긍정적인 효과를 가져올 수 있다(Rodgers, 2016). 위기상담사는 돌봄제공자에게 이러한 재구조화하기 방법을 제시하거나 최소한 스트레스 해소의 수단으로 돌봄의 이러한 측면에 대해 문의할 수 있다.

BOX 12.3 돌봄제공자에게 개입이 필요하다는 징후

1. 질병과 진단을 받은 사람에게 미치는 영향에 대한 **부정**
2. 알츠하이머병 환자나 타인에 대한 **분노**; 효과적인 치료법이 없다는 사실, 사람들이 무슨 일이 일어나고 있는지 이해하지 못한다는 사실에 대한 분노
3. 한때 즐거움을 주었던 친구와의 활동에 대한 **사회적 철수**
4. 또 다른 하루를 맞이하는 것과 미래에 대한 **불안**
5. 돌봄제공자의 정신을 망가뜨리기 시작하고 대처 능력에 영향을 미치는 **우울증**
6. 필요한 일상 업무를 완수하는 것이 거의 불가능하게 하는 **소진**
7. 끝없이 이어지는 걱정거리로 인한 **불면증**
8. 기분이 나빠지고 부정적 반응과 행동을 유발하는 **과민성**
9. 익숙한 작업을 수행하기 어렵게 하는 **집중력 부족**
10. 정신적 · 육체적으로 발생하기 시작하는 **건강 문제**

출처: Alzheimer's Association of Orange County (1998).

BOX 12.4	돌봄제공자의 스트레스를 감소시키는 방법

1. **가능한 한 빨리 진단을 받으라**: 돌봄제공자가 자신이 어떤 문제를 겪고 있는지 알면 현재를 잘 관리하고 미래를 계획할 수 있다.

2. **이용 가능한 자원을 알아 두라**: 성인 주간 보호, 재택 지원, 방문 간호사가 도움이 될 수 있는 커뮤니티 서비스 중 일부이다. 지역 알츠하이머 협회 지부도 좋은 출발점이 될 수 있다.

3. **교육받은 돌봄제공자가 돼라**: 간병 기술과 제안들은 알츠하이머병에 수반되는 여러 가지 도전적인 행동과 성격 변화를 더 잘 이해하고 대처하는 데 도움이 될 수 있다.

4. **도움을 받는 방법에 대해 교육하라**: 혼자서 모든 것을 관리하려고 하면 지칠 수 있다. 관리자가 가족, 친구, 지역사회 자원의 지원을 요청하도록 권장하라. 지지 모임과 도움의 전화는 위로와 안심의 좋은 원천이다.

5. **자신을 돌보는 것에 대해 이야기하라**: 돌봄제공자는 자신의 필요에 주의를 기울이고 식단, 운동, 수면에 주의를 기울여야 한다. 쇼핑, 영화 관람, 기타 여가 활동을 할 수 있는 휴식 서비스를 이용해야 한다.

6. **스트레스 수준을 관리할 수 있는 방법을 제안하라**: 스트레스는 신체적 문제와 행동 변화를 일으킬 수 있다. 돌봄제공자는 건강한 이완 기법을 사용하고 의사와 상담해야 한다.

7. **환자가 변화를 받아들이도록 도와주라**: 알츠하이머병 환자는 변화하고 필요도 변화한다. 이용 가능한 돌봄 선택지를 조사하면 전환이 더 쉬워질 것이다.

8. **법률 및 재정 계획에 대해 이야기하라**: 지금 계획하면 나중에 스트레스를 줄일 수 있다. 돌봄제공자는 변호사와 상담하여 위임장, 생전 유언장 및 신탁, 향후 의료 서비스, 주택 및 기타 주요 고려 사항과 관련된 문제를 논의할 수 있다.

9. **현실을 직시하라**: 관리자나 알츠하이머 환자 모두 발생하는 많은 상황과 행동을 통제할 수 없다. 관리자는 그들 자신이 경험한 상실에 대해 슬퍼할 수 있도록 허용하되, 긍정적 순간에 집중하고 좋은 기억을 즐길 수 있도록 해야 한다.

10. **죄책감이 아니라 스스로를 인정하는 것에 대해 이야기하라**: 때로는 스스로에 대한 인내심을 잃을 수 있다. 관리자는 자신이 최선을 다하고 있다는 사실을 기억해야 한다. 환자들은 돌봄제공자를 필요로 하며 가능하면 돌봄제공자에게 고마워할 것이다. 자부심을 가지라.

출처: Alzheimer's Disease and Related Disorders Association, Inc. (1995).

장애 관련 이슈

[이 부분은 원래 풀러턴 캘리포니아 주립대학교의 사회복지학과 부교수인 존 도일(John Doyle) 박사가 작성했으며, 저자가 약간 수정하고 통계자료를 보완했다.]

일반인과 비교할 때 장애인은 위기에 처하기 쉬우므로 위기개입 시 각별한 주의가 필요하다. 〈BOX 12.5〉는 장애인이 위기상담사의 도움이 필요한 세 가지 사례를 보여 준다.

BOX 12.5 **위기에 처하기 쉬운 장애인의 예**

예: 30대 중반의 경찰관 잭(Jack)은 양극성장애 진단을 받아 경찰직을 사임해야만 했다. 이 질환을 앓고 있는 다른 사람들처럼, 그는 처방약을 복용해도 정서적인 균형을 유지하기 어려웠고 1년에 두 번 정도는 정신과 입원 치료를 받아야 할 정도이다. 그는 또한 알코올 의존증도 있는데, 알코올 중독자 자조 모임인 12단계 프로그램을 통한 엄격한 금주를 통해 이를 조절하고 있다. 직업 재활 서비스의 도움으로 잭은 비교적 성공적으로 파트타임 일자리를 유지하고 있다.

예: 60대 중반의 은퇴한 교사 빅터(Victor)는 여행을 비롯한 다양한 활동으로 여가를 즐기고 있다. 갑작스럽고 예상치 못하게 시력이 나빠졌고, 그 원인은 진행성이고 회복 불가능한 눈 질환이었다. 그는 더 이상 운전을 할 수 없게 되었고, 그는 자립심에 심각한 타격을 입었다. 그러나 그와 그의 가족 모두에게 장애로 인한 정신적 영향은 적응을 더욱 어렵게 만들었다.

예: 39세의 데비(Debbie)는 경증에서 중등도의 뇌성마비 진단을 받았으며 선천적으로 청각장애가 있다. 그녀는 계속 어머니와 함께 살았고, 어머니는 그녀가 비교적 정상적이고 독립적인 삶을 살 수 있도록 필요한 지원을 제공했다. 데비는 걸음걸이가 어색하여 술에 취한 듯한 인상을 준다. 이러한 외모 때문에 아르바이트 장소를 오가는 도중 경찰에 자주 체포되는 일이 발생했다. 청각장애로 인해 의사소통 능력이 제한되어 경찰 및 다른 사람들과 소통하는 데 더욱 어려움을 겪었다. 현재 고령으로 건강이 악화된 어머니는 평생 동안 데비의 지지자이자 돌봄제공자였다.

장애의 간략한 역사

2008년 현재 미국 인구조사국(U.S. Census Bureau)은 청각, 시각, 인지, 보행, 자기 관리, 독립생활의 여섯 가지 제한에 따라 장애를 분류하고 있다(U.S. Department of Justice, 2016). 청각 제한은 청각장애 또는 심각한 장애를 수반하며, 시각 제한은 실명이거나 안경을 착용해도 보는 데 심각한 어려움이 있는 경우이다. 인지 제한은 신체적, 정신적 또는 정서적 상태로 인해 집중, 기억 또는 의사결정에 심각한 어려움을 겪는 것, 보행 제한은 걷거나 계단을 오르기 어려운 것, 자기 관리 제한은 옷을 입거나 목욕하기 어려운 상태, 독립생활 제한은 병원 방문이나 쇼핑 등 혼자 용무를 처리하는 데 방해가 되는 신체적, 정신적 또는 정서적 상태를 포함한다. 인류의 역사를 통틀어 사회는 장애인을 낙인, 편견, 학대, 차별, 사회적 고립, 열등한 지위, 열등한 서비스로 대우하는 경우가 많았다. 장애에 대한 문화를 바꾸는 것은 현재 진행 중인 과제이다. 비교적 최근까지만 해도 지적 장애인은 공식적으로 바보, 정신이 약한 사람, 멍청이, 천치 등으로 불렸다. 지금은 이러한 용어가 전문적 임상적 환경에서 더 이상 사용되지 않지만, 일상 언어에서 강력한 경멸적 별칭으로 남아 있다. 종종 사용하기에 적합한 용어보다 사용해서는 안 되는 용어를 합의하는 게 더 쉽다. 하지만 장애와 장애인이라는 용어는 종종 약함, 의존성, 비정상, 열등함을 의미하는 것으로 여겨진다.

선한 의도를 가진 사람들조차 장애인을 비현실적으로 바라보는 경우가 많다. 장애인도 스스로 비현실적으로 바라볼 수 있다. 한편으로는 장애가 과대평가되어 개인이 예민해지고 불필요하게 과잉 의존의 위치로 강등될 수 있다. 다른 한편으로는 장애를 과소평가하여 당사자와 그 가족이 끝없는 실패와 정서적 좌절을 경험할 수 있다. 장애보다는 개인의 기능적 강점이 그 사람을 정의하는 현실적인 균형을 달성하는 게 어려울 수는 있지만, 이러한 균형을 이루는 것은 위기 예방에 중요하다.

장애인 인구와「미국 장애인법(ADA)」

정의를 어떻게 하느냐에 따라, 미국 사회에서 장애인의 수는 달라질 수 있다. 장애인을 정의하고 그들의 권리를 명시하는 법적 여정은 의회가 장애인에 대한 차별을 광범위하게 금지하는「미국 장애인법(Americans with Disabilities Act: ADA)」을 1990년에 통과시키면서 최고조에 달했다. ADA는 1992년 7월에 발효되었다. 이 법은 장애인을 하나 이상의 주요 생활 활동을 실질적으로 제한하는 신체적 또는 정신적 장애가 있거나 그러한 장애의 기록이 있거나 그러한 장애가 있는 것으로 간주되는 사람으로 정의한다. 미국 법무부(2016)에 따르면, 2010년부터 2014년까지 미국에는 청각장애 10,456,940명, 시각장애 6,567,280명, 보행장애 20,030,090명, 인지장애 13,256,360명, 자기관리장애 7,392,220명, 독립생활장애 13,841,350명의 장애인이 있었다. 총 3,600만 명이 넘는 사람들이 장애인으로 간주되고 있다. 이 법안의 취지는 장애인이 사회에 더 쉽게 접근할 수 있도록 하는 것이지만, 법안 시행은 여전히 큰 과제로 남아 있다. 의회는 장애인을 차별하는 사회의 과거와 현재의 경향을 인식하고 고용, 주택, 공공 편의시설, 교육, 교통, 의사소통, 여가, 제도화, 의료 서비스, 투표권, 공공 서비스 이용 등의 영역에서 구제책을 의무화한다. 또한 장애인 또는 장애인의 권리를 옹호하는 사람에 대한 강요나 보복도 금지하고 있다.

장애인은 차별당할 뿐만 아니라 빈번하게 학대당한다. 불행하게도 장애가 있는 많은 사람은 싸우거나 도망치거나 다른 사람에게 알리거나 법정에서 증언할 수 있는 실질적 또는 인지적 무능력으로 인해 특히나 피해를 입기 쉽다. ADA 종사자들의 옹호에도 불구하고 장애인 범죄 피해자는 비장애인에 비해 형사 사법 제도의 혜택을 받을 가능성이 낮다. 그 이유는 장애인 피해자에 대한 범죄가 피해자의 이동성이나 의사소통의 장벽, 사회적 또는 신체적 고립, 일반적인 수치심과 자책감, 또는 범죄 가해자가 피해자의 돌봄제공자라는 이유로 신고되지 않는 경우가 많기 때문이다(U.S. Department of Justice, 2001). 2009~2014년 동안 장애인 대상 범죄는 약간 증가하다가 2014년까지 감소하는 경향을 보이는 반면, 비장애인의 경우 같은 기간 동안 꾸준한 비율을 보였다(U.S. Department of Justice, 2016). 장애인의 폭력 피해율은 비장애인의 2배 이상이었으며, 장애 상태별 피해율에 통계적으로 유의미한 차이가 없는 6세 이상을 제외하면 장애인의 폭력 피해율은 비장애인보다 2배 이상 높았다. 장애인의 피해자와 가해자 관계를 보면, 잘 아는 사람 또는 평소 알고 지내는 사람(40.3%)이 가장 많은 비율을 차지했다. 낯선 사람이 장애인에게 피해를 주는 비율은 29%, 친밀한 파트너가 13.8%로 뒤를 이었다.

ADA가 통과된 후, 장애인도 주류 사회에 진입했다는 말이 있었다. 하지만 이들의 도전은 계속되고 있다. 주요 논란은 사회의 공공과 민간 부문 모두에서 장애인을 수용하기 위한 변화의 비용에 관한 것이다. ADA의 II장에 따르면 장애를 이유로 한 모든 종류의 차별은 금지되어 있다. 경찰, 소방, 주의회, 시의회, 주 법원, 공립학교, 공공 레크리에이션 부서, 자동차 면허 부서 등 지역사회 기관은 장애인이 모든 서비스, 프로그램 및 활동에 완전히 참여할 수 있도록 허용해야 한다. ADA가 경찰에 미치는 영향은 정신질환, 발달장애, 언어 및 청각장애가 있는 사람들에 대한 대응을 위한 자세한 교육 커리큘럼과 모범 정책을 제공하는 경찰 행정 연구 포럼(Police Executive Research Forum)에서 그 예시를 확인할 수 있다.

장애인 인구 내 취약한 하위 집단

ADA 덕분에 많은 장애인이 주류 사회의 일원으로 더 많이 생활할 수 있게 되었다. 예를 들어, 휠체어 접근이 가능한 건물 덕분에 많은 신체장애인이 사회적 · 직업적 독립을 누릴 수 있게 되었다. 그러나 장애인 인구의 일부 하위 집단은 특히 위기에 취약하며, 이들의 취약성을 상쇄할 수 있는 간단한 방법은 없다.

장애 노인

노인이라고 해서 자동으로 장애인이 되는 것은 아니다. 하지만 나이가 들수록 장애가 발생할 위험은 더 커진다. 미국 인구조사국의 지역사회 조사에 따르면(U.S. Department of Justice, 2016), 2010년부터 2014년까지 65세 이상의 장애가 있는 노인은 총 15,192,760명으로 전체 노인 인구의 41%를 차지했다. 워커(Walker, 1994)는 노인의 장애를 미리 예방하는 것은 노인 개인, 의료 서비스 제공자, 사회 전체가 공동으로 책임져야 한다고 주장한다. 개인의 선택만으로는 충분하지 않으며, 건강 증진을 위한 광범위한 사회적 노력이 필요하다. 그러나 질병은 고령자에게 장애의 중요한 위험 요인이며, 연령 자체도 85세 이상의 고령자에게는 위험 요인이다. 호건, 에블리와 펑(Hogan, Ebly, & Fung, 1999)은 인지적으로 온전한 지역 거주 노인들을 조사했는데, 연령만으로 85세 이상 연령층에서 65~84세 노인에 비해 신체장애가 있는 사람이 2배 더 많다는 사실을 발견했다. 따라서 질병을 예방한다고 해서 고령 노인의 장애를 반드시 예방할 수 있는 것은 아니다. 65~80세 인구에 비해 80세 이상은 목욕, 옷 입기, 식사, 식사 준비, 쇼핑, 돈 관리, 약물 복용과 같은 활동에 어려움을 겪을 가능성이 2배 더 높다.

장애 노인을 위한 개입은 지역사회 자원 네트워크를 포함하는 본질적으로 종합적인 것이어야 한다는 점이 문헌을 통해 분명해졌다. 데이비슨(Davidson)과 동료들(1995)은 지적장애가 있는 노인의 특성에 대한 연구에서, 지적장애가 있는 노인은 전 연령대에 걸쳐 포괄적인 지역사회 정신건강 및 행동 지원이 필요하다는 결론을 내렸다. 행동 위기의 심각성은 생애주기에 따라 감소하지만, 개입의 필요성은 일정하게 유지된다. 개입의 필요성은 장애가 있는 노인에게만 국한되지 않는다. 호건, 에블리와 펑(1999)은 장애 노인이 있는 가족의 어려움을 설명했다. 가족은 정서적, 재정적, 건강상의 위기를 더 많이 경험한다. 그래험(Graham, 1989)은 이러한 질병과 장애가 진행됨에 따라 데이케어 배치가 필요할 수 있으며, 데이케어를 이용하더라도 가족 돌봄제공자의 스트레스 수준이 반드시 감소하지는 않는다고 지적한다. 허약한 노인은 전문가와 가족을 포함한 돌봄제공자의 방임과 학대에 가장 취약하다.

알렉시(Alecxih, 2001)에 따르면 2050년까지 요양 보호가 필요한 노인의 수는 현재 500만 명에서 1,100만 명으로 2배 이상 증가할 것으로 예상된다. 노인 인구는 더욱 다양해질 것이므로 장기 요양 인력은 문화적으로 더욱 유능해야 할 것이다. 복지 서비스 종사자들은 대체로 인구 고령화 문제를 다루는 데 더 많은 교육이 필요할 것이다(Rosen & Zlotnik, 2001).

노인 학대

캘리포니아 법무부 의료 사기 및 노인 학대 및 범죄 및 폭력 예방 센터(2002)에 따르면, 노인 학대의 가장 빈번한 세 가지 영역은 신체적·정서적 학대, 재정적 학대, 장기 시설에서의 학대이다. 대부분의 주에서 이러한 유형의 학대에 대한 자료를 수집하고 의무적으로 신고하도록 하는 법률을 두고 있다.

신체적 학대에는 신체적 폭행, 성폭행, 부당한 신체적 긴장, 장기간의 음식과 물 박탈, 신체적 또는 화학적 구속 또는 향정신성 약물의 부적절한 사용 등이 포함된다. 노인 방임에는 아동 방임에서 관찰되는 것과 동일한 행동이 포함된다. 돌봄제공자가 개인위생 원조, 의복과 쉼터 제공, 의료 서비스 제공, 건강 및 안전 위험으로부터 보호, 영양실조 또는 탈수 예방, 또는 노인(또는 아동)에게 자기 방임 허용 등에 실패할 때 발생한다. 아동과 마찬가지로 정서적 학대에는 언어적 폭행, 위협 또는 협박, 공포, 고립 또는 심각한 정서적 고통, 정서적 지원 보류, 감금 등이 포함된다. 금융 학대는 노인들에게도 널리 퍼져 있다. 이는 누군가가 노인의 돈이나 다른 재산을 절도하거나 횡령할 때 발생한다. 미국인들은 전화를 통한 상품과 서비스 사기 판매로 인해 매년 약 400억 달러의 손실을 보고 있다. 텔레마케터로부터 전화를 받는 사람의 약 56%는 50세 이상이다. 신원 도용과 약탈적 대출은 상담사가 인지하고 의심되는 경우 신고해야 하는 다른 형태의 노인 금융 학대이다(California Department of Justice's Bureau of Medi-Cal Fraud & Elder Abuse and Crime & Violence Prevention Center, 2002).

위기상담사는 일부 돌봄제공자가 노인을 학대하는 이유를 이해해야 한다. 위기개입은 피해자를 돕는 것뿐만 아니라 돌봄제공자인 가해자를 돕는 데에도 초점을 맞출 수 있다.

돌봄제공자의 스트레스는 종종 학대의 원인이 된다. 특히 적절한 장비나 기술이 없는 돌봄제공자의 경우 정신적으로 장애가 있는 노인을 대하는 것은 매우 힘든 일이다. 이 경우 위기상담사는 돌봄제공자를 지원 단체에 소개하거나, 정신장애에 대한 교육을 제공하거나, 저렴한 의료 장비를 찾도록 도와줄 수 있다. 일부 돌봄제공자에게는 회복 돌봄이 매우 유용할 수 있다. 유급 돌봄제공자가 거주지에 와서 노인을 돌보는 동안 간병에서 벗어나 휴식을 취할 수 있기 때문이다.

일부 시설에서는 노인을 하루 종일 보호할 수 있다. 위기상담사는 종종 돌봄제공자가 노인을 버린다는 죄책감을 극복하도록 도와준다. 유용하게 할 수 있는 재구조화는, 돌봄제공자가 휴식을 취하지 않는다면 다른 정서적인 방식으로 노인을 버리는 것이라고 제시하는 것이다. 정말 사랑하는 남편, 아내 또는 자녀를 돌봐야 한다면 재충전을 위해 휴식을 취하고 적절한 간병을 제공할 것이다.

돌봄제공자는 다른 생활 스트레스 요인이 있으며 노인이 쉬운 표적이기 때문에 노인에게 좌절감을 표출할 수 있다는 점을 기억해야 한다. 이 경우 위기상담사는 돌봄제공자가 생활 문제에 더 잘 대처하도록 도울 수 있으며, 이러한 문제는 위기상담의 일부로 다루어야 한다.

신체적 학대의 경우, 일부에서는 노부모의 자녀가 어렸을 때 노부모로부터 학대를 받았다는 폭력의 순환 이론이 성립한다고 주장한다. 폭력을 사용하는 것이 가족 내 갈등을 해결하는 일반적인 방법이 되었기 때문에 부양하는 노인 부모에게 분노를 표출한다. 위기상담사는 이러한 악순환의 고리를 끊기 위해 성인이 된 돌봄제공자가 자신의 과거 아동 학대 이력을 해결하도록 도와야 한다.

학대자에게 약물 남용, 재정 문제, 정서장애 또는 다른 중독과 같은 개인적인 문제가 있을 수도 있다. 이런 문제가 있는 성인 자녀는 연로한 부모에게 의존하여 부양하고 가정을 꾸린다. 이 상황은 갈등과 학대의 가능성을 높인다. 많은 주에서 돌봄제공자를 위한 교육을 제공하고, 일부 병원에는 돌봄제공자를 위한 지지 집단이 있으며, 주의 성인 보호 기관에서 돌봄제공자를 위한 지원 서비스를 제공할 수 있다. 위기상담사는 지역사회에서 이용할 수 있는 서비스를 알고 있어야 한다.

학대받는 노인에 대한 개입

노인 학대에 대처하는 것은 다각적인 과정이다. 여기에는 의사, 사회복지사, 간호사, 정신과 의사, 심리학자, 그 외 전문가와 준전문가가 개입하여 노인의 피해를 보호하고 치유하기 위해 함께 노력하는 것이 포함된다. 위기상담사는 학대받는 노인을 위한 지역사회 지지 집단과 이용할 수 있는 다양한 지원 및 보호 서비스에 대해 잘 알고 있어야 한다.

공공 후견 프로그램, 재정 계획, 교통편은 노인의 자립을 돕고 면밀하게 모니터링하는 사람들이 노인을 돌보는 데 도움이 되는 서비스들이다. 정신건강 서비스 제공자는 노인에게 자기 주장 기술과 자기 변호를 가르치는 힘 실어 주기 모델을 사용할 수도 있다. 위기상담사는 노인 학대 피해자가 다른 사람들과 함께 일반 대중과 노인들에게 문제의 확산에 대해 교육하도록 독려하여 학대 신고에 대해 수치심과 죄책감을 느끼지 않도록 할 수 있다.

모든 형태의 학대와 마찬가지로, 위기상담은 당사자가 말할 때 지지해야 하며, 항상 학대의 수치심과 고통을 확인하되 나중에 당사자가 앞으로 나아갈 수 있는 생존의 측면에 초점을 맞춰야 한다.

가족상담은 특히 학대 신고 후에도 학대자와 피해자가 계속 함께 생활하게 될 때 받을 수 있다. 이 상담은 분노를 표출하고 해결하며, 의사소통을 개선하고, 역할과 기대치를 정의하는 데 초점을 맞출 수 있다.

정신장애인

정신장애를 정의하고 측정하기는 더 어렵지만, 정서적이고 심리적인 문제의 쇠약화 특성은 매우 분명하다. ADA에 따르면 정신장애에는 '정서적 또는 정신질환과 같은 정신적 또는 심리적 장애'가 모두 포함된다. '주요 우울증, 양극성장애, 불안장애(공황장애, 강박장애, PTSD 포함), 조현병, 성격장애'가 그 예로 언급되어 있다.

제1장에서 논의한 것처럼 1963년의 「지역사회 정신건강복지법」은 정신장애인을 위한 지역사회 기반 서비스 제공에 대한 목표를 설정했다. 이러한 서비스에는 중증 환자를 가능한 한 빨리 지역사회로 복귀시키는 것을 목표로 하는 입원치료, 지속적인 치료를 위한 외래 진료소, 야간과 주말에 환자가 집으로 돌아갈 수 있는 부분 입원, 24시간 위기 센터, 지역사회에서 이러한 장애인과 정기적으로 교류하는 사람들을 위한 상담, 교육 및 정보 서비스 등이 포함된다.

안타깝게도 이러한 지역사회 기반 서비스의 제공이 늦어지면서 탈시설화는 기껏해야 수치화된 성공에 그치고 있다. 주요 안정제는 중증 정신질환자가 병원 환경에 있을 때 효과가 있고 지역사회로 복귀하는 데 도움이 되지만, 친구의 지원이 없거나 실직 상태이거나 지속적인 정신건강 서비스를 이용할 수 없는 개인은 지역사회 기반 생활에서 실패할 수밖에 없다.

일부 관찰자들은 정신질환자 탈시설화 정책이 암울한 실패라고 생각한다. 다른 사람들은 심각한 정신질환이 있는 사람들의 시민적 자유를 증진한다는 점에서 성공적이라고 본다. 존슨(Johnson, 1990)은 주거, 사회복지사의 아웃리치, 독립생활 기술 지원, 상태 안정을 위한 간헐 입원 등 특정 지원이 마련된다면 지역사회 기반 배치가 적절하다고 지적한다. 필요한 지원이 없다면 지역사회의 중증 정신질환자들은 영구적인 위기 상태에 놓이게 된다. 안타깝게도 지역사회의 사람들은 종종 이러한 사람들을 형사 사법 제도에 의해 통제되어야 하는 공공의 골칫거리로 간주하는데, 이는 부적절하고 매우 불공정한 평가이다.

적절한 지역사회 지원이 없다면 시설화가 중증 정신질환자에게 더 인도적이라고 주장할 수 있다. 왜냐하면 그들은 노숙자, 기아, 학대 또는 형사 사법 제도의 희생양이 되지 않고 제한된 대처 기술로 인해 심각한 정신질환을 피할 수 있기 때문이다. 또한 이러한 사람들을 돕기 위해 필요한 지역사회 지원 서비스의 수가 많아서 지역사회 배치가 반드시 시설 입소보다 비용이 적게 드는 것도 아니다.

발달장애인

발달장애인에는 지적장애, 뇌성마비, 뇌전증, 자폐증과 기타 신경장애가 있는 사람들이 포함된다. 특히 지적장애인은 불필요하게 시설에 수용되어 비자발적 불임의 대상이 되어 왔다. 1970년대의 탈시설화 운동은 발달장애인의 인권에 대한 관심을 반영한 것이었지만, 오늘날에는 시설에 수용된 발달장애인은 거의 없다. 기본 원칙은 발달장애인들이 가능한 한 완전하게 발전하고, 평범하고 독립적으로 살아갈 권리가 있다는 것이다.

현재 대부분은 가족과 함께 살거나 그룹홈에서 보다 독립적으로 생활하고 있다. 발달 장애인의 지역사회로의 이동은 한때 국가 기관의 담장 뒤에서 발생했던 위기가 이제 모든 지역사회에서 발생한다는 것을 의미한다. 이 피할 수 없는 문제를 해결해야 할 필요성이 지속적으로 제기되고 있다. 발달장애인들은 지역사회 기반 생활에서 더 많은 대처 능력이 요구되기 때문에 위기에 더 쉽게 노출될 수 있다.

일반 사람과 마찬가지로, 발달장애인도 노인이 되는 경우가 많아지고 있다. 의학의 발전은 비장애인과 마찬가지로 이들에게도 도움이 되었다. 수명이 길어진다는 것은 발달장애인의 생애주기에 걸쳐 더 광범위하고 복잡한 개입이 필요하다는 것을 의미한다. 역사상 처음으로 이들은 부모보다 더 오래 살게 되었다(Ansello, 1988). 시설 입소를 예방하거나 지연시키고, 독립성을 강화하며, 발달장애가 있는 고령 인구의 일상 기능을 향상시키기 위해서는 서비스 요구에 대한 새로운 강조가 필요하다. 발달장애 노인의 요구를 충족시키기 위해서는 서비스 제공자와 가족 돌봄제공자 간의 협력이 매우 중요하다.

쿠글, 안셀로, 우드와 코터(Coogle, Ansello, Wood, & Cotter, 1995)는 발달장애인과 기타 인적 서비스 네트워크 제공자 간의 자원 공유와 공동 노동을 주장하며, 비용이 많이 드는 서비스 중복을 피하려면 위기개입에 대해 관리된 접근이 필요하다고 본다. 또한 평생장애인(lifelong disability)과 그 가족에 대한 대중과 지역사회 지도자 교육, 지원 주택과 독립생활 입소를 위한 자금 지원 확대, 지역사회 기반 장기치료를 확보할 수 있도록 발달장애가 있는 고령 성인과 그 가족을 위한 지원, 임시 간호와 소득 지원, 지속적인 지역사회 생활을 위한 연방 및 주 자원의 확대를 주장한다. 졸라(Zola, 1988)는 노인과 장애인 인구는 유사한 조건, 치료의 기술적ㆍ의학적 요구 사항과 재택 돌봄 혁명의 완전한 의미로 인해 서비스를 함께 제공해야 한다고 믿는다. 이들을 서로 대립하는 체제로 나누는 전통적인 접근 방식은 불필요한 분리이다.

장애인을 위한 위기개입 전략

장애인에 대한 효과적인 개입을 위해서는 장애인에 대한 상세한 지식, 장애인의 민사 및 법적 권리에 대한 정보, 이러한 권리를 옹호하려는 의지, 이용할 수 있는 지원 및 개입 자원에 대한 포괄적인 지식이 필요하다.

위기는 진공 상태에서 발생하지 않는다. 장애인의 경우 조력자가 특정 장애에 대한 충분한 지식과 이해가 부족하고 필요한 지지체계를 구축하지 못하기 때문에 위기가 발생하는 경우가 많다. 예를 들어, 자폐증이 심한 장애인이 예측 가능한 환경에서 체계적인 감독을 받으며 일한다면 매우 생산적이고 성공적으로 일할 수 있다. 그러나 이러한 사람은 일반적으로 사회적 · 환경적 전환에 큰 어려움을 겪기 때문에 업무 루틴이나 인력의 변화가 큰 위기를 유발할 수 있다. 이러한 위기의 가능성을 줄이려면 예측 가능한 업무 루틴을 유지하는 것뿐만 아니라 다른 직원과 관리 직원이 이 개인과 성공적으로 상호작용하는 방법에 대해 지속적인 교육을 해야 한다. 이를 위해서는 모든 관계자의 상당한 헌신이 필요하다. 장애와 상황에 따라서는 유사한 예방 전략을 사용해야 한다.

사례 관리는 지난 반세기 동안 인간 서비스 분야에서 가장 중요한 발전 중 하나이다. 슈나이더(Schneider, 1988)는 개입 전략으로서 사례 관리의 중요성을 강조한다. 사례 관리는 소비자 중심이고, 선별, 평가, 구체적인 목표, 학제 간 및 기관 간 협력 등의 요소와 측정이 가능한 결과를 포함하며, 모니터링과 평가의 대상이 된다. 사례 관리는 만성 장애인에게 정기적으로 개입하는 사전 예방적이고 긍정적인 방법으로, 본격적인 위기가 발생하기 전에 상황을 예측하는 방법이다.

효과적인 위기개입과 예방은 포괄적인 협업 시스템에 뿌리를 두고 있다. 이용 가능한 서비스와 그 이용방법에 대한 지식은 필수적이다. 예를 들어, 1975년 제정된「모든 장애 아동을 위한 연방 교육법(Federal Education for All Handicapped Children Act)」(Public Law 94-142)은 1997년에「장애인 교육법(IDEA)」으로 개정되었으며, 이제 장애인을 위한 많은 연방 프로그램 중 하나가 되었다. 이 법은 학습장애, 발달장애, 정형외과 질환, 정신질환 등 장애 아동을 위한 적절하고 개별화된 무료 공교육을 의무화하고 있다. 지역 학군은 3세부터 22세가 될 때까지 장애 아동의 삶에서 중요한 역할을 하므로 장애인과 그 가족이 이 자원을 이용할 수 있도록 지원하는 것은 중요한 개입이다.

장애인이 아닌 사람들, 심지어 휴먼 서비스 종사자들도 장애인에 대해 다르게 반응한다. 일반적인 반응으로는 두려움, 혐오감, 상실감과 의존에 대한 불안, 당혹감, 사회적 접촉 기피 등이 있다. 장애인과 함께 일하는 것은 다른 유형의 사람들과 함께 일하는 것보다 덜 권위 있는 일로 인식될 수 있다. 장애인의 완전한 포용을 의무화하는 법안과 그 법안의 이행은 별개의 문제이다. 서비스 비용, 경쟁적 이해관계, 차별, 장애인 스스로 역할을 제한하는 등 포용을 가로막는 물리적 · 정신적 장애물이 여전히 존재한다. 이 집단은 낙인찍기나 감정적 대응이 아닌 의미 있는 개입과 관심이 필요하다. 〈BOX 12.6〉은 ABC 모델을 사용하여 역할극을 할 수 있는 몇 가지 사례를 제공한다.

BOX 12.6   역할극 사례

사례 1: 한 남성이 1년 전 서핑 보드 사고로 다리가 마비되어 휠체어에 앉아 있다. 그는 외로워서 여러분을 찾아왔다. 지난 주말 파티에서 그는 사고 전 한 번 만난 적이 있는 여성과 이야기를 나눴다. 그는 그녀와 데이트하고 싶지만, 장애 때문에 그녀가 데이트를 원하지 않을까 봐 두려워한다.

촉발사건: 파티에서 마음에 드는 여자를 만났다.

인지: 그녀는 나와 데이트하지 않을 것이다. 아무도 나를 원하지 않을 것이다. 나는 불구이고 쓸모없다. 나는 혐오스럽고 여자를 기쁘게 할 수 없다.

정서적 고통: 슬픔

기능장애: 사교 활동을 중단했다. 잠을 자거나 식사를 할 수 없다.

자살 위험: 자살에 대한 생각은 있지만 계획이나 수단이 없다(낮은 위험).

타당화: 사실, 휠체어를 탄다는 것은 많은 단점이 있고, 일부 사람들은 당신을 거부할 것이고 그로 인해 상처를 받고 슬퍼하는 것은 이해할 수 있다.

교육: 모든 사람이 휠체어를 탄 사람을 꺼리는 것은 아니다. 어떤 사람들은 그 사람의 인성을 더 중요하게 생각하는데, 아마도 그런 사람을 만나고 싶을 것이다.

힘 실어 주기: 휠체어를 타는 것에 대한 통제권은 없지만, 다른 사람에게 접근하는 방식에 대한 통제권은 있다. 자신이 할 수 있는 일에 집중함으로써 다른 사람들에게 훨씬 더 매력적이고 낙관적인 자신감 있는 페르소나를 만들 수 있다.

재구조화하기: 그 여성이 나와 사귀고 싶지 않더라도 친구가 되고 싶을 수도 있는데, 그게 그렇게 나쁜 것은 아니다. 만약 그녀가 내가 누구인지에 관심이 있는 타입이 아니라면, 어차피 나에게 맞는 상대가 아닐지도 모른다.

대처: 휠체어 사용자를 위한 지지 집단에 가입하고, 일기를 쓰고, 적극적인 우정을 연습하고, 당장 데이트할 생각은 하지 말라고 격려하자.

사례 2: 50대 부부가 피곤하고 죄책감으로, 매우 스트레스를 받고 있어 상담실에 왔다. 그들은 2년 전부터 알츠하이머병 증상을 보이기 시작한 아내의 78세 아버지를 돌보고 있다. 얼마 전 남편의 회사에서 모든 비용을 지불하는 지중해 크루즈 여행 초대를 받았지만, 부재중에는 아버지를 돌봐 줄 사람이 있어야 한다.

    촉발사건: 크루즈에 초대받았다.

    인지: 우리가 가면 끔찍한 사람이 될 테니 집에 남아서 아버지를 돌봐야 한다. 그는 우리 없이는 버틸 수 없을 것이다. 그가 그렇게 고통받고 있는데 우리는 그런 행복을 누릴 자격이 없다. 아버지를 돌봐 줄 사람이 아무도 없다.

    정서적 고통: 슬픔, 분노, 죄책감

    기능장애: 부부싸움. 둘 다 직장에 집중할 수 없다. 사회생활이 없다.

    자살 이슈: 없음

    타당화: 죄책감과 슬픔은 알츠하이머 환자를 돌보는 사람에게 결코 좋지 않은 감정이다.

    교육: 돌봄제공자가 된다는 것은 매우 어려운 일이다. 돌봄제공자는 다른 사람을 계속 돌보기 위해 스스로를 돌봐야 한다. 알츠하이머 협회를 통한 임시 간호 프로그램이 있다.

    재구조화하기: 자신을 돌보기 시작하지 않으면 아버지를 계속 돌볼 수 없다.

    힘 실어 주기: 당신은 그를 돌보는 방법에 대해서는 무력하지만, 그의 삶의 질은 통제할 수 없더라도 당신의 삶의 질은 통제할 수 있다.

    대처: 알츠하이머 협회에는 임시 간호 프로그램이 있다. 참석할 수 있는 지지 집단과 읽을 자료가 있다.

사례 3: 청각장애가 있는 대학생이 찾아와 다른 학생의 집중을 방해한다는 이유로 교수님이 수업 시간에 필기를 못하게 한다고 불평한다. 이 내담자는 회계를 배우고자 하는 의욕이 있으며 다른 사람 못지않게 일을 잘할 수 있다고 믿는다. 지난주에 그는 강의 내용을 정확하게 필기하지 못해 시험에서 C를 받았다. 그는 슬프고 낙제를 걱정한다. 그는 청력 문제로 인해 자신이 멍청하고 스스로 남들만큼 똑똑하지 않다고 말한다. 자신이 장애인으로 생각되는 것이 싫다.

    ABC 모델로 진행하시오.

    촉발사건은 무엇인가?

    어떤 인지가 있는가?

    정서적 고통은 무엇인가?

    어떤 대처 전략이 있는가?

사례 4: 80세 여성이 의사의 추천을 받아 상담사를 찾아왔다. 그녀는 성인 자녀들이 자신에게 많은 돈을 '빌려 갔지만' 갚지 않았다고 말한다. 할머니는 자녀들과 함께 있고 싶어서 허락했는데, 자녀들은 돈을 받지 못하면 할머니를 찾아오지 않겠다고 말한다.

    이것은 학대인가? 어떤 유형인가? 어떻게 진행할 것인가?

복습 문제

1. 식욕부진증으로 어려움을 겪고 있는 사람이 위기개입 시 자주 호소하는 주요 문제는 무엇인가?
2. 섭식장애로 어려움을 겪고 있는 사람에게 적절한 개입은 무엇인가?
3. 알츠하이머병의 주요 증상은 무엇인가?
4. 알츠하이머 환자를 위한 돌봄제공자 개입에는 어떤 것이 있는가?
5. 장애인과 노인이 취약 계층으로 간주되는 이유는 무엇인가?
6. 장애인과 노인 내담자와 작업할 때 고려해야 할 사항은 무엇인가?

주요 학습 용어

보행 제한: 걷거나 계단을 오르는 데 어려움이 있음

1990년 미국 장애인법(ADA): 이 법의 목적은 장애인이 사회에 더 쉽게 접근할 수 있도록 하는 것이다. 이 법은 장애를 정의하고 장애와 관련된 차별에 도전한다.

신경성 식욕부진증: 굶거나 과도한 운동으로 인해 건강하지 않을 정도로 마른 사람이 되는 섭식장애

신경성 폭식증: 고지방 또는 고칼로리 음식을 폭식한 후 구토를 하거나 설사약을 사용하거나 과도한 운동을 통해 배출하는 섭식장애

사례 관리: 장애가 요인인 개인 및 가족과 함께 일하는 효과적인 접근 방식. 여기에는 선별, 평가, 목표 설정, 기관 간, 학제 간 협력 등의 요소가 포함된다.

인지 제한: 집중하고 기억하는 데 심각한 어려움을 겪는 경우

청각 제한: 난청 또는 심각한 어려움을 수반하며, 시각 제한은 안경을 착용해도 실명 또는 심각한 시력장애를 수반한다.

호스피스: 이 유형의 프로그램은 말기 환자에게 제공된다. 치료적 개입을 제공하기보다는 임종하는 동안 편안함을 제공하는 데 중점을 둔다.

독립생활 제한: 병원 방문이나 쇼핑 등 혼자 일 처리를 하는 데 방해가 되는 신체적, 정신적 또는 정서적 상태

주류: 사회적으로나 직업적으로 가능한 한 독립적으로 사회에서 활동하는 장애인

완화치료: 질병의 완치보다는 증상 완화에 중점을 둔다.

자기 관리 제한: 옷을 입거나 목욕하는 데 어려움을 겪는 상태

🎓 참고문헌

Alecxih, L. (2001, Spring). The impact of sociodemographic change on the future of long-term care. *Generations*, 7-11.

Altman, B. M., Cooper, P. F., & Cunningham, P. J. (1999). The case of disability in the family: Impact on health care utilization and expenditures for nondisabled members. *Milbank Quarterly*, 77(1), 39-75.

Alzheimer's Association (2013). *Statistics about Alzheimer's Disease*. Retrieved July 7, 2013, http://www.alz.org/alzheimers_disease_facts_and_figures.asp?gclid=clc1zkr10 lgcfqnyqgodcx4avw

Alzheimer's Association of Orange County. (1998). *Alzheimer's disease fact sheet*. Author.

Alzheimer's Disease and Related Disorders Association, Inc. (1995). *Caregiver stress: Signs to watch for ⋯ steps to take*. Author.

American Psychiatric Association. (2000). *Diagnostic and Statistical Manual of Mental Disorders, Fourth Edition, Text Revision (DSM-IV-TR)*. Washington, DC: Author.

Ansello, E. F. (1988). The intersecting of aging and disabilities. *Educational Gerontology*, 14(5), 351-363.

Brohl, K., & Ledford, R. (2012). Alzheimer's diagnostic basics for mental health professionals. In *Continuing education for California social workers and marriage and family therapists*. Ormond Beach, FL: Elite Continuing Education.

Bruch, H. (1987). *The changing picture of an illness: Anorexia nervosa, in attachment and the therapeutic process*. In J. L. Sacksteder, D. P. Schwartz, & Y. Akabane, C. T. Madison (Eds., pp. 205-222). Madison, CT: International Universities Press.

Bruns, D., & Disorbio, J. M. (2006). Chronic pain and biopsychosocial disorders. *Practical Pain Management*, 6(2), 2.

California Department of Justice's Bureau of Med-Cal Fraud & Elder Abuse and Crime & Violence Prevention Center in conjunction with AARP. (2002). *A citizen's guide to preventing and reporting elder abuse*. Author.

Coogle, C., Ansello, E. F., Wood, J. B., & Cotter, J. J. (1995, September 3). Partners II: Serving older persons with developmental disabilities: Obstacles and inducements to collaboration among agencies. *Journal of Applied Gerontology, 14*, 275-288.

Davidson, P., Cain, N. N., Sloane-Reeves, J., Giesow, V., Quijano, L., Van Heyningen, J.,… & Shoham, I. (1995). Crisis intervention for community-based persons with developmental disabilities and behavioral and psychiatric disorders. *Mental Retardation, 33*, 21-30.

De la Rie, S. M., van Furth, E. G., De Koning, A., Noordenbos, G., & Donker, M. S. (2005). The quality of life of family caregivers of eating disorder patients. *Eating Disorders, 13*, 345-351.

Espejo, R. (2011). *Chemical Dependency*. New York, NY: Greenhaven Press.

Gabbard, G. O. (2000). *Psychodynamic psychiatry in clinical practice* (3rd ed.). Washington, D. C.: American Psychiatric Press.

Graham, R. (1989). Adult day care: How families of the dementia patient respond. *Journal of Gerontological Nursing, 15*(3), 27.

Halligan, P. W., & Aylward, M. (Eds.). (2006). *The power of belief: Psychosocial influence on illness, disability and medicine*. United Kingdom: Oxford University Press.

Hogan, D., Ebly, E. M., & Fung, T. S. (1999). Disease, disability, and age in cognitively intact seniors: Results from the Canadian study of health and aging. *Journal of Gerontology: Medical Sciences, 54A*(2), 77-82.

Johnson, A. B. (1990). *Out of bedlam: The truth about deinstitutionalization*. New York, NY: Basic Books.

Lijewski, J. W. (2016). Understanding Enabling Behavior and how to Address it. *Social Work California*. Ormand Beach, Fl: California Elite Continuing Education.

National Collaborating Centre for Mental Health (2004). *National Clinical Practice Guideline: Eating Disorders: Core interventions in the treatment and management of anorexia nervosa, bulimia nervosa, and related eating disorders*. London, UK: National Institute for Clinical Excellence.

National Institute on Drug Abuse. (2011). *Prescription Drug Abuse and addiction: Research Report Series*. U.S. Department of Health and Human Services. Washington, DC: U.S. Government Printing Office.

Rodgers, A. B. (2016). Alzheimer's Disease: Unraveling the Mystery. *Social Work Elite Continuing Education 2017 Edition, California*. Ormond Beach, FL.

Rosen, A., & Zlotnik, L. Z. (2001). Social work's response to the growing older population. *Generations* (spring), 69-71.

Santrock, J. W. (2007). *A topical approach to human life-span development* (3rd ed.). St. Louis, MO: McGraw-Hill.

Schneider, B. (1988). Care planning: The core of case management. *Generations, 12*(5), 16-18.

Strang, P., Strang, S., Hultborn, R., & Arner, S. (2004). Existential pain-an entity, a provocation, or a challenge? *Journal of Pain Symptom Management*, 27(3), 241-250.

U.S. Department of Justice (2016). *Crime Against Persons with Disabilities, 2009-2014-Statistical Tables. The Bureau of Justice Statistics.*

U.S. Department of Justice, Office for Victims of Crime Bulletin. (2001). *Working with Victims of Crimes with Disabilities.* Washington, DC: Author.

Walker, S. (1994). Health promotion and prevention of disease and disability among older adults: Who is responsible? *Preventive Healthcare and Health Promotion for Older Adults (spring),* 45-50.

Wild, S., Roglic, G., Green, A., Sicree, R., & King, H. (2004). Global prevalence of diabetes: Estimates for the year 2000 and projections for 2030. *Diabetes Care, 27,* 1047-1053.

Zola, I. K. (1988). Aging and disability: Toward unifying an agenda. *Educational Gerontology, 14*(5), 365-367.

인명

내용

저자 소개

　크리스티 카넬(Kristi Kanel) 박사는 38년 이상 사회복지 분야의 교사, 실무자, 학자로 활동해 왔다. 지난 34년 동안 대학 교수로 재직했다. 1986년 풀러턴 캘리포니아 주립대학교에서 최초의 위기 개입 과정을 만드는 데 도움을 주었으며, 그 이후 이 과정을 가르치고 있다. 또한 기본적인 상담이론, 사례 분석 그리고 라틴계, 집단 리더십, 재향군인과 그 가족에 대한 상담 및 복지 서비스를 가르치고 있다. 3년 동안 사회복지학과 학과장으로 재직했다.

　카넬 박사는 상담 및 복지 전문가로서 경력을 쌓는 동안 무료 클리닉에서 상담사로 일했고, 오렌지 카운티 수퍼바이저 위원회에서 행정 보조원으로 인턴을 했다. 카운티 정신건강 기관에서 정신건강 종사자와 전문가로 일했고, 폭력 피해 여성 보호소에서 임상 감독관으로 일했으며, 개인 진료와 대형 건강관리 기관에서 개인, 가족과 집단을 위한 심리치료를 제공해 왔다. 아동 학대, 파트너 폭력, 성폭행 피해자를 대상으로 폭넓게 일해 왔다. 또한 스페인어를 사용하는 라틴계 사람들과 함께 일하며 이들의 필요와 관련된 연구를 수행해 왔다. 위기개입을 전문으로 하며 위기에 처한 사람들과 함께 일하는 가장 효과적인 접근 방식에 대한 연구를 수행했다.

　카넬 박사는 남가주 대학교에서 상담심리학 박사 학위를, 풀러턴 캘리포니아 주립대학교에서 상담학 석사 학위와 사회복지학 학사 학위를 취득했다. 취미로는 줌바 가르치기, 실내 사이클링, 노래방 가기, 바닷가 즐기기, 하이킹이 있다.

역자 소개

유영권 (YOU, Young Gweon)
미국 밴더빌트 대학교 기독상담학 박사(Ph.D.)
현   연세대학교 상담코칭학 정교수
전   한국자살예방협회 이사
      연세대학교 심리상담센터 소장
      한국상담심리학회 학회장

〈자격 · 수상, 주요 저 · 역서 및 논문〉
한국상담심리학회 1급, 한국상담학회 전문상담사 1급
한국기독상담심리학회 감독
자살예방 분야 보건복지부 장관상/소방청장상 수상, 탈북자 정신건강 증진 통일부장관상 수상
공군 자살위기대응 상담자 양성 교육프로그램 개발 책임연구
「20대 청년의 또래 자살자별 경험에 관한 현상학적 연구」(한국심리학회지: 상담 및 심리치료, 2024),
『MZ세대를 위한 생명존중교육』(공저, 학지사, 2023), 『애도상담과 표현예술: 의미창출을 위한 상담
기법』(공역, 학지사, 2020), 『상담 수퍼비전의 이론과 실제』(2판, 공저, 학지사, 2019), 『기독(목회)상
담학: 영역 및 증상별 접근』(2판, 학지사, 2014), 『행복한 부부여행』(주는나무, 2007) 외 다수

신수정 (SHIN, Su Jeong)
연세대학교 상담코칭학과 박사(Ph.D.)
현   광운대학교, 강서대학교 강사
전   공군 자살위기대응 상담자 양성 교육프로그램 개발연구원
      미술품 경매회사 크리스티(Christie's) 근무

〈자격 및 주요 역서 · 논문〉
청소년상담사 1급, 임상심리사 1급
「20대 청년의 또래 자살자별 경험에 관한 현상학적 연구」(한국심리학회지: 상담 및 심리치료, 2024),
『자해의 정신분석적 이해와 상담』(공역, 학지사, 2024), 「대상관계이론에서 본 관계중독과 회복에

대한 사례연구: Fairbairn과 Winnicott 이론을 중심으로」(한국기독교상담학회지, 2023),「애착 트라우마 상담 사례연구: 안구운동 민감소실 재처리(EMDR)와 내면가족체계(IFS) 치료의 통합적 적용가능성을 중심으로」(한국기독교상담학회지, 2023),「포스트 코로나 시대, 학령기 자녀를 둔 여성 중간관리자의 온라인 재택근무 경험에 대한 현상학적 연구」(한국심리학회지: 여성, 2023) 외 다수

임수연 (LIM, Soo Yeon)
연세대학교 상담코칭학과 박사 수료
현   연세대학교 미래캠퍼스 상담코칭센터 상담사
     마음행복정신건강의학과 상담사
전   공군 자살위기대응 상담자 양성 교육프로그램 개발연구원

〈자격 및 주요 연구 · 논문〉
한국상담학회 전문상담사 1급
「20대 청년의 또래 자살자별 경험에 관한 현상학적 연구」(한국심리학회지: 상담 및 심리치료, 2024),「산업재해 심리지원에 참여한 직업트라우마 상담자 경험에 대한 현상학적 연구」(상담심리교육복지, 2024),「중급 상담자가 경험한 수퍼비전 윤리에 대한 사례연구: 이중관계를 중심으로」(한국기독교상담학회지, 2024),「성폭력 예방활동 효과측정 및 발전방안」(경찰청 정책용역연구, 2022)

영역별 위기상담: 이해와 활용(원서 6판)
A Guide to Crisis Intervention (Sixth Edition)

2024년 9월 16일 1판 1쇄 인쇄
2024년 9월 23일 1판 1쇄 발행

지은이 • Kristi Kanel
옮긴이 • 유영권 · 신수정 · 임수연
펴낸이 • 김진환
펴낸곳 • ㈜**학지사**

04031 서울특별시 마포구 양화로 15길 20 마인드월드빌딩
대표전화 • 02-330-5114　팩스 • 02-324-2345
등록번호 • 제313-2006-000265호

홈페이지 • http://www.hakjisa.co.kr
인스타그램 • https://www.instagram.com/hakjisabook

ISBN 978-89-997-3263-8 93180

정가 26,000원

출판미디어기업 **학지사**
간호보건의학출판 **학지사메디컬** www.hakjisamd.co.kr
심리검사연구소 **인싸이트** www.inpsyt.co.kr
학술논문서비스 **뉴논문** www.newnonmun.com
교육연수원 **카운피아** www.counpia.com
대학교재전자책플랫폼 **캠퍼스북** www.campusbook.co.kr